Bilanzanalyse

Unternehmen auf dem Prüfstand

Bilanzanalyse

Ein Handbuch

Mag. Helmut Gahleitner
Mag. Wolfgang Hess
Mag. Heinz Leitsmüller
Mag. Ruth Naderer

mit einem Beitrag von
Mag. Ines Hofmann

ÖGBverlag

2. neu bearbeitete Auflage, 2000
ISBN 3-7035-0822-1

Gedruckt auf chlorfrei gebleichtem Papier

Medieninhaber: Verlag des ÖGB GmbH Wien

Satz: Bergler Wien
Hersteller: Verlag des ÖGB GmbH Wien
Verlags- und Herstellungsort: Wien
Printed in Austria
ISBN 3-7035-0536-2

Inhaltsverzeichnis

Abkürzungsverzeichnis 15

1. Einleitung – Jahresabschluss und Arbeitnehmerinteressen 17

2. Wirtschaftliche Mitbestimmungsrechte der Arbeitnehmervertreter 20

2.1 Wirtschaftliche Mitwirkungsrechte des Betriebsrats 20
2.1.1 Informations- und Beratungsrecht des Betriebsrats 21
2.1.2 Das Recht des Betriebsrats auf Information und Beratung in Konzernen 22
2.1.3 Recht auf Vorlage des Jahresabschlusses 24
2.1.3.1 Vorlagepflicht 24
2.1.3.2 Zeitpunkt der Übermittlung des Jahresabschlusses 27
2.1.3.3 Das Recht des Betriebsrats auf Beratung durch die Interessensvertretungen 27
2.1.3.4 Strafsanktionen im Zusammenhang mit dem Jahresabschluss 29
2.1.4 Recht auf Vorlage des Konzernabschlusses 29
2.2 Wirtschaftliche Mitwirkungsrechte der Arbeitnehmervertreter im Aufsichtsrat 30
2.2.1 Zustimmungspflichtige Geschäfte 31
2.2.2 Überprüfung und Feststellung des Jahresabschlusses 32
2.2.3 Eingeschränkte Mitwirkungsmöglichkeiten des GmbH-Aufsichtsrats 35
2.2.3.1 Aufsichtsratspflicht nur unter bestimmten Voraussetzungen 35
2.2.3.2 Personalhoheit bei den Gesellschaftern 36
2.2.3.3 Weisungsrecht der Gesellschafter 36
2.2.3.4 Feststellung des Jahresabschlusses durch die Gesellschafter 37
Exkurs: Wichtige gesellschaftsrechtliche Veränderungen durch das Insolvenzrechtsänderungsgesetz 37
2.3 Zusätzliche Informationsmöglichkeiten für Arbeitnehmervertreter 39

3. Prüfung, Offenlegung und Veröffentlichung des Jahresabschlusses 43
3.1 Die Abschlussprüfung 43
3.1.1 Größenkriterien 44
3.1.2 Prüfungspflichtige Gesellschaften 45
3.1.3 Gegenstand und Umfang der Prüfung 47
3.1.3.1 Prüfungshandlungen des Abschlussprüfers 49
3.1.4 Der Wirtschaftsprüfbericht 51
3.1.4.1 Form und Inhalt des Prüfberichts 52
3.1.4.2 Der Bestätigungsvermerk 56
3.1.4.3 Die Berichtspflicht („Redepflicht") des Abschlussprüfers über unternehmensgefährdende Tatbestände 58
3.2 Prüfung des Jahresabschlusses durch den Aufsichtsrat 63
3.2.1 Vorlage des Wirtschaftsprüfberichts und Verschwiegenheitspflicht 64
3.2.2 Prüfungshandlungen des Aufsichtsrats 64
3.2.3 Fristenverlauf für Prüfung, Offenlegung und Veröffentlichung des Jahresabschlusses 70

4. Konzernrechnungslegung 73
4.1 Der Konzernbegriff des HGB 74
4.1.1 Größenabhängige Befreiungen 76
4.1.2 Prüfung, Vorlage und Offenlegung des Konzernabschlusses 77
4.2 Der Konzernabschluss 78
4.2.1 Allgemeines zum Konzernabschluss 78
4.2.2 Konsolidierungstatbestände 80

5. Die Entstehung von Bilanz und Gewinn- und Verlustrechnung 82
5.1 Die Bilanz 83
5.1.1 Mittelverwendung – Mittelherkunft 83
5.1.2 Vermögenstausch 84
5.1.3 Kreditaufnahme 85
5.1.4 Die Unterteilung der Bilanz in vier Hauptgruppen 87
5.1.5 Erfolgsermittlung 89
5.2 Die Gewinn- und Verlustrechnung 90

6.	**Grundlagen des Jahresabschlusses**	93
6.1	Rechtliche Grundlagen des Jahresabschlusses	93
6.2	Grundsätze ordnungsmäßiger Bilanzierung (GoB)	94
6.2.1	Grundsatz der Bilanzklarheit	94
6.2.2	Grundsatz der Bilanzwahrheit	95
6.2.3	Grundsatz der Bilanzvorsicht	95
6.2.4	Grundsatz der Bilanzkontinuität	95
6.3	Bestandteile des Jahresabschlusses	96
7.	**Gliederung der Bilanz**	97
8.	**Die Aktivseite der Bilanz**	100
8.1	Das Anlagevermögen	100
8.1.1	Immaterielle Vermögensgegenstände	101
8.1.2	Sachanlagevermögen	102
8.1.3	Finanzanlagevermögen	104
8.1.4	Der Anlagenspiegel	105
8.1.5	Abschreibungen	107
8.1.5.1	Planmäßige Abschreibungen	107
8.1.5.2	Außerplanmäßige Abschreibungen	109
8.1.5.3	Geringwertige Wirtschaftsgüter (§ 13 EStG)	110
8.1.5.4	Die Darstellung der Abschreibungen in der Bilanz	110
8.2	Das Umlaufvermögen	111
8.2.1	Vorräte	112
8.2.2	Forderungen	113
8.2.3	Wertpapiere und Anteile	114
8.2.4	Kassenbestand, Schecks, Guthaben bei Kreditinstituten (liquide Mittel)	115
8.2.5	Aktive Rechnungsabgrenzung	115
8.2.6	Bewertung des Umlaufvermögens	116
8.2.6.1	Wertberichtigung zu Vorräten	116
8.2.6.2	Wertberichtigung zu Forderungen	117
9.	**Die Passivseite der Bilanz**	118
9.1	Eigenkapital	118
9.1.1	Nennkapital (Grund- bzw Stammkapital)	119
9.1.2	Bilanzgewinn/-verlust	120
9.1.3	Rücklagen	121

9.1.3.1 Kapitalrücklagen 121
9.1.3.2 Gewinnrücklagen 122
9.1.3.3 Unversteuerte Rücklagen 124
9.1.4 Der Eigenkapitalbegriff 128
9.2 Rückstellungen 129
9.2.1 Sozialkapital 131
9.2.1.1 Abfertigungsrückstellung 132
9.2.1.2 Pensionsrückstellung 133
9.3 Verbindlichkeiten 134

10. Die Gewinn- und Verlustrechnung 137
10.1 Gliederungsschema der Gewinn- und Verlustrechnung nach dem Gesamtkostenverfahren 138
10.1.1 Umsatzerlöse 140
10.1.2 Veränderungen des Bestandes an fertigen und unfertigen Erzeugnissen sowie an noch nicht abrechenbaren Leistungen 141
10.1.3 Andere aktivierte Eigenleistungen 141
10.1.4 Sonstige betriebliche Erträge 141
10.1.5 Aufwendungen für Material und sonstige bezogene Herstellungsleistungen 142
10.1.6 Personalaufwand 143
10.1.7 Abschreibungen 144
10.1.8 Sonstige betriebliche Aufwendungen 144
10.1.9 Erträge aus Beteiligungen 145
10.1.10 Erträge aus anderen Wertpapieren und Ausleihungen des Finanzanlagevermögens 145
10.1.11 Sonstige Zinsen und ähnliche Erträge 146
10.1.12 Erträge aus dem Abgang von und der Zuschreibung zu Finanzanlagen und Wertpapieren des Umlaufvermögens 146
10.1.13 Aufwendungen aus Finanzanlagen und aus Wertpapieren des Umlaufvermögens 146
10.1.14 Außerordentliche Erträge und Aufwendungen 147
10.1.15 Steuern vom Einkommen und Ertrag 148
10.1.16 Jahresüberschuss/-fehlbetrag 148
10.1.17 Auflösung und Zuweisung zu unversteuerten und Gewinnrücklagen 148

10.1.18	Gewinnvortrag / Verlustvortrag aus dem Vorjahr	149
10.1.19	Bilanzgewinn/-verlust	149
10.2	Die Grundstruktur der Gewinn- und Verlustrechnung nach dem Umsatzkostenverfahren	150
10.3	Grundzüge der Bewertung	151
10.4	Der Anhang	154
11.	**Bilanzpolitik**	158
11.1	Allgemeines zur Bilanzpolitik	158
11.2	Ziele der Bilanzpolitik	158
11.3	Instrumente der Bilanzpolitik	159
11.3.1	Verlagerung von Investitionen	160
11.3.2	Ertragsverlagerungen	160
11.3.3	Veräußerung von Vermögensgegenständen mit stillen Reserven	160
11.3.4	Bewertungspolitik	161
12.	**Adressaten und Aufgaben des Jahresabschlusses**	163
13.	**Jahresabschlussanalyse**	167
13.1	Allgemeines zur Jahresabschlussanalyse	167
13.1.1	Wozu Jahresabschlussanalyse?	167
13.1.2	Quellen der Jahresabschlussanalyse	168
13.1.2.1	Hauptquellen	168
13.1.2.2	Andere Informationsquellen	169
13.1.3	Grenzen der Jahresabschlussanalyse	170
14.	**Eigentliche Jahresabschlussanalyse**	173
14.1	Umsatzentwicklung und Betriebsleistung	174
14.2	Ertragslage (Erfolgsermittlung)	179
14.2.1	Der Jahresüberschuss	179
14.2.2	Ableitung des ordentlichen Ergebnisses	181
14.2.3	Zusammensetzung des Beteiligungsergebnisses	188
14.2.4	Zusammensetzung des außerordentlichen Ergebnisses	189
14.2.5	Eigenkapitalrentabilität	191
14.2.6	Verwendung des Jahresüberschusses (Ausschüttungspolitik)	193

14.3	Vermögens- und Kapitalstruktur	195
14.3.1	Vermögensstruktur	195
14.3.1.1	Erster Überblick und Vergleich	196
14.3.1.2	Anlagevermögen	197
14.3.1.2.1	Sachanlagevermögen	197
14.3.1.2.2	Finanzanlagevermögen	198
14.3.1.3	Umlaufvermögen	199
14.3.1.3.1	Vorratsvermögen	199
14.3.1.3.2	Forderungen	201
14.3.2	Kapitalstruktur	202
14.3.2.1	Erster Überblick und Vergleich	203
14.3.2.2	Eigenkapitalausstattung	204
14.3.2.3	Sozialkapital	207
14.3.3	Deckungsstruktur	207
14.4	Cash-flow (Finanzkraft)	210
14.4.1	Cash-flow	210
14.4.2	Umsatzverdienstrate	213
14.4.3	Fiktive Verschuldungsdauer	214
14.5	Investitionstätigkeit	216
14.5.1	Investitionsvolumen	217
14.5.2	Investitionsneigung (Sachanlagezugänge)	219
14.5.3	Deckung der Investitionen durch den Cash-flow	220
14.6	Personalkennzahlen	222
14.6.1	Anzahl der Beschäftigten	222
14.6.2	Personalaufwandstangente	223
14.6.3	Personalaufwand pro Beschäftigten	224
14.6.4	Wertschöpfungsrechnung	225
14.6.4.1	Ableitung der betrieblichen Wertschöpfung	226
14.6.4.2	Betriebliche Wertschöpfung pro Beschäftigten	227
14.6.4.3	Verteilung der betrieblichen Wertschöpfung	228
14.7	Kapitalflussrechnung	230
14.7.1	Bewegungsbilanz	230
14.7.2	Von der Bewegungsbilanz zur Kapitalflussrechnung	232
14.7.2.1	Detailliertere Darstellung der Veränderung des Anlagevermögens	232
14.7.2.2	Detailliertere Darstellung der Veränderung des Eigenkapitals	233

14.7.2.3	Zusammenziehung einzelner Posten	234
14.7.2.4	Behandlung des außerordentlichen Ergebnisses	235
14.7.3	Kapitalflussrechnung	237
14.7.4	Abschließende Bemerkungen	239
14.8	Bilanz, GuV und Anlagenspiegel des Fallbeispiels	240
15.	**Neue Bilanzkennzahlen in alphabetischer Reihenfolge**	245
	EBIT (Earnings before interests and taxes)	246
	EBIT-Margin	247
	EPS (Earnings per share)	247
	EVA (Economic Value Added)	248
	FCF (Free Cash-flow)	250
	Gearing	251
	Gesamtkapitalrentabilität	252
	NOPAT (Net Operating Profit after Tax)	253
	Price-earnings-ratio (p/e)	254
	ROCE (Return on Capital Employed)	255
	ROE (Return on Equity) oder RONA (Return on Net Assets)	256
	ROI (Return on Investment)	257
	ROS (Return on Sales)	257
	WACC (Weighted average Cost of Capital)	258
	(Net) Working Capital	259
16.	**Internationale Rechnungslegung** (Ines Hofmann)	260
16.1	Bestandteile der Rechnungslegung	262
16.2	Selbsterstellte immaterielle Vermögensgegenstände	262
16.3	Sachanlagevermögen	264
16.4	Leasing	266
16.5	Langfristige Fertigung	267
16.6	Umfang der Herstellungskosten	268
16.7	Pensionsverpflichtungen	271
16.8	Sonstige Rückstellungen	272
16.9	Größenordnung der Unterschiede	275
16.10	Anmerkungen zur Bilanzanalyse	276

17.	**Investitionen**	277
17.1	Warum sich der Betriebsrat mit Investitionen beschäftigen soll	277
17.2	Was ist eine Investition?	278
17.3	Die Investitionsplanung	279
17.4	Das Vorfeld der Investitionsentscheidung	281
17.4.1	Welche Wirkungen haben Investitionen?	281
17.4.2	Anlass zur Investitionsentscheidung	281
17.4.2.1	Errichtungs- oder Gründungsinvestition	282
17.4.2.2	Erweiterungsinvestition	282
17.4.2.3	Ersatzinvestition	282
17.4.2.4	Rationalisierungsinvestition	283
17.4.3	Welche Faktoren haben Einfluss auf Investitionsentscheidungen?	283
17.4.4	Welche Risken sind mit einer Investition verbunden?	285
17.4.4.1	Finanzielle Risken	286
17.4.4.2	Technische Risken	287
17.4.4.3	Marktbedingte Risken	287
17.5	Die Investitionsentscheidung	288
17.5.1	Was zu entscheiden ist	288
17.5.1.1	Beurteilung der Zweckmäßigkeit	288
17.5.1.2	Wahlproblem bei mehreren Alternativen	288
17.5.1.3	Wann soll die alte Anlage ersetzt werden?	289
17.5.1.4	Problem der optimalen Nutzungsdauer	289
17.5.1.5	Festlegung eines optimalen Investitionsprogrammes	289
17.5.2	Wer hat zu entscheiden?	290
17.5.2.1	Die Mitbestimmung des Betriebsrats	290
17.5.2.1.1	Informationsrechte	290
17.5.2.1.2	Mitwirkung bei Betriebsänderungen	291
17.5.2.1.3	Die Mitbestimmung des Aufsichtsrates	291
17.6	Wirtschaftliche Kriterien bei der Investitionsentscheidung	293
17.6.1	Die Investitionsrechnung als Entscheidungshilfe für die wirtschaftliche Investitionsplanung	293
17.6.1.1	Was mit Hilfe einer Investitionsrechnung berechnet werden kann	294
17.6.1.2	Statische Verfahren der Investitionsrechnung	294

17.6.1.2.1	Kostenvergleichsrechnung	294
17.6.1.2.2	Gewinnvergleichsmethode	297
17.6.1.2.3	Rentabilitätsrechnung (ROI)	297
17.6.1.2.4	Amortisationsrechnung	298
17.6.1.3	Dynamische Verfahren der Investitionsrechnung	299
17.6.1.3.1	Die Kapitalwertmethode	300
17.6.1.3.2	Die Methode des internen Zinsfußes	301
17.6.1.4	Beurteilung der Investitionsrechnung	302
17.6.1.5	Ansätze zur Berücksichtigung ungewisser Erwartungen	302
17.6.2	Die Finanzierung von Investitionen	303
17.6.2.1	Die Begriffe „Investition" und „Finanzierung"	303
17.6.2.2	Wie sollen Investitionen finanziert werden?	304
17.7	Technische Kriterien bei der Investitionsentscheidung	306
17.8	Die Investitionskontrolle	306
18.	**Die Börse – eine Einführung**	308
18.1	Der Börsenhandel	308
18.1.1	Wertpapierhandel auf verschiedenen Ebenen	308
18.1.2	Wie auf der Börse gehandelt wird	310
18.3	Anlagemöglichkeiten	313
18.3.1	Anteilsscheine	313
18.3.2	Schuldscheine	313
18.4	Anteilsscheine	314
18.4.1	Aktien	314
18.4.1.1	Stammaktien	314
18.4.1.2	Vorzugsaktien	314
18.4.1.3	Partizipationsscheine	315
18.4.1.4	Namensaktien	315
18.4.1.5	Inhaberaktien	316
18.4.1.6	Bezugsrecht	316
18.4.2	Investmentzertifikate	317
18.4.3	Gewinnscheine	317
18.4.4	Genussscheine	318
18.4.5	Der Wert von Anteilen	318
18.5	Schuldscheine	320
18.5.1	Anleihen	320

18.5.1.1	Wandelanleihen	321
18.5.1.2	Optionsanleihen	321
18.5.1.3	Nachrangiges Kapital	322
18.5.2	Pfandbriefe und Kommunalbriefe	323
18.6	Die Analyse von Aktien	323
18.6.1	Die Fundamentalanalyse	323
18.6.2	Die technische Analyse	324
18.6.2.1	Die Methode der gleitenden Durchschnitte	324
18.6.2.2	Trendlinien	325
18.6.2.3	Das Aktienumsatzvolumen	325
18.6.2.4	Börsenindizes	326
18.6.3	Das österreichische Übernahmegesetz	327
19.	**Die Kostenrechnung – wichtige Begriffe**	331
19.1	Kostenartenrechnung	332
19.1.1	Einzelkosten	333
19.1.2	Gemeinkosten	333
19.1.3	Fixe Kosten	333
19.1.4	Variable Kosten	335
19.2	Kostenstellenrechnung	335
19.3	Die Kostenträgerrechnung	340
19.4	Der Deckungsbeitrag	341
19.5	Break-Even-Point	343
19.6	Kostenmanagement	344
19.6.1	Target Costing	344
19.6.2	Lebenszykluskostenrechnung	344
19.6.3	Prozesskostenrechnung	345
19.6.4	Benchmarking	346
19.6.5	Strategisches Kostenmanagement	346

Literaturverzeichnis 349

Stichwortverzeichnis 353

Abkürzungsverzeichnis

Afa	Absetzung für Abnutzung
AG	Aktiengesellschaft
AktG	Aktiengesetz
ao	außerordentlich
ARA	Aktive Rechnungsabgrenzung
ArbVG	Arbeitsverfassungsgesetz
ASGG	Arbeits- und Sozialgerichtsgesetz
AV	Anlagevermögen
bzw	beziehungsweise
BGBl	Bundesgesetzblatt
BIP	Bruttoinlandsprodukt
dh	das heißt
EK-Quote	Eigenkapitalquote
etc	et cetera
EstG	Einkommensteuergesetz
GmbH	Gesellschaft mit beschränkter Haftung
GmbHG	GmbH-Gesetz
GuV	Gewinn- und Verlustrechnung
HGB	Handelsgesetzbuch
IAS	International Accounting Standards
IFB	Investitionsfreibetrag
inkl	inklusive
IRÄG	Insolvenzrechtsänderungsgesetz
KG	Kommanditgesellschaft
KGV	Kurs-Gewinn-Verhältnis
kurzfr	kurzfristig
langfr	langfristig
lt	laut
max	maximal
Mio S	Millionen Schilling
Mio €	Millionen Euro
n.e.	nicht erhältlich

PRA	Passive Rechnungsabgrenzung
rG	repartiert Geld
RLG	Rechnungslegungsgesetz
rW	repartiert Ware
ua	unter anderem
URG	Unternehmensreorganisationsgesetz
US-GAAP	Generally Accepted Accounting Principles
usw	und so weiter
UV	Umlaufvermögen
V	Verlust
VwGH	Verwaltungsgerichtshof
zB	zum Beispiel

1. Einleitung – Jahresabschluss und Arbeitnehmerinteressen

Seit Österreich mit Wirkung 1. 1. 1995 der Europäischen Union beigetreten ist, führt die Arbeitgeberseite die Diskussion über angeblich zu hohe Lohnkosten, zu geringe Produktivität, mangelnde Eigenkapitalquote usw unter dem Schlagwort „Sicherung des Wirtschaftsstandortes Österreich“. Die konkreten Auswirkungen dieser betriebswirtschaftlichen Argumentation auf die ArbeitnehmerInnen sind offensichtlich: Kündigungen, Betriebsstilllegungen, unternehmerische Rationalisierungsmaßnahmen, niedrige Lohn- und Gehaltsabschlüsse sowie zunehmender Leistungsdruck am Arbeitsplatz.

Die Betriebsräte sind gefordert – in mehrfacher Weise. Sie müssen sich neben arbeitsrechtlichen Kenntnissen jene wirtschaftliche Sachkompetenz aneignen, die es ihnen ermöglicht, in der Diskussion mit dem Vorstand (Geschäftsführer) auf wirtschaftlichem Gebiet zu bestehen. Darüber hinaus gehört es zu ihren Aufgaben, in Betriebsversammlungen die geplanten wirtschaftlichen Maßnahmen zu erläutern.

Wirtschaftliche Sachkompetenz heißt für ArbeitnehmervertreterInnen vor allem, die wirtschaftliche Lage ihres Unternehmens beurteilen zu können. Bedeutet eine Verschlechterung der Umsatzzahlen automatisch eine Verschlechterung der Ertragslage? Ist die ausgeschüttete Dividende verdient worden, oder geht sie zu Lasten der Substanz des Unternehmens? Wie ist das Verhältnis von Produktivitätssteigerung und Einkommensentwicklung? Wann kann von einer ausreichenden Eigenkapitalausstattung gesprochen werden?

Um diese und andere Fragen beantworten zu können, ist zuallererst eine möglichst umfassende Information über die wirtschaftlichen Vorgänge im Unternehmen und der gesamten Wirtschaft Voraussetzung. In der Regel sind ArbeitnehmervertreterInnen auf Grund laufender Stellungnahmen verschiedener Institutionen (Interessensvertretungen, Medien etc) über die allgemeine wirtschaftliche Entwicklung ausreichend informiert. Im eigenen Unternehmen hingegen ist die Informationsbeschaffung für den Betriebsrat oftmals schwieriger. Häufig werden von den Führungskräften im Unternehmen nur solche Informationen bereitwillig den ArbeitnehmervertreterInnen weitergegeben, die die

Zielvorgaben der Geschäftsleitung unterstützen. Umso wichtiger ist es daher für den Betriebsrat, alle ihm laut Gesetz – vor allem dem Arbeitsverfassungsgesetz (ArbVG) – zur Verfügung stehenden Informationsrechte zu nützen und sich selbst ein Bild über die wirtschaftliche Lage der Gesellschaft zu machen.

Das wichtigste Informationsmittel, um Kenntnis über die tatsächliche wirtschaftliche Lage des Unternehmens zu bekommen, stellt hierbei der Jahresabschluss dar, dessen Aussage- und Informationskraft in diesem Buch behandelt wird. Bei sorgfältiger Bilanzanalyse über mehrere Jahre vermittelt der Jahresabschluss

- ❑ einen genauen Einblick in die Ertrags-, Finanz- und Vermögenslage des Unternehmens,
- ❑ er lässt wirtschaftlicheTrends erkennen und
- ❑ liefert dem Betriebsrat Anhaltspunkte für gezielte Fragen.

Im Juni 1990 hat der Nationalrat das Rechnungslegungsgesetz (RLG) beschlossen (BGBl Nr 475/1990). Viele ExpertenInnen bescheinigen diesem Gesetz, dass es gegenüber der alten Rechtslage für externe Interessenten (ArbeitnehmerInnen, Gläubiger, Öffentlichkeit) eine wesentliche Verbesserung des Einblicks in die Lage eines Unternehmens gebracht hat. Vor allem die verbesserte Gestaltung der Gewinn- und Verlustrechnung sowie die Ergänzungen von Bilanz und GuV durch den Anhang tragen dazu bei. Durch die Einbeziehung der Kapitalgesellschaft & Co (zB GmbH & Co KG) ist überdies der Kreis der einer qualifizierten Rechnungslegung unterliegenden Unternehmensformen erweitert worden. Weiters sind ab 1. 1. 1994 Konzerne mit einer Kapitalgesellschaft an der Spitze ab dem Erreichen bestimmter Größenmerkmale (Umsatz, Bilanzsumme, Beschäftigtenzahl) zur Aufstellung eines Konzernabschlusses und Konzernlageberichts verpflichtet. Mittlerweile wurde die 4. und 7. EG-Richtlinie zur Rechnungslegung vollständig umgesetzt und mit dem Konzernabschlussgesetz (1999) ein weiterer Schritt zur Internationalisierung der Rechnungslegung gesetzt.

Durch die nunmehr verbesserte Rechnungslegung ist auch die Bedeutung der Analyse des Jahresabschlusses bzw des Konzernabschlusses weiter gestiegen. Von dieser Verbesserung der Rechtslage profitieren auch die ArbeitnehmervertreterInnen, sodass deren Anliegen durch eine aussagekräftigere Bilanz und Gewinn- und Verlustrechung nun besser unterstützt werden können.

Das vorliegende Buch gibt dem(r) LeserIn die Möglichkeit, selbstständig das Wesen der Bilanz und Gewinn- und Verlustrechnung sowie deren

Aussagekraft kennen zu lernen. Darüber hinaus bieten die überbetrieblichen Interessensvertetungen regelmäßig Schulungen an, in denen die ArbeitnehmervertreterInnen mit dem Jahresabschluss vertraut gemacht werden.

Bevor die Grundlagen des Jahresabschlusses sowie der Bilanzanalyse ausführlich behandelt werden, beschäftigt sich der erste Abschnitt des Buches mit den rechtlichen Voraussetzungen der Vorlage der Bilanz an den Betriebsrat sowie den Mitwirkungsmöglichkeiten der ArbeitnehmervertreterInnen in wirtschaftlichen Angelegenheiten im Allgemeinen. Das Wissen über die nach langwierigen Verhandlungen erreichten Rechte ist Grundvoraussetzung für eine effiziente Tätigkeit in den Organen der Arbeitnehmervertretung.

2. Wirtschaftliche Mitbestimmungsrechte der Arbeitnehmervertreter

Im Gegensatz zu den deutlich stärker ausgeprägten Mitwirkungsrechten in personellen und sozialen Fragen beschränkt der Gesetzgeber die wirtschaftlichen Mitbestimmungsrechte weitgehend auf Informations-, Vorschlags- und Beratungsrechte. Dies sollte die Arbeitnehmervertretung jedoch keinesfalls daran hindern, diesen Mitwirkungsrechten weniger Bedeutung beizumessen. Gerade die wirtschaftliche Lage des Betriebes, oftmals ausgedrückt durch betriebswirtschaftliche Kennzahlen, wird von den Führungskräften gerne als Argumentationsgrundlage in Verhandlungen über personelle oder soziale Angelegenheiten herangezogen.[1]

Wenn von Arbeitnehmermitbestimmung in wirtschaftlichen Angelegenheiten die Rede ist, so ist zunächst zwischen den Mitbestimmungsrechten, die dem Betriebsrat zustehen, und jenen, die die entsendeten ArbeitnehmervertreterInnen im Aufsichtsrat wahrnehmen, zu unterscheiden.

2.1 Wirtschaftliche Mitwirkungsrechte des Betriebsrats

Das Recht des Betriebsrats auf Ausfolgung des Jahresabschlusses und der erforderlichen Erläuterungen durch den Betriebsinhaber ist in § 108 ArbVG geregelt.

In diesem Paragraphen werden auch die in den §§ 91 und 92 ArbVG allgemein formulierten wirtschaftlichen Informations- und Beratungsrechte des Betriebsrats präzisiert, weshalb § 108 ArbVG für die Mitwirkung der ArbeitnehmerInnen in wirtschaftlichen Angelegenheiten eine zentrale Bedeutung zukommt.

---

1 Haas-Laßnigg in Cerny/Haas-Laßnigg/Schwarz: Arbeitsverfassungsrecht, Band 3, Wien, 1994, S 263 ff

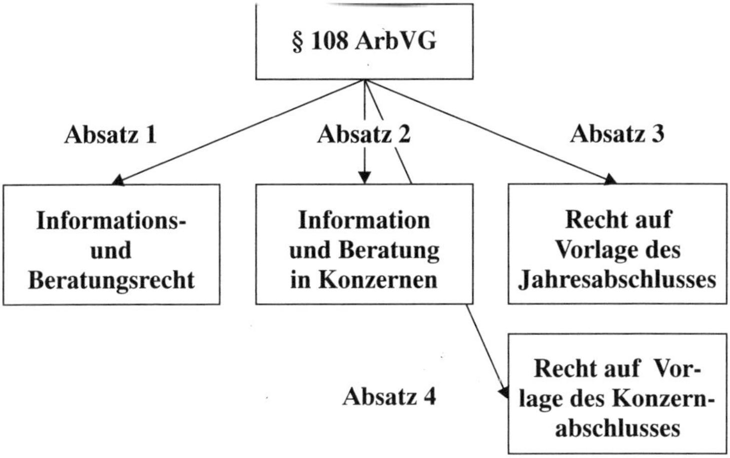

2.1.1 Informations- und Beratungsrecht des Betriebsrats

Das Auskunftsrecht (§ 108 Abs 1 ArbVG) des Betriebsrats erstreckt sich auf alle Informationen, die notwendig sind, um die wirtschaftliche Lage beurteilen zu können. Konkret zählt das Gesetz folgende Angelegenheiten auf, über die der Betriebsrat zu informieren ist:

- ❑ Art und Umfang der Erzeugung;
- ❑ Auftragsstand;
- ❑ mengen- und wertmäßiger Absatz;
- ❑ Investitionsvorhaben;
- ❑ geplante Maßnahmen zur Hebung der Wirtschaftlichkeit.

Über die aufgezählten Wirtschaftsdaten und Maßnahmen kann der Betriebsrat jederzeit vom Betriebsinhaber Auskunft verlangen und ist nicht auf die periodischen Beratungen gemäß § 92 ArbVG angewiesen. Zu beachten ist allerdings, dass der Betriebsrat in seiner Anfrage auf den Zusammenhang mit Arbeitnehmerinteressen hinweist. Diese sind durch die wirtschaftliche Lage des Unternehmens jedenfalls gegeben.[2]

2 Haas-Laßnigg in Cerny/Haas-Laßnigg/Schwarz, S 264

Das Informationsrecht des Betriebsrats beschränkt sich dabei nicht auf die aktuelle wirtschaftliche Lage, sondern es sind ihm auch jene Informationen zu geben, die eine Beurteilung der künftigen Entwicklung ermöglichen. So ist der Betriebsrat über Budget, Pläne und Vorschaurechnungen zu informieren. Durch dieses umfassende Informationsrecht erhält der Betriebsrat frühzeitig Hinweise auf eventuell eintretende wirtschaftliche Probleme, die auch noch andere Mitwirkungsmöglichkeiten auslösen könnten (zB Mitwirkung bei Betriebsänderung gem § 109 ArbVG). Aber auch positive Entwicklungen können vom Betriebsrat zum Anlass genommen werden, um Anliegen der Belegschaft einzufordern.

Weiters ist der Betriebsrat berechtigt, dem Betriebsinhaber Maßnahmen im Zusammenhang mit der wirtschaftlichen Lage vorzuschlagen (Interventionsrecht). Der Gesetzgeber fordert den Betriebsrat auf, bei der Erstellung von Wirtschaftsplänen (Erzeugungs-, Investitions-, Absatz-, Personal- und anderen Plänen) zum Wohle der ArbeitnehmerInnen und des Betriebes mitzuarbeiten. Alle zur Mitarbeit erforderlichen Unterlagen sind ihm hierfür vom Betriebsinhaber zur Verfügung zu stellen.

Kommt der Betriebsinhaber seinen Informationspflichten nicht nach (zB keine Informationserteilung, kein Beratungstermin), so bleibt dem Betriebsrat letztlich der Weg zum Arbeits- und Sozialgericht gem § 50 Abs 2 ASGG (Arbeits- und Sozialgerichtsgesetz) offen.

2.1.2 Das Recht des Betriebsrats auf Information und Beratung in Konzernen

Dieses Recht des Betriebsrats, welches unabhängig von der Bildung einer Konzernvertretung gem § 88 a ArbVG besteht, soll sicherstellen, dass in Konzernen (vgl § 15 AktG Konzernbegriff) der Betriebsrat über Maßnahmen, die von der Konzernmutter geplant werden, nicht nur informiert wird, sondern auch darüber beraten kann. Das Informationsrecht kommt allerdings nur bei Betriebsänderungen oder ähnlichen wichtigen Angelegenheiten, die erhebliche Auswirkungen auf die Arbeitnehmerschaft haben, zur Anwendung (zB gesellschaftsrechtliche Verselbstständigungen).

In österreichischen Konzernen kann sowohl der Betriebsrat des herrschenden Unternehmens als auch jener des abhängigen Unternehmens das Informations- und Beratungsrecht wahrnehmen; der Gesprächspartner des Betriebsrats ist der seiner organisatorischen Ebene entsprechende Arbeitgebervertreter.

Durch die ArbVG-Novelle 1993 wurde das wirtschaftliche Informations- und Beratungsrecht des Betriebsrats für den Fall einer Betriebsänderung konkretisiert. § 108 Abs 2a ArbVG bestimmt nunmehr, dass in Angelegenheiten des Überganges, der rechtlichen Verselbstständigung, des Zusammenschlusses oder der Aufnahme von Betrieben oder Betriebsteilen der Betriebsrat rechtzeitig und im Vorhinein zu informieren ist. Rechtzeitig ist die Information dann, wenn noch keine Maßnahmen zur Umsetzung der geplanten Änderungen getroffen wurden, sodass die ArbeitnehmervertreterInnen entsprechend § 109 ArbVG (Betriebsänderung) noch Einfluss auf die beabsichtigte Betriebsänderung nehmen können. Der Gesetzgeber zählt im Einzelnen auf, worüber der Betriebsinhaber zu informieren hat. Die Informationspflicht umfasst gem § 108 Abs 2a ArbVG:

- ❑ den Grund für diese Maßnahme;
- ❑ die sich daraus ergebenden rechtlichen, wirtschaftlichen und sozialen Folgen für die ArbeitnehmerInnen;
- ❑ die hinsichtlich der ArbeitnehmerInnen in Aussicht genommenen Maßnahmen.

Die Begründung und Konkretisierung der Folgen der beabsichtigten Änderungen erleichtern dem Betriebsrat die Entscheidung, welche Maßnahmen er bereit ist, mitzutragen. Da die Auswirkungen von Betriebsänderungen immer sehr komplex sind, sollten die überbetrieblichen Interessensvertretungen zur Unterstützung eingeschaltet werden. Führt die Betriebsänderung zu erheblichen Nachteilen für die ArbeitnehmerInnen, so kann das als Anlass für die Erstellung eines Sozialplanes nach § 109 ArbVG genommen werden.

2.1.3 Recht auf Vorlage des Jahresabschlusses

Der Anspruch des Betriebsrats auf Ausfolgung des Jahresabschlusses ist in § 108 Abs 3 ArbVG geregelt:[3]

„In Handelsbetrieben, Banken und Versicherungsunternehmen, in denen dauernd mindestens 30 Arbeitnehmer beschäftigt sind, in sonstigen Betrieben, in denen dauernd mindestens 70 Arbeitnehmer beschäftigt sind, sowie in Industrie- und Bergbaubetrieben hat der Betriebsinhaber dem Betriebsrat jährlich, spätestens einen Monat nach der Erstellung eine Abschrift des Jahresabschlusses und des Anhangs mit Ausnahme der Angaben des § 239 Abs 1 Z 2 bis 4 HGB für das vergangene Geschäftsjahr zu übermitteln. Geschieht dies nicht innerhalb von sechs Monaten nach dem Ende des Geschäftsjahres, so ist dem Betriebsrat durch Vorlage eines Zwischenabschlusses oder anderer geeigneter Unterlagen vorläufig Aufschluss über die wirtschaftliche und finanzielle Lage des Betriebes zu geben. Dem Betriebsrat sind die erforderlichen Erläuterungen und Aufklärungen zu geben."

2.1.3.1 Vorlagepflicht

Die Vorlage des Jahresabschlusses samt Erläuterungen an den Betriebsrat ist laut Arbeitsverfassungsgesetz abhängig von der jeweiligen Beschäftigtenanzahl und der Betriebszuordnung.

3 Die Angaben des § 239 Abs 1 Z 2 bis 4 HGB im Gesetzestext beziehen sich im Wesentlichen auf die Bezüge von Vorstands- und Aufsichtsratsmitgliedern.

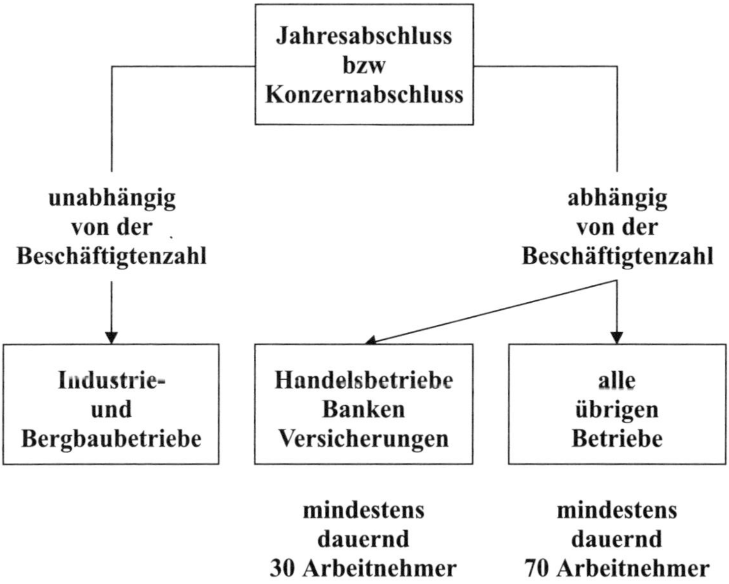

Industrie- und Bergbaubetriebe

Bei Industrie- und Bergbaubetrieben hat die Ausfolgung des Jahresabschlusses **unabhängig** von der Beschäftigtenanzahl zu erfolgen. Ein Gewerbe bekommt dann den Status eines Industriebetriebes, wenn es dessen Fachverband angehört. Eine Überprüfung hinsichtlich der richtigen Zuordnung kann von den jeweiligen Kollektivvertragspartnern bzw gesetzlichen Interessensvertretungen beantragt werden, wobei folgende Merkmale, sofern sie für die Gestaltung des Arbeitsablaufs bedeutsam sind, nach § 7 der Gewerbeordnung als bestimmend für einen Industriebetrieb angegeben werden:[4]

- ❑ hoher Einsatz von Anlage- und Betriebskapital;
- ❑ Verwendung andersartiger als der dem Handwerk und den gebundenen Gewerben gemäßen Maschinen und technischen Einrichtungen oder Verwendung einer Vielzahl von Maschinen und technischen Einrichtungen gleichen Verwendungszwecks;

4 Vgl dazu: Haas-Laßnigg in Cerny/Haas-Laßnigg/Schwarz, S 270 f; Hess/Moritz/Svoboda: Bilanz und Bilanzanalyse, Wien 1981, S 22 ff

- Einsatz von Maschinen und technischen Einrichtungen überwiegend in räumlich und organisatorisch zusammenhängenden Betriebsstätten;
- serienmäßige Erzeugung, typisierte Verrichtungen;
- weit gehende Arbeitsteilung im Rahmen eines vorbestimmten Arbeitsablaufs;
- größere Zahl von ständig beschäftigten ArbeitnehmerInnen und Überwiegen der nur mit bestimmten regelmäßig wiederkehrenden Teilverrichtungen beschäftigten Arbeitskräfte oder automatisierte Betriebsweise;
- organisatorische Trennung in eine technische und eine kaufmännische Führung, wobei sich die Mitarbeit des Gewerbetreibenden im Wesentlichen auf leitende Tätigkeiten beschränkt.

Für das Vorliegen eines Industriebetriebes müssen nicht alle beschriebenen Merkmale zutreffen; es ist jedoch darauf zu achten, dass sie gegenüber den für andere Betriebsformen sprechenden Merkmalen überwiegen.

Handelsbetriebe, Banken und Versicherungsanstalten

Der Betriebsinhaber dieser Betriebe muss dem Betriebsrat dann eine Abschrift des Jahresabschlusses übermitteln, wenn dauernd mindestens 30 ArbeitnehmerInnen beschäftigt sind. Die Zahl der Beschäftigten bezieht sich hiebei auf den gesamten Betrieb und nicht auf die einzelnen Gruppen der Arbeiter und Angestellten. „Dauernd beschäftigt" ist nach herrschender Meinung dahin zu interpretieren, dass während des überwiegenden Teils des Jahres 30 ArbeitnehmerInnen beschäftigt sind. Demnach hat ein nur kurzfristiges Absinken dieser Zahl nicht den Verlust des Rechts auf Ausfolgung des Jahresabschlusses zur Folge.

Alle übrigen Betriebe

In diese Kategorie fallen alle jene Betriebe, die weder einen Industrie- oder Bergbaubetrieb darstellen noch zu den Handelsbetrieben, Banken oder Versicherungsanstalten zu zählen sind (zB Gewerbebetrieb). In diesen Betrieben beträgt die für die Bilanzausfolgung erforderliche Beschäftigtenzahl 70 ArbeitnehmerInnen.

Die Arbeiterkammer fordert seit langem die Herabsetzung der für die Vorlage des Jahresabschlusses notwendigen Beschäftigtenzahlen. Angesichts der strenger gewordenen Publizitätsvorschriften – alle Kapitalgesellschaften müssen ihren Jahresabschluss zumindest teilweise offen legen – sind die Größenvoraussetzungen nicht mehr zeitgemäß und bedürfen dringend einer Novellierung.

2.1.3.2 Zeitpunkt der Übermittlung des Jahresabschlusses

Das ArbVG bestimmt, dass der Betriebsinhaber dem Betriebsrat eine Abschrift des Jahresabschlusses und des Anhanges von sich aus, das heißt ohne entsprechendes Verlangen des Betriebsrats, zu übermitteln hat. Eine mündliche Mitteilung über den Inhalt des Jahresabschlusses bzw dessen Auflage zur Einsichtnahme genügt somit nicht. Durch die Anpassung des ArbVG an das Handelsgesetzbuch (HGB) wurde klargestellt, dass sich der Anspruch auf den handelsrechtlichen Jahresabschluss bezieht. Der Zeitpunkt der Übermittlung ist mit spätestens einem Monat nach Jahresabschlusserstellung begrenzt. Die gesetzlichen Vertreter (Vorstand bzw Geschäftsführer) von Kapitalgesellschaften müssen in den ersten fünf Monaten des Geschäftsjahres für das vorangegangene Geschäftsjahr den Jahresabschluss einschließlich Anhang und Lagebericht aufstellen. § 108 (3) ArbVG sieht deshalb für die Vorlage des Jahresabschlusses an den Betriebsrat eine Frist von **längstens 6 Monate** nach dem Ende des Geschäftsjahres vor. Bei Nichteinhaltung der sechsmonatigen Vorlagefrist hat der Betriebsinhaber durch Vorlage eines Zwischenabschlusses oder anderer geeigneter Unterlagen vorläufig Aufschluss über die wirtschaftliche und finanzielle Lage des Betriebes zu geben.

Es ist darauf hinzuweisen, dass es sich bei der vorgesehenen Monatsfrist um keine Fallfrist handelt. Der Betriebsrat kann auch die Ausfolgung von Bilanzen früherer Geschäftsjahre verlangen, sofern eine Vorlage seinerzeit unterblieben und es für die Beurteilung der wirtschaftlichen Lage des Betriebes und seiner Entwicklung erforderlich ist (VwGH 29. 10. 80, Z 1703 und 2343/80).

2.1.3.3 Das Recht des Betriebsrats auf Beratung durch die Interessensvertretungen

Sobald der Betriebsrat den Jahresabschluss in Händen hält, stellt sich die Frage des Beratungsrechts. Darf der Betriebsrat bzw Arbeitnehmervertreter im Aufsichtsrat bei der Analyse des Jahresabschlusses externe Berater beiziehen? Wenn ja, an wen darf/kann man sich wenden?

Dazu folgende Klarstellung:

Gem § 39 Abs 4 ArbVG haben die Organe der Arbeitnehmerschaft in allen Angelegenheiten (und somit auch in wirtschaftlichen) das Recht, zu ihrer Beratung die zuständige freiwillige Berufsvereinigung oder gesetzliche Interessensvertretung der ArbeitnehmerInnen beizuziehen. Der mitunter vertretenen Meinung, wonach der Inhalt der Bilanz ausnahmslos geheim zu halten sei und daher „Außenstehenden", also auch den Gewerkschaften und Arbeiterkammern, an die sich der Betriebsrat zur Beratung und Unterstützung wendet, nicht bekannt gegeben werden dürfe, kann somit keinesfalls zugestimmt werden.

Geheimhaltungspflichtige Daten (Wirtschaftsprüfberichte, nicht offenlegungspflichtige Jahresabschlüsse) können im Rahmen von Beratungen durch außenstehende Experten diesen gegenüber offenbart werden. Voraussetzung dafür ist, dass

- ❑ dies sachlich notwendig ist und
- ❑ ihre Beurteilung bzw Analyse zur Wahrung der Interessensvertretungsaufgabe des Betriebsrates erforderlich ist.[5]

Sachlich notwendig wird die Beiziehung eines Experten vor allem dann sein, wenn der Betriebsrat unsicher über die Beurteilung der wirtschaftlichen Lage ist. Zum Schutz vor unerlaubter Weitergabe an Dritte dürfen nur solche Berater hinzugezogen werden, die kraft ihres Berufes zu solchen Tätigkeiten berufen und an eine Verschwiegenheitspflicht gebunden sind. Dies trifft auf die in bilanzrechtlichen Fragen ausgebildeten ExpertInnen der zuständigen Gewerkschaft und/oder Arbeiterkammer zu. Die Frage, ob der Betriebsrat bzw die Arbeitnehmervertreter im Aufsichtsrat zur Analyse des Jahresabschlusses bzw des Wirtschaftsprüfberichtes[6] Berater der zuständigen Gewerkschaft und/oder Arbeiterkammer beziehen können, ist deshalb mit einem klaren Ja zu beantworten.

5 Cerny: Arbeitsverfassungsgesetz, Wien 1988, S 517

6 Nur die ArbeitnehmervertreterInnen im Aufsichtsrat haben Anspruch auf den Jahresabschlussprüfbericht. Näheres siehe Kapitel 3.1.4 Der Wirtschaftsprüfbericht

2.1.3.4 Strafsanktionen im Zusammenhang mit dem Jahresabschluss

Streitigkeiten werden sich im Zusammenhang mit der Ausübung der Rechte gemäß § 108 Abs 3 ArbVG vor allem dann ergeben, wenn der Betriebsinhaber sich weigert, seinen Informationspflichten nachzukommen. In diesem Fall kann das zuständige Organ der Arbeitnehmerschaft seinen Anspruch auf Ausfolgung des Jahresabschlusses samt Erläuterungen durch Leistungsklage bei Gericht gem § 50 Abs 2 ASGG durchsetzen. Welches Organ der Arbeitnehmerschaft dazu berufen ist, hängt von der organisatorischen Struktur des Unternehmens ab. Grundsätzlich werden, sofern § 113 ArbVG nicht anders bestimmt, die wirtschaftlichen Informations- und Beratungsrechte vom Betriebsrat wahrgenommen. In einem Betrieb mit einem Betriebsrat ist dieser der Empfänger der Unterlagen und damit zuständiges Organ im Falle einer Klage beim Arbeits- und Sozialgericht. Ist in einem Unternehmen ein Zentralbetriebsrat zu errichten bzw besteht ein Betriebsausschuss, so steht das Recht auf Vorlage des Jahresabschlusses und damit die Möglichkeit der Leistungsklage ausschließlich dem Zentralbetriebsrat bzw Betriebsausschuss zu.

Die Pflicht des Betriebsinhabers, dem Betriebsrat den Jahresabschluss einschließlich Anhang und Erläuterungen zu übermitteln, steht darüber hinaus unter der Strafsanktion des § 160 Abs 2 Z 4 ArbVG. Das bedeutet, dass eine Nichtausfolgung der genannten Unterlagen von der Bezirksverwaltungsbehörde mit einer Geldstrafe bis zu 30.000 S zu ahnden ist. Voraussetzung für eine allfällige Bestrafung des Betriebsinhabers ist, dass das zuständige Organ der Arbeitnehmerschaft an die Bezirksverwaltungsbehörde einen entsprechenden Antrag stellt.[7]

2.1.4 Recht auf Vorlage des Konzernabschlusses

Besteht entsprechend den Bestimmungen des HGB die Pflicht zur Aufstellung eines Konzernabschlusses, so ist dieser einschließlich der erforderlichen Erläuterungen und Aufklärungen einen Monat nach der Erstellung, längstens 6 Monate nach dem Abschlussstichtag dem Be-

---

7 Vgl dazu: Haas-Laßnigg in Cerny/Haas-Laßnigg/Schwarz, S 270 f; Hess/Moritz/Svoboda: aaO, S 22 ff

triebsrat bzw dem gem § 113 ArbVG zuständigen Organ der Arbeitnehmervertretung zu übermitteln. Eine analoge Anwendung erfolgt, wenn ein österreichischer Teilkonzernabschluss zu erstellen ist.

Diese Bestimmung erstreckt sich jedoch nicht auf ausländische Konzernabschlüsse, in die Tochterunternehmen mit Sitz im Inland einbezogen sind. Durch die Konzernabschlussbefreiungsverordnung besteht aber ein gesetzlicher Anspruch des Aufsichtsrats der inländischen Konzernspitze und somit auch der ArbeitnehmervertreterInnen in diesem Gremium auf Aushändigung des ausländischen Konzernabschlusses.[8]

2.2 Wirtschaftliche Mitwirkungsrechte der Arbeitnehmervertreter im Aufsichtsrat

Der Aufsichtsrat ist das **Kontrollorgan** in Kapitalgesellschaften (AG, GmbH) und hat als Hauptaufgabe die **Überwachung der Geschäftsführung**. Insbesondere gehört zur Überwachungsaufgabe dazu:

- ❑ Zustimmung zu besonders wichtigen Geschäftsführungsmaßnahmen (= zustimmungspflichtige Geschäfte);
- ❑ Bestellung und Abberufung des Vorstandes (nur AG);
- ❑ Überprüfung des Jahresabschlusses;
- ❑ Feststellung des Jahresabschlusses (nur AG);
- ❑ Einberufung einer außerordentlichen Haupt- bzw Generalversammlung, wenn dies zum Wohl der Gesellschaft erforderlich ist.

Besonders wichtig sind die zustimmungspflichtigen Geschäfte sowie die Überprüfung bzw Feststellung des Jahresabschlusses.[9] Die ArbeitnehmervertreterInnen im Aufsichtsrat sind daher gesetzlich verpflichtet, sich kritisch mit dem Jahresabschluss auseinander zu setzen.[10]

---

8 Über die Bedeutung des Konzernabschlusses siehe Kapitel 4. Konzernrechnungslegung

9 Die Aufgaben und Rechte der Aufsichtsratsmitglieder werden ausführlich behandelt in: Geppert/Moritz: Gesellschaftsrechtsänderungsgesetz, Wien 1984

10 Die Entsendung der ArbeitnehmervertreterInnen in den Aufsichtsrat ist in § 110 ArbVG geregelt.

2.2.1 Zustimmungspflichtige Geschäfte

Folgende Geschäftsführungsmaßnahmen dürfen vom Vorstand bzw Geschäftsführer nur mit Zustimmung des Aufsichtsrats durchgeführt werden (vgl § 95 Abs 5 AktG bzw § 30j Abs 5 GmbHG):

- ❑ Erwerb und Veräußerung von Beteiligungen;
- ❑ Erwerb, Veräußerung, Stilllegung von Unternehmen und Betrieben;
- ❑ Erwerb, Veräußerung und Belastung von Liegenschaften;
- ❑ Errichtung und Schließung von Zweigniederlassungen;
- ❑ Investitionen, die bestimmte Anschaffungskosten im Einzelnen und insgesamt in einem Geschäftsjahr übersteigen;
- ❑ die Aufnahme von Anleihen, Darlehen und Krediten, die einen bestimmten Betrag im Einzelnen und insgesamt in einem Jahr übersteigen;
- ❑ Gewährung von Darlehen und Krediten, soweit sie nicht zum gewöhnlichen Geschäftsbetrieb gehören und einen bestimmten Betrag im Einzelnen und insgesamt in einem Geschäftsjahr übersteigen;
- ❑ Aufnahme und Aufgabe von Geschäftszweigen und Produktionsarten;
- ❑ Festlegung allgemeiner Grundsätze der Geschäftspolitik;
- ❑ Festlegung von Grundsätzen über die Gewährung von Gewinn- oder Umsatzbeteiligungen und Pensionszusagen an leitende Angestellte;
- ❑ die Erteilung der Prokura (nur AG).

Wie aus der Aufstellung eindeutig hervorgeht, handelt es sich bei den zustimmungspflichtigen Geschäften nicht um gewöhnliche oder laufende Geschäfte. Vielmehr sind die unternehmenspolitischen Entscheidungen Inhalt der zustimmungspflichtigen Geschäfte.

Neben Investitions- und Finanzierungsentscheidungen werden ua die Errichtung und Schließung von Zweigniederlassungen, Erwerb und Veräußerung von Beteiligungen sowie Stilllegungen genannt – also Maßnahmen, die in den Bereich unternehmensstrategischer Entscheidungen fallen. Diese gesetzlich verpflichtend vorgegebene Zustimmungspflicht des Aufsichtsrats zu bestimmten Geschäften, die noch durch Satzungs- oder Aufsichtsratsbeschlüsse erweitert werden können (vgl § 95 Abs 5 AktG), ist die wichtigste Einwirkungsmöglichkeit des Aufsichtsrats auf die Unternehmenspolitik. So kann beispielsweise der Aufsichtsrat über seine Zustimmungsbefugnis Einfluss auf die Beteiligungspolitik des Vorstandes nehmen.

Zu den in § 95 Abs 5 Z 4, 5 und 6 AktG genannten Geschäften (Investitionen, Kreditaufnahme, Darlehensvergabe) hat die Satzung oder der Aufsichtsrat Betragsgrenzen festzusetzen. Diese müssen dergestalt gewählt werden, dass die Zustimmungserfordernis des Aufsichtsrats bei Geschäften, die nach Art und Umfang für die Gesellschaft von Bedeutung sind, gegeben ist. Darüber hinaus hat der Gesetzgeber mit der Formulierung „Festlegung allgemeiner Grundsätze der Geschäftspolitik" den Vorstand verpflichtet, mit dem Aufsichtsrat die langfristige Geschäftspolitik abzustimmen. Gleichzeitig ist der Aufsichtsrat verpflichtet, durch die auferlegte Zustimmungspflicht (Mit)Verantwortung zu übernehmen.

An dieser Stelle muss darauf hingewiesen werden, dass dem Aufsichtsrat nicht das Recht zusteht, dem Vorstand Weisungen zu erteilen. Er kann lediglich einzelne Geschäfte, die über den normalen Umfang hinausgehen bzw die die langfristige Geschäftspolitik betreffen, durch sein Vetorecht vor der Realisierung stoppen. Geppert/Moritz sprechen deshalb folgerichtig von einer Art „Präventivkontrolle", wodurch bei wichtigen Geschäften die Überwachung der Unternehmensleitung in das Stadium der Entscheidungsvorbereitung verlegt wird. Der Aufsichtsrat nimmt auf diese Weise an der Entscheidungsfindung in Geschäftsführungsfragen teil und muss sich ein eigenes Urteil hinsichtlich der Zweckmäßigkeit, Wirtschaftlichkeit und der sozialen Auswirkungen der vom Vorstand beabsichtigten Maßnahmen bilden.[11]

2.2.2 Überprüfung und Feststellung des Jahresabschlusses

Eine zweite, mit großer Verantwortung verbundene Aufgabe, die dem Aufsichtsrat obliegt, ist die Feststellung (AG) bzw Überprüfung (GmbH) des Jahresabschlusses. Der Gesetzgeber hat im Insolvenzrechtsänderungsgesetz 1997 der fachkundigen Behandlung des Jahresabschlusses großes Interesse gewidmet und zwei wichtige Neuerungen eingeführt. Besteht der Aufsichtsrat aus mehr als fünf Mitgliedern (Kapitalvertreter), so ist zur Prüfung und Vorbereitung der Feststellung des Jahresabschlusses jedenfalls ein Bilanzausschuss zu bestellen (vgl § 92 Abs 4 Satz 2

11 Geppert/Moritz: aaO, S 25 ff

AktG bzw § 30g Abs 4 GmbHG). Weiters wurde in § 93 Abs 1 AktG bzw § 30h GmbHG angeordnet, dass den Sitzungen des Aufsichtsrats bzw Bilanzausschusses, die sich mit der Prüfung und Feststellung des Jahresabschlusses beschäftigen, jedenfalls der Abschlussprüfer beizuziehen ist (siehe 3.2 Prüfung des Jahresabschlusses).

Gem § 125 Abs 2 AktG hat der Aufsichtsrat den vom externen Abschluss(Wirtschafts-)prüfer kontrollierten Jahresabschluss selbst zu prüfen, bevor er diesen feststellt, das heißt billigt.[12] Mit der Feststellung des Jahresabschlusses bestätigt der Aufsichtsrat die Rechtmäßigkeit, Zweckmäßigkeit und Wirtschaftlichkeit der Geschäftsführung. Außerdem ist mit der Billigung des Jahresabschlusses durch den Aufsichtsrat die Höhe des Bilanzgewinnes, welcher der Hauptversammlung für die Ausschüttung (Dividende) zur Verfügung steht, festgelegt. Die Höhe der von der Hauptversammlung zu beschließenden Dividende ist folglich mit dem Bilanzgewinn begrenzt. Jedes Aufsichtsratsmitglied hat deshalb Anspruch auf Aushändigung des Wirtschaftsprüfberichtes (vgl § 273 Abs 3 HGB), der als Basis für die Prüftätigkeit verwendet werden kann.

Eine weitere aus der Prüfung des Jahresabschlusses resultierende wichtige Aufgabe des Aufsichtsrats ist das rechtzeitige Erkennen von krisenhaften Entwicklungen des Unternehmens. Wenngleich der Abschlussprüfer bei Wahrnehmung einer den Bestand des Unternehmens gefährdenden Entwicklung zu berichten hat (Redepflicht gem § 273 HGB), ist die Krisenfrüherkennung primär Aufgabe des Aufsichtsrats.[13, 14]

Die Haftung der Aufsichtsratsmitglieder

Die Haftung der Aufsichtsratsmitglieder gegenüber der Gesellschaft für Pflichtverletzungen ist in gleicher Weise geregelt wie für Vorstandsmitglieder. Sofern der Aufsichtsrat durch einen Beschluss die Gesellschaft schädigt, kommt die Ersatzpflicht nach § 99 AktG dann zum Tragen, wenn die Aufsichtsratsmitglieder nicht im Stande sind, zu beweisen, pflichtgemäß oder zwar pflichtwidrig, aber nicht schuldhaft (fahrlässig oder vorsätzlich) gehandelt zu haben. Das bedeutet, dass hinsichtlich der Schadensverschuldung an der Gesellschaft ausdrücklich die Beweis-

---

12 Zum Wirtschaftsprüfbericht siehe Kapitel 3.1 Die Abschlussprüfung

13 Geppert/Moritz: aaO, S 115 ff

14 Zur Redepflicht siehe Kapitel 3.1.4.3 Die Berichtspflicht („Redepflicht") des Abschlussprüfers

lastumkehr gilt.[15] Der Schaden kann durch Unterlassung (zB Abberufung des Vorstandes nicht vorgenommen) oder positives Tun (zB durch Erteilung der Zustimmung zu einem Geschäft) herbeigeführt werden. Für eine eventuelle Haftung ist in allen Fällen Voraussetzung, dass der Schaden bei Anwendung der gebotenen Sorgfalt vorauszusehen war.

Für die Arbeitnehmervertreter im Aufsichtsrat gilt im Prinzip die gleiche Sorgfaltspflicht wie für die Kapitalvertreter. Im Allgemeinen erfüllen Aufsichtsratsmitglieder ihre Sorgfaltspflicht dann, wenn sie alle ihre Obliegenheiten mit der Sorgfalt erfüllen, die man von ordentlichen und gewissenhaften Aufsichtsratsmitgliedern objektiv erwarten kann. Dazu zählen ua:

- selbstständige Überprüfung des Jahresabschlusses;
- erhöhte Wachsamkeit bei wirtschaftlichen Schwierigkeiten;
- Teilnahme an sämtlichen Sitzungen des Aufsichtsrats;
- entsprechende Vorbereitung auf die jeweiligen Sitzungen.

Welche Möglichkeiten sind dem Aufsichtsrat bzw dessen Mitgliedern gegeben, um festgestellte Mängel in der Geschäftsführung abzustellen? Die Mittel, die zum Einschreiten zur Verfügung stehen, reichen von der Beanstandung von Mängeln bis hin zur vorzeitigen Abberufung des Vorstandes. Im Einzelnen können vom Aufsichtsrat folgende Maßnahmen zur Abstellung von Mängeln in der Geschäftsführung ergriffen werden:[16]

- Beanstandung von Mängeln in der Geschäftsführung;
- Erteilung von zweckentsprechenden Ratschlägen;
- Verweigerung der Zustimmung bei einem zustimmungspflichtigen Vorstandsgeschäft;
- Verweigerung der Billigung des Jahresabschlusses;
- Einberufung einer außerordentlichen Hauptversammlung;
- vorzeitige Abberufung des Vorstandes bzw von Vorstandsmitgliedern.

Die AR-Mitglieder haften bei Schädigung der Gesellschaft ohne Rücksicht auf den Grad ihres Verschuldens als Gesamtschuldner zur ungeteilten Hand (Vgl § 100 Abs 2 AktG bzw § 33 iVm § 25 Abs 2 GmbHG).

---

15 Schiemer/Jarbornegg/Strasser: Kommentar zum Aktiengesetz, 3. Auflage, Wien 1993, S 701 ff

16 Geppert/Moritz: Gesellschaftsrecht für Aufsichtsräte, Wien 1979, S 420 ff

Es muss in diesem Zusammenhang aber erwähnt werden, dass es bislang nur einen Fall gegegen hat, bei dem die Aufsichtsratsmitglieder zur Haftung herangezogen wurden.

2.2.3 Eingeschränkte Mitwirkungsmöglichkeiten des GmbH-Aufsichtsrats

Der Aufsichtsrat der GmbH hat eine deutlich schwächere Stellung als jener der AG. Zurückzuführen ist dieser Umstand auf die historische Entwicklung der GmbH. Der Gesetzgeber wollte mit der Schaffung der GmbH (1906) eine Gesellschaftsform bilden, die sich einerseits von der Kommanditgesellschaft durch das Fehlen eines persönlich haftenden Gesellschafters unterscheidet und andererseits der AG sehr nahe kommt, ohne dass die vielen im Aktiengesetz verankerten zwingenden gesetzlichen Vorschriften zur Anwendung kommen.[17] Das GmbH-Gesetz zeichnet sich deshalb vor allem durch seine große vertragliche Gestaltungsfreiheit und die besondere Stellung der Gesellschafter aus, was im eingeschränkten Verantwortungsbereich des Aufsichtsrats zum Ausdruck kommt.

2.2.3.1 Aufsichtsratspflicht nur unter bestimmten Voraussetzungen

Während die AG immer – unabhängig von ihrer Größe bzw der Arbeitnehmerzahl – einen Aufsichtsrat haben muss, ist bei der GmbH die gesetzliche Pflicht zur Errichtung eines Aufsichtsrats nur in bestimmten Fällen vorgesehen. Eine zwingende Verpflichtung zur Bestellung eines Aufsichtsrats besteht dann, wenn gem § 29 GmbH-Gesetz

- ❑ die Anzahl der ArbeitnehmerInnen der GmbH im Jahresdurchschnitt **dreihundert**
- ❑ oder das Stammkapital der GmbH 1 Mio S **und**
- ❑ die Anzahl der Gesellschafter fünfzig übersteigt.

---

17 Heidinger: Aufgaben und Verantwortlichkeit von Aufsichtsrat und Beirat der GmbH, Wien 1988, S 8 ff

Die Aufsichtsratspflicht wird somit nur mittelgroßen bis großen GmbHs zugemutet. Selbst bei einer durchschnittlichen Arbeitnehmerzahl von 300 ist die Aufsichtsratspflicht nicht für alle GmbHs bindend. Dann nämlich, wenn die GmbH unter einheitlicher Leitung einer aufsichtsratspflichtigen Kapitalgesellschaft steht (AG oder GmbH) oder von einer solchen auf Grund einer unmittelbaren Beteiligung von mehr als 50 Prozent beherrscht wird. Bei solchen Konzernuntergesellschaften in der Rechtsform einer GmbH besteht die Aufsichtsratspflicht erst, wenn sie mehr als 500 Beschäftigte im Jahresdurchschnitt aufweisen.[18] Es steht den Eigentümern selbstverständlich zu, freiwillig einen Aufsichtsrat zu bestellen. Ist allerdings ein Aufsichtsrat – fakultativ oder obligatorisch (freiwillig oder verpflichtend) – bestellt, so hat er, abgesehen von den nachstehend aufgezählten Unterschieden, grundsätzlich dieselben Rechte und Pflichten wie der AG-Aufsichtsrat.

2.2.3.2 Personalhoheit bei den Gesellschaftern

Das Organisationsrecht der GmbH ist geprägt von der Stellung der Generalversammlung als oberstes, willensbildendes Organ der Gesellschaft, womit den Gesellschaftern ein entscheidender Einfluss auf die Geschäftsführung zukommt. Dies äußert sich ua darin, dass die Bestellung und Abberufung der Geschäftsführer in die Kompetenz der Generalversammlung fällt. Für den Aufsichtsrat bedeutet das Fehlen der Personalhoheit gewiss eine große Schwäche.

2.2.3.3 Weisungsrecht der Gesellschafter

Während bei der AG der Vorstand eigenverantwortlich die Geschäftsführung wahrnimmt, haben die Gesellschafter der GmbH in allen Geschäftsführungsangelegenheiten ein Weisungsrecht gegenüber der Geschäftsführung (vgl § 20 Abs 1 GmbHG). Aus diesem Grund fühlen sich die Geschäftsführer primär den Gesellschaftern verantwortlich und werden auch bei Fehlleistungen hauptsächlich von ihnen zur Verantwortung gezogen.

In Konzernen werden Tochtergesellschaften vielfach als GmbH errichtet, um der Konzernleitung über die Generalversammlung der Tochter-

18 Reich-Rohrwig: Das österreichische GmbH-Recht, Wien 1983, S 235 ff

gesellschaften einen entsprechenden Einfluss auf die Geschäftsführung zu sichern. Tochtergesellschaften hingegen, die Aktiengesellschaften sind, können auf Grund des Aktiengesetzes nicht zu einem konzernkonformen Verhalten gezwungen werden (vgl § 70 AktG).[19] Die Einflussmöglichkeiten des GmbH-Aufsichtsrats, insbesondere was die langfristige Geschäftspolitik betrifft, werden dadurch begrenzt.

Allerdings kann der Gesellschaftsvertrag die Kompetenzen des Aufsichtsrats dahingehend vergrößern, dass ihm ein Weisungsrecht an die Geschäftsführer eingeräumt wird. Die Verfassung der AG schließt im Gegensatz dazu ein Weisungsrecht des Aufsichtsrats an den Vorstand zwingend aus.

2.2.3.4 Feststellung des Jahresabschlusses durch die Gesellschafter

Gem § 30 k Abs 1 GmbHG hat der Aufsichtsrat „den Jahresabschluss, den Vorschlag für die Gewinnverteilung und den Geschäftsbericht zu prüfen und der Generalversammlung darüber zu berichten". Grundsätzlich unterliegt der Aufsichtsrat der GmbH denselben Kontrollpflichten wie sein „großer Bruder" in der AG. Während aber der Aufsichtsrat der AG mit der Feststellung des Jahresabschlusses die Rechtmäßigkeit, Zweckmäßigkeit und Wirtschaftlichkeit der Geschäftsführung bestätigt und die Höhe des Bilanzgewinnes, der der Hauptversammlung für die Ausschüttung zur Verfügung steht, feststellt, ergibt sich für den GmbH-Aufsichtsrat eine schwächere Stellung. Dieser prüft den Jahresabschluss und berichtet darüber an die Generalversammlung. Die Verantwortung betreffend die Billigung des Jahresabschlusses kommt aber der Generalversammlung zu.

Exkurs: Wichtige gesellschaftsrechtliche Veränderungen durch das Insolvenzrechtsänderungsgesetz

Das Insolvenzrechtsänderungsgesetz 1997, welches am 1. Oktober 1997 in Kraft getreten ist, hat die Tätigkeit des Aufsichtsrats sowohl nach AktG als auch GmbHG aufgewertet und einige wesentliche Änderungen gebracht. Die wichtigsten Neuerungen sind:

19 Haas-Laßnigg: Arbeitnehmer-Mitbestimmung in Konzernen. In: Informationen über multinationale Konzerne, Wien 1990, S 17 ff

➢ Vierteljährliche Aufsichtsratssitzungen

Die Mindestanzahl der vom Aufsichtsrat im Geschäftsjahr abzuhaltenden Sitzungen wird von drei auf vier erhöht. Die Sitzungen haben vierteljährlich stattzufinden, um eine laufende Kontrolle der Geschäftsführung sicherzustellen (§ 94 Abs 3 AktG bzw § 30i Abs 3).

➢ Berichtspflichten des Vorstands (Geschäftführers) an den Aufsichtsrat

In Abweichung zum Aktiengesetz kannte das GmbH-Gesetz keine dem § 81 AktG analoge periodische Berichtspflicht der Geschäftsführer. Das Insolvenzrechtsänderungsgesetz 1997 (IRÄG 1997) hat die vierteljährliche schriftliche Berichtspflicht an den Aufsichtsrat auch für GmbHs verpflichtend eingeführt und die Berichtspflichten deutlich ausgeweitet. So hat der Vorstand (Geschäftsführer) mindestens einmal jährlich über grundsätzliche Fragen der künftigen Geschäftspolitik des Unternehmens zu berichten sowie die künftige Entwicklung der Vemögens-, Finanz- und Ertragslage anhand einer **Vorschaurechnung** (Planbilanz, Plan-Gewinn- und Verlustrechnung) darzustellen. Weiters hat der Vorstand (Geschäftsführer) in den Quartalberichten so genannte **Soll-Ist-Vergleiche** zur Vorschaurechnung unter Berücksichtigung der künftigen Entwicklung durchzuführen. Selbstverständlich ist auch weiterhin auf die aktuelle wirtschaftliche Lage des Unternehmens einzugehen. Jahres- und Quartalsberichte sind schriftlich zu erstellen und jedem Aufsichtsratsmitglied auszuhändigen. Sollten Tatsachen eintreten, die für die Rentabilität und Liquidität der Gesellschaft von erheblicher Bedeutung sind, ist dies dem Aufsichtsrat ebenfalls unverzüglich zu berichten (vgl § 81 AktG bzw § 28a GmbHG).

➢ Bilanzausschuss und Beiziehung des Abschlussprüfers zur Aufsichtsratssitzung

Wie bereits darauf hingewiesen, ist seit dem Inkrafttreten des IRÄG 1997 der Abschlussprüfer zwingend jenen Sitzungen des Aufsichtsrats bzw Bilanzausschusses beizuziehen, die sich mit der Feststellung oder Prüfung des Jahresabschlusses beschäftigen. Mit dieser Regelung sollte zum Ausdruck gebracht werden, dass der Abschlussprüfer primär ein Hilfsorgan des Aufsichtsrats darstellt und ihm bei der Behandlung des Jahresabschlusses unterstützend zur Seite stehen soll.

In großen Aufsichtsräten (mehr als 5 Kapitalvertreter) wurde angeordnet, dass ein Bilanzausschuss verpflichtend einzurichten ist, um eine fachkundige Behandlung des Jahresabschlusses zu gewährleisten. Der

Bilanzausschuss hat in einer Aktiengesellschaft die Aufgabe, den Jahresabschluss zu prüfen und seine Feststellung vorzubereiten (§ 92 Abs 4 AktG). Die Feststellung des Jahresabschlusses bleibt selbstverständlich dem Aufsichtsrat vorbehalten. Der Bilanzausschuss einer GmbH muss den Jahresabschluss, den Vorschlag für die Gewinnverteilung und den Lagebericht prüfen (§ 30g Abs 4 GmbHG) und hat dem Gesamtgremium zu berichten.

Der Grundsatz der Drittelbeteiligung von ArbeitnehmervertreterInnen im Aufsichtsrat gilt auch für den Bilanzausschuss (§ 110 Abs 4 ArbVG). Die Nominierung der ArbeitnehmervertreterInnen erfolgt durch die Arbeitnehmervertreter im Aufsichtsrat und nicht durch den Gesamtaufsichtsrat.

Durch die nunmehrige Beiziehung ist gewährleistet, dass die Ausschussmitglieder bei auftauchenden Fragen sofort die notwendigen und sachkundigen Informationen und Erklärungen vom Abschlussprüfer erhalten.

Auch wenn es einen Bilanzausschuss gibt, bleibt die Berichterstattung an die Haupt- bzw Generalversammlung trotzdem Sache des Gesamtaufsichtsrates. Das Aufsichtsratsplenum wird in seiner Meinungsbildung selbstverständlich den Bericht des Bilanzausschusses miteinbeziehen, darf sich aber nicht blindlings darauf verlassen. Der Gesamtaufsichtsrat bleibt letztlich weiterhin für die Prüfung des Jahresabschlusses in letzter Instanz zuständig.

2.3 Zusätzliche Informationsmöglichkeiten für Arbeitnehmervertreter

Für den Aufsichtsrat gilt, dass es keinerlei Geheimnisse zwischen ihm und dem Vorstand gibt. In Erfüllung seiner Überwachungspflicht kann der Aufsichtsrat nach § 95 AktG auch in die Bücher und Schriften der Gesellschaft Einsicht nehmen. Es muss jedoch betont werden, dass dieses Recht der Aufsichtsrat als Kollegialorgan wahrzunehmen hat. Das bedeutet, dass einzelne Aufsichtsratsmitglieder nicht von sich aus selbstständig die Bücher und Schriften der Gesellschaft prüfen dürfen, sondern nur der Gesamtaufsichtsrat. Beschließt dieser zB die Bildung eines Ausschusses zur Prüfung der Kostenrechnung, dann müssen die ArbeitnehmervertreterInnen entsprechend der Drittelparität auch im Ausschuss vertreten sein. Die ArbeitnehmervertreterInnen im Aufsichtsrat können daher nur dann die Bücher und Schriften der Gesellschaft einsehen, wenn sie vom Gesamtaufsichtsrat hiezu ermächtigt werden.

Das nachfolgende Schaubild gibt einen Überblick über eine Reihe von sonstigen betriebswirtschaftlichen Informationssystemen, die neben Buchhaltung und Jahresabschluss ebenfalls Bestandteil eines funktionierenden betrieblichen Rechnungswesens sind. Gemeinsam ist den nachstehenden Informationsquellen, dass es für deren Ausgestaltung kaum gesetzliche Regelungen gibt und für den Betriebsinhaber keine Pflicht zur Aushändigung dieser Materialien an den Betriebsrat besteht.

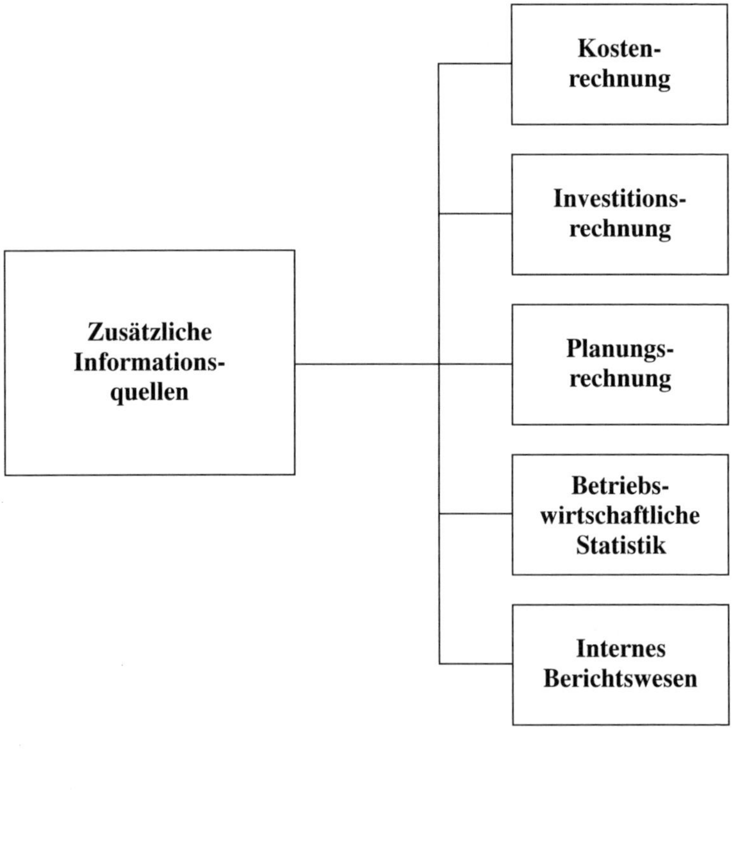

Kostenrechnung

Im Gegensatz zur Finanzbuchhaltung besteht keine gesetzliche Verpflichtung zur Führung einer Kostenrechnung. Die Kostenrechnung liefert die Grundlagen für die Kalkulation eines Produktes bzw einer Dienstleistung und dient als Maßstab für die Beurteilung der Wirtschaftlichkeit des Leistungsprozesses (Näheres dazu siehe Kapitel 19. Die Kostenrechnung).

Investitionsrechnung

Die Beschaffung von Betriebsmitteln wird als Investition bezeichnet. Zu diesen Betriebsmitteln gehört die gesamte technische Apparatur, die der Betrieb zur Leistungserstellung benötigt, wie Maschinen, Werkzeuge, Verkehrsmittel und Büroausstattung (damit auch Grundstücke und Gebäude). Die Investitionsrechnung soll als Entscheidungshilfe bei der Wahl von Investitionsprojekten dienen.

Da die Langfristigkeit der Investitionen in der Regel auch Auswirkungen auf die Belegschaft hat, nimmt die Auseinandersetzung mit der Investitionspolitik einen bedeutenden Platz in der Arbeit jeder Arbeitnehmervertretung ein (Näheres dazu siehe Kapitel 17. Investitionen).

Planungsrechnung

Die Planungsrechnung befasst sich mit der zukünftigen betrieblichen Entwicklung und ist damit eine wichtige Grundlage für betriebliche Dispositionen. Sie kann in Form eines Gesamtplans und/oder in Form von Einzelplänen (zB Beschaffungs-, Produktions-, Absatz-, Personal- und Finanzplan) zur Anwendung kommen. Wie bereits ausgeführt, ist der Betriebsrat berechtigt, bei der Erstellung von Wirtschaftsplänen mitzuwirken (siehe dazu in diesem Abschnitt Kapitel 2.1.1 Informations- und Beratungsrecht des Betriebsrats).

Betriebswirtschaftliche Statistik

Die betriebswirtschaftliche Statistik liefert ua durch das Vergleichen von betrieblichen Sachverhalten (zB der Entwicklung der Produktion, der Lagerbewegungen, der mengen- und wertmäßigen Umsätze in verschiedenen Monaten) zusätzliche Erkenntnisse über betriebliche Vorgänge. Die Statistik bedient sich dabei vor allem der Zahlen der Buchhaltung und der Kostenrechnung. Das in Form von Zahlenreihen, Tabellen, Schaubildern und anderen grafischen Darstellungen aufbereitete Zahlenmaterial dient speziell der betrieblichen Kontrolle, Planung und Disposition.

Internes Berichtswesen

Das interne Berichtswesen ist bei den einzelnen Unternehmen unterschiedlich ausgebaut. Zu ihren Teilgebieten zählen zum Beispiel Produktionsmeldungen, die Qualitätskontrolle und Lagerbestandsmeldungen. Ein wichtiges Teilgebiet ist die interne Revision, deren Aufgabe es ist, die Mitglieder der Geschäftsführung durch Erstellung von Gutachten, Analysen und Berichten über die geprüften Vorgänge zu informieren. Überprüft werden zum Beispiel die Plandaten und Planvorgaben mit den tatsächlich erzielten Werten (Soll-Ist-Vergleiche), um bei auftretenden Abweichungen frühzeitig gegensteuern zu können.

Den ArbeitnehmervertreterInnen steht nur ein kleiner Bruchteil des betriebswirtschaftlichen Informationssystems kraft Gesetzes zur Verfügung. Die Unternehmerseite besitzt daher einen bedeutenden Informationsvorsprung. In der Praxis gelingt es den Arbeitnehmervertretungen durch ihr Engagement und Verhandlungsgeschick aber immer wieder, über den gesetzlichen Mindestanspruch hinaus Informationen zu erhalten.

3. Prüfung, Offenlegung und Veröffentlichung des Jahresabschlusses

Die Jahresabschlüsse von Kapitalgesellschaften (GmbH, AG) und diesen gleichgestellten Personengesellschaften (zB GmbH & Co KG) unterliegen – abhängig von ihrer Größe – umfangreichen Prüfungs-, Offenlegungs- und Veröffentlichungsvorschriften. Für die ArbeitnehmervertreterInnen im Aufsichtsrat, denen eine wichtige Aufgabe im Zusammenhang mit dem Jahresabschluss zukommt (siehe Kapitel 2.2.2 Überprüfung und Feststellung des Jahresabschlusses), ist es unbedingt erforderlich, sich eingehend mit dem Inhalt des Prüfberichtes und dem Zweck des Bestätigungsvermerkes zu beschäftigen sowie über den gesetzlichen Fristenverlauf Bescheid zu wissen. Dieser Buchabschnitt widmet sich ausführlich diesem Themenbereich.

3.1 Die Abschlussprüfung

Die gesetzlichen Regelungen für die Jahresabschlussprüfung von Kapitalgesellschaften und diesen gleichgestellten Personengesellschaften (GmbH & Co KG) finden sich in den §§ 268–276 HGB. Mit dem Beitritt Österreichs zum Europäischen Wirtschaftsraum erfolgte eine erste Anpassung der österreichischen Rechnungslegungsvorschriften an die Bilanz-Richtlinie der Europäischen Union. Mittlerweile wurden die EG-Richtlinien zur Rechnungslegung vollständig umgesetzt. Die letzte inflationsbedingte Anpassung der Größenkriterien, die für die Einteilung der Kapitalgesellschaften in kleine, mittlere und große Unternehmen relevant ist, erfolgte mit Wirkung vom 1. September 2000.

Für die GmbH leitet sich aus der Größenklassifizierung auch die allenfalls gegebene Prüfungspflicht ab. Bei der Festlegung der Größenklassen ist auf drei Größenkriterien (Umsatz, Bilanzsumme, Arbeitnehmerzahl) abzustellen, wobei es darauf ankommt, dass zwei der drei Größenmerkmale an zwei aufeinander folgenden Jahren über- bzw unterschritten werden. Diese 2-Jahresregel führt dazu, dass die seit 1. September 2000 geltenden Größenkriterien erst bei der Jahresabschlusserstellung für das Jahr 2002 relevant werden.

3.1.1 Größenkriterien[20]

Gemäß § 221 Abs 1 HGB sind **kleine Kapitalgesellschaften** solche, die mindestens zwei der drei nachstehenden Merkmale an den beiden vorangehenden Geschäftsjahren nicht überschreiten:

- ❑ **3,125 € (43 Mio S) Bilanzsumme**
- ❑ **6,250 € (86 Mio S) Umsatzerlöse** in den zwölf Monaten vor dem Abschlussstichtag
- ❑ **50 Arbeitnehmer** im Jahresdurchschnitt, die Durchschnittszahl ist nach der Arbeitnehmerzahl an den jeweiligen Monatsletzten innerhalb des vorangegangenen Kalenderjahres zu berechnen; teilzeitbeschäftigte Arbeitnehmer und Heimarbeiter sind voll zu zählen.

Mittelgroße Kapitalgesellschaften sind solche, die mindestens 2 Größenkriterien für kleine Kapitalgesellschaften überschreiten und jeweils mindestens zwei der drei nachstehenden Merkmale unterschreiten.

- ❑ **12,5 Mio € (172 Mio S) Bilanzsumme**
- ❑ **25,0 Mio € (344 Mio S) Umsatzerlöse** in den zwölf Monaten vor dem Abschlussstichtag
- ❑ **250 Arbeitnehmer** im Jahresdurchschnitt

Eine **große Kapitalgesellschaft** liegt dann vor, wenn in zwei aufeinander folgenden Geschäftsjahren mindestens zwei der drei für mittelgroße Kapitalgesellschaften angeführten Merkmale überschritten werden. Sind Aktien oder andere Wertpapiere (zB Schuldverschreibungen, Gewinnscheine, Genussscheine) einer Gesellschaft an einer österreichischen Börse zum amtlichen Handel zugelassen oder in den geregelten Ver-

20 Größenklassen vor dem 1. September 2000: Kleine Kapitalgesellschaften: 37 Mio S Bilanzsumme, 74 Mio S Umsatzerlöse, 50 Arbeitnehmer; mittelgroße Kapitalgesellschaften: 150 Mio S Bilanzsumme, 300 Mio S Umsatzerlöse, 250 Arbeitnehmer.

kehr einbezogen, so ist diese Gesellschaft ohne Rücksicht auf Größenkriterien stets eine große Kapitalgesellschaft.[21]

Für Personengesellschaften gelten dann die für Kapitalgesellschaften maßgeblichen Vorschriften, wenn lediglich eine Kapitalgesellschaft und keine natürliche Person persönlich haftender Gesellschafter mit Vertretungsbefugnis ist. Betroffen von dieser Regelung ist in erster Linie die GmbH & Co KG (AG & Co KG), bei der nur die GmbH (AG) als persönlich haftender Gesellschafter auftritt.

3.1.2 Prüfungspflichtige Gesellschaften

Die Prüfung durch einen Abschlussprüfer ist durchzuführen, bevor Jahresabschluss und Lagebericht dem Aufsichtsrat vorgelegt werden. Die Abschlussprüfung ist zwingend vorgeschrieben. Sie kann selbst dann nicht unterlassen werden, wenn alle Anteilseigner und gesetzlichen Vertreter eines Unternehmens damit einverstanden sind. Hat keine Prüfung stattgefunden, so kann der Jahresabschluss nicht festgestellt, dh wirksam gemacht werden. Der Gesetzgeber bindet bei prüfungspflichtigen Gesellschaften die Rechtswirkung der Feststellung des Jahresabschlusses an seine vorherige Prüfung durch den Abschlussprüfer.[22]

Der Abschlussprüfer wird gemäß § 270 HGB vom Aufsichtsrat vorgeschlagen und von den Gesellschaftern gewählt. Die Aufsichtsratsmitglieder sind zur Teilnahme an der Hauptversammlung (Generalversammlung), die über die Bestellung des Abschlussprüfers zu entscheiden hat, einzuladen. Unverzüglich nach der Wahl hat der Aufsichtsrat den Prüfungsauftrag zu erteilen. Falls kein Aufsichtsrat besteht, erteilt den Prüfungsauftrag der Vorstand.

Welche Gesellschaften prüfungspflichtig sind, ergibt sich aus § 268 Abs 1 HGB. Der Jahresabschlussprüfung durch einen unabhängigen Wirtschaftsprüfer unterliegen:

---

21 Egger/Samer: Der Jahresabschluß nach dem Rechnungslegungsgesetz – Erstellung und Analyse, Wien 1992, S 123 ff

22 Mohr: Rechnungslegungsgesetz mit Erläuterungen, Wien 1990, S 107

- Aktiengesellschaften, unabhängig von ihrer Größe;
- große und mittelgroße GmbH;
- alle Kapitalgesellschaften mit gesetzlichem Aufsichtsrat (betroffen ist vor allem die Komplementär-GmbH in der GmbH & Co KG, sofern sie einen Aufsichtsrat einzurichten hat);
- für Kapitalgesellschaften gleichgestellte Personengesellschaften gelten die Rechtsvorschriften entsprechend der Rechtsform ihres geschäftsführenden Gesellschafters;
- Konzerne (siehe Kapitel 4. Konzernrechnungslegung).

Um die Frage der Prüfungspflicht bei der GmbH & Co KG beantworten zu können, sind die GmbH (Komplementär) und die Personengesellschaft (GmbH & Co KG) getrennt zu beurteilen. Das bedeutet, dass bei einer GmbH & Co KG, die mehr als 300 ArbeitnehmerInnen in GmbH und GmbH & Co KG zusammen beschäftigt, sowohl eine Prüfungspflicht für die Komplementär-GmbH, weil sie aufsichtsratspflichtig ist, wie auch für die GmbH & Co KG (da sie nach § 221 Abs 3 HGB wie eine große Kapitalgesellschaft zu behandeln ist) besteht.

Beispiel:

GmbH & Co KG (= Personengesellschaft) mit 220 Mio S Bilanzsumme, 350 Mio S Umsatzerlösen, 320 ArbeitnehmerInnen. GmbH ist als Komplementär einziger persönlich haftender Gesellschafter der Kommanditgesellschaft. Die GmbH beschäftigt einen Arbeitnehmer, der die Geschäftsführung in der GmbH & Co KG wahrnimmt. Die GmbH selbst erwirtschaftet keine Umsätze.

Feststellung der Prüfungspflicht:

Die Personengesellschaft (GmbH & Co KG) wird wie eine große Kapitalgesellschaft behandelt (vgl § 221 Abs 3 HGB), weil sie die Größenkriterien hiefür erfüllt **und** die GmbH einziger Komplementär-Gesellschafter der KG ist. Die GmbH & Co KG ist somit prüfungs- und offenlegungspflichtig.

Um festzustellen, ob die Komplementär-GmbH aufsichtsratspflichtig ist, werden die ArbeitnehmerInnen der Personengesellschaft und der Komplementär-GmbH zusammengezählt. Eine Aufsichtsratspflicht für die Komplementär-GmbH besteht dann, wenn beide Gesellschaften zusammen 300 und mehr ArbeitnehmerInnen im Jahresdurchschnitt beschäftigen. In unserem Beispiel ist die Komplementär-GmbH auf

Grund der Arbeitnehmeranzahl (GmbH & Co KG und GmbH haben insgesamt 321 ArbeitnehmerInnen) aufsichtsratspflichtig und somit auch prüfungspflichtig (vgl § 29 Abs 1 Z 4 GmbHG). In welchem Umfang die GmbH offenlegungspflichtig ist, hängt von den nur auf die GmbH bezogenen Größenkriterien Umsatz, Beschäftigtenzahl und Bilanzsumme ab. In der Regel – so wie im Beispiel – weist die Komplementär-GmbH eine geringe Beschäftigtenzahl aus, erwirtschaftet keinen Umsatz und ist somit als kleine GmbH nur beschränkt offenlegungspflichtig.[23]

In diesem Zusammenhang ist ganz besonders zu erwähnen, dass die ArbeitnehmervertreterInnen im Aufsichtsrat der Komplementär-GmbH sowohl auf den Prüfbericht der GmbH wie auf jenen der GmbH & Co KG (Personengesellschaft) einen gesetzlichen Anspruch haben.

3.1.3 Gegenstand und Umfang der Prüfung

Die Pflichtprüfung des Jahresabschlusses durch einen Abschlussprüfer erfüllt für einen weiten Interessentenkreis eine wichtige Informationsaufgabe. Diese besteht darin, sowohl die Organe des Unternehmens als auch Aktionäre, ArbeitnehmerInnen, Gläubiger und andere externe Interessenten über die Ordnungsmäßigkeit des Jahresabschlusses zu informieren. Ordnungsmäßigkeit ist gegeben, wenn die Unternehmensleitung gemäß den gesetzlichen Vorschriften Rechenschaft legt und die mit dem Jahresabschluss vermittelten Informationen klar und vollständig sind. Mit dem uneingeschränkten Bestätigungsvermerk bestätigt der Abschlussprüfer eine hinreichende Qualität der Informationen über Vermögens-, Finanz- und Ertragslage.[24]

Gegenstand und Umfang der Abschlussprüfung sind nach Einführung des Rechnungslegungsgesetzes für Einzel- und Konzernabschluss in § 269 HGB geregelt. Unter Prüfungsgegenstand versteht der Gesetzgeber die im Gesetz genannten Bestandteile der Rechnungslegung; dies sind Buchführung, Bilanz, Gewinn- und Verlustrechnung, Anhang so-

23 Zur Offenlegung siehe Kapitel 3.2.3 Fristenverlauf für Prüfung, Offenlegung und Veröffentlichung des Jahresabschlusses

24 Leffson: Wirtschaftsprüfung, 3. Auflage, Wiesbaden 1985, S 316 ff

wie Lagebericht. Nachstehend eine kurze Übersicht über Gegenstand und Zweck der Jahresabschlussprüfung:[25]

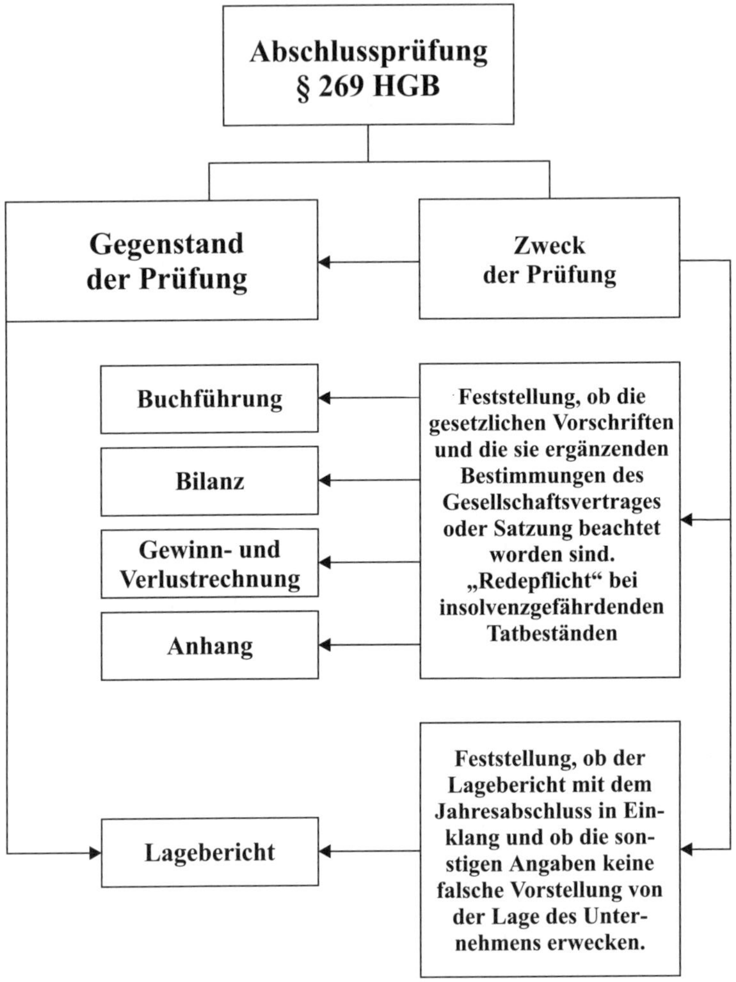

25 Küting/Weber: Handbuch der Rechnungslegung. Kommentar zur Bilanzierung und Prüfung, Stuttgart 1986, S 1.414 ff

Bei den vom Prüfer geforderten Aussagen über den Prüfungsgegenstand ist zu unterscheiden zwischen den Aussagen über den Jahresabschluss und den Aussagen über den Lagebericht. Der Prüfer hat auf Grund seiner Prüfung festzustellen, ob die gesetzlichen Vorschriften über die Rechnungslegung der Gesellschaft eingehalten worden sind und ob der Jahresabschluss ein möglichst getreues Bild der Vermögens-, Finanz- und Ertragslage vermittelt. Er hat darüber hinaus den Lagebericht darauf zu prüfen, ob er mit dem Jahresabschluss in Einklang steht und ob die sonstigen Angaben im Lagebericht nicht eine falsche Vorstellung von der Lage des Unternehmens erwecken.[26] Es stellt sich nun die Frage, welche Prüfungshandlungen vom Abschlussprüfer im Einzelnen vorzunehmen sind.

3.1.3.1 Prüfungshandlungen des Abschlussprüfers

In der Praxis wird dem Abschlussprüfer eine vorläufige Bilanz und eine Gewinn- und Verlustrechnung mit Erläuterungen sowie die Buchführung und alle Nebenaufzeichnungen vorgelegt. Der Wirtschaftsprüfer überprüft zunächst, ob die Gesellschaft auf Grund ihrer technischen Ausstattung in der Lage ist, selbstständig eine ordnungsgemäße Buchführung und Bilanzierung durchzuführen.

In einem nächsten Schritt ist die Einhaltung der gesetzlichen Vorschriften zu überprüfen. Wie diese Überprüfung vorgenommen wird, soll anhand einiger ausgewählter Bilanz- und Gewinn- und Verlustposten dargestellt werden.

Vorräte

Die Prüfung des Vorratsvermögens erstreckt sich schwerpunktmäßig auf die Abstimmung von Originalinventuraufnahmen mit den zutreffenden Konten der Finanzbuchhaltung (Stichproben) sowie auf die Einhaltung des Niederstwertprinzips (Bewertungsprüfung).

Forderungen und Verbindlichkeiten

Anhand von Saldenlisten für alle Forderungen und Verbindlichkeiten wird die Richtigkeit dieser Bilanzposten überprüft. Um sicherzustellen,

26 Egger/Samer: aaO, S 315

dass die ausgewiesenen Forderungen und Verbindlichkeiten auch der tatsächlichen Höhe entsprechen, wird stichprobenweise Rücksprache mit den Schuldnern bzw Gläubigern gehalten. Weitere Prüfungshandlungen betreffen die Fristigkeit der Forderungen und Verbindlichkeiten sowie die Bewertung der Fremdwährungsforderungen und -verbindlichkeiten mit den aktuellen Fremdwährungskursen zum Bilanzstichtag.

Anlagevermögen

Die Überprüfung der Sachanlagen umfasst die Einhaltung der Abschreibungssätze, Prüfung der Zugänge durch Belegeinsicht (Stichproben) sowie die Abstimmung der Anlagenkartei mit den Sachkonten. Bei den Wertpapieren erfolgt vor allem eine Prüfung des Wertansatzes zum Bilanzstichtag.

Rückstellungen

Die Rückstellungen werden auf Vollständigkeit und Angemessenheit überprüft. Dies geschieht beispielsweise durch Plausibilitätsprüfung bei den Gewährleistungsrückstellungen und Rückstellungen für Produkthaftung. Abfertigungs- und Pensionsrückstellungen werden auf die Einhaltung versicherungsmathematischer Gutachten sowie auf die erforderliche Wertpapierdeckung gem § 14 EStG kontrolliert.

Gewinn- und Verlustrechung

Durch Kontendurchsicht und belegmäßiger Überprüfung wertmäßig bedeutender Posten (zB Umsatzerlöse, Materialaufwendungen, Energieaufwand usw) wird die Richtigkeit der Gewinn- und Verlustrechnung überprüft. Die Überprüfung der Steuern und Abgaben, der Aufwands- und Ertragszinsen und die Einhaltung der Gliederungsvorschriften nach dem Handelsgesetzbuch sind weitere Prüfungshandlungen.

Aus den dargestellten Prüfungshandlungen des Abschlussprüfers ist ersichtlich, dass es sich bei der Jahresabschlussprüfung um eine Ordnungs- und Gesetzmäßigkeitsprüfung handelt. Der Abschlussprüfer bewertet also nicht die Zweckmäßigkeit und Wirtschaftlichkeit der dem Abschluss zu Grunde liegenden Geschäfte. Die ArbeitnehmervertreterInnen haben sich deshalb überall da, wo bei der Erstellung des Jahresabschlusses Ermessen eingeräumt wird, insbesondere die bilanzpolitischen Gestaltungsmöglichkeiten betreffend, ein eigenes Bild über deren Auswirkungen auf die Lage der Gesellschaft zu machen, bevor sie den Jahresabschluss genehmigen.

So wird zum Beispiel eine Dividendenausschüttung auf Kosten der Unternehmenssubstanz nicht Gegenstand einer kritischen Betrachtung durch den Wirtschaftsprüfer sein. Das ist Aufgabe des Aufsichtsrats.

Bei Vorliegen bestimmter Voraussetzungen verpflichtet der Gesetzgeber den Abschlussprüfer, eine wertende Stellungnahme abzugeben. Die unter dem Begriff „Redepflicht" des Abschlussprüfers zusammengefassten berichtspflichtigen Sachverhalte werden im Kapitel 3.1.4.3 Die Berichtspflicht („Redepflicht") des Abschlussprüfers über unternehmensgefährdende Tatbestände ausführlich behandelt.

§ 268 (3) HGB regelt die Grundsätze für die Nachtragsprüfung. Eine Nachtragsprüfung wird bei Änderung des Jahresabschlusses und Lageberichts nach Vorlage des Prüfberichts notwendig. Ein geänderter Jahresabschluss ist inhaltlich und rechtlich als ein neuer Jahresabschluss anzusehen, womit ein einmal erteilter Bestätigungsvermerk seine Wirkung verliert. Der neue Jahresabschluss erfordert daher eine neue Abschlussprüfung, ohne Rücksicht darauf, wie weit die Änderungen reichen.

Der klaren Abgrenzung des Prüfungsgegenstandes steht keine eindeutige gesetzliche Festlegung des Prüfungsumfangs und -inhalts gegenüber. Nach wie vor gelten die von den Berufsorganisationen der Abschlussprüfer entwickelten Grundsätze, nach denen die Prüfung im Einzelnen durchzuführen ist.[27]

3.1.4 Der Wirtschaftsprüfbericht

Gemäß § 273 HGB hat der Abschlussprüfer über das Ergebnis der Prüfung schriftlich zu berichten und den Prüfbericht den gesetzlichen Vertretern (Vorstand bzw Geschäftsführer) und den Mitgliedern des Aufsichtsrats vorzulegen. Der Prüfbericht ist nicht für die Öffentlichkeit bestimmt, da in der Regel auch vertrauliche Vorgänge und Betriebsgeheimnisse enthalten sind. Im Gegensatz zum Bestätigungsvermerk, der für die Öffentlichkeit bestimmt ist, besitzt der Prüfbericht somit ver-

27 Dazu zählen die Fachgutachten Nr 73, 77 und 79 des Fachsenats für Handelsrecht und Revision der Kammer der Wirtschaftstreuhänder und die vom Institut österreichischer Wirtschaftsprüfer veröffentlichten Richtlinien.

traulichen Charakter. Für die Adressaten – Vorstand und Aufsichtsrat – erfüllt der Prüfbericht unterschiedliche Aufgaben.

Die Bedeutung des Prüfberichts für den Aufsichtsrat als Kontrollorgan ergibt sich aus der Pflicht des Aufsichtsrats, den Jahresabschluss und den Lagebericht zu prüfen sowie diesen – im Fall der Aktiengesellschaft – festzustellen. Die Hauptaufgabe des Prüfberichts besteht darin, das Kontrollorgan über das Ergebnis der Prüfung zu unterrichten. Dadurch erhält der Aufsichtsrat eine vom Vorstand unabhängige Information über die Ordnungsmäßigkeit der Rechnungslegung.[28]

Die zweite wesentliche Aufgabe des Prüfberichts besteht darin, dem Vorstand oder der Geschäftsführung einen „urkundlichen Nachweis" darüber auszustellen, dass der Pflicht, die Bücher ordnungsgemäß zu führen und entsprechend den gesetzlichen Vorschriften Rechnung zu legen, nachgekommen worden ist. Festgestellte Mängel sollen die gesetzlichen Vertreter veranlassen, die Rechnungslegung bzw das Rechnungswesen zu verbessern. Ein wichtiger Nutzen der jährlichen Prüfung ist daher ihre Präventivwirkung. Vorstand wie Mitarbeiter wissen, dass jedes Jahr geprüft wird und mögliche Fehler und Verfehlungen entdeckt werden.[29, 30]

Schließlich ist der Prüfbericht auch für den Abschlussprüfer von erheblicher Bedeutung. Der Inhalt des Berichts ist gleichzeitig Beleg für die Durchführung der Prüfung und die Begründung des Prüfungsergebnisses, wie es sich im Bestätigungsvermerk niederschlägt.

3.1.4.1 Form und Inhalt des Prüfberichts

Wie bereits erwähnt, ist über das Ergebnis der Prüfung schriftlich zu berichten – ein mündlicher Bericht genügt nicht. Gemäß § 273 Abs 1 HGB ist

28 Hess/Moritz/Svoboda: aaO, S 175 ff
29 Leffson: aaO, S 323
30 Küting/Weber: aaO, S 1.588 ff

„im Bericht insbesondere festzustellen, ob die Buchführung, der Jahresabschluss, der Lagebericht, der Konzernabschluss und der Konzernlagebericht den gesetzlichen Vorschriften entsprechen und die gesetzlichen Vertreter die verlangten Aufklärungen und Nachweise erbracht haben. Die Posten des Jahresabschlusses sind aufzugliedern und zu erläutern. Nachteilige Veränderungen der Vermögens-, Finanz- und Ertragslage gegenüber dem Vorjahr und Verluste, die das Jahresergebnis nicht unwesentlich beeinflusst haben, sind anzuführen und zu erläutern."

Da das HGB außer den im Gesetz genannten Pflichtbestandteilen (Buchführung, Jahresabschluss, Lagebericht, Konzernabschluss, Konzernlagebericht) über den Inhalt des Prüfberichtes nichts Näheres aussagt, ist der Umfang der Ausführungen im Prüfbericht von den besonderen Gegebenheiten im Einzelfall abhängig.

Entsprechend dem Fachgutachten Nr 77[31] des Fachsenats für Handelsrecht und Revision der Kammer der Wirtschaftstreuhänder hat der Bericht des Abschlussprüfers in der Regel folgende Bestandteile zu enthalten:

- Angabe der Auftragserteilung und Darstellung der Auftragsdurchführung;
- Darstellung der rechtlichen und wirtschaftlichen Verhältnisse und deren Entwicklung im Berichtszeitraum;
- Aufgliederung und Erläuterung der Posten des Jahresabschlusses;
- Erläuterung des Lageberichts;
- Schlussbemerkung und Bestätigungsvermerk.

Angabe der Auftragserteilung und Darstellung der Auftragsdurchführung

Im ersten Abschnitt des Prüfberichtes berichtet der Abschlussprüfer über den Prüfungsauftrag, den Zeitraum der Prüfung und verweist darauf, dass eine von der Geschäftsführung bzw dem Vorstand unterfertigte Voll-

31 Fachgutachten des Fachsenats für Handelsrecht und Revision des Instituts für Betriebswirtschaft, Steuerrecht und Organisation der Kammer der Wirtschaftstreuhänder über „Grundsätze ordnungsgemäßer Berichterstattung bei Abschlussprüfungen nach den Vorschriften des Rechnungslegungsgesetzes".

ständigkeitserklärung zu den Prüfungsunterlagen aufgenommen wurde. Daneben finden sich im Einleitungsteil Informationen über den Umfang der Prüfungshandlungen.

Darstellung der rechtlichen und wirtschaftlichen Verhältnisse und deren Entwicklung im Berichtszeitraum

Die Berichterstattung über die rechtlichen Verhältnisse umfasst vorwiegend die Darstellung des Gegenstands des Unternehmens und der Unternehmensverbindungen, die Angabe der Eigentumsverhältnisse sowie die Zusammensetzung der Organe der Gesellschaft. Nach dem Fachgutachten sollte hier auch über Änderungen der Satzung und sonstige wichtige Beschlüsse der Organe berichtet werden. Viele Wirtschaftsprüfer sind dazu übergegangen, auch über den Veranlagungsstand, der letzten steuerlichen Betriebsprüfung sowie über andere für zweckmäßig erachtete Tatbestände zu berichten.

Die wirtschaftliche Berichterstattung beinhaltet neben Angaben über Umfang und Zusammensetzung der Produktion bzw des Absatzes oftmals auch einen Überblick über die Vermögens-, Finanz- und Ertragslage der Gesellschaft, welcher vor allem in Form betriebswirtschaftlicher Kennzahlen (zB Cash-flow, Finanzierungs- und Erfolgskennzahlen, Kennzahlen der Bilanzstruktur) und deren Veränderungen im Geschäftsjahr dargestellt wird.

Für den Aufsichtsrat stellt dieser Berichtsabschnitt, sofern er gut aufbereitet ist, einen beträchtlichen Informationswert dar, weil die Aufsichtsratsmitglieder einfach und schnell die wesentlichsten rechtlichen und wirtschaftlichen Veränderungen feststellen können. In diesem Zusammenhang muss aber besonders darauf aufmerksam gemacht werden, dass der Abschlussprüfer in seiner kurzen Bilanzanalyse keine Beurteilung der Geschäftsführung vornimmt. Darüber hinaus gibt es für bestimmte Kennzahlen unterschiedliche Berechnungsmethoden. So kennt die betriebswirtschaftliche Literatur zum Beispiel mehrere Cash-flow-Definitionen, die zu unterschiedlichen Ergebnissen führen. Die „Kurzbilanzanalyse“ des Abschlussprüfers ersetzt daher keinesfalls eine selbstständige Analyse des Jahresabschlusses.

Aufgliederung und Erläuterung der Posten des Jahresabschlusses

Eine Erläuterung und Aufgliederung der einzelnen Posten der Bilanz und der Gewinn- und Verlustrechnung (§ 273 Abs 1 HGB) ist so weit vorzunehmen, als dies für die Beurteilung durch die Berichtsempfänger (Vorstand und Aufsichtsrat) im Hinblick auf die Vermittlung eines möglichst getreuen Bildes der Vermögens-, Finanz- und Ertragslage von Bedeutung ist. Weiters hat der Abschlussprüfer in seinem Bericht auf die angewandten Bewertungs- und Abschreibungsmethoden sowie auf die Ausübung wesentlicher Bilanzierungswahlrechte einzugehen.

Konkret werden in diesem Teil des Berichts die einzelnen Posten der Bilanz (Aktiv- und Passivseite) sowie jene der Gewinn- und Verlustrechnung vom Wirtschaftsprüfer sehr detailliert aufgegliedert und erläutert. Dieser Abschnitt des Prüfberichts darf vom Aufsichtsrat keinesfalls überblättert werden; er beinhaltet das **Kernstück der Abschlussprüfung**. Der Aufsichtsrat und somit die Arbeitnehmervertreter in diesem Gremium erhalten hier Informationen, die dem Betriebsrat, der lediglich Anspruch auf den Jahresabschluss hat, weitgehend vorenthalten werden.

Der Ausweis der einzelnen Posten des Anlagevermögens erfolgt im Bericht meist dergestalt, dass ausgehend vom Stand der Anlageposten zum Bilanzstichtag des Vorjahres auf die Neuzugänge, Abgänge, Abschreibungen und den Endbestand hingewiesen wird. Bei den Forderungen und Verbindlichkeiten werden in der Regel die wichtigsten Einzelposten und deren Fristigkeiten gesondert angeführt, was zur Beurteilung der fristgerechten Finanzierung von Bedeutung ist. Angaben über Wertberichtigungen zu Forderungen sind besonders wichtig zur Beurteilung des Ausfallsrisikos. Die Bildung bzw Auflösung von Rückstellungen zählen zu den wichtigsten bilanzpolitischen Gestaltungsmöglichkeiten. Für die Beurteilung der Bilanz ist deshalb die Entwicklung der Rückstellungen (Stand, Auflösung, Zuführung), die aus dem Prüfbericht entnommen werden kann, von großer Wichtigkeit.

Nur im Prüfbericht erfolgt eine weit gehende Aufgliederung der einzelnen Posten der Gewinn- und Verlustrechnung, sodass die im Berichtsjahr verbuchten außerordentlichen Aufwendungen und Erträge offenkundig werden. Diese Aufgliederung ermöglicht, im Rahmen der Bilanzanalyse die Ergebnisquelle zu analysieren, wodurch das ordentliche Ergebnis aus anderen Gewinnquellen herausgerechnet werden kann.

Erläuterung des Lageberichts

Im Prüfungsbericht des Abschlussprüfers ist auch festzuhalten, ob der Lagebericht den gesetzlichen Vorschriften entspricht (§ 273 Abs 1 HGB). Im Allgemeinen beschränkt sich der Abschlussprüfer hinsichtlich der

Erläuterung des Lageberichts auf den Hinweis, dass der Lagebericht – soweit er den Jahresabschluss erläutert – keinen Anlass zu Beanstandungen gegeben hat.

3.1.4.2 Der Bestätigungsvermerk

Der Abschlussprüfer hat nach Durchführung der Prüfung ein Gesamturteil über die Jahresabschlussprüfung abzugeben, das im Bestätigungsvermerk zum Ausdruck kommt. Die Beurteilung bezieht sich dabei ausschließlich auf die Einhaltung der für die Rechnungslegung geltenden Normen (gesetzliche Vorschriften, Grundsätze ordnungsmäßiger Buchführung und Bilanzierung, Vorschriften der Satzung oder des Gesellschaftsvertrags) und nicht auf die wirtschaftliche Lage des geprüften Unternehmens und auf die Geschäftsführung. Demnach handelt es sich bei dem Bestätigungsvermerk um eine kurze Mitteilung an die Öffentlichkeit – ArbeitnehmerInnen, Gläubiger, Aktionäre und andere –, die feststellt, dass der Abschluss geprüft wurde, den gesetzlichen Mindestanforderungen genügt und aussagefähig ist.

Ein uneingeschränkter Bestätigungsvermerk ist vom Abschlussprüfer immer dann zu erteilen, wenn „nach dem abschließenden Ergebnis der Prüfung keine Einwendungen zu erheben sind“ (§ 274 Abs 1 HGB). Das setzt voraus, dass

- ❑ alle Geschäftsfälle in der Buchführung im Jahresabschluss richtig, vollständig und klar erfasst sind;
- ❑ alle Posten des Jahresabschlusses gemäß den Vorschriften des Handelsgesetzbuches und den GoB (= Grundsätze ordnungsmäßiger Buchführung) bewertet sind;
- ❑ der Jahresabschluss im Ganzen ein zutreffendes Bild von der Vermögens-, Finanz- und Ertragslage der Gesellschaft vermittelt;
- ❑ der Anhang alle notwendigen Hinweise enthält, insbesondere Bilanz und Gewinn- und Verlustrechnung so vollständig und klar erläutert, dass sich der externe Adressat ein zutreffendes und keinesfalls irreführendes Bild machen kann, und
- ❑ der Lagebericht die vorgeschriebenen Angaben enthält und die Angaben im Lagebericht nicht eine falsche Vorstellung von der Lage des Unternehmens erwecken.[32]

32 Leffson: aaO, S 350

Für die ArbeitnehmervertreterInnen im Aufsichtsrat ist es sehr leicht festzustellen, ob es sich bei dem vom Abschlussprüfer ausgestellten Bestätigungsvermerk um einen uneingeschränkten handelt, da das Gesetz zwingend folgenden Gesetzeswortlaut vorsieht (§ 274 Abs 1 HGB):

> „Die Buchführung und der Jahresabschluss entsprechen/Der Konzernabschluss entspricht nach meiner/unserer pflichtbewussten Prüfung den gesetzlichen Vorschriften. Der Jahresabschluss/Konzernabschluss vermittelt unter Beachtung der Grundsätze ordnungsgemäßer Buchführung ein möglichst getreues Bild der Vermögens-, Finanz- und Ertragslage der Gesellschaft/des Konzerns. Der Lagebericht/Konzernlagebericht steht im Einklang mit dem Jahresabschluss/Konzernabschluss."

Aus der vom Gesetzgeber gewählten Formulierung ist nochmals klar ersichtlich, dass der Bestätigungsvermerk auf die Einhaltung der gesetzlichen Buchführungs- und Bilanzerstellungsvorschriften abstellt. Selbst bei Überschuldung oder Zahlungsunfähigkeit im Sinne des Insolvenzrechts ist die Erteilung eines uneingeschränkten Bestätigungsvermerks zulässig, sofern die Wertansätze in der Bilanz der Lage des Unternehmens entsprechen und diese im Lagebericht zutreffend dargestellt wird.[33] Auf eine mögliche Unternehmensgefährdung wird im Bestätigungsvermerk somit nicht eingegangen (hiezu siehe Kapitel 3.1.4.3 Die Berichtspflicht („Redepflicht") des Abschlussprüfers über unternehmensgefährdende Tatbestände).

§ 274 Abs 4 bestimmt, dass der Abschlussprüfer den Bestätigungsvermerk oder den Vermerk über seine Versagung unter Angabe von Ort und Tag zu unterzeichnen hat. Der Bestätigungsvermerk wird an dem Tag erteilt, an dem die Prüfung materiell abgeschlossen und der Prüfer sich ein abschließendes Urteil gebildet hat.[34] Die Datierung des Bestätigungsvermerks hat insofern Bedeutung, als damit der Leser erkennen kann, welche nach dem Bilanzstichtag eingetretenen Geschehnisse im Jahresabschluss noch Berücksichtigung gefunden haben. Außerdem kann bei einem uneingeschränkten Bestätigungsvermerk davon ausgegangen

33 Vgl Fachgutachten Nr 79 der Kammer der Wirtschaftstreuhänder über „Grundsätze für die Erteilung von Bestätigungsvermerken bei Abschlussprüfungen nach den Vorschriften des Rechnungslegungsgesetzes"

34 Vgl Fachgutachten Nr 79

werden, dass bis zum Datum des Bestätigungsvermerks keine Tatsachen vorlagen, die das durch den Jahresabschluss vermittelte Bild von der Lage der Gesellschaft verfälschen.

Eine Einschränkung bzw ein Versagen des Bestätigungsvermerks hat dann zu erfolgen, wenn einzelne wesentliche Teilgebiete zu beanstanden sind oder nicht geprüft werden konnten. Voraussetzung ist, dass diese Mängel so wesentlich sind, dass sie nicht unerwähnt bleiben dürfen. Einwendungen können sich insbesondere ergeben aus Mängeln in der Ordnungsmäßigkeit der Buchführung, wegen des Verstoßes gegen Ansatz-, Ausweis- oder Bewertungsvorschriften, aus der Verletzung von Gewinn- und Rücklagenverwendungen, wegen unzureichender Angaben oder Erläuterungen im Anhang sowie aus Mängeln des Lageberichts.

In der Praxis ist die Ausstellung eines uneingeschränkten Bestätigungsvermerks die Regel, wie eine Untersuchung der Arbeiterkammer Wien zeigt.[35] Für den seltenen Fall, dass der Bestätigungsvermerk eingeschränkt wird, hat der Abschlussprüfer die Einwendungen klar und eindeutig zu bezeichnen. Unzulässig ist es, den Bestätigungsvermerk allein durch Weglassen von Bestandteilen des gesetzlichen Wortlauts „einzuschränken".

3.1.4.3 Die Berichtspflicht („Redepflicht") des Abschlussprüfers über unternehmensgefährdende Tatbestände

Im § 273 Abs 2 HGB wird dem Abschlussprüfer die Pflicht auferlegt, über unternehmensgefährdende Tatbestände und Verstöße des Vorstandes gegen Gesetz und Satzung im Prüfbericht zu berichten. Damit hat der Abschlussprüfer über etwas zu berichten, was außerhalb des Kreises der Prüfung des Jahresabschlusses und Lageberichts liegt.

Bislang lag ein Problem der Redepflicht darin, dass dem Abschlussprüfer eine solche Redepflicht nur auferlegt war, sofern er die angeführten Tatsachen festgestellt hat. Diese unbefriedigende Sachlage konnte die Arbeiterkammer anlässlich des Insolvenzrechtsänderungsgesetzes 1994 beseitigen. Zur besseren Information der gesetzlichen Vertreter der Gesellschaft sowie des Aufsichtsrats sieht der geänderte § 273 Abs 2 HGB

35 Gahleitner/Hess: Rechnungslegungsgesetz – Empirische Studie über die Einhaltung der Publizitätsvorschriften von Aktiengesellschaften, 1994

nun vor, dass auch das Nichtvorliegen derartiger Tatsachen (zB Insolvenzgefahr) ausdrücklich in den Prüfbericht aufzunehmen ist. Mündliche Berichterstattung an den Vorsitzenden des Aufsichtsrats genügt nicht. Häufig führt eine Prüfung zunächst nur zu einem leichten Verdacht. Mit der erweiterten Redepflicht wird der Prüfer in derartigen Fällen nunmehr stets weiterprüfen, bis der Verdacht bestätigt oder eindeutig widerlegt werden kann. Durch diese Ausdehnung des gesetzlichen Umfangs der Berichtspflicht hat sich die Verantwortlichkeit des Abschlussprüfers sowie eine etwaige Regresspflicht seinerseits deutlich erhöht.

Dem Abschlussprüfer kommt durch die Berichtspflicht auch eine Krisenfrüherkennungsfunktion zu, was für den Aufsichtsrat von erheblicher Bedeutung ist. Durch die Berichtspflicht ist der Wirtschaftsprüfer angehalten, an einer Krisenvermeidung nach Möglichkeit mitzuwirken.

Dem Vorstand und Aufsichtsrat, den Adressaten der Berichterstattung, bleibt es theoretisch vorbehalten, ob und in welcher Weise sie diese Information beachten. In der Praxis ist es selbstverständlich Aufgabe des Aufsichtsrats, im Rahmen seiner Überwachungspflicht derartige Hinweise aufzunehmen und weiterzuverfolgen.

Die berichtspflichtigen Tatbestände

> § 273 Abs 2 HGB: „Stellt der Abschlussprüfer bei Wahrnehmung seiner Aufgaben Tatsachen fest, die den Bestand eines geprüften Unternehmens gefährden oder seine Entwicklung wesentlich beeinträchtigen können oder die schwer wiegende Verstöße der gesetzlichen Vertreter gegen Gesetz, Gesellschaftsvertrag oder Satzung erkennen lassen, so hat er darüber unverzüglich zu berichten.
>
> Stellt er derartige Tatsachen nicht fest, so ist dies im Bericht ausdrücklich festzuhalten."

Die in der Gesetzesbestimmung festgelegten berichtspflichtigen Tatbestände lassen sich einteilen in

- ❑ bestandsgefährdende und entwicklungsbeeinträchtigende Tatsachen und
- ❑ Verstöße der gesetzlichen Vertreter.

Bestandsgefährdende und entwicklungsbeeinträchtigende Tatsachen

Gefährdet ist der Bestand eines Unternehmens dann, „wenn ernsthaft damit zu rechnen ist, dass die Gesellschaft in absehbarer Zeit ihren Geschäftsbetrieb nicht mehr fortführen kann und gegebenfalls Konkurs oder Ausgleich anmelden oder in Liquidation gehen muss“.[36] Beispiele, die eine Gefährdung des Unternehmensbestandes zur Folge haben, sind:

- andauernde Zahlungsschwierigkeiten, die nicht nur vorübergehender Natur sind;
- erhebliche laufende Verluste;
- drohender Entzug von Fremdkapital ohne die Möglichkeit, neue Kredite aufzunehmen;
- ständig zurückgehender Absatz wegen mangelnder Marktanpassung;
- Vornahme größerer Investitionen ohne Sicherung der Finanzierung.

Berichtspflichtig sind ferner Tatsachen, die die Entwicklung des Unternehmens wesentlich beeinträchtigen können. Grundsätzlich kommen hier die gleichen Tatbestände und Krisenmerkmale wie bei der Gefährdung in Betracht, wenngleich auch weniger schwer wiegende Auswirkungen genügen. Adler/Düring/Schmalz führen zusätzliche Beispiele für eine wesentliche Beeinträchtigung der Entwicklung an:

- Aussetzung der Dividendenzahlung für längere Zeit;
- notwendige Schließung eines oder mehrerer Teilbetriebe;
- drohende Sanierungsmaßnahmen.

Berechnung der Kennzahlen nach dem URG

Im Rahmen des Insolvenzrechtsänderungsgesetzes 1997 wurde das Unternehmensreorganisationsgesetz (URG) beschlossen (Ziel und Zweck siehe unten). Die Kennzahlen „Eigenkapitalquote“ und „fiktive Entschuldungsdauer“ haben hinsichtlich der Bestimmung eines etwaigen Sanierungsbedarfs eine wichtige Bedeutung, weshalb der Wirtschaftsprüfer bei Unter- bzw Überschreiten der Schwellenwerte (EK-Quote <8 % und fiktive Entschuldungsdauer >15 Jahre) in seinem Prüfbe-

36 Adler/Düring/Schmalz: Rechnungslegung und Prüfung der Aktiengesellschaft, 1968, S 279

richt jedenfalls die Kennzahlen anzugeben hat (vgl § 272 Abs 2 HGB). In der Praxis werden diese zwei Kennzahlen generell im Prüfbericht angegeben, um den Adressaten eine zusätzliche Information über die Eigenmittelreserven und Finanzkraft des Unternehmens zu geben.

Verstöße der gesetzlichen Vertreter gegen Gesetz und Satzung

Diese Berichtspflicht umfasst schwer wiegende Verstöße der gesetzlichen Vertreter (Vorstand, Geschäftsführer) gegen Gesetz, Gesellschaftsvertrag oder Satzung. In Betracht kommen Verstöße gegen das AktG, GmbHG und HGB, soweit sie außerhalb der Vorschriften zur Rechnungslegung liegen, sowie Verstöße gegen Steuergesetze, das Arbeitsverfassungsgesetz, Wettbewerbsrecht oder das Strafrecht (zB Bestechung).

Exkurs: Das Unternehmensreorganisationsgesetz (URG)

Dieses Gesetz – bei dem die Berechnung der Eigenmittelquote und der Verschuldungsdauer eine entscheidende Rolle spielt – trat 1997 in Kraft und soll gewährleisten, dass Unternehmen, die sanierungsbedürftig sind, rechtzeitig Maßnahmen gegen ihre Krise unternehmen. Das URG gilt für alle Unternehmer, ausgenommen Kreditinstitute, Pensionskassen, Versicherungsunternehmen und Wertpapierunternehmen.

Die Einleitung des Verfahrens

Die Einleitung eines Reorganisationsverfahrens bei Gericht kann nur von Unternehmen vorgenommen werden, die sanierungsbedürftig – aber noch nicht insolvent sind. Die Antragstellung erfolgt durch das Unternehmen.

Ein Reorganisationsbedarf wird im URG jedenfalls dann vermutet, wenn eine wesentliche und nachhaltige Verschlechterung der Eigenkapitalquote anzunehmen ist. Bei prüfungspflichtigen Gesellschaften wird weiters dann ein Reorganisationsbedarf vermutet, wenn

a) die Eigenkapitalquote unter 8 % liegt **und**

b) die fiktive Verschuldungsdauer mehr als 15 Jahre beträgt.

Der Reorganisationsbedarf muss bei der Einleitung des Verfahrens nachgewiesen werden – etwa durch Vorlage von Bilanzen oder eines Gutachtens eines/r Wirtschaftsfachmannes/frau.

Der Reorganisationsplan

Nach Einleitung des Verfahrens ist ein Reorganisationsplan auszuarbeiten und binnen 60 Tagen nach Einleitung dem Gericht vorzulegen. Inhalt des Reorganisationsplanes sollten folgende Punkte sein:

- ❑ Ursachen des Reorganisationsbedarfes;
- ❑ die Maßnahmen, die zur Verbesserung der Vermögens-, Finanz- und Ertragslage geplant sind;
- ❑ die Erfolgsaussichten der Maßnahmen;
- ❑ die Auswirkungen der geplanten Maßnahmen auf die ArbeitnehmerInnen des Unternehmens;
- ❑ der Reorganisationszeitraum, der tunlichst zwei Jahre nicht überschreiten soll.

Dieser Reorganisationsplan ist in der Folge von einem Reorganisationsprüfer, der vom Gericht bestellt wird, zu überprüfen. Innerhalb von 30 Tagen nach Erhalt des Reorganisationsplanes hat der Prüfer ein Gutachten zu erstellen, in dem über die Zweckmäßigkeit der geplanten Reorganisationsmaßnahmen und deren Erfolgsaussichten berichtet wird. Kommt der Prüfer dabei zu dem Ergebnis, dass die Reorganisationsmaßnahmen zweckmäßig sind und gute Aussichten auf deren Umsetzung bestehen, hat das Gericht das Reorganisationsverfahren aufzuheben. Nach Aufhebung des Verfahrens hat der Unternehmer die in den Reorganisationsplan einbezogenen Personen (zB Kreditinstitute etc) halbjährlich über die Lage des Unternehmens und den Stand der Reorganisation zu informieren.

Die „Boni" des Reorganisationsverfahrens

Kernstück des URG ist die Beschränkung der Anfechtbarkeit der im Reorganisationsverfahren gesetzten Rechtshandlungen:

- ❑ Überbrückungsmaßnahmen wie zB Überbrückungskredite,
- ❑ Reorganisationsmaßnahmen wie zB Gesellschafterdarlehen.

Gewährt etwa ein Kreditinstitut einen Überbrückungskredit zu einem Zeitpunkt, zu dem die Zahlungsunfähigkeit des Unternehmers bereits absehbar ist, können Sicherheiten, die dem Kreditinstitut gewährt werden, im Insolvenzfall angefochten werden. Die Sicherheiten sind in diesem Fall also für die Bank wertlos. Werden diese Sicherheiten aber im Rahmen eines Reorganisationsverfahrens gewährt, können sie nicht angefochten werden. Die Einleitung eines Reorganisationsverfahrens hat also vor allem eine Besserstellung des Gläubigers zur Folge.

Die Haftung bei Unterlassung der Reorganisation

Nur bei prüfungspflichtigen Gesellschaften sieht das URG eine Haftung der Organe für den Fall vor, dass die Einleitung eines Reorganisationsverfahrens unterlassen wurde und das Unternehmen innerhalb von zwei Jahren nach Unterschreitung der beiden Bilanzkennzahlen (Eigenkapitalquote und Verschuldungsdauer) insolvent wird. Der Haftung unterliegen sowohl die Geschäftsführer als auch der Aufsichtsrat eines Unternehmens. Sie tritt aber nur für die Mitglieder der Organe ein, die eine Einleitung des Reorganisationsverfahrens abgelehnt haben. Die Haftung beträgt maximal 1 Mio S pro Person.

Die Haftung tritt dann nicht ein, wenn die Mitglieder des Vertretungsorganes unverzüglich nach Erhalt des Berichtes des Abschlussprüfers über das Vorliegen der Voraussetzungen für die Vermutung des Reorganisationsbedarfes ein Gutachten eines befugten Wirtschaftstreuhänders eingeholt haben und dieses einen Reorganisationsbedarf verneint hat. Die Haftung entfällt ferner, wenn bewiesen wird, dass die Insolvenz aus anderen Gründen als auf Grund der Unterlassung der Reorganisation eingetreten ist.

3.2 Prüfung des Jahresabschlusses durch den Aufsichtsrat

Wie bereits darauf hingewiesen, ist die Prüfung und Feststellung des Jahresabschlusses eine der zentralen Aufgaben des Aufsichtsrats. Durch die Beiziehung des Abschlussprüfers zu den Aufsichtsratssitzungen, die sich mit dem Jahresabschluss beschäftigen, sowie durch die verpflichtende Einrichtung eines Bilanzausschusses (wenn mehr als 5 Kapitalvertreter im Aufsichtsrat vertreten sind) wollte der Gesetzgeber der Prüfung des Jahresabschlusses durch den Aufsichtsrat noch größeres Gewicht verleihen. Es lohnt sich daher, diesem Abschnitt besondere Aufmerksamkeit zu widmen.

3.2.1 Vorlage des Wirtschaftsprüfberichts und Verschwiegenheitspflicht

Vorlage des Wirtschaftsprüfberichts

Der Abschlussprüfer hat gemäß § 273 Abs 3 HGB den erstellten Wirtschaftsprüfbericht zu unterzeichnen und den gesetzlichen Vertretern sowie den Mitgliedern des Aufsichtsrats vorzulegen. Die Frist hierfür beträgt längstens fünf Monate ab dem Bilanzstichtag. Damit ist eindeutig klargestellt, dass der Abschlussprüfer dafür zu sorgen hat, dass jedes Mitglied des Aufsichtsrats nachweislich ein Berichtsexemplar zur eigenen Verfügung erhält. Oftmals übersendet der Wirtschaftsprüfer die Exemplare direkt an den Vorstand bzw Aufsichtsratsvorsitzenden, der die Verteilung an die Mitglieder des Aufsichtsrats vornimmt, was immer wieder zu Verteilungsproblemen führt. Funktioniert die Verteilung der Jahresabschlussexemplare an die einzelnen Aufsichtsratsmitglieder nicht, ist es ratsam, sich direkt an den Wirtschaftsprüfer zu wenden. Er ist kraft Gesetzes und nach dem Fachgutachten Nr 69 der Kammer der Wirtschaftstreuhänder verpflichtet, den Prüfbericht direkt den Aufsichtsratsmitgliedern zuzustellen.

Verschwiegenheitspflicht

Nach dem Aktiengesetz (§ 99 in Verbindung mit § 84) haben alle Aufsichtsratsmitglieder über vertrauliche Angaben Stillschweigen zu bewahren.

Das im Kapitel 2.1.3 Recht auf Vorlage des Jahresabschlusses besprochene Beratungsrecht des Betriebsrats gilt selbstverständlich auch für die ArbeitnehmervertreterInnen im Aufsichtsrat. Gerade für sie, die den Jahresabschluss und den Lagebericht des Unternehmens prüfen und feststellen müssen, ist eine intensive Auseinandersetzung mit dem Abschlussprüfbericht unerlässlich. An dieser Stelle wird daher noch einmal darauf hingewiesen, dass die ExpertInnen der Arbeiterkammern bei der Analyse des Jahresabschlusses behilflich sind.

3.2.2 Prüfungshandlungen des Aufsichtsrats

Nach Vorlage des Abschlussprüfberichts durch den Vorstand bzw Abschlussprüfer hat der Aufsichtsrat diesen selbständig zu prüfen. Bei

Aktiengesellschaften muss der Aufsichtsrat den Jahresabschluss zusätzlich auch feststellen. Es sei an dieser Stelle noch einmal erwähnt, dass der Aufsichtsrat mit der Feststellung (§ 125 Abs 2 AktG) des Jahresabschlusses die Rechtmäßigkeit, Zweckmäßigkeit und *Wirtschaftlichkeit* der Geschäftsführung bestätigt. Außerdem ist mit der Billigung des Jahresabschlusses auch die Höhe des Bilanzgewinnes, welcher der Hauptversammlung für eine Ausschüttung (Dividende) zur Verfügung steht, festgelegt. Die Höhe der von der Hauptversammlung zu beschließenden Dividende ist mit dem Bilanzgewinn begrenzt.

Die Prüfungstätigkeit des einzelnen Aufsichtsratsmitglieds beginnt im Regelfall mit der sorgfältigen Lektüre und kritischen Durchsicht des Prüfberichts. Die Prüfung durch den Abschlussprüfer ist – wie bereits angeführt – nur auf die Gesetz- und Ordnungsmäßigkeit des Jahresabschlusses und des Lageberichts beschränkt. Für die Prüfung durch den Aufsichtsrat ist dagegen eine derartige Einschränkung vom Gesetz nicht vorgesehen. Der Aufsichtsrat ist folglich berechtigt und verpflichtet, den Jahresabschluss auch auf seine wirtschaftliche Zweckmäßigkeit hin zu prüfen. Er hat sich insbesondere mit der Bilanzpolitik des Vorstandes und ihren Auswirkungen auf die Gesellschaft, ArbeitnehmerInnen und Aktionäre auseinander zu setzen.Unter Bilanzpolitik versteht man die bewusste Gestaltung des Jahresabschlusses im Rahmen der gesetzlich zulässigen Möglichkeiten zur Erreichung bestimmter ergebnisregulierender und/oder publizitätspolitischer Ziele. Erste Ansatzpunkte für ergänzende Fragen durch den Aufsichtsrat können die Aussagen des Abschlussprüfers zur Bilanzstruktur und Ertragslage geben, die im Prüfbericht unter „Bemerkungen zu den wirtschaftlichen Verhältnissen" dargestellt sind. Bei den Einzelerläuterungen – insbesondere bei den Posten der Gewinn- und Verlustrechnung – sollte sich das Augenmerk des Aufsichtsrats vor allem auf die Veränderung gegenüber dem Vorjahr und ihre Ursachen sowie auf außerordentliche, betriebs- oder periodenfremde Erfolgs- und Aufwandsgrößen richten.

Folgende Feststellungen aus der Analyse des Jahresabschlusses können für den Aufsichtsrat im Hinblick auf seine Überwachungsaufgabe von Interesse sein:[37]

37 Scheffler im Handbuch des Aufsichtsrats, München 1977, S 385 ff

SACHVERHALT	HINWEIS AUF
Wechsel der Abschreibungsmethode und Vornahme außerplanmäßiger Abschreibungen	Beeinflussung des Ergebnisses, Fehlinvestitionen
Entwicklung der Beteiligungen; Geschäftsentwicklung bei Beteiligungsgesellschaften	eventuell zu übernehmende Verluste
Wertberichtigungen auf Vorräte	Fehldispositionen, Lagerhüter, Ordnungsmäßigkeit und Wirtschaftlichkeit der Materialwirtschaft
Außenstände einzelner Kunden, Wertberichtigungen auf Forderungen	Ausfallrisiko
Forderungen und Verbindlichkeiten gegenüber verbundenen Unternehmen	Erfolgs- oder Risikoveranlagung innerhalb des Konzerns, konzerninterne Finanzierung
Art, Höhe und Entwicklung von Rückstellungen	besondere Risken, vorsichtige oder weniger vorsichtige Bilanzierung, Bildung und Auflösung stiller Reserven
Bildung und Auflösung von freien Rücklagen	Dividendenpolitik

Aus den aufgezeigten Beispielen können sich wichtige Fragestellungen an den Vorstand ergeben. Vor allem der ausgewiesene Bilanzgewinn und der Gewinnverwendungsvorschlag des Vorstandes sind vom Aufsichtsrat daraufhin zu prüfen, ob sie den wirtschaftlichen Gegebenheiten entsprechen. Dabei ist insbesondere von Bedeutung, in welchem Umfang der ausgewiesene Bilanzgewinn auch tatsächlich verdient wurde. Ein nur durch Auflösung von Rücklagen zustandegekommener Bilanzgewinn, der an die Aktionäre ausgeschüttet wird, geht zu Lasten der Unternehmenssubstanz und reduziert das Risikopolster des Unternehmens. Weitere Problembereiche sind:

Anlagevermögen – Abschreibungen

Wurde ein Wechsel der Abschreibungsmethode vorgenommen? Wurden außerplanmäßige Abschreibungen vorgenommen?

Die Wahl der voraussichtlichen Nutzungsdauer beeinflusst die Höhe der Abschreibungen. Dabei besteht ein Spielraum innerhalb einer bestimmten Bandbreite. Es gibt keinerlei gesetzliche Bestimmungen, in welcher Zeitperiode ein Wirtschaftsgut abgeschrieben werden muss, lediglich Richtlinien von Finanzämtern. Eine einmal gewählte Nutzungsdauer muss grundsätzlich beibehalten werden und die Gründe für die gewählte Abschreibungsdauer müssen im Anhang angegeben werden. Werden die Abschreibungsmethoden geändert bzw außerplanmäßige Abschreibungen vorgenommen, muss dies im Anhang angegeben und begründet werden. Der Aufsichtsrat sollte die Ursachen jedenfalls ergründen.

Vorräte

Wie wurden die Vorräte bewertet? Wurden Wertberichtigungen auf Vorräte vorgenommen?

Vorräte müssen nach dem strengen Niederstwertprinzip bewertet werden. Eine besondere Bedeutung kommt hier den so genannten Ladenhütern zu. Das Lager muss zwar nach dem Vorsichtsprinzip auf den aktuellen Tageswert abgewertet werden; da der tatsächliche Wert von Ladenhütern jedoch nur schwer ermittelbar ist, ist bei den Abwertungen ein erheblicher Spielraum gegeben.

Forderungen

Wie hoch sind die Außenstände einzelner Kunden? Wurden Wertberichtigungen auf Forderungen vorgenommen? Wie hoch ist das Ausfallrisiko?

Offene Forderungen sind immer mit einem Ausfallrisiko verbunden. Forderungen sind ebenfalls mit ihrem tatsächlichen Wert zu bilanzieren. Ist deren Einbringlichkeit fraglich, müssen Wertberichtigungen vorgenommen werden. Bei der Beurteilung der Einbringlichkeit und der damit verbundenen Wertberichtigungshöhe sind Spielräume gegeben.

Rückstellungen

Für welche Risken wurde in welchem Ausmaß vorgesorgt? Wie haben sich die Rückstellungen entwickelt? Wurde vorsichtig oder weniger vorsichtig bilanziert? Sind Stille Reserven in den Rückstellungen enthalten? Wurde das Ergebnis durch die Auflösung von Rückstellungen verbessert?

Rückstellungen bilden wegen ihres mit Unsicherheit bezüglich Höhe und/oder Fälligkeit behafteten Charakters ein wichtiges Instrument der Bilanzpolitik.

Die Unternehmen beweisen bei der Rückstellungsbildung, sowohl was die Art der Rückstellungen als auch deren Höhe betrifft, viel Phantasie. Als Beispiel, wofür ua Rückstellungen gebildet werden, sei hier „Rückstellung für Erneuerung" genannt. Die Höhe ist insbesondere bei so genannten Pauschalrückstellungen (Garantie, Gewährleistung, Produkthaftung etc) zu hinterfragen. Nur allzu oft entspricht hier die Höhe der Dotierung nicht den Erfahrungswerten der Vorjahre. Es werden zB 3 % gemessen am Umsatz gebildet, obwohl in den Vorjahren immer nur 1 % gebraucht wurde.

Um Rückstellungen bezüglich ihrer tatsächlich erforderlichen Höhe besser einschätzen zu können, sollte hinterfragt werden, in welchem Ausmaß diese steuerlich anerkannt werden. Die steuerliche Akzeptanz lässt Rückschlüsse auf Reservenbildung zu Lasten des Eigenkapitals zu.

Herstellkosten

Welcher Bewertungsansatz wurde bei der Herstellung von Vermögensgegenständen gewählt? Wurden angemessene Teile der Materialgemeinkosten und Fertigungsgemeinkosten eingerechnet oder nicht?

Bei der Bewertung von Herstellkosten lässt das Gesetz ebenfalls Spielräume zu.

Beteiligungen

Welche Beteiligungen (Tochtergesellschaften) sind im Vermögen ausgewiesen? Wie ist die wirtschaftliche Lage der Beteiligungsunternehmen? Mit welchen Tochtergesellschaften gibt es Organschaften (Gewinn- und Verlustübernahmeverträge)? Sind Verlustübernahmen zu erwarten? Gibt es Beteiligungsunternehmen, deren Bestand gefährdet ist? Gab es Teilwertabschreibungen von Beteiligungen? Wurden Rückstellungsvorsorgen für Beteiligungsunternehmen getroffen?

Gemäß § 95 Abs 2 AktG sowie § 30j Abs 2 GmbHG kann der Aufsichtsrat vom Vorstand/von den Geschäftsführern jederzeit einen Bericht über die Angelegenheiten der Gesellschaft einschließlich ihrer Beziehungen zu einem Konzernunternehmen verlangen.

Veranlagungspolitik

Welche mittel- und langfristige Veranlagungspolitik verfolgt das Unternehmen? Wie ist das Veranlagungsrisiko einzuschätzen? Gibt es Risikokontrollmechanismen für veranlagte Gelder im Unternehmen?

Konzernfinanzierung

Welche Konzernforderungen und Konzerverbindlichkeiten mit welchen Fristigkeiten gibt es? Gibt es bei den Konzernforderungen ein Ausfallsrisiko? Zu welchen Konditionen (Zinssatz) werden Konzernverbindlichkeiten gewährt?

Eventualverbindlichkeiten

Welche Eventualverbindlichkeiten hat das Unternehmen? Wie sind diese einzuschätzen?

Eine persönliche Auseinandersetzung (womöglich unter Beiziehung der ExpertInnen von AK oder ÖGB) mit dem Prüfbericht ist Voraussetzung dafür, um bei seiner Behandlung im Bilanzausschuss bzw im Aufsichtsrat effizient mitarbeiten zu können. Gerade die Beiziehung des Jahresabschlussprüfers gibt jedem Aufsichtsrat nunmehr die Möglichkeit, Fragen sowohl an den Vorstand als auch an den Abschlussprüfer direkt zu richten.

Im Anschluss an seine Prüfung hat der Aufsichtsrat schriftlich an die Hauptversammlung bzw Generalversammlung über dessen Ergebnis zu berichten. Der Aufsichtsrat der Aktiengesellschaft stellt in diesem Bericht auch fest, ob er den Jahresabschluss billigt oder nicht. Mit der Feststellung des Jahresabschlusses durch den Aufsichtsrat wird dieser wirksam, und die Hauptversammlung kann über den ausgewiesenen Bilanzgewinn verfügen.

Die Feststellung des Jahresabschlusses ist also von der Beschlussfassung über die Gewinnverwendung streng zu trennen. Erst nach der Feststellung des Jahresabschlusses kann über die Verwendung des darin ausgewiesenen Bilanzgewinnes beschlossen werden. Dafür ist bei der Aktiengesellschaft ausschließlich die Hauptversammlung zuständig (vgl § 126 AktG).

Bei der GmbH obliegt die Feststellung des Jahresabschlusses im Regelfall der Generalversammlung. Ein etwaiger Aufsichtsrat der GmbH kann daher nur eine entsprechende Empfehlung an die Generalversammlung geben, es sei denn, der Gesellschaftsvertrag ermächtigt ihn selbst zur Feststellung.

3.2.3 Fristenverlauf für Prüfung, Offenlegung und Veröffentlichung des Jahresabschlusses

Das Handelsgesetzbuch legt im Zusammenhang mit der Rechnungslegung (Aufstellung, Feststellung, Offenlegung, Veröffentlichung des Jahresabschlusses) eine Reihe von Fristen fest, die in nachfolgender Tabelle zusammengefasst sind.

	Frist ab Bilanzstichtag
Aufstellung des Jahresabschlusses und des Lageberichtes durch den Vorstand bzw Geschäftsführer, Prüfung durch den Wirtschaftsprüfer und Vorlage des geprüften Jahresabschlusses an die Mitglieder des Aufsichtsrats	**max fünf Monate**
AG: Überprüfung und Feststellung des Jahresabschlusses durch den Aufsichtsrat GmbH: Überprüfung und Erklärung (keine Feststellung) des Aufsichtsrats über den Jahresabschluss	**innerhalb zwei Monaten nach Vorlegung; max sieben Monate**
AG: Beschluss über die Gewinnverteilung und Entlastung des Vorstandes und Aufsichtsrats durch die Hauptversammlung der AG	**max acht Monate**

	Frist ab Bilanzstichtag
GmbH: Generalversammlung der GmbH hat überdies die Feststellungskompetenz	**max acht Monate**
Offenlegung des Jahresabschlusses im Firmenbuch durch Vorstand bzw Geschäftsführung	**unverzüglich nach der Haupt- bzw Generalversammlung; max neun Monate**
Veröffentlichung des Jahresabschlusses im Amtsblatt zur Wiener Zeitung (nur große AG)	**unverzüglich nach der Offenlegung im Firmenbuch**
Vorlage des Jahresabschlusses an den Betriebsrat	**unverzüglich nach der Erstellung; max sechs Monate**

Die Forderung der Arbeiterkammer nach Verkürzung der Fristen für die Aufstellung, Beschlussfassung und Offenlegung des Jahresabschlusses wurde im Rahmen des Insolvenzrechtsänderungsgesetzes 1994 erfüllt. Der Fristenverlauf konnte von 13 auf 9 Monate verkürzt werden.

Fristen für den Aufsichtsrat

Dem Aufsichtsrat ist spätestens bis Ablauf von **fünf Monaten** nach dem Bilanzstichtag der geprüfte Jahresabschluss (= Wirtschaftsprüfbericht) vorzulegen.

Nach Vorlage des geprüften Jahresabschlusses (einschließlich Anhang und Lagebericht) hat der Aufsichtsrat der AG innerhalb von **zwei Monaten** zu erklären, ob er diesen billigt oder nicht. Der GmbH-Aufsichtsrat hat über das Ergebnis seiner Prüfung der Generalversammlung zu berichten (keine Feststellungskompetenz). Zu beachten ist jedoch, dass die Frist von zwei Monaten lediglich bedeutet, dass sich der Aufsichtsrat seinerseits höchstens zwei Monate für die Prüfung des Jahresabschlusses Zeit lassen darf. In der Praxis fällt die Frist, die dem Aufsichtsrat für die Prüfung des Jahresabschlusses zur Verfügung steht, meistens viel kürzer aus.

Fristen für die Hauptversammlung und Offenlegung

Die Hauptversammlung hat in den ersten **acht Monaten** nach dem Bilanzstichtag über die Gewinnverteilung und Entlastung von Aufsichtsrat und Vorstand zu entscheiden. Für die XY AG (Bilanzstichtag 31. 12. 19..) ergäbe sich als letzter Beschlussfassungstag der 31. 8. des Folgejahres. Die Generalversammlung der GmbH hat überdies den Jahresabschluss noch festzustellen, da der Aufsichtsrat der GmbH den Jahresabschluss lediglich überprüft und der Generalversammlung darüber berichtet.

Nach der Behandlung des Jahresabschlusses in der Hauptversammlung bzw Generalversammlung hat der Vorstand bzw Geschäftsführer diesen unverzüglich zum Firmenbuch einzureichen und – wenn notwendig – im Amtsblatt zur Wiener Zeitung zu veröffentlichen. Die Frist beträgt dafür höchstens neun Monate nach dem Bilanzstichtag. Während große Kapitalgesellschaften ihren Jahresabschluss zur Gänze offen legen müssen, besteht für mittlere und kleine Kapitalgesellschaften eine beschränkte Offenlegungspflicht. Nur große Aktiengesellschaften müssen ihren Jahresabschluss im Amtsblatt zur Wiener Zeitung veröffentlichen.

4. Konzernrechnungslegung

Ein Konzern ist der Zusammenschluss rechtlich selbstständiger Unternehmen unter einheitlicher wirtschaftlicher Leitung. Entscheidungsbefugnisse verlagern sich zur Konzernspitze, der die Leitung der Konzernunternehmen obliegt. Damit verschiebt sich letztlich auch die wirtschaftliche Verantwortung für den Erfolg zur Konzernleitung. Die geschäftlichen Beziehungen zwischen den einzelnen Konzernunternehmen sind, da sie von der Konzernleitung gesteuert werden können, wirtschaftlich anders zu beurteilen als die geschäftlichen Beziehungen zwischen nicht nur rechtlich, sondern auch wirtschaftlich selbstständigen Unternehmen. So sind durch Verrechnungspreise bei konzerninternen Lieferungen und Leistungen Gewinnausschüttungen oder Verlustverlagerungen genauso möglich, wie Liquiditätsverschiebungen oder gezielte Gestaltung der bilanziellen Eigenkapitalausstattung im Interesse der Bilanzpolitik. Gerade die ArbeitnehmerInnen und ihre VertreterInnen können durch konzerninterne Vorgänge (zB Gewinnverlagerungen) unter Druck geraten. Bislang war ein Nachweis von konzerninternen Verlagerungen kaum möglich, da der Einzelabschluss hierfür ein unzureichendes Informationsinstrument ist. Der Konzernabschluss bleibt von diesen internen Verschiebungen unbeeinflusst und stellt somit für die ArbeitnehmervertreterInnen eine unbedingt notwendige Ergänzung dar.

Seit 1. Jänner 1994 sind Konzerne bei Überschreiten bestimmter Größenkriterien zur Konzernrechnungslegung verpflichtet (§§ 244 bis 267 HGB). Mit dem Inkrafttreten des Konzernabschlussgesetzes im Frühjahr 1999 haben nunmehr alle konzernabschlusspflichtigen Unternehmen die Möglichkeit, ihren Konzernabschluss nach internationalen Bilanzvorschriften (IAS oder US-GAAP) mit befreiender Wirkung aufzustellen. Demnach können Unternehmen, die bereits einen Konzernabschluss nach IAS oder US-GAAP aufstellen, von der Aufstellung eines Konzernabschlusses nach den Vorschriften des HGB Abstand nehmen. Der Betriebsrat (bzw die Arbeitnehmervertreter im Aufsichtsrat) wird daher in Zukunft vermehrt mit internationalen Konzernbilanzen konfrontiert werden. Die wesentlichen Unterschiede zwischen HGB, US-GAAP und IAS werden im Abschnitt 16. Internationale Rechnungslegung behandelt.

Wann liegt laut HGB ein Konzern vor? Ab welcher Größenordnung ist ein Konzernabschluss zu erstellen? Worin liegt das Wesen des Konzernabschlusses? Ist der Konzernabschluss dem Betriebsrat bzw Aufsichtsrat vorzulegen? Mit diesen und anderen Fragen beschäftigt sich der folgende Abschnitt.

4.1 Der Konzernbegriff des HGB

Der Konzernbegriff des Handelsgesetzbuches greift nicht in die Regelungen des Aktiengesetzes bzw GmbHG ein. Im HGB werden lediglich die Voraussetzungen für die Aufstellung eines Konzernabschlusses geregelt.[38] Zwei konzernrechnungslegungspflichtige Tatbestände sind in § 244 HGB geregelt.

Die Pflicht zur Konzernrechnungslegung gem § 244 Abs 1 HGB setzt das Bestehen eines Mutter-Tochter-Verhältnisses voraus, das die nachfolgenden Voraussetzungen erfüllt:

- Das Mutterunternehmen muss seinen Sitz im Inland haben.
- Das Mutterunternehmen muss in der Rechtsform einer Kapitalgesellschaft (AG, GmbH und GmbH & Co KG, sofern die GmbH einziger Komplementär ist) geführt werden.
- Das Mutterunternehmen übt auf ein Unternehmen die einheitliche Leitung tatsächlich aus.
- Das Mutterunternehmen hält an diesem Unternehmen (= Tochterunternehmen) eine Beteiligung nach § 228 HGB (mindestens 20 %).

Voraussetzung für die Verpflichtung zur Konzernrechnungslegung nach § 244 Abs 1 HGB ist ein Mutter-Tochter-Verhältnis sowie das Kriterium der „tatsächlich ausgeübten" einheitlichen Leitung. Einheitliche Leitung setzt voraus, dass Leitungsaufgaben in mindestens einem Entscheidungsbereich (zB Investitions-, Personal-, Finanzpolitik) des abhängigen Konzernunternehmens von der Konzernspitze selbst wahrgenommen werden. In diesem Fall ist der aktien- und der handelsrechtliche Begriff des Konzerns deckungsgleich (vgl § 15 AktG).

---

38 Kraus in: Informationen über Multinationale Konzerne, Hrsg Kammer für Arbeiter und Angestellte für Wien, Wien 1990, S 32 ff

Für die Feststellung der Konzernrechnungslegungspflicht noch wichtiger ist der in § 244 Abs 2 HGB geregelte Tatbestand. Auch wenn die Leitung nicht tatsächlich ausgeübt wird, ist eine inländische Kapitalgesellschaft (Mutterunternehmen) verpflichtet, einen Konzernabschluss aufzustellen, sofern ihr bei einem Unternehmen (Tochterunternehmen) entweder

- die Mehrheit der Stimmrechte der Gesellschafter zusteht oder
- das Recht zusteht, die Mehrheit der Mitglieder des Verwaltungs-, Leitungs- oder Aufsichtsorgans zu bestellen oder abzuberufen, oder
- das Recht zusteht, einen beherrschenden Einfluss auszuüben, oder
- auf Grund eines Vertrages mit einem oder mehreren Gesellschaftern des Tochterunternehmens das Recht zur Entscheidung zusteht, wie Stimmrechte der Gesellschafter bei Bestellung oder Abberufung der Mehrheit der Mitglieder des Leitungs- oder eines Aufsichtsorgans auszuüben sind.

Im Unterschied zu § 244 Abs 1 HGB, wonach die einheitliche Leitung tatsächlich ausgeübt werden muss, reicht in Abs 2 zur Begründung einer Aufstellungspflicht das bloße Vorhandensein der rechtlichen Möglichkeit zur Ausübung der einheitlichen Leitung aus. Ob das Mutterunternehmen seine Rechte auch wahrnimmt, ist dagegen bedeutungslos. Dieses als Control-Konzept bezeichnete Abgrenzungskriterum für die Rechnungslegungspflicht hat den Vorteil, dass es leichter nachprüfbar ist und dadurch eine leichtere Handhabung gewährleistet.

Bemerkenswert ist, dass die Pflicht zur Konzernrechnungslegung nur Muttergesellschaften in der Rechtsform der AG, GmbH und GmbH & Co KG (wenn die GmbH einziger Komplementär ist) betrifft. Konzerne, an deren Spitze eine Genossenschaft, eine Personengesellschaft, ein Einzelunternehmen oder eine Person steht, unterliegen nicht der Konzernrechnungslegungspflicht.[39]

39 In Deutschland ist gem § 11 Abs 1 PublG eine Nicht-Kapitalgesellschaft, die auf mindestens ein anderes Unternehmen die einheitliche Leitung auch tatsächlich ausübt, ab einer bestimmten Größenordnung zur Konzernrechnungslegung verpflichtet. Österreich hat bei Nicht-Kapitalgesellschaften hinsichtlich der Rechnungslegung noch einen Nachholbedarf.

4.1.1 Größenabhängige Befreiungen

Die Pflicht zur Aufstellung eines Konzernabschlusses besteht erst ab dem Erreichen bestimmter Größenordnungen. Nach Auslaufen einer großzügigen Übergangsbestimmung wurden im September 2000 die Größengrenzen für die obligatorische Aufstellung eines Konzernabschlusses den Anforderungen der 7. EG-Richtlinie (Konzernrichtlinie) angepasst.

Zur Bestimmung der Konzernabschlussverpflichtung bzw -befreiung wird im Regelfall die so genannte Bruttomethode angewandt, nach welcher die Jahresabschlussdaten des Mutterunternehmens und der in den Konzernabschluss einzubeziehenden Tochterunternehmen additiv zusammengerechnet werden. Die Größenmerkmale lauten:

Größen-merkmale	Aufstellung und Prüfung bis 31. 8. 2000	Aufstellung und Prüfung **ab 1. 9. 2000**
Umsatzerlöse	900 Mio S	30 Mio € (~413 Mio S)
Bilanzsumme	450 Mio S	15 Mio € (~206,5 Mio S)
Arbeitnehmer	500 Arbeitnehmer	250 Arbeitnehmer

Die Pflicht zur Konzernrechnungslegung besteht, wenn in den zwei vorangegangenen Jahren mindestens zwei der jeweils drei angeführten Größenklassen erreicht werden. Auf Grund dieser 2-Jahres-Regel werden die neuen Größenklassen erst bei der Erstellung des Konzernabschlusses für das Jahr 2002 zum Tragen kommen.

Eine größenabhängige Befreiung kommt gem § 246 Abs 3 HGB aber nicht zur Anwendung, sobald eine Konzerngesellschaft (Mutter- oder ein Tochterunternehmen) an einer österreichischen Börse zum amtlichen Handel zugelassen oder in den geregelten Freiverkehr einbezogen ist. Börsennotierte Konzerne unterliegen unabhängig von den Größenstufen der Konzernrechnungslegungspflicht.

Bei Vorliegen von bestimmten vom Gesetzgeber mit „Verbot der Einbeziehung" (vgl § 248 HGB) ausgewiesenen Tatbeständen dürfen Konzernunternehmen nicht in den Konzernabschluss einbezogen werden. Unter ein solches Verbot fallen Tochterunternehmen von Mischkonzernen (zB Bank-Industrie-Konzern). Dieses Verbot ist deswegen notwendig, da die Vermengung der Jahresabschlüsse von in der Tätigkeit ganz unterschiedlichen Unternehmen mit der Generalnorm, ein möglichst getreues Bild der Vermögens-, Finanz- und Ertragslage des Konzerns zu vermitteln, nicht vereinbar ist. Nicht betroffen von dem gesetzlichen Einbeziehungsverbot sind aber Konzernunternehmen, die beispielsweise Bank- und Leasinggeschäfte oder die Industrie- und Handelsgeschäfte betreiben.

4.1.2 Prüfung, Vorlage und Offenlegung des Konzernabschlusses

Liegt die Pflicht zur Konzernrechnungslegung vor, dann hat der Vorstand der Muttergesellschaft den Konzernabschluss und den Konzernlagebericht in den ersten fünf Monaten des dem Abschlussstichtag folgenden Geschäftsjahres aufzustellen und dem Aufsichtsrat sowie der Hauptversammlung (Generalversammlung) des Mutterunternehmens vorzulegen (vgl § 244 Abs 1 HGB). Selbstverständlich unterliegt der Konzernabschluss auch der Prüfungspflicht durch den Abschlussprüfer. Dieser wird durch die Gesellschafter des Mutterunternehmens gewählt. Für den Fall, dass kein Konzernabschlussprüfer bestellt wird, gilt gem § 270 Abs 2 HGB der Prüfer als bestellt, „der für die Prüfung des in den Konzernabschluss einbezogenen Jahresabschlusses des Mutterunternehmens bestellt worden ist".

Die ArbeitnehmervertreterInnen im Aufsichtsrat der Konzernmutter haben bei Vorliegen der Konzernrechnungslegungspflicht zwei Prüfberichte (Einzel- und Konzernabschluss) zu bekommen. Eine Feststellung des Konzernabschlusses durch den Aufsichtsrat ist jedoch im Aktiengesetz nicht vorgesehen. Dennoch sind die Aufsichtsratsmitglieder und insbesondere die ArbeitnehmervertreterInnen in diesem Gremium angehalten, den Prüfbericht zu analysieren.

Auf der Betriebsratsebene ist der Konzernvertretung der Konzernabschluss zu übermitteln. Ist im Konzern keine Konzernvertretung errichtet, so ist der Konzernabschluss jenem Zentralbetriebsrat bzw Betriebsrat zu übermitteln, dessen Zuständigkeit sich auf die Konzernspitze erstreckt.[40] Alleine die Tatsache, dass der Konzernabschluss eine umfas-

40 Vgl Haas-Laßnigg in: Cerny/Haas-Laßnigg/Schwarz, S 275, § 108 Abs 3 ArbVG

sende Information über die wirtschaftliche Lage im Konzern darstellt und damit für alle ArbeitnehmervertreterInnen im Konzern von großer Bedeutung ist, zeigt die Wichtigkeit der Errichtung einer Konzernvertretung. Die Vorlage des Konzernabschlusses an die zuständige Betriebsratsebene hat innerhalb der für die Vorlage des Jahresabschlusses an den (Zentral)Betriebsrat geltenden Fristen zu erfolgen.

Der Konzernabschluss ist samt Bestätigungsvermerk nach seiner Behandlung in der Hauptversammlung von den gesetzlichen Vertretern zum Firmenbuch einzureichen. Gleichzeitig hat der Vorstand (Geschäftsführer) des Mutterunternehmens den Konzernabschluss im Amtsblatt zur Wiener Zeitung zu veröffentlichen.

4.2 Der Konzernabschluss

4.2.1 Allgemeines zum Konzernabschluss

Die Konzernrechnungslegung umfasst den Konzernabschluss und den Konzernlagebericht. Vorab ist festzuhalten, dass Konzernabschlüsse nur eine Informations- und Dokumentationsfunktion haben. Das bedeutet, dass der Konzernabschluss keine Rechtsgrundlage für Ansprüche von Gläubigern, Fiskus und Aktionären darstellt. Rechtliche Grundlage der Gewinnverwendung und damit auch der Ausschüttung von Dividenden an die Anteilseigner ist der Einzelabschluss. Ferner ist der Einzelabschluss die Ausgangsbasis der Ertragsbesteuerung, weshalb seine bilanzpolitische Bedeutung auch weiterhin gegeben ist. Der Konzernabschluss gewinnt aber international und auch national immer mehr Bedeutung.[41] Einige Gründe hierfür sind:

- Durch die in den letzten Jahren durchgeführten Organisationsänderungen (Ausgliederungen, Verschmelzungen) bildet heute fast jede Unternehmensgruppe, die im internationalen Wettbewerb steht, einen Konzern.

41 Stein: Ziele und Maßnahmen der Konzernbilanzpolitik. In: zfbf 45 (11/1993), S 973 ff

- Nur der Konzernabschluss kann ein zutreffendes Bild der wirtschaftlichen Lage eines Konzerns (Vermögenslage, Ertragslage, Finanzlage) vermitteln.
- Internationale und nationale Unternehmensvergleiche und -analysen sind praktisch nur noch auf Basis des Konzernabschlusses möglich.

Worin besteht das Wesen des Konzernabschlusses, und weshalb kann er für die ArbeitnehmervertreterInnen von Bedeutung sein?

Der Zweck der Konzernrechnungslegung besteht im Wesentlichen darin, die Ertragslage und die finanzielle Situation einer Muttergesellschaft und ihrer Tochtergesellschaft(en) so darzustellen, als sei der Konzern eine einzige Gesellschaft mit einer oder mehreren Betriebsabteilungen (vgl § 250 Abs 3 HGB). Entsprechend der Generalnorm des § 250 Abs 2 HGB – der Konzernabschluss hat ein möglichst getreues Bild der Vermögens-, Finanz- und Ertragslage des Konzerns zu vermitteln – müssen sämtliche konzerninternen Vorgänge eliminiert werden.

Das Wesen des Konzernabschlusses liegt in der gegenseitigen Aufrechnung der konzerninternen Verbindungen (= Konsolidierung). Dies ist deshalb erforderlich, weil es bei rein additiver Zusammenfassung auf Grund von Doppelzählungen zu einem völlig falschen Bild der Konzernlage kommen würde. Gerade diese Konsolidierungspflicht macht den Konzernabschluss für die ArbeitnehmervertreterInnen so interessant.

Zum Beispiel können konzerninterne Gewinnverlagerungen durch über dem Marktpreis liegende Konzernverrechnungspreise bei einem Konzernunternehmen zu Verlusten und damit zu enormen Druck auf die dort beschäftigten ArbeitnehmerInnen führen. Der Einzelabschluss des belasteten Konzernunternehmens weist dann womöglich rote Zahlen aus, in Wahrheit steht der Konzern hingegen prächtig da. Bislang war es schwer möglich, konzerninterne Verlagerungen nachzuweisen. Der Konzernabschluss eliminiert nun solche und andere konzerninterne Vorgänge und zeigt den tatsächlichen Konzernerfolg auf.

Auf Grund der teilweise äußerst komplizierten Technik der Konzernabschlusserstellung soll nur in groben Zügen auf die Vorschriften zur Konzernrechnungslegung eingegangen werden.

4.2.2 Konsolidierungstatbestände

Wie bereits angedeutet, versteht man unter Konsolidierung das Aufrechnen (Saldieren) von Posten in den Bilanzen bzw in den Gewinn- und Verlustrechnungen, die Folgen von Konzernbeziehungen sind. Folgende Konsolidierungseffekte werden dadurch erzielt:[42]

- ❑ Wegfall der Konzerninnenumsätze durch Saldierung (**Umsatzkonsolidierung**);
- ❑ Reduzierung der Konzernbilanzsumme durch Konsolidierung von Konzernforderungen und Konzernverbindlichkeiten (**Schuldenkonsolidierung**);
- ❑ Ausweis des tatsächlichen bilanziellen Eigenkapitals des Konzerns durch Saldierung der Beteiligungsansätze bei der Obergesellschaft mit dem bilanziellen Eigenkapital der Tochter- bzw Enkelgesellschaften (**Kapitalkonsolidierung**);
- ❑ Ausweis des realisierten Konzerngewinnes durch Eliminierung von „Zwischengewinnen“ aus konzerninternen Verrechnungspreisen (**Erfolgskonsolidierung**).

Über das Ausmaß der Konsolidierung gibt es im Wesentlichen zwei Lehrmeinungen, die als „Einheitstheorie“ und als „Interessenstheorie“ bezeichnet werden.

Einheitstheorie

Im Falle der Einheitstheorie werden das gesamte Vermögen und die gesamten Schulden der Konzerngesellschaften, somit auch jene Anteile, die auf fremde Minderheitsbeteiligungen anteilig fallen, in die Konzernbilanz aufgenommen. Man spricht deshalb von Vollkonsolidierung. Ziel der Vollkonsolidierung ist es, Information über die wirtschaftliche Lage des ganzen Konzerns zu geben. Damit wird der Befriedigung der Informationsbedürfnisse von ArbeitnehmerInnen, Gläubigern, Öffentlichkeit und kleinen Aktionären Rechnung getragen. Wird hingegen das Informationsbedürfnis des Haupteigentümers in den Mittelpunkt der Konsolidierung gestellt, dann spricht man von der Interessenstheorie.

42 Janschek: Konzernrechnungslegung, Wien 1992, S 101 ff

Interessenstheorie

Nach der Interessenstheorie werden Vermögen und Schulden der Gesellschaft entweder voll in den Konzernabschluss übernommen und die Minderheitsanteile werden als eine Art Fremdkapital ausgewiesen oder es erfolgt nur eine beteiligungsanteilige Übernahme von Vermögen und Schulden der Untergesellschaften (Quotenkonsolidierung). Gewinnanteile, die auf Minderheitsbeteiligte entfallen, werden als Aufwand dargestellt.

Unter gewissen, hier nicht näher beschriebenen Voraussetzungen kann auch eine so genannte „Equity-Konsolidierung" angewendet werden. In diesem Fall, die auch an Stelle der Quotenkonsolidierung Anwendung finden kann, wird die Beteiligung als solche in der Bilanz ausgewiesen.

In Österreich ist der Konzernabschluss nach der Einheitstheorie aufzustellen. Demnach ist bei Vorliegen der Verpflichtung zur Konzernrechnungslegung unabhängig von der Höhe der Beteiligungsquote stets die Einheitstheorie (Vollkonsolidierung) anzuwenden. Abschlüsse britischer Konzerne hingegen folgen vorwiegend dem interessenstheoretischen Ansatz.

Konzernabschluss und Arbeitnehmerinteressen

Die Erstellung eines Konzernabschlusses bietet keine Gewähr dafür, dass in Zukunft die ArbeitnehmerInnen von Konzernunternehmen nicht mehr unter Druck geraten, wenn im Einzelabschluss Verluste ausgewiesen werden. Die Analyse des Konzernabschlusses ersetzt auch nicht die Bilanzanalyse des Einzelabschlusses. Die Analyse des Konzernabschlusses gibt aber erstmals die Möglichkeit, den Konzern als Ganzes zu durchleuchten. Sollte der Konzern wirtschaftlich sehr erfolgreich sein, während einzelne Konzernunternehmen um das wirtschaftliche Überleben kämpfen, so haben die Manager der Konzernspitze zusätzlichen Erklärungsbedarf, wenn es um Fragen der Konzernpolitik (zielgerichtete Gestaltung der Einzelabschlüsse, Festsetzung von Konzernverrechnungspreisen, finanzielle Unterstützung der Tochterunternehmen und ähnlichem) geht. Dem Aufsichtsrat der Konzernspitze als auch der zuständigen Betriebsratsebene (sollte in der Regel die Konzernvertretung sein) gibt der Konzernabschluss die Möglichkeit, einen besseren Einblick in das Konzerngeschehen zu bekommen, zusätzliche Fragen zu stellen, um letztlich die Interessen der Beschäftigten im Konzern besser vertreten zu können.

5. Die Entstehung von Bilanz und Gewinn- und Verlustrechnung

Buchhaltung und Bilanzierung sind wesentliche Teilbereiche des betrieblichen Rechnungswesens. Die Verpflichtung zur Führung der (Finanz-)Buchhaltung ergibt sich aus dem Gesetz (§ 189 ff HGB). Diesem Bereich des betrieblichen Rechnungswesens kommt die Aufgabe zu, sämtliche Geschäftsfälle in einem Betrieb nach einer bestimmten Methodik abzubilden und in Zahlen chronologisch festzuhalten, wobei gleichartige Geschäftsfälle auf Konten zusammengefasst werden.

Geschäftsfälle sind beispielsweise „Verkauf von Waren", „Zahlung von Löhnen und Gehältern", „Kauf einer Maschine" oder „Gutschrift von Bankzinsen". Die Buchhaltung hat die fortlaufende und lückenlose Aufzeichnung dieser Geschäftsfälle während einer Periode zu gewährleisten. Dadurch kann der Stand und die Veränderung des Vermögens, der Schulden, des Eigenkapitals und der wirtschaftliche Erfolg des Unternehmens nachgewiesen werden.

Die Buchhaltung bildet die Grundlage für den Jahresabschluss (Bilanz und Gewinn- und Verlustrechnung). Dieser wird zum Abschluss der jeweiligen Periode durch Zusammenfassung gleichartiger Konten erstellt. Buchhaltung und Jahresabschluss sind demnach untrennbar miteinander verbunden.

Die Entstehung von Bilanz und Gewinn- und Verlustrechnung wird im Folgenden anhand eines konkreten Beispiels illustriert. In mehreren aufeinander aufbauenden Schritten wird dabei in vereinfachter Form die Systematik sowie der Zusammenhang zwischen Bilanz und Gewinn- und Verlustrechnung dargestellt.

5.1 Die Bilanz

5.1.1 Mittelverwendung – Mittelherkunft

Angabe:

Zwei Tischler haben in Summe 35.000 € an eigenen Mitteln (in Form von Bargeld) zur Verfügung und möchten mit diesen Mitteln einen Tischlereibetrieb gründen. Zunächst bringen sie die 35.000 € in Form einer Bareinzahlung in die neu gegründete Gesellschaft ein.

Die Eröffnungsbilanz des Tischlereibetriebes hat folgendes Aussehen.

„Tischler GmbH" Eröffnungsbilanz zum ...

AKTIVA		PASSIVA	
Kassa	35.000	Eigenkapital	35.000
Gesamtvermögen	**35.000**	**Gesamtvermögen**	**35.000**

Auf der linken Seite einer Bilanz wird das gesamte Vermögen einer Gesellschaft aufgelistet. Dazu zählen beispielsweise Grundstücke, Gebäude, Maschinen, Werkzeuge, Wertpapiere, Vorräte und Bargeld. Die linke Seite der Bilanz heißt „Vermögen" bzw „Aktiva". Sie zeigt, wie das vorhandene Kapital in der Unternehmung eingesetzt bzw verwendet wird.

Die rechte Seite, die „Kapital" bzw „Passiva" genannt wird, verdeutlicht hingegen, von wo die im Betrieb eingesetzten Mittel herkommen. Prinzipiell gibt es zwei Möglichkeiten der Mittelherkunft. Stammt das im Unternehmen eingesetzte Kapital von den Eigentümern bzw Gesellschaftern, so ist es Eigenkapital. Sind die Mittel hingegen „ausgeborgt" – zB von Banken oder Lieferanten – handelt es sich um Fremdkapital.

Im Falle der „Tischler GmbH" kommen die Mittel zur Gänze von den Eigentümern, den Gesellschaftern. Auf der Passivseite befindet sich daher lediglich der Posten Eigenkapital. Die Gesellschaft hat (noch) keine Schulden (Fremdkapital).

Das eingezahlte Kapital wird zunächst in Form von Bargeld gehalten. Auf der Aktivseite der Bilanz steht daher nur der Posten Kassa (35.000 €).

Die Summe der Werte auf der linken Seite der Bilanz muss immer ebenso hoch sein wie die Summe der Werte auf der rechten Seite, da keine Mittel verwendet werden können, die nicht von irgendwo herkommen.

5.1.2 Vermögenstausch

Angabe:

Die Betriebsinhaber schaffen folgende Gegenstände an: eine Maschine um 15.000 €, Rohmaterial um 10.000 €. Auf ein Bankkonto werden 4.000 € gelegt, der Rest von 6.000 € bleibt in der Kassa.

Nach Berücksichtigung dieser Geschäftsfälle hat die Bilanz folgendes Aussehen:

AKTIVA		**PASSIVA**	
Maschine	15.000	Eigenkapital	35.000
Rohmaterial	10.000		
Bankguthaben	4.000		
Kassa	6.000		
Gesamtvermögen	**35.000**	**Gesamtkapital**	**35.000**

Diese Geschäftsfälle bewirken einen Austausch innerhalb des Vermögens (Aktivtausch). Der Vermögensposten Kassa wird kleiner, die Posten Maschine, Rohmaterial und Guthaben bei Banken entstehen.

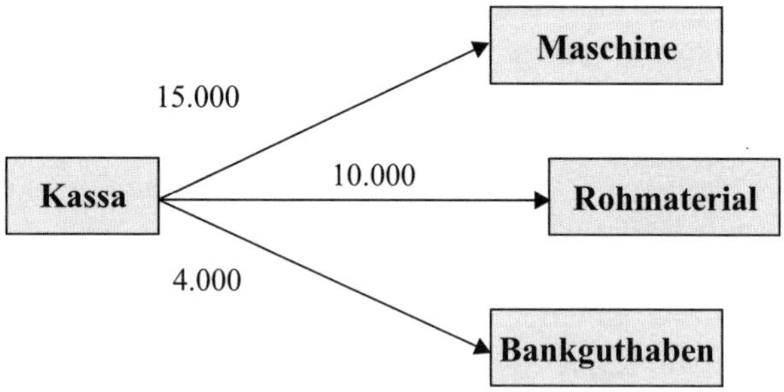

Da die Geschäftsfälle nur zu einer Veränderung der Vermögenszusammensetzung geführt haben, bleibt die Höhe des Gesamtvermögens mit 35.000 € nach wie vor unverändert. Die Mittelherkunft hat sich gegenüber dem ersten Schritt nicht verändert, das gesamte eingesetzte Kapital stammt von den beiden Gesellschaftern und ist somit Eigenkapital.

Dieses Beispiel verdeutlicht ferner, dass eine Investition (hier Kauf der Maschine) nicht erfolgswirksam ist. Dies bedeutet, dass sie weder einen Gewinn noch einen Verlust verursacht und daher auch die Passivseite unverändert bleibt.

Anmerkung:

In der Praxis werden Geschäftsfälle nicht – wie in diesem Beispiel – sofort in der Bilanz berücksichtigt. Im Rahmen der Buchhaltung werden Geschäftsfälle gleicher oder ähnlicher Art während des Geschäftsjahres auf einem Konto festgehalten und erst am Ende des Geschäftsjahres wird eine Bilanz (und eine Gewinn- und Verlustrechnung) – durch Zusammenfassen dieser Konten nach einem gesetzlich vorgegebenem Gliederungsschema – erstellt.

5.1.3 Kreditaufnahme

Angabe:

Die beiden Tischler benötigen für ihren Betrieb folgende Gegenstände: einen Werkzeugschrank um 10.000 € sowie Rohmaterialien um 3.000 €. Da die Gesellschaft laut letzter Bilanz jedoch nur noch über liquide Mittel (Kassa plus Bankguthaben) in der Höhe von 10.000 € verfügt, wird zur Finanzierung dieser Anschaffungen ein Kredit in der Höhe von 20.000 € aufgenommen.

Die Bilanz hat nach Berücksichtigung dieser Geschäftsfälle folgendes Aussehen:

AKTIVA		PASSIVA	
Maschine	15.000	Eigenkapital	35.000
Werkzeugschrank	10.000		
Rohmaterial	13.000	Fremdkapital	20.000
Bankguthaben	4.000		
Kassa	13.000		
Gesamtvermögen	**55.000**	**Gesamtvermögen**	**55.000**

Um die Auswirkungen auf die Bilanz zu verdeutlichen, werden die Geschäftsfalle in einzelne Schritte zerlegt.

Kreditaufnahme:

Durch die Kreditaufnahme wird einerseits der Kassastand erhöht (neuer Stand: 26.000 €), andererseits kommt auf der Passivseite der Posten Fremdkapital mit 20.000 € dazu. Da der Gesellschaft durch die Schuldenaufnahme zusätzliches Vermögen zugeführt wurde, erhöht sich das Gesamtvermögen ebenfalls um 20.000 €. Das Gesamtvermögen beträgt nunmehr 55.000 €.

Vermögenstausch:

Das der Unternehmung durch die Kreditaufnahme zugeflossene Geld soll jedoch nicht in der Kassa bleiben, sondern zur Anschaffung des Werkzeugschrankes und der Rohmaterialien verwendet werden. Der Kassabestand verringert sich um 13.000 €, das Rohmaterial wird um 3.000 € größer, der Posten Werkzeugschrank wird mit 10.000 € eingeführt. Der aktuelle Kassastand beträgt nun 13.000 €.

Das Eigenkapital beträgt nach diesen Geschäftsfällen weiterhin 35.000 €. Dies kann überprüft werden, indem vom vorhandenen Gesamtvermögen (nunmehr 55.000 €) das Fremdkapital, also die Schulden, in der Höhe von 20.000 € abgezogen werden. Das verbleibende Kapital muss – da nicht fremdfinanziert – von den Eigentümern stammen und stellt somit Eigenkapital dar.

Die bilanziellen Auswirkungen dieser Geschäftsfälle lassen Mittelherkunft (Aufnahme des Kredites) und Mittelverwendung (Anschaffung des Werkzeugschrankes und der Rohmaterialien) erkennen, wobei folgender Grundsatz gilt:

Die Passivseite der Bilanz zeigt, wie die Aktivseite finanziert wurde.

In diesem Beispiel sind Aussagen über die Finanzierung relativ einfach zu treffen. Es lässt sich sogar rückverfolgen, wie die einzelnen Vermögensbestandteile finanziert wurden. Dies ist jedoch nur auf Grund der Einfachheit dieser Übungsbilanz möglich. In der Realität hat eine Bilanz einen komplexeren Aufbau. Rückschlüsse auf die Finanzierung einzelner Vermögensteile können nicht gezogen werden. Es können lediglich Aussagen über die Finanzierung des Gesamtvermögens getroffen werden.

5.1.4 Die Unterteilung der Bilanz in vier Hauptgruppen

AKTIVA	PASSIVA
ANLAGEVERMÖGEN	EIGENKAPITAL
UMLAUFVERMÖGEN	FREMDKAPITAL

Um eine Systematisierung zu erreichen, kann eine Bilanz in vier Hauptgruppen gegliedert werden.

Anlagevermögen:

Zum Anlagevermögen werden jene Gegenstände gezählt, die dazu bestimmt sind, dauernd dem Geschäftsbetrieb zu dienen. „Dauernd“ bedeutet, dass diese Gegenstände über mehrere Produktionsperioden in Gebrauch stehen. Durch ihre Verwendung erfahren sie zwar eine Wertminderung (Abschreibung), ihre wesentlichen Substanzmerkmale bleiben jedoch unverändert.

Zum Anlagevermögen gehören etwa Gebäude, Grundstücke, Maschinen, Werkzeuge, aber auch Beteiligungen und Wertpapiere.

Umlaufvermögen:

Zum Umlaufvermögen zählen alle Vermögensteile, die innerhalb einer kürzeren Zeitspanne verbraucht, weiterverarbeitet, umgeformt oder weiterveräußert werden. Das Umlaufvermögen – das kurzfristige Vermögen – ändert ständig seine Zusammensetzung.

Das Umlaufvermögen besteht etwa aus Vorräten, Barbeständen, Bankguthaben und Forderungen.

Anmerkung:

Die Zuordnung eines Vermögensteiles zum Anlage- bzw Umlaufvermögen hängt von seiner beabsichtigten Verwendung ab. So wird der Fuhrpark eines Unternehmens normalerweise über einen längeren Zeitraum im Betrieb eingesetzt und ist daher Anlagevermögen. Bei einem Fahrzeughändler muss hingegen zwischen seinem eigenen Fuhrpark (Anlagevermögen) und den Fahrzeugen, die zum Weiterverkauf bestimmt sind (Umlaufvermögen), differenziert werden.

Eigenkapital:

Das Eigenkapital besteht aus dem vom Unternehmer bzw den Gesellschaftern eingebrachten Kapital (zB Grundkapital bei einer AG; Stammkapital bei einer GmbH) und aus den im Unternehmen verbleibenden Gewinnen (Rücklagen).

Fremdkapital:

Dieses wird dem Unternehmen von Außenstehenden, so genannten Gläubigern, in Form von Darlehen, Krediten usw überlassen.

Gliedert man die nach den letzten Geschäftsfällen aufzustellende Bilanz nach der üblichen Systematik, so hat sie folgendes Bild:

AKTIVA		PASSIVA	
ANLAGEVERMÖGEN		**EIGENKAPITAL**	
Maschine	15.000	Eigenkapital	35.000
Werkzeugschrank	10.000		
	25.000		**35.000**
UMLAUFVERMÖGEN		**FREMDKAPITAL**	
Rohmaterial	13.000	Fremdkapital	20.000
Bankguthaben	4.000		
Kassa	13.000		
	30.000		**20.000**
Gesamtvermögen	**55.000**	**Gesamtvermögen**	**55.000**

5.1.5 Erfolgsermittlung

Angabe:

Die Tischler bekommen ihren ersten Auftrag – die Fertigung eines Schrankes – und beginnen mit der Produktion. Das dafür benötigte Material im Wert von 6.000 € wird vom Lager genommen, die Energieaufwendungen belaufen sich auf 1.000 €. Nach Lieferung erhalten sie 10.000 € vom Kunden in bar.

In der Bilanz bewirkt die Abwicklung des Auftrages folgende Veränderungen: die Position Rohmaterial verringert sich um den getätigten Materialverbrauch (–6.000), während gleichzeitig die Kassa um den erzielten Umsatz (+10.000) größer wird. Dieser Geschäftsfall bewirkt, dass das im Unternehmen vorhandene Vermögen und gleichzeitig auch das Eigenkapital um 4.000 € steigt.

Die Energieaufwendungen werden ebenfalls aus der Kassa bezahlt, verringern also die Position Kassa um weitere 1.000 und gleichzeitig das Eigenkapital um denselben Betrag.

Das Gesamtvermögen wird durch die Umsatzerlöse (+10.000) erhöht und gleichzeitig durch den Materialverbrauch (–6.000) und die Energieaufwendungen (–1.000) verringert, es beträgt daher nun 58.000 €. Wird davon das Fremdkapital abgezogen (20.000 €), bleiben 38.000 € an Eigenkapital übrig.

AKTIVA		PASSIVA	
ANLAGEVERMÖGEN		**EIGENKAPITAL**	
Maschine	15.000	Eigenkapital	38.000
Werkzeugschrank	10.000		
	25.000		**38.000**
UMLAUFVERMÖGEN		**FREMDKAPITAL**	
Rohmaterial	7.000	Fremdkapital	20.000
Bankguthaben	4.000		
Kassa	22.000		
	33.000		**20.000**
Gesamtvermögen	**58.000**	**Gesamtvermögen**	**58.000**

Vergleicht man nun den Stand des Eigenkapitals nach Berücksichtigung dieser Geschäftsfälle mit dem Eigenkapital der letzten Bilanz, so ergibt sich eine Erhöhung von 3.000 €. Diese **Eigenkapitalerhöhung** wird **Gewinn** bezeichnet.

Will man also den Gewinn bzw Verlust eines Geschäftsjahres ermitteln, kann man nach folgender, einfacher Berechnungsart vorgehen:

	Eigenkapital zum Jahresende	38.000
–	Eigenkapital zum Jahresanfang	– 35.000
=	Gewinn (Verlust)	= 3.000

Durch den Vergleich des Eigenkapitals an zwei Bilanzstichtagen wird ermittelt, **dass** ein Gewinn bzw Verlust erwirtschaftet worden ist. Mit dieser Methode kann man allerdings nicht feststellen, **wie** das Ergebnis zu Stande gekommen ist, das heißt, welche Aufwendungen und Erträge zu dem Jahresergebnis geführt haben.

Dies hat seine Ursache darin, dass die **Bilanz** lediglich die Zusammensetzung des Vermögens und des Kapitals zu einem bestimmten Zeitpunkt – zum jeweiligen **Bilanzstichtag** – darstellt.

Um feststellen zu können, wie das Jahresergebnis zu Stande gekommen ist, müssen die Vorgänge, die das Eigenkapital verändern, während eines bestimmten **Zeitraumes** dargestellt werden. Dies geschieht mit Hilfe der Gewinn- und Verlustrechnung.

5.2 Die Gewinn- und Verlustrechnung

Die Gewinn- und Verlustrechnung ist eine Aufstellung über die **Aufwendungen** und **Erträge** eines Geschäftsjahres. Während Aufwendungen das Eigenkapital schmälern, wirken Erträge eigenkapitalerhöhend. Die Differenz zwischen Erträgen und Aufwendungen ergibt den **Erfolg einer Periode**, also entweder einen **Gewinn** oder einen **Verlust**. Dieser erhöht bzw vermindert das Eigenkapital in der betrachteten Periode.

Die Gewinn- und Verlustrechnung stellt neben der Bilanz einen eigenen Bestandteil des Jahresabschlusses dar. Sie dient zur näheren Erklärung der Veränderung des Eigenkapitals zwischen zwei Bilanzstichtagen. Die

Gewinn- und Verlustrechnung zeigt also, wie das Ergebnis zu Stande gekommen ist, dh welche Erträge und Aufwendungen dazu geführt haben. Im Gegensatz zur Bilanz, die eine Zeitpunktrechnung darstellt, handelt es sich bei der Gewinn- und Verlustrechnung um eine **Zeitraumrechnung**.

Aufwendungen sind ein Werte- bzw Güterverzehr in einer Periode. Zu den Aufwendungen zählen zB:

- ❑ Personalaufwand = dazu gehören ua ausbezahlte Bruttolöhne und -gehälter
- ❑ Abschreibungen = Wertminderung bzw -verzehr von Anlagen
- ❑ Materialaufwand = beispielsweise Verbrauch von Rohmaterial

Erträge stellen einen Wertezugang einer Periode dar. In der Regel stellen Erträge die Gegenleistungen für die Produkte und Leistungen des Unternehmens dar. Zu den Erträgen zählen zB:

- ❑ Umsatzerlöse = Erlöse für verkaufte Produkte und Dienstleistungen
- ❑ Ertragszinsen = Zinsen für Bankguthaben
- ❑ Beteiligungserträge = erhaltene Dividenden von Tochtergesellschaften

Die Gewinn- und Verlustrechnung der Tischler GmbH hat folgendes Bild:

GEWINN- UND VERLUSTRECHNUNG Tischler GmbH

	Umsatzerlöse	10.000
–	Materialaufwand	6.000
–	Energieaufwand	1.000
=	Gewinn	3.000

Die Umsatzerlöse stellen Erträge, der Material- und Energieaufwand hingegen Aufwendungen dar. Die Differenz zwischen Erträgen und Aufwendungen ergibt den **Gewinn**. Dieser entspricht der **Eigenkapitalveränderung** in der Bilanz.

Der Gewinn entsteht dadurch, dass die Erträge einer Periode größer sind als die Aufwendungen. Sind hingegen die Aufwendungen größer als die Erträge, so entsteht ein Verlust.

Bilanz 31. 12.

AKTIVA	PASSIVA
ANLAGEVERMÖGEN	EIGENKAPITAL
	Gewinn / Verlust
UMLAUFVERMÖGEN	FREMDKAPITAL

Gewinn- und Verlustrechnung 1. 1. bis 31. 12.

Erträge
– Aufwendungen

Gewinn / Verlust

6. Grundlagen des Jahresabschlusses

6.1 Rechtliche Grundlagen des Jahresabschlusses

Die rechtlichen Grundlagen des Jahresabschlusses sind im HGB geregelt. Das Grundkonzept der Rechnungslegungsbestimmungen ist in fünf Abschnitten gegliedert:

- ❑ für alle Vollkaufleute (Unternehmen) geltende Vorschriften;
- ❑ ergänzende Vorschriften für Kapitalgesellschaften (Aktiengesellschaften und Gesellschaften mit beschränkter Haftung);
- ❑ Konzernabschluss und Konzernlagebericht;
- ❑ Vorschriften über die Abschlussprüfung;
- ❑ Vorschriften über die Offenlegung, Veröffentlichung und Zwangsstrafen.

Die für alle Vollkaufleute geltenden Vorschriften bilden den allgemeinen Teil des Rechnungslegungsgesetzes. In diesem Teil werden ua die Grundsätze ordnungsmäßiger Buchführung und die Bewertungsvorschriften behandelt.

Für die auszuweisenden Posten der Bilanz und der Gewinn- und Verlustrechnung gibt es im allgemeinen Teil der Rechnungslegungsvorschriften nur eine Grobgliederungsbestimmung, während die ergänzenden Vorschriften für Kapitalgesellschaften exakte Gliederungs- und Erläuterungsvorschriften enthalten.

6.2 Grundsätze ordnungsmäßiger Bilanzierung (GoB)

Der Jahresabschluss muss zwei Anforderungen erfüllen:

- Er muss den Grundsätzen ordnungsmäßiger Buchführung entsprechen und
- ein möglichst getreues Bild der Vermögens-, (Finanz-) und Ertragslage (Generalnorm) vermitteln.

Die Grundsätze ordnungsmäßiger Buchführung enthalten allgemeine Bilanzierungs- und Bewertungsregeln. Gemäß § 195 HGB hat der Jahresabschluss diesen Grundsätzen zu entsprechen. Er ist klar und übersichtlich aufzustellen und hat dem Kaufmann ein möglichst getreues Bild der Vermögens- und Ertragslage zu vermitteln. Zusätzlich hat der Jahresabschluss einer Kapitalgesellschaft gemäß § 222 Abs 2 HGB ein möglichst getreues Bild der Finanzlage zu vermitteln.

6.2.1 Grundsatz der Bilanzklarheit

Dieser Grundsatz erfordert eine klare und übersichtliche Darstellung der Vermögens- und Kapitalteile sowie der Aufwendungen und Erträge. Der Grundsatz erfordert weiters eine klare und zutreffende Bezeichnung der Posten des Jahresabschlusses, sodass sie eindeutig gegen andere Bilanzposten abgrenzbar sind.

Nach dem Bruttoprinzip ist eine Saldierung von Aktiv- und Passivposten bzw Aufwands- und Ertragsposten unzulässig (Verrechnungsverbot).

Für die Durchsetzung der Bilanzklarheit sorgen zahlreiche Bestimmungen des Rechnungslegungsgesetzes, so zB die Generalnorm, das Verrechnungsverbot und Bestimmungen über den Inhalt und die Gliederung der Bilanz sowie der Gewinn- und Verlustrechnung.

6.2.2 Grundsatz der Bilanzwahrheit

Der Grundsatz der Bilanzwahrheit ist dann erfüllt, wenn der Jahresabschluss vollständig ist (§ 196 Abs 1 HGB) und den gesetzlichen Bewertungsregeln (§ 201 ff HGB) entspricht.

6.2.3 Grundsatz der Bilanzvorsicht

Das Vorsichtsprinzip (§ 201 Abs 2 Z 4) ist vom Grundsatz des Gläubigerschutzes getragen, nach dem sich ein Kaufmann niemals reicher, wohl aber ärmer darstellen darf, als dies tatsächlich der Fall ist. Insbesondere dürfen nur die am Abschlussstichtag verwirklichten Gewinne ausgewiesen werden. Im Gegensatz zu den Gewinnen müssen jedoch erkennbare Risiken und drohende Verluste in der Bilanz auch dann schon berücksichtigt werden, wenn sie zwar noch nicht entstanden, jedoch zum Zeitpunkt der Bilanzerstellung schon bekannt sind (siehe Kapitel 9.2 Rückstellungen).

Ferner müssen Vermögenspositionen, bei denen verschiedene Wertansätze – etwa Anschaffungswert oder Veräußerungswert – möglich sind, nach dem Niederstwertprinzip mit dem niedrigeren Wert bilanziert werden. Bei der Bewertung von Schulden ist hingegen bei verschiedenen Wertansätzen immer der höhere Wert zu veranschlagen (siehe Kapitel 10.3 Grundzüge der Bewertung).

6.2.4 Grundsatz der Bilanzkontinuität

Durch diesen Grundsatz soll die Vergleichbarkeit der Bilanzen im Zeitablauf sichergestellt werden. Um dies zu erreichen, muss die Eröffnungsbilanz des neuen Jahres mit der Schlussbilanz des alten Jahres identisch sein (Bilanzidentität). Ferner müssen einmal gewählte Gliederungsgrundsätze, insbesondere die Form und Gliederung der Bilanzen und Gewinn- und Verlustrechnungen, prinzipiell beibehalten werden (formelle Bilanzkontinuität). Auch einmal gewählte Bewertungsmethoden sind grundsätzlich beizubehalten (materielle Bilanzkontinuität).

6.3 Bestandteile des Jahresabschlusses

Gemäß § 222 Abs 1 HGB haben die gesetzlichen Vertreter einer Kapitalgesellschaft in den ersten fünf Monaten des Geschäftsjahres für das vorangegangene Geschäftsjahr den um den Anhang erweiterten Jahresabschluss sowie einen Lagebericht aufzustellen.

Der Jahresabschluss von Kapitalgesellschaften[43] hat somit folgende Bestandteile zu umfassen:

- ❑ Bilanz
- ❑ Gewinn- und Verlustrechnung
- ❑ Anhang

Der **Anhang** als dritter Teil des Jahresabschlusses dient als ergänzende Informationsquelle zur Bilanz und Gewinn- und Verlustrechnung, um insgesamt ein möglichst getreues Bild der Vermögens-, Finanz- und Ertragslage des Unternehmens zu vermitteln. Der Anhang beinhaltet Erläuterungen zur Bilanz und Gewinn- und Verlustrechnung sowie zu den angewandten Bilanzierungs- und Bewertungsmethoden (siehe Kapitel 10.4 Der Anhang). Das Gesetz sieht jedoch zahlreiche „größenabhängige“ Erleichterungen für den Anhang kleiner GmbH vor.

Im **Lagebericht** sind der **Geschäftsverlauf** und die Lage sowie die **voraussichtliche Entwicklung** des Unternehmens und der Bereich Forschung und Entwicklung darzustellen. Damit soll der Jahresabschluss um wichtige Informationen, die sich nicht aus der Bilanz, der Gewinn- und Verlustrechnung oder dem Anhang erkennen lassen, ergänzt werden. Im Gegensatz zum Anhang sind für den Lagebericht keine „größenabhängigen“ Erleichterungen vorgesehen. Auch für den Lagebericht gilt die Generalnorm, wonach ein möglichst getreues Bild der Vermögens-, Finanz- und Ertragslage zu vermitteln ist. Es muss auch auf Vorgänge von besonderer Bedeutung eingegangen werden, die nach dem Schluss des Geschäftsjahres eingetreten sind.

---

43 Gilt auch für Personengesellschaften, bei denen kein persönlich haftender Gesellschafter eine natürliche Person ist, zB GmbH & Co KG.

7. Gliederung der Bilanz

Das Gesetz (§ 224 HGB) sieht folgende Mindestgliederung der Bilanz für Kapitalgesellschaften vor. In den anschließenden Kapiteln werden die Positionen der Bilanz im Einzelnen erläutert.

AKTIVSEITE		
A. Anlagevermögen		
I.	Immaterielle Vermögensgegenstände	
	1.	Konzessionen, gewerbliche Schutzrechte und ähnliche Rechte und Vorteile sowie daraus abgeleitete Lizenzen
	2.	Geschäfts(Firmen)wert
	3.	geleistete Anzahlungen
II.	Sachlagen	
	1.	Grundstücke, grundstücksgleiche Rechte und Bauten, einschließlich der Bauten auf fremdem Grund
	2.	technische Anlagen und Maschinen
	3.	andere Anlagen, Betriebs- und Geschäftsausstattung
	4.	geleistete Anzahlungen und Anlagen in Bau
III.	Finanzanlagen	
	1.	Anteile an verbundenen Unternehmen
	2.	Ausleihungen an verbundene Unternehmen
	3.	Beteiligungen
	4.	Ausleihungen an Unternehmen, mit denen ein Beteiligungsverhältnis besteht
	5.	Wertpapiere (Wertrechte) des Anlagevermögens
	6.	Sonstige Ausleihungen

B. Umlaufvermögen		
	I. Vorräte	
		1. Roh-, Hilfs- und Betriebsstoffe
		2. unfertige Erzeugnisse
		3. fertige Erzeugnisse und Waren
		4. noch nicht abrechenbare Leistungen
		5. geleistete Anzahlungen
	II. Forderungen und sonstige Vermögensgegenstände	
		1. Forderungen aus Lieferungen und Leistungen
		2. Forderungen gegenüber verbundenen Unternehmen
		3. Forderungen gegenüber Unternehmen, mit denen ein Beteiligungsverhältnis besteht
		4. sonstige Forderungen und Vermögensgegenstände
	III. Wertpapiere und Anteile	
		1. Anteile an verbundenen Unternehmen
		2. sonstige Wertpapiere und Anteile
	IV. Kassenbestand, Schecks, Guthaben bei Kreditinstituten	
C. Rechnungsabgrenzungsposten		

PASSIVSEITE		
A. Eigenkapital		
	I. Nennkapital (Grund-, Stammkapital)	
	II. Kapitalrücklagen	
		1. gebundene
		2. nicht gebundene
	III. Gewinnrücklagen	
		1. gesetzliche Rücklage
		2. satzungsmäßige Rücklagen
		3. andere Rücklagen (freie Rücklagen)
	IV. Bilanzgewinn (Bilanzverlust), davon Gewinnvortrag/Verlustvortrag	

B. Unversteuerte Rücklagen
1. Bewertungsreserve auf Grund von Sonderabschreibungen
2. sonstige unversteuerte Rücklagen
C. Rückstellungen
1. Rückstellungen für Abfertigungen
2. Rückstellungen für Pensionen
3. Steuerrückstellungen
4. sonstige Rückstellungen
D. Verbindlichkeiten
1. Anleihen, davon konvertibel
2. Verbindlichkeiten gegenüber Kreditinstituten
3. erhaltene Anzahlungen auf Bestellungen
4. Verbindlichkeiten aus Lieferungen und Leistungen
5. Verbindlichkeiten aus der Annahme gezogener Wechsel und der Ausstellung eigener Wechsel
6. Verbindlichkeiten gegenüber verbundenen Unternehmen
7. Verbindlichkeiten gegenüber Unternehmen, mit denen ein Beteiligungsverhältnis besteht
8. sonstige Verbindlichkeiten, davon aus Steuern, davon im Rahmen der sozialen Sicherheit
E. Rechnungsabgrenzungsposten

8. Die Aktivseite der Bilanz

Die Aktivseite einer Bilanz – sie wird auch Vermögensseite bezeichnet – beinhaltet das gesamte Vermögen der Gesellschaft. Im Mittelpunkt steht hier die **Mittelverwendung** des Unternehmens. Im Folgenden werden die Posten der Aktivseite im Einzelnen erläutert.

Kapitalgesellschaften (AG, GmbH, GmbH & Co. KG, AG & Co KG) haben die Aktivseite der Bilanz nach folgenden Gruppen zu gliedern:

AKTIVA

- ❑ ANLAGEVERMÖGEN
  - Immaterielle Vermögensgegenstände
  - Sachanlagen
  - Finanzanlagen
- ❑ UMLAUFVERMÖGEN
  - Vorräte
  - Forderungen und sonstige Vermögensgegenstände
  - Wertpapiere und Anteile
  - Kassabestand, Schecks, Guthaben bei Banken
- ❑ AKTIVE RECHNUNGSABGRENZUNG

8.1 Das Anlagevermögen

Zum Anlagevermögen gehören jene Gegenstände, die bestimmt sind, **dauernd** dem Geschäftsbetrieb der Gesellschaft zu dienen. „Dauernd“ bedeutet, dass die Gegenstände des Anlagevermögens über mehrere Produktionsperioden verteilt ihren Wert auf die erzeugten Produkte abgeben. Sie dienen dem Unternehmen daher nicht durch Verbrauch, sondern durch **Gebrauch**.

In der Regel wird sich aus der Art des Vermögensgegenstandes schon die Zugehörigkeit zum Anlagevermögen oder zum Umlaufvermögen ableiten lassen. Wenn dies jedoch nicht möglich ist, muss die Zugehörigkeit auf Grund dieser Definition geklärt werden. Normalerweise stellen Grundstücke eindeutig Anlagevermögen dar. Ein Bauunternehmen wird sie jedoch im Umlaufvermögen bilanzieren, wenn sie zur Bebauung und Weiterveräußerung bestimmt sind.

8.1.1 Immaterielle Vermögensgegenstände

Die immateriellen Vermögensgegenstände sind wie folgt aufzugliedern:

Immaterielles Vermögen

- ❑ Konzessionen, gewerbliche Schutzrechte und ähnliche Rechte und Vorteile sowie daraus abgeleitete Lizenzen
- ❑ Geschäfts(Firmen)wert
- ❑ geleistete Anzahlungen

Zu dieser Gruppe gehören jene Vermögensgegenstände des Anlagevermögens, die man nicht „angreifen" kann. Es handelt sich um nichtkörperliche Gegenstände. Zu nennen sind hier insbesondere sämtliche Rechte wie Lizenzen, Patente, Konzessionen etc. Aktiviert werden dürfen diese Rechte jedoch nur dann, wenn sie käuflich erworben wurden. **Selbsterstellte** immaterielle Vermögensgegenstände – wie zB EDV-Software – dürfen daher **nicht** in das Vermögen aufgenommen werden.

Konzession

Bei einer Konzession handelt es sich um eine behördliche Genehmigung zur Ausübung eines bestimmten Gewerbes.

Gewerbliche Schutzrechte

Gewerbliche Schutzrechte sind zB Patente, Markenrechte, Urheber- oder Verlagsrechte. Ein Patent ist ein von einer Behörde (Patentamt) verliehenes Recht zur alleinigen Nutzung und gewerblichen Verwertung einer Erfindung.

Ähnliche Rechte und Vorteile

Darunter fallen Ansprüche gegenüber Dritten, wie zB Nutzungs- und Baurechte oder EDV-Software.

Lizenz

Eine Lizenz ist eine Genehmigung bzw Erlaubnis etwa zur Nutzung eines Patentes oder einer Marke.

Geschäftswert

Bei einem Kauf einer ganzen Gesellschaft wird in der Regel mehr bezahlt, als das bilanzmäßig ausgewiesene Eigenkapital beträgt. Die Differenz nennt man Geschäfts- bzw Firmenwert. Dieser Geschäftswert kann etwa auf „Stillen Reserven" im Anlagevermögen oder aber auch auf einer besonders bekannten Produktmarke mit hohen zukünftigen Gewinnerwartungen beruhen.

Für einen erworbenen Geschäfts- oder Firmenwert, der oft auch als Goodwill, Organisationswert oder Unternehmenswert bezeichnet wird, besteht laut Handelsrecht (§ 203 Abs 5) ein Aktivierungswahlrecht.

8.1.2 Sachanlagevermögen

Im Gegensatz zu den immateriellen Vermögensgegenständen handelt es sich beim Sachanlagevermögen um materielle – also im weiteren Sinne „angreifbare" – Vermögensgegenstände. In dieser Gruppe wird jenes langfristig in Verwendung genommene Vermögen ausgewiesen, welches mehr oder minder unmittelbar zur betrieblichen Leistungserstellung **gebraucht** wird. Mit Ausnahme der Grundstücke wird das Sachanlagevermögen durch den Gebrauch im Rahmen des Produktionsprozesses wertgemindert. Diese Wertminderung wird Abschreibung genannt. Das Sachanlagevermögen kann auch mit dem Begriff „Betriebsmittel" umschrieben werden.

In der Bilanz gibt es für das Sachanlagevermögen folgende Gliederungsvorschrift:

Sachanlagen

- Grundstücke, grundstücksgleiche Rechte und Bauten, einschließlich der Bauten auf fremdem Grund
- technische Anlagen und Maschinen
- andere Anlagen, Betriebs- und Geschäftsausstattung
- geleistete Anzahlungen und Anlagen in Bau

Grundstücke können bebaut oder unbebaut sein. Der Grundwert muss entweder in der Bilanz oder im Anhang angegeben werden (§ 225 Abs 7 HGB). **Bauten** umfassen sämtliche Gebäude wie Geschäfts- und Fabriksgebäude, aber auch andere Baulichkeiten wie Brücken, Straßen und Untertagbauten.

Unter **technische Anlagen und Maschinen** fallen sämtliche direkt in der Produktion benötigte Anlagen wie zB Werkzeugmaschinen und Energieerzeugungs- und -verteilungsanlagen. Auch Ersatzteile und Reparaturmaterial für diese Anlagen sind hier auszuweisen.

Zum Bilanzposten **andere Anlagen, Betriebs- und Geschäftsausstattung** zählen alle Gegenstände, die als Einrichtung oder Ausstattung des Betriebes dienen – Werkstätteneinrichtungen, Formen, Modelle, Vorrichtungen, Transport- und Fördereinrichtungen, Fahrzeuge, Büroeinrichtung samt Maschinen, Ladeneinrichtung, Telefonanlagen etc.

Geleistete Anzahlungen und **Anlagen in Bau** können sich grundsätzlich auf jeden Sachanlagenposten beziehen. Unter den geleisteten Anzahlungen werden die Vorleistungen für die Anschaffung von Gegenständen des Sachanlagevermögens angesetzt.

Unter Anlagen in Bau werden jene Herstellungskosten aktiviert, die bei der Selbsterstellung von Sachanlagen angefallen sind. Die Gegenstände sind am Bilanzstichtag noch nicht vollendet. Dazu gehören die Einzel- und Gemeinkosten der Eigenleistung nach der Definition der Herstellungskosten (§ 203 Abs 3 HGB) sowie Aufwendungen für bezogene Fremdleistungen.

8.1.3 Finanzanlagevermögen

Das Finanzanlagevermögen hat wie folgt dargestellt zu werden:

Finanzanlagen

- ❑ Anteile an verbundenen Unternehmen
- ❑ Ausleihungen an verbundene Unternehmen
- ❑ Beteiligungen
- ❑ Ausleihungen an Unternehmen, mit denen ein Beteiligungsverhältnis besteht
- ❑ Wertpapiere (Wertrechte) des Anlagevermögens
- ❑ sonstige Ausleihungen

Anteile an verbundenen Unternehmen

Die Anteile an verbundenen Unternehmen müssen gesondert ausgewiesen werden. Der Sinn liegt darin, dass die wirtschaftlichen Verflechtungen zu anderen Unternehmen, auf die ein nennenswerter Einfluss ausgeübt werden kann, transparent gemacht werden. Verbundene Unternehmen sind solche Unternehmen, die im Rahmen der Vollkonsolidierung in den *Konzernabschluss* eines Mutterunternehmens einzubeziehen sind. Es handelt sich dabei um eine Beteiligung von mindestens 20 % an einem Tochterunternehmen, das unter der einheitlichen Leitung der Muttergesellschaft steht.

Ausleihungen an verbundene Unternehmen

Ausleihungen sind langfristig gewährte Kredite. Bei Ausleihungen an verbundene Unternehmen handelt es sich demnach um Forderungen gegenüber Konzernunternehmen, die eine Laufzeit von mindestens 5 Jahren haben.

Beteiligungen

Beteiligungen sind Anteile an anderen Unternehmen, die bestimmt sind, dem eigenen Geschäftsbetrieb durch eine **dauernde Verbindung** zu diesen Unternehmen zu dienen. Als Beteiligung gelten im Zweifel Anteile an einer Kapitalgesellschaft oder einer Genossenschaft in der Höhe von mindestens 20 Prozent am Nennkapital.

Die Beteiligung als persönlich haftender Gesellschafter an einer Personengesellschaft gilt stets als Beteiligung.

Ausleihungen an Unternehmen, mit denen ein Beteiligungsverhältnis besteht

Ausleihungen sind langfristig gewährte Kredite. Hier werden demnach langfristige Forderungen gegenüber Beteiligungsunternehmen erfasst. Sie haben eine Laufzeit von mindestens 5 Jahren.

Wertpapiere (Wertrechte) des Anlagevermögens

Bei der Zuordnung von Wertpapieren zum Anlagevermögen ist auf die Definition des Anlagevermögens zu achten („dauernd"). Im Finanzanlagevermögen werden also langfristige Wertpapiere erfasst. In diesen Posten werden die zur Deckung der Abfertigungs- und Pensionsrückstellung bestimmten Wertpapiere eingestellt.

Hier sind aber auch jene Gesellschafteranteile aufzunehmen, die nicht mehr unter den Beteiligungsbegriff fallen, aber auch nicht in Wertpapieren verbrieft sind (zB GmbH-Anteile mit einer geringeren als 20-prozentigen Anteilsquote).

8.1.4 Der Anlagenspiegel

Neben der geforderten Mindestgliederung für das Anlagevermögen ist zusätzlich ein Anlagenspiegel (gemäß § 226 Abs 1) zu erstellen.

Man versteht darunter die Darstellung der Entwicklung des Anlagevermögens zwischen zwei Bilanzstichtagen. Der Anlagenspiegel kann wahlweise in der Bilanz oder im Anhang abgebildet werden und besteht in der Regel aus folgenden Spalten, in denen ausgehend von den gesamten Anschaffungs- und Herstellungskosten die Zugänge, Abgänge, Umbuchungen und Zuschreibungen des Geschäftsjahres sowie die Abschreibungen in ihrer gesamten Höhe anzuführen sind.

Anschaffungs- bzw Herstellungskosten zum 1. 1.	Zugänge	Abgänge	Umbuchungen	Kumulierte Abschreibungen	Buchwert 31. 12. Vorjahr	Buchwert 31. 12.	Abschreibungen des Geschäftsjahres

Anschaffungs- bzw Herstellungskosten zum 1. 1.

In der ersten Spalte werden die Vermögensgegenstände, die zum 1. 1. im Unternehmen vorhanden waren, zu den ursprünglichen (unverminderten) Anschaffungs- bzw Herstellkosten aufgelistet. Damit kommt der gesamte in das Anlagevermögen ursprünglich investierte Betrag (historische Anschaffungskosten) zum Ausdruck.

Zugänge

Als Zugänge werden die **Investitionen** des letzten Geschäftsjahres verbucht, also die neu angeschafften Vermögensgegenstände des Anlagevermögens.

Abgänge

Hier werden die im letzten Geschäftsjahr ausgeschiedenen Gegenstände des Anlagevermögens – etwa durch Verkauf oder Verschrottung –, bewertet zu Anschaffungs- bzw Herstellungskosten, erfasst.

Umbuchungen

Bei Umbuchungen handelt es sich um Umgliederungen von Wirtschaftsgütern innerhalb der Bilanz. Beispiel: In Bau befindliche Anlagen werden fertig gestellt. Der Wert dieser Anlagen wird aus der Position „In Bau befindlich" herausgenommen (minus) und in die zutreffende Position (zB Gebäude, Maschinen) eingeordnet (plus). Positive und negative Beträge stehen einander gegenüber, die Summe ist stets Null.

Kumulierte Abschreibungen

In dieser Spalte wird die Summe der bisher insgesamt vorgenommenen Abschreibungen der jeweiligen Posten des Anlagevermögens erfasst.

Buchwert (Vorjahr und zum 31. 12.)

Es müssen sowohl die Buchwerte der einzelnen Vermögensgegenstände zum Bilanzstichtag als auch die des vorhergegangenen Bilanzstichtages angegeben werden. Der Buchwert ist jener Wert, mit dem die einzelnen

Anlagevermögensposten in die Bilanz übernommen werden. Er errechnet sich aus den Anschaffungs- und Herstellkosten zum Bilanzstichtag abzüglich der kumulierten Abschreibungen.

Jährliche Abschreibungen

In dieser Spalte werden die Abschreibungen – Wertminderungen – des letzten Geschäftsjahres eingestellt.

8.1.5 Abschreibungen

8.1.5.1 Planmäßige Abschreibungen

Für die Bewertung von Gegenständen des Anlagevermögens (und des Umlaufvermögens) gilt das **Anschaffungswertprinzip**. Danach sind Vermögensgegenstände höchstens mit ihren **Anschaffungs- oder Herstellungskosten** in der Bilanz anzusetzen – gegebenenfalls vermindert um eine planmäßige oder außerplanmäßige Abschreibung.

Die Anschaffungs- und Herstellungskosten stellen bei der Bewertung von Vermögensgegenständen den Ausgangspunkt dar. Diese Kosten dürfen jedoch nicht im Jahr der Anschaffung oder Herstellung zur Gänze gewinnmindernd geltend gemacht werden.

Sie sind auf den gesamten Zeitraum aufzuteilen, in dem das betreffende Wirtschaftsgut voraussichtlich genutzt werden kann. Diese jährlichen Teilbeträge, die gewinnmindernd geltend gemacht werden, nennt man planmäßige Abschreibungen. Im Steuerrecht heißen sie Absetzung für Abnutzung (AfA). Es können nur Gegenstände des Anlagevermögens planmäßig abgeschrieben werden, deren Nutzung zeitlich begrenzt ist.

Grundstücke, Beteiligungen oder Wertpapiere können lediglich außerordentlich abgeschrieben werden, da sie keiner zeitlichen Nutzungsbegrenzung unterliegen.

Berechnung der planmäßigen Abschreibung:

$$\frac{\text{Wert der Anschaffung oder Herstellung}}{\text{betriebsgewöhnliche Nutzungsdauer}}$$

Die betriebsgewöhnliche Nutzungsdauer für einzelne Nutzungsgegenstände hat sich als Handelsbrauch entwickelt und ist letztlich auch durch die Anerkennung der Finanzbehörden bestimmt. Sie ist nicht gesetzlich fixiert. Sie kann daher die tatsächliche Lebensdauer beträchtlich unter- bzw überschreiten.

Die betriebsgewöhnliche Nutzungsdauer wird durch folgende Faktoren bestimmt:

- verbrauchsbedingte und technische Abnutzung, zB durch gefahrene Kilometer eines Lkws oder durch die Beanspruchung einer Maschine;
- natürlicher Verschleiß durch äußere und klimatische Einflüsse (zB Rost bei Autos);
- Substanzverringerung in Gewinnungsbetrieben (Bergbau, Steinbruch etc);
- Ablauf der vertraglich oder gesetzlich festgesetzten Nutzungszeit, zB bei Miet- oder Pachtverhältnissen, bei Patenten und Konzessionen.

Kauf einer Maschine (Investition)	
Anschaffungswert	1.500 €
Voraussichtliche Nutzungsdauer	5 Jahre
Jährliche Abschreibung = Anschaffungswert / Nutzungsdauer	$\frac{1.500}{5} = 300$ €

Die jährlich vorzunehmende Abschreibung beträgt 300 €. Angenommen die Maschine befindet sich bereits zwei Jahre in betrieblicher Verwendung, so ergeben sich folgene Buchwerte:

1. Jahr	Anschaffungswert zum 1. 4. 2001	1.500 €
	Abschreibung 2001	– 300 €
	Buchwert 31. 12. 2001	1.200 €
2. Jahr	Buchwert 1. 1. 2002	1.200 €
	Abschreibung 2002	– 300 €
	Buchwert 31. 12. 2002	900 €

Der Buchwert zum Ende des zweiten Geschäftsjahres (31. 12. 2002) kann auch wie folgt berechnet werden:

Anschaffungswert	1.500 €
Kumulierte Abschreibungen	– 600 €
Buchwert 31. 12. 2002	900 €

Die kumulierte Abschreibung entsteht durch Addition aller bisherigen jährlichen Abschreibungen.

Eine Investition als solche ist ein erfolgsneutraler Vorgang (1.500 € Anschaffungswert im Beispiel). Erfolgsneutral bedeutet, dass der Kauf des Vermögensgegenstandes keine Auswirkungen auf die Gewinn- und Verlustrechnung hat. Erfolgswirksam wird jedoch die jährliche Abschreibung, indem sie als Aufwand gewinnmindernd in die Gewinn- und Verlustrechnung aufgenommen wird.

8.1.5.2 Außerplanmäßige Abschreibungen

Sachanlagevermögen

Neben der eben beschriebenen planmäßigen Abschreibung (der steuerrechtliche Begriff ist „Absetzung für Abnutzung“ – AfA) sind auch außerplanmäßige Abschreibungen auf Sachanlagen möglich. Man versteht darunter Abschreibungen, bei denen durch **außergewöhnliche Umstände** eine die Nutzungsdauer verkürzende Wertminderung zusätzlich berücksichtigt werden muss. Dies kann bei vorzeitigem Altern durch technischen Fortschritt, bei Nachfrageverschiebungen, Fehlinvestitionen, Katastrophen (Brand, Explosion) und bei einem Sinken der Wiederbeschaffungskosten der Fall sein.

Finanzanlagevermögen

Finanzanlagen sind grundsätzlich nicht abnutzbare Güter des Anlagevermögens. Eine außerplanmäßige Abschreibung kommt jedoch in Frage, wenn ihr Wert zum Bilanzstichtag unter den Anschaffungswert sinkt, was bei Beteiligungen auf Verluste dieser Gesellschaft, bei Wertpapieren auf Kursschwankungen und bei Ausleihungen auf deren Uneinbringlichkeit zurückzuführen sein kann.

Im Steuerrecht entspricht der außerplanmäßigen Abschreibung die Teilwertabschreibung bzw die Absetzung für außergewöhnliche technische oder wirtschaftliche Abnutzung.

8.1.5.3 Geringwertige Wirtschaftsgüter (§ 13 EStG)

Wirtschaftsgüter, deren Anschaffungswert im Einzelnen 5.000 S nicht übersteigt, können im Jahr der Anschaffung, unabhängig von der betriebsgewöhnlichen Nutzungsdauer, sofort abgeschrieben werden. Die Abschreibungen dieser Vermögensgegenstände werden daher komplett in das Jahr der Anschaffung vorgezogen.

In der Praxis wird diese Sonderabschreibung unter anderem bei folgenden Vermögensgegenständen in Anspruch genommen: Rechenmaschinen, Bürosessel, Lampen etc.

8.1.5.4 Die Darstellung der Abschreibungen in der Bilanz

- ❑ planmäßige Abschreibungen
- ❑ außerordentliche Abschreibungen
- ❑ Abschreibungen geringwertiger Wirtschaftsgüter

Abschreibungen werden vom Anlagevermögen **direkt** abgesetzt.

Beispiel:

Maschine	
Anschaffungswert	1.500
Nutzungsdauer	5 Jahre

AKTIVA					
	Anschaffungs-wert zum 1.1.	Zugänge	kumulierte Abschrei-bungen	Buchwert 31. 12.	jährliche Abschrei-bung
1. Jahr	0	1.500	300	1.200	300
2. Jahr	1.500	0	600	900	300
3. Jahr	1.500	0	900	600	300
4. Jahr	1.500	0	1.200	300	300
5. Jahr	1.500	0	1.500	0	300

Die Abschreibung wird auf der Aktivseite vom Wert des Vermögensgegenstandes abgezogen. Der Buchwert zum 31. 12. ergibt sich dabei wie folgt:

Anschaffungswert
\+ Zugänge
– Abgänge
– kumulierte Abschreibungen

= Buchwert zum 31. 12.

Die kumulierten Abschreibungen erhöhen sich jeweils um die jährlichen Abschreibungen. Letztere stellen für die Gesellschaft einen Aufwand (Gewinn- und Verlustrechnung) dar, wodurch der Gewinn vermindert wird und somit in weiterer Folge das Eigenkapital.

8.2 Das Umlaufvermögen

Im Umlaufvermögen sind nach § 198 Abs 4 HGB jene Gegenstände auszuweisen, die nicht bestimmt sind, dauernd dem Geschäftsbetrieb zu dienen. Das Umlaufvermögen wird demnach von jenen Vermögensgütern gebildet, die gewöhnlich innerhalb einer kürzeren Zeitspanne verbraucht, umgeformt bzw veräußert werden (zB Vorräte, Zahlungsmittel).

UMLAUFVERMÖGEN

- ❑ Vorräte
- ❑ Forderungen und sonstige Vermögensgegenstände
- ❑ Wertpapiere und Anteile
- ❑ Kassenbestand, Schecks, Guthaben bei Kreditinstituten
- ❑ Rechnungsabgrenzungsposten

8.2.1 Vorräte

Als Vorratsvermögen werden die auf Lager befindlichen Stoffe und Waren bezeichnet, die für den Produktionsprozess oder den Absatz bestimmt sind.

Dabei sind in der Bilanz folgende Posten getrennt anzugeben:

- ❑ Roh-, Hilfs- und Betriebsstoffe
- ❑ unfertige Erzeugnisse
- ❑ fertige Erzeugnisse, Waren
- ❑ noch nicht abrechenbare Leistungen

Roh-, Hilfs- und Betriebsstoffe

Diese Gruppe der Vorräte stellt praktisch das Ausgangsmaterial der Produktion dar. Rohstoffe (zB das Holz bei einer Tischlerei) und Hilfsstoffe (Leim, Nägel) gehen in das Produkt ein, Betriebsstoffe (Schleifpapier, Schmiermittel) dagegen nicht.

Unfertige Erzeugnisse

Hier werden die vom Unternehmen selbsterstellten, jedoch noch in Arbeit befindlichen Erzeugnisse dargestellt (zB Tischplatte, Sessellehne).

Fertigerzeugnisse

In diesem Posten werden die vom Unternehmen bereits fertig gestellten Erzeugnisse verrechnet (zB fertiger Tisch).

Waren

Unter Waren versteht man jene Produkte, die vom Unternehmen erworben wurden und ohne weitere Bearbeitung bzw Verarbeitung verkauft werden. Verschiedene Tätigkeiten wie zB Sortimentsgestaltung, Sortiervorgänge und Verpackungsmaßnahmen zählen nicht zur Be- und Verarbeitung.

Noch nicht abrechenbare Leistungen

Hier werden alle Dienstleistungen angeführt, die während des Geschäftsjahres begonnen wurden, zum Bilanzstichtag aber noch nicht abgeschlossen sind. Hiebei handelt es sich um Auftragsleistungen der Bauwirtschaft und des Anlagenbaus sowie um andere Dienstleistungen, wie etwa die Bearbeitung beigestellten Materials oder noch nicht vollendete Werbe-, Architekturleistungen.

8.2.2 Forderungen

Eine Forderung entsteht in der Regel dann, wenn ein Unternehmen die vereinbarte Leistung (Produktion, Dienstleistung) bereits erbracht hat, die Gegenleistung – zumeist die Bezahlung – aber erst zu einem späteren Zeitpunkt erfolgt. Im Geschäftsverkehr ist es üblich, dem Kunden ein Zahlungsziel einzuräumen, welches sich meistens über mehrere Wochen erstreckt. Die Höhe der Forderungen – insbesondere der Kundenforderungen – ist einerseits von der Umsatzhöhe, andererseits auch von vereinbarten Zahlungsmodalitäten sowie der Bonität der Kunden abhängig.

In der Bilanz sind die Forderungen wie folgt aufzugliedern:

- ❑ Forderungen aus Lieferungen und Leistungen
- ❑ Forderungen gegenüber verbundenen Unternehmen
- ❑ Forderungen gegenüber Unternehmen, mit denen ein Beteiligungsverhältnis besteht
- ❑ sonstige Forderungen und Vermögensgegenstände

Beispiele für *sonstige Forderungen:* Forderungen gegenüber Finanzamt, Stadtkasse, Sozialversicherung, Forderungen aus an Dienstnehmern gewährte Darlehen.

Die Forderungen sind hinsichtlich ihrer **Fristigkeit** aufzugliedern: Forderungen mit einer Restlaufzeit von länger als einem Jahr sind gesondert anzugeben. Diese Aufgliederung kann entweder in der Bilanz oder im Anhang erfolgen. Die Fristigkeit der Forderungen ist insbesondere bei der Bilanzanalyse von besonderer Bedeutung!

8.2.3 Wertpapiere und Anteile

Im Umlaufvermögen sind jene Wertpapiere und Anteile zu verbuchen, die nicht bestimmt sind, dauernd dem Betrieb zu dienen. Der Zweck der Wertpapiere des Umlaufvermögens liegt vor allem in einer kurzfristigen rentablen Anlage oder einer Liquiditätssicherung. Diese Wertpapiere weisen daher hinsichtlich ihrer Gebundenheit eine Nähe zu den liquiden Mitteln auf. Folgende Positionen sind getrennt anzugeben:

- ❑ Anteile an verbundenen Unternehmen
- ❑ sonstige Wertpapiere und Anteile
- ❑ Eigene Anteile, Anteile an herrschenden oder mit Mehrheit beteiligten Unternehmen

Eigene Anteile sind je nach ihrer Zweckbestimmtheit im Anlage- oder Umlaufvermögen auszuweisen. Der Ausweis der eigenen Anteile ist insofern von Bedeutung, als eine Aktiengesellschaft eigene Aktien gemäß § 65 AktG unter bestimmten Voraussetzungen im Höchstausmaß von 10 % des Grundkapitals erwerben darf. Diese Einschränkung erklärt sich dadurch, dass der Erwerb eigener Aktien eine Rückzahlung des Grundkapitals an die Aktionäre bedeutet und damit die Haftungsbasis vermindert wird. Bei einer GmbH ist der Erwerb eigener Anteile verboten.

8.2.4 Kassenbestand, Schecks, Guthaben bei Kreditinstituten (liquide Mittel)

Als liquide Mittel werden jene Vermögensgegenstände verstanden, die in einer gewissen Weise einen geldähnlichen Charakter aufweisen. Der Begriff liquide bedeutet flüssig.

Sie setzen sich zusammen aus:

- ❏ Kassa
- ❏ Schecks
- ❏ Guthaben bei Kreditinsituten

In der Bilanzanalyse werden die Posten Kassenbestand, Schecks, Guthaben bei Kreditinstituten und Wertpapiere des Umlaufvermögens zusammengefasst und als **liquide Mittel** bezeichnet.

8.2.5 Aktive Rechnungsabgrenzung

Rechnungsabgrenzungen dienen zur periodengerechten Abgrenzung von Vorgängen, die über den Abschlussstichtag hinauswirken.

Beispiel:

Am 1. 10. wird eine Versicherung (120.000 €) für ein Jahr im Voraus bezahlt. Die Kassa wird durch diesen Geschäftsfall mit 120.000 € belastet.

Okt.	Nov.	Dez.	Jän.	Feb.	März	April	Mai	Juni	Juli	Aug.	Sept.
	30.000 €						90.000 €				

Bis Ende Dezember beträgt der Versicherungsaufwand allerdings nur 30.000 €. Der Versicherungsaufwand würde in der Gewinn- und Verlustrechnung um 90.000 € zu hoch angesetzt sein, wenn der gesamte Betrag in diesem Geschäftsjahr als Aufwand gewinnmindernd geltend gemacht wird.

Zur periodengerechten Abgrenzung wird in der Bilanz eine aktive Rechnungsabgrenzung gebildet, die sich wie folgt auswirkt:

BILANZ			
AKTIVA			PASSIVA
1. 7.	Kassa	– 120.000	EK – 30.000
31. 12.	ARA	+ 90.000	....

Als Versicherungsaufwand werden nur die 30.000 € tatsächlich diesem Geschäftsjahr zuordenbaren Ausgaben verbucht, während auf der Aktivseite gleichzeitig eine Rechnungsabgrenzung gebildet wird.

Im neuen Jahr wird die Rechnungsabgrenzung gegen das Aufwandskonto aufgelöst. Die restlichen 90.000 € werden nun erfolgswirksam.

8.2.6 Bewertung des Umlaufvermögens

Für die Bewertung des Umlaufvermögens gilt stets das *strenge Niederstwertprinzip.* Danach sind Gegenstände des Umlaufvermögens höchstens mit den Anschaffungs- oder Herstellungskosten anzusetzen. Liegt ihr Wert am Bilanzstichtag unter den Anschaffungs- bzw Herstellkosten, so muss auf diesen niedrigeren Wert (Börsen- oder Marktpreis) abgewertet werden (§ 207 Abs 1 HGB).

Damit folgt man dem Prinzip, dass drohende Verluste in der Bilanz auch dann schon berücksichtigt werden müssen, wenn sie zwar noch nicht entstanden, bei der Bilanzerstellung jedoch schon bekannt sind. Das strenge Niederstwertprinzip folgt somit dem Grundsatz des Gläubigerschutzes.

8.2.6.1 Wertberichtigung zu Vorräten

Vorräte müssen grundsätzlich wie das gesamte Umlaufvermögen nach dem strengen Niederstwertprinzip bewertet werden. Die niedrige Bewertung resultiert aus dem Vorsichtsgedanken und hat den Zweck, drohende Verluste schon zum Bilanzstichtag zu berücksichtigen und nicht erst dann, wenn sie realisiert worden sind. Bei der Bewertung der Vorräte spielt sowohl die Preisentwicklung auf der Beschaffungsseite als auch auf der Absatzseite des Unternehmens eine Rolle.

Verluste drohen dem Unternehmen bei einem Preisverfall sowohl auf dem Beschaffungsmarkt als auch auf dem Absatzmarkt. In beiden Fällen müssen Wertberichtigungen auf den niedrigeren Wert vorgenom men werden, entweder bei den Rohstoffen oder bei den verkaufsnahen Produkten (Waren, fertige Erzeugnisse).

Häufig tritt der Fall ein, dass der Tagespreis der auf Lager befindlichen Vorräte nicht exakt feststellbar ist, zB bei Ladenhütern oder veralteten Produkten. Eine unter Umständen zu geringe Wertberichtigung dieser Lagerbestände führt dazu, dass sich der Kaufmann buchhalterisch reicher macht, als er es tatsächlich ist. Umgekehrt ist natürlich auch eine zu hohe Wertberichtigung denkbar. In diesem Fall werden stille Reserven gebildet.

8.2.6.2 Wertberichtigung zu Forderungen

Grundlage für die Bewertung der Forderungen ist deren Einbringlichkeit. Bei der Beurteilung der Forderungen ist vom Grundsatz der Einzelbewertung auszugehen. Das bedeutet, dass jede einzelne Forderung auf die Bonität des Schuldners hin zu untersuchen ist. Voll einbringliche Forderungen werden in der Bilanz mit ihrem vollen Wert angesetzt. Ergibt sich jedoch hinsichtlich der Einbringlichkeit ein Zweifel, so muss diesem in der Bilanz Rechnung getragen werden. Die Forderung wird in diesem Fall nur mit dem einbringlichen Teil angesetzt. Der uneinbringliche Teil wird als Aufwand (Bildung einer Wertberichtigung) verbucht.

9. Die Passivseite der Bilanz

Die Passivseite der Bilanz stellt dar, aus welchen Quellen bzw in welcher rechtlichen Form dem Unternehmen Kapital zur Verfügung steht. Die rechte Seite der Bilanz – die Passivseite – zeigt demnach, wie die linke Seite – die Vermögensseite – finanziert wurde.

Die Posten der Passivseite sind für Kapitalgesellschaften laut HGB nach folgenden Gruppen zu gliedern:

PASSIVA

- ❑ EIGENKAPITAL
- ❑ UNVERSTEUERTE RÜCKLAGEN
- ❑ RÜCKSTELLUNGEN
- ❑ VERBINDLICHKEITEN
- ❑ RECHNUNGSABGRENZUNGSPOSTEN

9.1 Eigenkapital

Zum Eigenkapital gehören alle Mittel, die dem Unternehmen von den Eigentümern (Aktionäre bzw Gesellschafter) zur Verfügung gestellt werden sowie die im Unternehmen erwirtschafteten und nicht an die Eigentümer ausgeschütteten Gewinne (Rücklagen). Das Eigenkapital dient vorrangig als Risikopolster für mögliche Verluste sowie als Haftungsbasis für Unternehmensschulden. Jeder Verlust mindert das Eigenkapital. Gewinne, die nicht ausgeschüttet werden, sowie Kapitalzuführungen erhöhen hingegen das Eigenkapital.

Zum Eigenkapital zählen einerseits die laut HGB ausdrücklich dem Eigenkapital zugerechneten Positionen unter Punkt A. Da auch die unversteuerten Rücklagen (Punkt B) aus dem Jahresüberschuss (Gewinn) gebildet werden, sind diese ebenfalls wirtschaftlich dem Eigenkapital zuzuordnen.

EIGENKAPITAL

- ❑ Eigenkapital
  (laut Bilanz)
  - Nennkapital (Grund-, Stammkapital)
  - Kapitalrücklagen
  - Gewinnrücklagen
  - Bilanzgewinn (Bilanzverlust)
- ❑ Unversteuerte Rücklagen
  - Bewertungsreserve auf Grund von Sonderabschreibungen
  - sonstige unversteuerte Rücklagen

9.1.1 Nennkapital (Grund- bzw Stammkapital)

Das Nennkapital ist jener Teil des Eigenkapitals, zu dessen Einzahlung sich die Gesellschafter bei der Gründung des Unternehmens in der Satzung oder im Gesellschaftsvertrag verpflichtet haben. Das Nennkapital ist jener Betrag, auf den sich die Haftung der Gesellschafter für die Schulden der Gesellschaft beschränkt.

Das Grundkapital einer Aktiengesellschaft ist in Aktien, das Stammkapital einer GmbH in Stammeinlagen zerlegt.

	Mindestbetrag
Aktiengesellschaft	70.000 €
GmbH	35.000 €

Die Aktie

Die Anteile am Grundkapital einer Aktiengesellschaft nennt man Aktien. Die gewöhnliche (Stamm-)Aktie gewährt dem Aktionär Mitgliedschaftsrechte wie zB ein Stimmrecht und ein Dividendenrecht. Besitzer von Vorzugsaktien haben hingegen kein Stimmrecht in der Hauptversammlung. Sie werden in der Regel für den Verzicht der Stimmrechte mit einer höheren Dividendenzahlung belohnt.

Es gibt entweder Nennbetragsaktien oder Stückaktien.

Nennbetragsaktien müssen auf mindestens einen Euro oder ein Vielfaches davon lauten. Der Nennbetrag beziffert das Anteilsrecht und stellt einen Miteigentumsanteil am Gesellschaftsvermögen dar. Der Eigentumsanteil eines Aktionärs bestimmt sich nach dem Verhältnis des Nennbetrages seines Aktienbesitzes zum Grundkapital der Aktiengesellschaft.

Stückaktien haben keinen Nennbetrag. Jede Stückaktie ist am Grundkapital in gleichem Umfang beteiligt. Der Anteil bestimmt sich nach der Zahl der ausgegebenen Aktien.

Aktien dürfen nicht für einen geringeren Betrag als den Nennbetrag (oder den auf die einzelne Stückaktie entfallenden anteiligen Betrag des Grundkapitals) ausgegeben werden. Für einen höheren Betrag ist die Ausgabe zulässig, die Differenz nennt man „Agio“ oder Aufgeld. Ein erzieltes Agio ist bei einer Aktienausgabe verpflichtend in die gebundene Kapitalrücklage einzustellen.

Der Kurswert ist der Markt- bzw Börsewert einer Aktie.

9.1.2 Bilanzgewinn/-verlust

Der Bilanzgewinn wird aus der Gewinn- und Verlustrechnung übernommen.

Der Bilanzgewinn stellt nicht den tatsächlich erwirtschafteten Gewinn der Gesellschaft dar. Die Höhe des Bilanzgewinnes ist im Interesse der Ausschüttungspolitik frei gestaltbar. Der Bilanzgewinn stellt jenen Betrag dar, der maximal für eine Ausschüttung an die Eigentümer zur Verfügung steht. Jener Teil des Bilanzgewinnes, der letztendlich nicht ausgeschüttet wird, wird im Folgejahr als Gewinnvortrag ausgewiesen.

Soll den Gesellschaftern eine hohe Dividende ausgeschüttet werden, so muss ein hoher Bilanzgewinn ausgewiesen werden, unter Umständen auch mit Hilfe von Rücklagenauflösungen. Soll die Dividende gering sein, werden höhere Rücklagenzuweisungen vorgenommen, wodurch der Bilanzgewinn verringert wird (siehe Kapitel 10.1.19 Bilanzgewinn/-verlust).

9.1.3 Rücklagen

Rücklagen entstehen durch:

- ❑ Nichtausschüttung von Gewinnen, erwirtschaftete Gewinne verbleiben im Unternehmen;
- ❑ Kapitalzufuhr von außen durch die Eigentümer.

Rücklagen

- ❑ Kapitalrücklagen
  - gebundene
  - nicht gebundene
- ❑ Gewinnrücklagen
  - gesetzliche Rücklage
  - satzungsmäßige Rücklagen
  - andere Rücklagen (freie Rücklagen)
- ❑ Unversteuerte Rücklagen

9.1.3.1 Kapitalrücklagen

Kapitalrücklagen sind Rücklagen, die nicht aus dem Jahresüberschuss (Gewinn) gebildet wurden, sondern durch Kapitaleinzahlung (Bareinlagen, Sacheinlagen) von den Gesellschaftern entstanden sind. Das Kapital wurde der Gesellschaft von außen zugeführt, die Kapitalrücklagen gehören daher zur Außenfinanzierung.

Bei Kapitalrücklagen ist zwischen gebundenen und nicht gebundenen zu unterscheiden. Kennzeichnend für eine nicht gebundene Rücklage ist, dass sie jederzeit aufgelöst (und somit ausgeschüttet) werden kann. Die Verwendung der gebundenen Kapitalrücklage ist gesetzlich vorgeschrieben: Sie darf nur zur Abdeckung eines ansonsten auszuweisenden Bilanzverlustes aufgelöst werden, wenn bereits sämtliche freien Rücklagen zur Verlustabdeckung aufgelöst wurden bzw keine mehr vorhanden sind.

In die gebundene Kapitalrücklage sind gemäß § 229 Abs 2 HGB ua einzustellen:

- das Agio, die Differenz zwischen Nennwert und Kurswert, bei Aktienausgaben und
- Zuzahlungen von Gesellschaftern gegen Gewährung eines Vorzuges.

In die nicht gebundene Kapitalrücklage werden sonstige Zuzahlungen von Gesellschaftern eingestellt, zB freiwillige Zahlungen zum Ausgleich von Verlusten.

9.1.3.2 Gewinnrücklagen

Als Gewinnrücklagen dürfen nur Beträge ausgewiesen werden, die im Geschäftsjahr oder in einem früheren Geschäftsjahr aus dem **Jahresüberschuss** gebildet wurden. Im Gegensatz zu den Kapitalrücklagen gehören die Gewinnrücklagen daher zur Innenfinanzierung.

Durch die Trennung zwischen Kapital- und Gewinnrücklagen wird die Ertragskraft des Unternehmens transparenter dargestellt, indem zwischen selbsterwirtschaftetem Eigenkapital (Gewinnrücklagen) und von außen zugeflossenem Eigenkapital unterschieden wird.

Gesetzliche Rücklage

Die gesetzliche Rücklage zählt wie die gebundene Kapitalrücklage zu den gebundenen Rücklagen. Dies bedeutet, dass sie einem Ausschüttungsverbot unterliegt. Die gesetzliche Rücklage ist vorgeschrieben für Aktiengesellschaften sowie GmbHs, für die nach Gesetz oder Gesellschaftsvertrag ein Aufsichtsrat bestellt werden muss. Sie *muss* mit mindestens *5 % des Jahresüberschusses* (vermindert um einen etwaigen Verlustvortrag) so lange *gebildet werden,* bis die *gebundenen Rücklagen* (gesetzliche Rücklage + Kapitalrücklage) insgesamt mindestens *10 % des Nennkapitals erreicht haben.* Die Verwendung der gesetzlichen Rücklage (= Auflösung!) ist gesetzlich vorgeschrieben: Sie darf nur zur Abdeckung eines ansonsten auszuweisenden Bilanzverlustes aufgelöst werden.

Satzungsmäßige Rücklage

Per Satzung bzw Gesellschaftsvertrag kann die Bildung von Rücklagen vorgesehen sein.

Andere Rücklage (freie Rücklage)

In die freie Rücklage werden jene Teile des Jahresüberschusses eingestellt, die im Unternehmen zur Eigenkapitalstärkung einbehalten werden. Unter dieser Position sind demnach alle Gewinnrücklagen auszuweisen, die nicht auf Grund von gesetzlichen oder satzungsmäßigen Bestimmungen gebildet werden. Im Gegensatz zu den unversteuerten Rücklagen (siehe Kapitel 9.1.3.3 Unversteuerte Rücklagen) können die freien Gewinnrücklagen auch nicht steuerfrei gebildet werden.

Beispiel zur Bildung von Gewinnrücklagen

Vor der Rücklagenbildung weisen Jahresüberschuss (siehe Kapitel 10.1.16 Jahresüberschuss/-fehlbetrag) und Eigenkapital eines Unternehmens folgende Werte auf:

GuV	
Jahresüberschuss	**800.000 €**
= Bilanzgewinn	800.000 €

Passivseite der Bilanz	
Nennkapital	500.000 €
Bilanzgewinn	800.000 €
Rücklagen	200.000 €
Eigenkapital	**1.500.000 €**

Es soll eine Rücklage in der Höhe von 200.000 € aus dem Jahresüberschuss gebildet werden. Durch die Rücklagendotierung verändern sich Gewinn- und Verlustrechnung sowie die Bilanz folgendermaßen:

GuV	
Jahresüberschuss	**800.000 €**
– Dotierung Rücklagen	–200.000 €
= Bilanzgewinn	600.000 €

Passivseite der Bilanz	
Nennkapital	500.000 €
Bilanzgewinn	600.000 €
Rücklagen	400.000 €
Eigenkapital	**1.500.000 €**

Die Bildung einer Gewinnrücklage erfolgt aus dem **Jahresüberschuss**. Dieser wird jedoch dadurch **nicht verändert**, da eine Rücklagenzuführung bzw -dotierung Gewinnverwendung und nicht Gewinnentstehung darstellt. Rücklagendotierungen bewirken lediglich eine Verschiebung innerhalb des Eigenkapitals: Der Bilanzgewinn wird kleiner, die Rücklagen erhöhen sich dagegen. Das **Eigenkapital** bleibt in Summe **unverändert**, ebenso der Jahresüberschuss.

Eine Rücklagenauflösung wirkt sich genau umgekehrt aus. Der Bilanzgewinn wird vergrößert, die Rücklagen werden verringert. Auch dieser Vorgang hat keine Auswirkungen auf Jahresüberschuss und Eigenkapital. Durch eine Rücklagenauflösung besteht somit die Möglichkeit, den Bilanzgewinn höher auszuweisen, wodurch in der Folge eine höhere Ausschüttung vorgenommen werden kann.

Die Auflösung von Rücklagen ermöglicht, dass trotz eines negativen Jahresüberschusses ein positiver Bilanzgewinn ausgewiesen wird. Dadurch kann ein Unternehmen, selbst wenn Verluste gemacht wurden, eine Dividendenausschüttung vornehmen.

9.1.3.3 Unversteuerte Rücklagen

Unversteuerte Rücklagen sind Eigenkapitalbestandteile.

Zum Unterschied von Gewinnrücklagen, die aus dem versteuerten Gewinn gebildet werden können, handelt es sich bei den unversteuerten Rücklagen um Gewinne, die auf Grund von steuerlichen Begünstigungen nicht versteuert werden müssen.

Unter bestimmten Voraussetzungen (zB Investitionstätigkeit) darf ein Teil des Jahresüberschusses steuerfrei gestellt werden. Dieser Betrag muss jedoch einer unversteuerten Rücklage zugeführt werden, um die Ausschüttung dieser Mittel für eine gewisse Zeit zu verhindern (etwa bei Inanspruchnahme des Investitionsfreibetrages vier Jahre). Andererseits soll die steuerfreie Bildung von Rücklagen bestimmte Anreize schaffen, etwa zur Investitionstätigkeit. Die Art und Höhe dieser Rücklagenbildung ist somit gesetzlich geregelt.

Investitionsfreibetrag (§ 10 EStG)[44]

Die Steuerbegünstigungen (zB Investitionsfreibetrag) wurden vom Gesetzgeber in erster Linie unter dem Gesichtspunkt der Investitionsförderung geschaffen. Der Anreiz zum Investieren besteht für den Steuerpflichtigen darin, dass die steuerliche Bemessungsgrundlage und damit auch die Steuerleistung durch deren Inanspruchnahme gemindert wird. Der Nachteil dieser Art der Investitionsförderung besteht vor allem darin, dass nur jene Unternehmen gefördert werden, die ohnedies eine gute Ertragslage aufweisen. Ferner werden Investitionen oft nur getätigt, um die Steuerbegünstigung in Anspruch zu nehmen. Dadurch steigt die Gefahr von Fehlinvestitionen.

Bei der Anschaffung oder Herstellung von Gütern des Anlagevermögens kann ein Investitionsfreibetrag (IFB) von 9 % der Anschaffungs- bzw Herstellungskosten im Jahr der Anschaffung geltend gemacht werden (für Kraftfahrzeuge max 6 %).

Ziel des Investitionsfreibetrages ist es, den zu versteuernden Gewinn zu mindern und – damit verbunden – die Investitionstätigkeit anzukurbeln. Ferner darf dieser Betrag innerhalb von vier Jahren nicht ausgeschüttet werden.

Nach Ablauf von vier Jahren ist der IFB auf eine freie versteuerte Rücklage zu übertragen, muss jedoch nicht nachversteuert werden. Damit entfällt auch die gesetzliche Bindung.

Beispiel:

Kauf einer Maschine, Anschaffungswert: 1.000 €

Inanspruchnahme des Investitionsfreibetrages (9 % der Anschaffungskosten)

Jahresüberschuss: 2.000

GuV	
Jahresüberschuss	2.000 €
– Dotierung IFB	– 90 €
= Bilanzgewinn	1.910 €

44 Der Investitionsfreibetrag wird voraussichtlich mit 2001 gesetzlich neu geregelt.

Passivseite der Bilanz	
Bilanzgewinn	1.910 €
unversteuerte Rücklage	90 €

Durch den Kauf der Maschine können also 9 % des Anschaffungswertes einer unversteuerten Rücklage (IFB) zugeführt werden. Die Rücklagenbildung ist von der Höhe des Jahresüberschusses unabhängig.

Die Bildung eines IFB beeinflusst die Höhe der planmäßigen Abschreibungen nicht.

Übertragung stiller Reserven, Übertragungsrücklage (§ 12 EStG)

Stille Reserven entstehen durch eine Unterbewertung von Vermögensgegenständen. Wenn solche Gegenstände verkauft werden, tritt eine Gewinnrealsierung ein und die stillen Reserven werden dadurch aufgedeckt und grundsätzlich einer Versteuerung zugeführt. Dies kann zB bei Grundstücken oder Gebäuden, die sich schon lange im Betriebsvermögen des Unternehmens befinden, zu hohen Ertragssteuerzahlungen führen.

Was ist eine ***stille Reserve?***

Verkauf einer Maschine:

Verkaufserlös: 30.000 €

Buchwert der Maschine: 10.000 €

Ermittlung der ***stillen Reserve:***

Verkaufserlös	30.000 €
– Buchwert	– 10.000 €
= stille Reserve	**20.000 €**

Durch den Verkauf werden stille Reserven in der Höhe von 20.000 € aufgelöst. Wird dieser Ertrag aus dem Anlagenverkauf im gleichen Geschäftsjahr wieder investiert, bleibt er unter Anwendung des § 12 EStG steuerfrei.

Wenn ein Unternehmen im selben Jahr einen ähnlichen Gegenstand anschafft, sieht das Steuerrecht zur Förderung der Investitionstätigkeit für solche Fälle eine Steuerstundung vor. Die aufgedeckten stillen Reserven dürfen unter bestimmten restriktiven Voraussetzungen, die im § 12 EstG geregelt sind, steuerlich von den Anschaffungs- oder Herstellungskosten der im selben Jahr angeschafften Gegenstände des Anlagevermögens abgesetzt werden. Dadurch erhält man steuerlich niedrigere Anschaffungs- oder Herstellungskosten, die die Basis für die steuerliche Abschreibung und den Investitionsfreibetrag bilden.

Wenn die stille Reserve nicht in dem Jahr, in dem sie aufgedeckt wird, auf ein zulässiges Wirtschaftsgut übertragen werden kann, darf sie einer unversteuerten Rücklage – der Übertragungsrücklage – zugeführt werden. Die Veräußerungsgewinne müssen also nicht im Jahr der Entstehung übertragen werden. Der Zeitraum für eine Übertragung ist im Normalfall auf 12 Monate, in Ausnahmefällen auf 24 Monate (zB Ausscheiden des Wirtschaftsgutes durch höhere Gewalt) festgelegt.

Geringwertige Wirtschaftsgüter (§ 13 EStG)

Wenn die Abschreibung geringwertiger Wirtschaftsgüter betragsmäßig von wesentlichem Umfang ist, so ist ebenfalls eine unversteuerte Rücklage zu bilden (siehe Kapitel 8.1.5.3 Geringwertige Wirtschaftsgüter).

Zusammenfassendes Beispiel: unversteuerte Rücklagen

Folgendes Beispiel soll die Entwicklung der unversteuerten Rücklage illustrieren, wobei der Investitionsfreibetrag (IFB) als Beispiel herangezogen wird:

Ausgangssituation vor Inanspruchnahme des IFB (Annahme: Jahresüberschuss = Bilanzgewinn = 50.000 €).

AKTIVA		PASSIVA	
Maschine	100.000	Grundkapital	130.000
		Bilanzgewinn	50.000
Umlaufvermögen	280.000	unversteuerte Rücklage	0
		Fremdkapital	200.000
Gesamtvermögen	**380.000**	**Gesamtkapital**	**380.000**

Für die auf der Aktivseite bilanzierte Maschine soll nun ein IFB in der Höhe von 9 % des Anschaffungswertes, also 9.000 €, geltend gemacht werden.

Der Investitionsfreibetrag stellt eine Steuerbegünstigung dar. Der zu versteuernde Gewinn wird geringer, der Jahresüberschuss bleibt jedoch unverändert – abgesehen von der Steuerersparnis infolge der Inanspruchnahme des IFB. Dies bewirkt, dass die Maschine auf der Aktivseite weiterhin mit dem Anschaffungswert bilanziert bleibt. Auf der Aktivseite wird nur die *planmäßige Abschreibung berücksichtigt (sie wird in diesem Beispiel jedoch vernachlässigt).*

Nach Inanspruchnahme des IFB haben die GuV und die Bilanz folgendes Bild:

GuV	
Jahresüberschuss	50.000
– Dotierung IFB	– 9.000
= Bilanzgewinn	41.000

AKTIVA		PASSIVA	
Maschine	100.000	Grundkapital	130.000
		Bilanzgewinn	41.000
Umlaufvermögen	280.000	unversteuerte Rücklage	9.000
		Fremdkapital	200.000
Gesamtvermögen	**380.000**	**Gesamtkapital**	**380.000**

Der Bilanzgewinn hat sich um die steuerliche Sonderabschreibung verringert, die unversteuerte Rücklage ist um den gleichen Betrag gestiegen. Da die unversteuerte Rücklage zum Eigenkapital zählt, hat sich dieses in Summe durch die Inanspruchnahme des IFB nicht verändert. Der **Jahresüberschuss** – als Veränderung des Eigenkapitals definiert – **bleibt** daher ebenfalls **unverändert**. Die steuerliche Sonderabschreibung wird – wie alle übrigen Rücklagenveränderungen – in der GuV nach dem Jahresüberschuss berücksichtigt.

9.1.4 Der Eigenkapitalbegriff

In der Bilanz werden nur das Nennkapital, die Kapital- und Gewinnrücklagen sowie der Bilanzgewinn ausdrücklich als Eigenkapital bezeichnet. Da aber auch die unversteuerten Rücklagen – wie in den vorhergehenden Beispielen gezeigt wurde – aus dem Jahresüberschuss gebildet werden, sind sie im betriebswirtschaftlichen Sinn ebenfalls Eigenkapital und müssen daher auch unbedingt in den Eigenkapitalbegriff hineingenommen werden. In der Bilanzanalyse wird daher der betriebswirtschaftliche Begriff Eigenkapital verwendet.

EIGENKAPITAL (im betriebswirtschaftlichen Sinn)

A. Eigenkapital (laut Bilanz)

   I. Nennkapital

   II. Kapitalrücklagen

   III. Gewinnrücklagen

   IV. Bilanzgewinn

B. Unversteuerte Rücklagen

9.2 Rückstellungen

Rückstellungen sind **Schulden** des Unternehmens, deren **Höhe und/oder Zeitpunkt der Fälligkeit am Bilanzstichtag nicht** genau **bekannt** sind. Die Bildung von Rückstellungen ist mit einem Aufwand verbunden. Rückstellungen sind **Fremdkapital**.

Das Gesetz (§ 198 Abs 8 HGB) schreibt die Bildung von Rückstellungen für ungewisse Verbindlichkeiten und drohende Verluste aus schwebenden Geschäften, die am Abschlussstichtag wahrscheinlich oder sicher, aber hinsichtlich ihrer Höhe oder dem Zeitpunkt ihres Eintritts unbestimmt sind, vor. Es können zB folgende Rückstellungen für ungewisse Verbindlichkeiten gebildet werden:

- Rückstellungen für Garantien und Gewährleistung
- Rückstellungen für Prozesskosten
- Rückstellungen für nicht konsumierte Urlaube
- Rückstellungen für Jubiläumsgelder
- Rückstellungen für drohende Verluste aus schwebenden Geschäften
- Rückstellungen für Produkthaftung

Außerdem dürfen Aufwandsrückstellungen gebildet werden. Das sind Rückstellungen, die für künftige Ausgaben gebildet werden und bei denen keine Verpflichtung gegenüber Dritten, sondern nur eine Innenverpflichtung gegeben ist. Beispiele für Aufwandsrückstellungen:

- Rückstellung für unterlassene Instandhaltung
- Rückstellung für unterlassene Großreparaturen
- Rückstellung für unterlassene freiwillige Sozialleistungen
- Rückstellung für unterlassene Entsorgungsmaßnahmen
- Rückstellung für unterlassene Abbruchkosten

Bildung von Rückstellungen

Beispiel:

Ein Prozess wurde verloren, die Gerichtskosten sind daher von der Gesellschaft zu bezahlen. Da am Bilanzstichtag noch keine Rechnung eingetroffen ist, muss die Gesellschaft eine Rückstellung für den erwarteten Betrag bilden. Sie wird somit in der Höhe von 100.000 € gebildet. Der Jahresüberschuss vermindert sich um diesen Betrag.

Verbrauch/Auflösung von Rückstellungen

Im nächsten Jahr trifft die Rechnung ein, der Betrag lautet auf 60.000 €. Dies bedeutet, dass die Rückstellung um 40.000 € zu hoch gebildet wurde. Dieser Betrag ist daher aufzulösen, der Jahresüberschuss des nächsten Jahres erhöht sich um den Ertrag aus der Auflösung der Rückstellung. Erträge aus Rückstellungsauflösungen entstehen demnach, wenn Rückstellungen im Jahr zuvor zu hoch gebildet wurden. Sie können direkt aus der Gewinn- und Verlustrechnung unter Punkt 4.b abgelesen werden.

Der tatsächliche Rechnungsbetrag, also 60.000 €, stellt dagegen einen Verbrauch der Rückstellung dar, was auf die Erfolgsrechnung des nächsten Geschäftsjahres keine Auswirkung hat.

Kapitalgesellschaften müssen folgende Rückstellungen in der Bilanz getrennt ausweisen:

- Rückstellungen für Abfertigungen
- Rückstellungen für Pensionen
- Steuerrückstellungen
- sonstige Rückstellungen

Rückstellungen sind bei der Betrachtung einer Bilanz ein wesentliches Element. Durch die Unsicherheit hinsichtlich ihrer voraussichtlichen Höhe entsteht ein **Schätzungsspielraum**, der das Ergebnis (Jahresüberschuss) entscheidend beeinflussen kann. Es ist durchaus möglich, dass in den Rückstellungen Eigenkapital versteckt ist, da sie zu hoch gebildet wurden.

Bewertung von Rückstellungen

Bei der Bewertung von Rückstellungen kommt der Grundsatz der Vorsicht besonders zum Tragen. Trotzdem sollen die Unternehmen nicht „übervorsichtig" vorgehen, weil Rückstellungen grundsätzlich in der Höhe, die „nach vernünftiger kaufmännischer Beurteilung notwendig" ist, gebildet werden sollen. Danach sollen die Rückstellungen weder mit einem zu hohen noch mit einem zu niedrigen Wert angesetzt werden.

Rückstellungen für Abfertigungen und Pensionen müssen nach versicherungsmathematischen Grundsätzen gebildet werden.

9.2.1 Sozialkapital

Für **Rückstellungen für Abfertigungen und Pensionen** wird oft auch der Begriff **Sozialkapital** verwendet.

Eine Zuordnung dieser Positionen zu Eigen- oder Fremdkapital kann nicht eindeutig erfolgen. Rein von der Definition her ist das Sozialkapital eine Schuld gegenüber den ArbeitnehmerInnen, wobei allerdings deren Eintreffen, Höhe und Fälligkeit nicht genau feststehen. Damit wäre das Sozialkapital dem Fremdkapital zuzuordnen.

Betrachtet man die Abfertigungs- und Pensionsrückstellungen jedoch von ihrer Finanzierungsfunktion, so sprechen einige Punkte für den Eigenkapitalcharakter des Sozialkapitals:

- Langfristigkeit (nahezu „unbegrenzt")
- Zinsenlosigkeit
- freie Disposition des Unternehmers (ausgenommen teilweise Wertpapierdeckung)

9.2.1.1 Abfertigungsrückstellung

Handelsrechtlich (in der Bilanz) sind Rückstellungen für Abfertigungen gemäß § 211 Abs 2 HGB nach **versicherungsmathematischen Grundsätzen** zu bilden. Dabei werden die Altersstruktur der Belegschaft, die Fluktuation, die Anzahl von Frauen und Männern im Unternehmen sowie die Sterberate berücksichtigt. **Vereinfachend** darf jedoch auch ein bestimmter **Prozentsatz der fiktiven Ansprüche** zum jeweiligen Bilanzstichtag angesetzt werden, sofern dagegen im Einzelfall keine erheblichen Bedenken bestehen. Die fiktiven Ansprüche sind jene Abfertigungsbeträge, die bei Auflösung aller Dienstverhältnisse zum jeweiligen Bilanzstichtag theoretisch anfallen würden.

Zur Sicherung der Abfertigungen muss ein Teil der Rückstellung durch **Wertpapiere** (inländische, festverzinsliche, mündelsichere) **gedeckt** sein. Die erforderliche Wertpapierdeckung richtet sich nach der steuerlich anerkannten Abfertigungsrückstellung. Gemäß § 14 EStG werden maximal 50 % der am Bilanzstichtag bestehenden fiktiven Abfertigungsansprüche (bzw bis zu 60 % für über 50-jährige) anerkannt. Der steuerrechtliche Ansatz ist zumeist niedriger als der handelsrechtliche.

- ❑ Am Schluss jedes Wirtschaftsjahres müssen Wertpapiere im Nennbetrag von mindestens 50 % der Abfertigungsrückstellung des Vorjahres (und zwar der steuerlich anerkannten) im Betriebsvermögen vorhanden sein.
- ❑ Bei Wertpapierunterdeckung muss der steuerlich anerkannte Gewinn um 60 % der Wertpapierunterdeckung erhöht werden, wodurch die Steuerbelastung für das Unternehmen steigt.

Die Wertpapierdeckung muss in dieser Höhe auch während des ganzen folgenden Jahres fortgeführt werden. Die Wertpapiere dürfen daher nicht verkauft, wohl aber belehnt werden.

Beispiel:

Abfertigungsrückstellung

Die handelsrechtliche Abfertigungsrückstellung (in der Bilanz) muss nach versicherungsmathematischen Regeln gebildet werden. Dies ergibt für 2000 einen Betrag von 210.000 € und für 2001 280.000 €. Die handelsrechtliche Abfertigungsrückstellung ist höher als der steuerlich anerkannte Betrag.

Die fiktiven Abfertigungsansprüche, die bei Auflösung aller Dienstverhältnisse zum 31. 12. 2000 theoretisch anfallen würden, betragen

300.000 €. Davon werden maximal 50 Prozent steuerlich anerkannt, also 150.000 €. Am 31. 12. 2001 müssen also Wertpapiere im Nennbetrag von 75.000 € im Betriebsvermögen des Unternehmens vorhanden sein.

	31. 12. 2000	31. 12. 2001
Abfertigungsrückstellung (handelsrechtlich)	210.000	**280.000**
Fiktive Abfertigungsansprüche	300.000	400.000
Steuerlich anerkannter Betrag (50 Prozent der fiktiven Abfertigungsansprüche)	150.000	200.000
Erforderliche **Wertpapierdeckung**		**75.000**

Wie dieses Beispiel sehr eindrucksvoll zeigt, ist in der Realität zumeist nur ein Teil der Abfertigungsrückstellung durch Wertpapiere gedeckt.

9.2.1.2 Pensionsrückstellung

Auf Grund schriftlicher, rechtsverbindlicher und unwiderruflicher Pensions- bzw Vorsorgezusagen an ArbeitnehmerInnen ist das Unternehmen verpflichtet, Pensionsrückstellungen zu bilden. Rückstellungen für laufende Pensionen und Anwartschaften auf Pensionen müssen ebenfalls nach versicherungsmathematischen Grundsätzen angesetzt werden.

Die Pensionsrückstellung ist ebenfalls durch Wertpapiere zu decken. Für die Wertpapierdeckung gilt dasselbe wie bei der Abfertigungsrückstellung.

Der Betriebsrat hat laut **§ 89 ArbVG** das Recht, die Einhaltung der die ArbeitnehmerInnen betreffenden Rechtsvorschriften zu überwachen. Das umfassende **Überwachungsrecht** bezieht sich auch auf Gesetze aus dem Steuerrecht und somit auf die erforderliche **Wertpapierdeckung** der **Abfertigungs- und Pensionsrückstellung**.

9.3 Verbindlichkeiten

Verbindlichkeiten sind Schulden der Gesellschaft und werden daher zum Fremdkapital gezählt. Zum Unterschied von Rückstellungen sind Höhe und Fälligkeit bei den Verbindlichkeiten bekannt.

Kapitalgesellschaften müssen die Verbindlichkeiten laut HGB in der Bilanz wie folgt gliedern:

Verbindlichkeiten

- ❑ Anleihen, davon konvertibel
- ❑ Verbindlichkeiten gegenüber Kreditinstituten
- ❑ erhaltene Anzahlungen auf Bestellungen
- ❑ Verbindlichkeiten aus Lieferungen und Leistungen
- ❑ Verbindlichkeiten aus der Annahme gezogener Wechsel und der Ausstellung eigener Wechsel
- ❑ Verbindlichkeiten gegenüber verbundenen Unternehmen
- ❑ Verbindlichkeiten gegenüber Unternehmen, mit denen ein Beteiligungsverhältnis besteht
- ❑ sonstige Verbindlichkeiten
  davon aus Steuern,
  davon im Rahmen der sozialen Sicherheit

Anleihen

Anleihen sind in der Regel langfristige Schuldverschreibungen, die vom Unternehmen auf dem öffentlichen Kapitalmarkt aufgelegt werden.

Dabei handelt es sich um Fremdkapital, das vorwiegend größere Unternehmen über den Kapitalmarkt aufbringen. Anleihen sind langfristiges Fremdkapital (siehe Kapitel 18.5.1 Anleihen).

Verbindlichkeiten gegenüber Kreditinstituten

Hier werden sämtliche Verbindlichkeiten gegenüber Banken und Sparkassen ausgewiesen. Unter dieser Position sind sowohl Kontokorrentkredite als auch langfristige Investitionskredite enthalten.

Erhaltene Anzahlungen auf Bestellungen

Erhaltene Anzahlungen sind Vorleistungen von Kunden, für welche die Gegenleistung (Lieferungen oder Leistung) noch nicht bzw nicht vollständig erbracht wurde.

Anzahlungen werden vor allem im Großanlagenbau vom Auftraggeber geleistet. Bei der Betrachtung der Bilanz sollte man die Höhe dieser Position mit den halbfertigen und fertigen Erzeugnissen (im Umlaufvermögen) vergleichen. Wenn die Anzahlungen vom Kunden höher sind als diese, so kann damit gerechnet werden, dass sich die Liquidität im kommenden Jahr verschlechtern wird. Leistungen, für die die Bezahlung schon erhalten wurde, müssen noch erstellt werden. Anzahlungen stellen einen unverzinsten Kredit dar.

Erhaltene Anzahlungen auf Bestellungen dürfen gemäß § 225 Abs 6 HGB auf der Aktivseite auch offen von den dazugehörigen Vorräten abgesetzt werden.

Verbindlichkeiten aus Lieferungen und Leistungen

Sie entstehen, weil erhaltene Lieferungen und Leistungen in den seltensten Fällen sofort bezahlt werden. Im Geschäftsleben ist es Handelsbrauch, einen Lieferantenkredit von einigen Wochen zu gewähren.

In der Regel wird dieser Kredit (Lieferantenkredit) mit bestimmten Konditionen gewährt, zB: „Bei Zahlung innerhalb von 30 Tagen kann ein Skonto von 3 % abgezogen werden, das Zahlungsziel beträgt 60 Tage."

Der Beobachtung der Außenstände ist große Bedeutung zuzumessen, zumal eine genaue Ausnützung der Skonti eine wesentliche Verbesserung der finanziellen Situation mit sich bringen kann.

Wechselverbindlichkeiten

Hier werden Verbindlichkeiten, die wechselmäßig verbrieft worden sind, ausgewiesen.

Verbindlichkeiten gegenüber verbundenen Unternehmen und Verbindlichkeiten gegenüber Unternehmen, mit denen ein Beteiligungsverhältnis besteht

Hier werden sämtliche Verbindlichkeiten aus Waren-, Leistungs- und Finanzverkehr gegenüber verbundenen bzw Beteiligungsunternehmen ausgewiesen. In diesen Posten werden sowohl Lieferantenkredite (etwa von der Konzernmutter) als auch langfristige Investitionskredite aufgenommen.

Sonstige Verbindlichkeiten

Hierbei handelt es sich um einen Sammelposten, unter dem alle Verbindlichkeiten ausgewiesen werden, deren gesonderter Ausweis in der Bilanz nicht verlangt wird (zB Steuerschulden, Schulden gegenüber der Krankenkasse, Versicherungen).

Fristigkeit von Verbindlichkeiten

Die **Verbindlichkeiten** sind in der Bilanz oder im Anhang hinsichtlich ihrer **Fristigkeit** aufzugliedern (Restlaufzeit bis zu einem Jahr, Restlaufzeit von mehr als fünf Jahren). Viele Unternehmen wählen aus Übersichtsgründen als Darstellungsform einen „Verbindlichkeitenspiegel“ im Anhang.

Da die Fristigkeit – Restlaufzeit – von Verbindlichkeiten extra ausgewiesen werden muss, kann die Liquidität eines Unternehmens besser beurteilt werden. Um die Rückzahlung von Verbindlichkeiten, deren Laufzeit kürzer als ein Jahr ist, sicherzustellen und Zahlungsengpässe zu vermeiden, muss sich das Unternehmen rechtzeitig mit liquiden Mitteln vorsorgen.

10. Die Gewinn- und Verlustrechnung

Die Gewinn- und Verlustrechnung (GuV) ist neben der Bilanz der zweite Bestandteil des Jahresabschlusses (§ 193 Abs 4 HGB). Der Hauptzweck der Gewinn- und Verlustrechnung liegt in der Ermittlung des Erfolges eines Geschäftsjahres und in der Darstellung der Ertragslage.

Die Gewinn- und Verlustrechnung gibt über die Art und Höhe der Aufwendungen und Erträge Auskunft.

Kapitalgesellschaften müssen sie in Staffelform aufstellen. Dabei werden die Aufwendungen und Erträge untereinander angeordnet, wobei sachlich zusammengehörige Aufwands- und Ertragsposten zusammengefasst und davon Zwischensummen gebildet werden. Durch die Zusammenfassung verwandter Posten ist eine Strukturierung des Gesamterfolges nach betriebswirtschaftlichen Gesichtspunkten möglich. Es werden die Zwischensummen Betriebserfolg, Finanzerfolg, Ergebnis der gewöhnlichen Geschäftstätigkeit und außerordentliches Ergebnis gebildet.

Prinzipiell steht es dem Bilanzierenden frei, zwischen dem so genannten Gesamtkostenverfahren und dem Umsatzkostenverfahren zu wählen. In der Praxis hat das Gesamtkostenverfahren traditionell eine größere Bedeutung.

Im folgenden Abschnitt sollen die einzelnen Posten der GuV im Rahmen des **Gesamtkostenverfahrens** erläutert werden. Im Anschluss daran werden die wesentlichen Unterschiede zum Umsatzkostenverfahren angeführt.

10.1 Gliederungsschema der Gewinn- und Verlustrechnung nach dem Gesamtkostenverfahren

Das Gesetz (§ 231 HGB) sieht folgende Mindestgliederung der Gewinn- und Verlustrechnung bei Anwendung des Gesamtkostenverfahrens für Kapitalgesellschaften vor. In den folgenden Kapiteln werden die einzelnen Positionen der Gewinn und Verlustrechnung näher erläutert.

1. Umsatzerlöse
2. Veränderung des Bestandes an fertigen und unfertigen Erzeugnissen sowie an noch nicht abrechenbaren Leistungen
3. andere aktivierte Eigenleistungen
4. sonstige betriebliche Erträge
a) Erträge aus dem Abgang vom und der Zuschreibung zum Anlagevermögen mit Ausnahme der Finanzanlagen
b) Erträge aus der Auflösung von Rückstellungen
c) übrige
5. Aufwendungen für Material und sonstige bezogene Herstellungsleistungen
a) Materialaufwand
b) Aufwendungen für bezogene Leistungen
6. Personanalaufwand
a) Löhne
b) Gehälter
c) Aufwendungen für Abfertigungen
d) Aufwendungen für Altersversorgung
e) Aufwendungen für gesetzlich vorgeschriebene Sozialabgaben sowie vom Entgelt abhängige Abgaben und Pflichtbeiträge
f) sonstige Sozialaufwendungen

7.	Abschreibungen
	a) auf immaterielle Vermögensgegenstände und Sachanlagen sowie auf aktivierte Aufwendungen für das Ingangsetzen und Erweitern eines Betriebes
	b) auf Gegenstände des Umlaufvermögens, soweit diese die im Unternehmen üblichen Abschreibungen überschreiten
8.	sonstige betriebliche Aufwendungen
	a) Steuern, soweit sie nicht unter Z 21 fallen
	b) übrige
9.	**Zwischensumme aus Z 1 bis 8 (Betriebserfolg)**
10.	Erträge aus Beteiligungen, davon aus verbundenen Unternehmen
11.	Erträge aus anderen Wertpapieren und Ausleihungen des Finanzanlagevermögens, davon aus verbundenen Unternehmen
12.	Sonstige Zinsen und ähnliche Erträge, davon aus verbundenen Unternehmen
13.	Erträge aus dem Abgang von und der Zuschreibung zu Finanzanlagen und Wertpapieren des Umlaufvermögens
14.	Aufwendungen aus Finanzanlagen und aus Wertpapieren des Umlaufvermögens, davon sind gesondert auszuweisen:
	a) Abschreibungen
	b) Aufwendungen aus verbundenen Unternehmen
15.	Zinsen und ähnliche Aufwendungen, davon betreffend verbundene Unternehmen
16.	**Zwischensumme aus Z 10 bis 15 (Finanzerfolg)**
17.	**Ergebnis der gewöhnlichen Geschäftstätigkeit**
18.	außerordentliche Erträge
19.	außerordentliche Aufwendungen
20.	**außerordentliches Ergebnis**
21.	Steuern vom Einkommen und vom Ertrag

22. Jahresüberschuss / Jahresfehlbetrag
23. Auflösung unversteuerter Rücklagen
24. Auflösung von Kapitalrücklagen
25. Auflösung von Gewinnrücklagen
26. Zuweisung zu unversteuerten Rücklagen
27. Zuweisung zu Gewinnrücklagen. Die Auflösungen und Zuweisungen gemäß Z 23 bis 27 sind entsprechend den in der Bilanz ausgewiesenen Unterposten aufzugliedern
28. Gewinnvortrag / Verlustvortrag aus dem Vorjahr
29. Bilanzgewinn / Bilanzverlust

10.1.1 Umsatzerlöse

Als Umsatzerlöse sind die für die gewöhnliche Geschäftstätigkeit des Unternehmens typischen Erlöse aus dem Verkauf und der Nutzungsüberlassung von Erzeugnissen und Waren sowie aus Dienstleistungen nach Abzug von Erlösschmälerungen und Umsatzsteuer auszuweisen (§ 232 Abs 1 HGB).

Die Umsatzerlöse werden abzüglich der Erlösschmälerungen (= Preisnachlässe, Rabatte, Skonti) ausgewiesen. Es handelt sich daher um die Nettoumsätze.

Im Anhang ist eine Aufgliederung der Umsätze nach geographischen Märkten und nach verschiedenen Tätigkeitsbereichen vorzunehmen, soweit sie sich erheblich voneinander unterscheiden (§ 237 Abs 9 HGB). Die Aufgliederung muss nicht erfolgen, wenn das Unternehmen dadurch einen erheblichen Nachteil hat.

10.1.2 Veränderungen des Bestandes an fertigen und unfertigen Erzeugnissen sowie an noch nicht abrechenbaren Leistungen

Diese stellen die Veränderung der auf Lager befindlichen Halb- und Fertigerzeugnisse sowie der „noch nicht abrechenbaren Leistungen" dar. Die Bestandsveränderungen können positiv (Lageraufbau) oder negativ (Lagerabbau) sein. Unter den Bestandsveränderungen sind auch Änderungen des Wertes zu berücksichtigen, so zB ein etwaiger Preisverfall der auf Lager befindlichen Erzeugnisse.

10.1.3 Andere aktivierte Eigenleistungen

Darunter versteht man selbsterstelltes Anlagevermögen, aber auch Großreparaturen und Leistungen für das Ingangsetzen, Erweitern und Umstellen eines Betriebes. Den anfallenden Aufwendungen (zB Löhne, Material) wird dabei diese Ertragsposition gegenübergestellt (Erfolgsneutralität der Investition!).

10.1.4 Sonstige betriebliche Erträge

Hier werden jene Erträge verbucht, die nicht direkt aus der betrieblichen Leistung anfallen. Zu beachten ist, dass in dieser Position sowohl ordentliche als auch außerordentliche Erträge ausgewiesen werden. Außerordentliche Erträge sind Erträge, die nichts mit der gewöhnlichen Geschäftstätigkeit zu tun haben (zB Anlagenverkäufe) oder aus einem anderen Geschäftsjahr stammen, also periodenfremd sind. Sie werden jedoch nicht ausdrücklich als solche bezeichnet.

- ❑ Erträge aus dem **Abgang vom und der Zuschreibung zum Anlagevermögen** mit Ausnahme der Finanzanlagen

Erträge aus dem Abgang vom Anlagevermögen ergeben sich aus der Differenz des Veräußerungserlöses mit dem Buchwert der abgegangenen Anlagen. Sie sind im Rahmen einer Bilanzanalyse als außerordentlich zu qualifizieren.

❑ Erträge aus der **Auflösung von Rückstellungen**

Wurden Rückstellungen im Vorjahr zu hoch gebildet, müssen sie im Folgejahr ertragswirksam aufgelöst werden. Sie sind ebenfalls als außerordentlich zu qualifizieren.

❑ **übrige sonstige betriebliche Erträge**

Hier werden alle Erträge erfasst, die aus der nicht unmittelbar für das Unternehmen typischen Geschäftstätigkeit (zB Kostenerstattungen, Mieterlöse, Kantinen- und Küchenerlöse, Erträge aus Werkswohnungen) resultieren. Es sollte geprüft werden, ob dieser Posten im Anhang näher aufgeschlüsselt wird, da auch außerordentliche Erträge (zB Erträge aus Kursdifferenzen, Vergütung Schadensfälle, einmalige Erträge) enthalten sein können.

10.1.5 Aufwendungen für Material und sonstige bezogene Herstellungsleistungen

a) Materialaufwand

Dieser Posten betrifft alle Materialaufwendungen, die in den Leistungsbereich des Unternehmens einfließen. Hier werden der Roh-, Hilfs- und Betriebsstoffverbrauch, der Energieverbrauch im Fertigungsbereich (zB Strom, Gas), Reparaturmaterial, Reinigungsmaterial, Büromaterial und der Handelswareneinsatz verrechnet.

b) Aufwendungen für bezogene Herstellungsleistungen

Hier handelt es sich um Fremdleistungen von Dritten, die ähnlich wie der Materialverbrauch in den Leistungserstellungsprozess einfließen – zB Materialbearbeitung bzw -veredelung durch Dritte, Fremdbezug sowie **Leihpersonal**, soweit es in der Fertigung eingesetzt ist.

10.1.6 Personalaufwand

Das Gesetz sieht folgende Mindestgliederung des Personalaufwandes vor:

Personalaufwand

- ❑ Löhne
- ❑ Gehälter
- ❑ Aufwendungen für Abfertigungen
- ❑ Aufwendungen für Altersversorgung
- ❑ Aufwendungen für gesetzlich vorgeschriebene Sozialabgaben sowie vom Entgelt abhängige Abgaben und Pflichtbeiträge
- ❑ Sonstige Sozialaufwendungen

Löhne und Gehälter

Hier werden die Bruttobezüge erfasst, einschließlich Sonderzahlungen, Zulagen, Prämien, Jubiläumszahlungen und Überstunden.

In den Gehältern sind auch die **Vorstands- bzw Geschäftsführerbezüge** enthalten. Diese müssen ab drei Personen im Anhang extra angegeben werden.

Hier werden auch die Zuführungen zu Personalrückstellungen (Jubiläumsgelder, noch nicht konsumierte Urlaube etc) verrechnet.

Aufwendungen für Abfertigungen

In diesem Posten werden sowohl *tatsächliche Abfertigungszahlungen* des Geschäftsjahres verrechnet als auch *Zuführungen zur Abfertigungsrückstellung*. Die Höhe der Rückstellungszuführung kann mittels eines Bilanzvergleiches der Abfertigungsrückstellung zweier Geschäftsjahre ermittelt werden.

Aufwendungen für Altersversorgung

Hier werden Pensionszahlungen des Unternehmens, die Zuführung zur Pensionsrückstellung sowie Zahlungen an Pensionskassen verrechnet.

Aufwendungen für gesetzlich vorgeschriebene Sozialabgaben

Diese umfassen den gesetzlichen Arbeitgeberanteil zur Sozialversicherung (Kranken-, Pensions-, Unfallversicherung etc) sowie die lohn- und gehaltsabhängigen Abgaben (Dienstgeberbeitrag zum Familienlastenausgleichsfonds, Kommunalsteuer, U-Bahn-Steuer etc).

Sonstige Sozialaufwendungen

Hier werden diverse freiwillige Sozialaufwendungen und andere freiwillige Zahlungen an MitarbeiterInnen (zB Zuwendungen an den Betriebsratsfonds, Betriebsausflüge, Betriebsveranstaltungen, Weihnachtsgeschenke, Heirats- und Geburtenbeihilfen) ausgewiesen.

10.1.7 Abschreibungen

a) auf immaterielle Vermögensgegenstände und Sachanlagen

In dieser Position werden die planmäßigen Abschreibungen, die Abschreibungen geringwertiger Wirtschaftsgüter (wenn nicht wesentlich) sowie die außerplanmäßigen Abschreibungen erfasst (siehe Kapitel 8.1.5 Abschreibungen).

b) auf Gegenstände des Umlaufvermögens, soweit diese die im Unternehmen üblichen Abschreibungen überschreiten

Hier werden Abschreibungen auf Gegenstände des Umlaufvermögens ausgewiesen, die den bisher üblichen Rahmen der letzten Jahre überschreiten.

10.1.8 Sonstige betriebliche Aufwendungen

Steuern

Hier werden alle betrieblichen Steuern, die nicht zu den personalabhängigen und den Steuern vom Einkommen und Ertrag gehören, erfasst (zB Grundsteuer, Verkehrssteuern, Abgaben, Gebühren). Die Steuern von Einkommen und Ertrag werden getrennt ausgewiesen.

Übrige betriebliche Aufwendungen

Dieser Posten bildet das Sammelbecken für alle *nicht gesondert ausweispflichtigen* Aufwendungen. Generell stellen diese Aufwendungen, neben den Materialaufwendungen, die *Vorleistungsseite der Wertschöpfung* dar.

Insbesondere sind folgende Aufwendungen zu diesem Posten zu rechnen:

- *Verwaltungsaufwand:* Post, Telefon, Rechts- Prüfungs- und Beratungskosten, Forderungsausfälle, Bankspesen, Beiträge an gesetzliche und freiwillige Berufsvertretungen, Versicherungen etc.
- *Vertriebsaufwand:* Werbeaufwand, Inserate, Provisionen etc.
- *Betriebsaufwand:* Kraftfahrzeugkosten, Fremdreinigung, Instandhaltung etc.

In den übrigen betrieblichen Aufwendungen sind auch sämtliche Rückstellungsdotierungen (ausgenommen Personal- und Steuerrückstellungen) enthalten. Ferner ist zu beachten, dass auch in diesem Posten *außerordentliche Aufwendungen* (zB Verluste aus Anlagenabgängen, Forderungsausfälle) enthalten sein können.

10.1.9 Erträge aus Beteiligungen

Dazu gehören Gewinnanteile aus Beteiligungen an Personengesellschaften, Gewinnausschüttungen aus Beteiligungen an Kapitalgesellschaften und Gewinnüberrechnungen von Organgesellschaften. Im Anhang sind die hier enthaltenen Erträge aus Gewinngemeinschaften und aus sonstigen verbundenen Unternehmen anzugeben.

10.1.10 Erträge aus anderen Wertpapieren und Ausleihungen des Finanzanlagevermögens

Hier werden Erträge aus Wertapieren und aus Unternehmensanteilen, die keine Beteiligung sind, sowie Zinserträge aus Ausleihungen (langfristig hergeborgtes Geld) eingestellt.

10.1.11 Sonstige Zinsen und ähnliche Erträge

Unter diesem Posten werden sämtliche Zinsenerträge aus Bankguthaben, Zinsen und Dividenden aus Wertpapieren des Umlaufvermögens, Zinsen aus Forderungen und weiterverrechnete Diskonte auf Kundenwechsel etc erfasst.

Lieferantenskontoerträge sind *nicht* hier zu verrechnen, sie werden bei der jeweiligen Aufwandsgruppe bzw bei den Anschaffungskosten direkt berücksichtigt.

10.1.12 Erträge aus dem Abgang von und der Zuschreibung zu Finanzanlagen und Wertpapieren des Umlaufvermögens

Erträge aus dem Abgang von Finanzanlagen und Wertpapieren ergeben sich aus der Differenz zwischen dem Veräußerungserlös und dem Buchwert der abgegangenen Finanzanlagen. In der Bilanzanalyse sind auch diese Erträge als außerordentlich zu berücksichtigen.

10.1. 13 Aufwendungen aus Finanzanlagen und aus Wertpapieren des Umlaufvermögens

Korrespondierend zu den „Erträgen aus Finanzanlagen und aus Wertpapieren des Umlaufvermögens“, werden hier sämtliche Aufwendungen verrechnet, die damit in Zusammenhang stehen. Dazu gehören Verlustanteile aus Beteiligungen an Personengesellschaften, Verlustübernahmen aus Vollorganschaften, Beteiligungsabschreibungen und Zuschüsse zur Verlustabdeckung.

Auch Verluste aus dem Abgang von Beteiligungen werden hier eingestellt.

Hier werden auch die Abschreibungen auf die sonstigen Finanzanlagen und die Abschreibungen auf die Wertpapiere und Anteile des Umlaufvermögens ausgewiesen. Ursache für Abschreibungen können zB Verluste bei den Tochterunternehmen und Kursverluste von Wertpapieren sein.

Auch Verluste aus dem Verkauf bzw Abgang von Finanzanlagen und Wertpapieren des UV werden hier berücksichtigt.

Zinsen und ähnliche Aufwendungen

Hier werden Zinsen für Bankkredite, Darlehen, Lieferantenkredite etc verrechnet.

10.1.14 Außerordentliche Erträge und Aufwendungen

Der **Begriff außerordentlich** wird im **Rechnungslegungsgesetz** sehr **restriktiv** ausgelegt. In den als außerordentlich bezeichneten Posten werden lediglich Aufwendungen, die aus einer Änderung des laufenden Betriebes resultieren, sowie Erträge und Aufwendungen verbucht, die nicht unmittelbar mit der eigentlichen Unternehmenstätigkeit verbunden sind:

- ❑ Aufwendungen durch Betriebsstilllegung
- ❑ Gewinne aus „sale & lease back“
- ❑ außerplanmäßige Abschreibungen, die wegen außergewöhnlicher Ereignisse wie Katastrophen, Enteignung usw anfallen
- ❑ außergewöhnliche Schadensfälle auf Grund betrügerischer Machenschaften
- ❑ einmalige Zuschüsse der öffentlichen Hand
- ❑ Sanierungsgewinne und Umgründungsgewinne
- ❑ Verluste aus dem Verkauf von Betriebsstätten
- ❑ Umgründungsverluste
- ❑ Kosten einer Kapitalerhöhung

Aperiodische Aufwendungen und Erträge werden daher nicht bei den außerordentlichen Erträgen und Aufwendungen verrechnet, ebenso wenig Erträge aus Anlagenverkäufen und aus Rückstellungsauflösungen. Auch wenn diese Aufwendungen bzw Erträge nicht ausdrücklich als außerordentlich ausgewiesen werden, sondern in anderen Posten versteckt sind, sind sie dennoch nicht wiederholbar bzw diesem Geschäftsjahr zurechenbar.

10.1.15 Steuern vom Einkommen und Ertrag

Hier sind die Steuern vom Einkommen und Ertrag – derzeit die Körperschaftsteuer und Kapitalertragsteuer – zu erfassen. Unter diesem Posten wird auch die Auflösung von zu hoch gebildeten Ertragsteuerrückstellungen sowie Gutschriften für Ertragsteuern ausgewiesen.

10.1.16 Jahresüberschuss/-fehlbetrag

Der Jahresüberschuss stellt den Erfolg bzw Gewinn einer Wirtschaftsperiode dar und kann direkt aus der Gewinn- und Verlustrechnung abgelesen werden. Er ist jener Betrag, der das Eigenkapital in einer Wirtschaftsperiode erhöht bzw vermindert (Jahresfehlbetrag) – abgesehen von Kapitalzuführungen und Dividendenausschüttungen.

Zu beachten ist allerdings, dass im Jahresüberschuss auch Erfolge enthalten sind, die nicht unmittelbar im eigenen Unternehmen erwirtschaftet worden sind. Gemeint sind hier Erträge, die von Beteiligungsunternehmen übernommen worden sind, und Aufwendungen, die aus Abschreibungen oder Verlustübernahmen solcher Unternehmen stammen. Auch außerordentliche und aperiodische Erträge und Aufwendungen beeinflussen den Jahresüberschuss.

Ferner sollte ein/eine externe BilanzleserIn bedenken, dass es noch weitere Möglichkeiten gibt, den Jahresüberschuss durch Bilanzpolitik bewusst zu gestalten. Verschiedene Gestaltungsmöglichkeiten gibt es vor allem bei den Rückstellungen und im Bereich der Bewertung.

10.1.17 Auflösung und Zuweisung zu unversteuerten und Gewinnrücklagen

Die Zuweisungen zu und Auflösungen von Rücklagen werden nach dem Jahresüberschuss ausgewiesen, da es dabei nicht mehr um die Entstehung des Ergebnisses, sondern um dessen Verwendung geht (siehe Kapitel 9.1.3 Rücklagen).

10.1.18 Gewinnvortrag / Verlustvortrag aus dem Vorjahr

Der Gewinnvortrag ist jener Teil des Bilanzgewinnes des Vorjahres, der nicht ausgeschüttet wurde. Dieser wird in die nächste Bilanz mitgenommen. Ein Verlustvortrag ist hingegen der negative Bilanzgewinn des Vorjahres.

10.1.19 Bilanzgewinn/-verlust

Der Bilanzgewinn/-verlust hat nichts mit dem tatsächlichen Gewinn einer Gesellschaft zu tun. Er ergibt sich aus der Korrektur des Jahresüberschusses um die Rücklagenveränderungen plus dem Gewinn-/Verlustvortrag aus dem Vorjahr. Der Bilanzgewinn stellt den *höchstmöglichen Ausschüttungsbetrag* für das laufende Geschäftsjahr dar. Die Hauptversammlung bzw Generalversammlung, die die Höhe der Ausschüttung zu beschließen hat, kann somit maximal auf den Bilanzgewinn zugreifen.

Beispiel:

Das Grundkapital des Unternehmens beträgt 100.000 €. Für 2000 soll eine Dividende von 6 % ausgeschüttet werden. Die Prozentangabe wird immer auf das Grundkapital bezogen.

Bilanzgewinn 2000	6.213 €
Dividende	– 6.000 €
Gewinnvortrag aus 2000	= 213 €

10.2 Die Grundstruktur der Gewinn- und Verlustrechnung nach dem Umsatzkostenverfahren

Beim Umsatzkostenverfahren werden die betriebsbezogenen Aufwendungen nach den funktionellen Bereichen Herstellung, Verwaltung und Vertrieb gegliedert. Kennzeichnend für das Umsatzkostenverfahren ist somit, dass nicht Aufwandsarten wie zB Löhne, Gehälter, Material und Abschreibungen ausgewiesen werden, sondern nach Funktionsbereichen zusammengefasste Aufwendungen.

Das Umsatzkostenverfahren unterscheidet sich vom Gesamtkostenverfahren im ersten Teil der Gliederung, im Bereich des „Betriebserfolges". Dieses Erfolgsrechnungsverfahren hat folgende Grundstruktur:

	Umsatzerlöse
–	Herstellungskosten der zur Erzielung der Umsatzerlöse erbrachten Leistungen
=	Bruttoergebnis vom Umsatz
+	sonstige betriebliche Erträge
–	Vertriebskosten
–	Verwaltungskosten
–	sonstige betriebliche Aufwendungen
=	Zwischensumme aus Z 1 bis 7 (Betriebserfolg)

Für die Anwendung des Umsatzkostenverfahrens benötigt das Unternehmen jedenfalls eine Kostenrechnung. Im Rahmen eines Betriebsabrechnungsbogens (BAB) werden die einzelnen Aufwandspositionen den Bereichen Herstellung, Verwaltung und Vertrieb zugeordnet.

Den Umsatzerlösen werden zunächst einmal nur die Herstellungskosten der tatsächlich verkauften Produkte gegenübergestellt. Die Herstellungskosten haben somit einen Umsatzbezug.

Zu den Vertriebskosten gehören sämtliche Aufwendungen, die im Zusammenhang mit dem Vertrieb der Produkte entstanden sind, wie zB Werbung, Fuhrpark, Messen, Ausstellungen, Transport und Verpackung.

Die Verwaltungsaufwendungen umfassen sämtliche Aufwendungen der Verwaltung, soweit sie nicht zu den Herstellungskosten oder den Vertriebskosten zählen (Geschäftsführung, Rechnungswesen, Personalverwaltung, Prüfungs- und Beratungskosten usw). Es gibt jedoch auch Aufwandsarten, die zu verschiedenen Funktionsbereichen gerechnet werden müssen wie zB Telefon, Mieten, Versicherungsprämien usw. Diese werden den Funktionsbereichen nach Verteilungsschlüsseln zugeordnet.

Unter den sonstigen betrieblichen Aufwendungen werden beim Umsatzkostenverfahren nur jene Aufwendungen erfasst, die noch keiner der anderen Positionen zugeordnet werden konnte (zB Verluste aus dem Abgang von Anlagevermögen, Schadensfälle).

Die Zwischensumme aus Zeile 1 bis 7 stellt den Betriebserfolg dar und ist ident mit dem Betriebserfolg des Gesamtkostenverfahrens. Auch die übrigen Posten stimmen mit den Posten des Gesamtkostenverfahrens überein.

Bei Anwendung des Umsatzkostenverfahrens muss das Unternehmen gemäß § 237 Abs 4 HGB ferner **im Anhang folgende Angaben** machen:

- ❏ Materialaufwand und bezogene Leistungen des Geschäftsjahres
- ❏ Personalaufwand des Geschäftsjahres (gegliedert wie im Gesamtkostenverfahren).

10.3 Grundzüge der Bewertung

Bewertung heißt, Vermögen bzw Schulden in Geld auszudrücken. Die Bewertung ist im HGB gesetzlich geregelt.

Allgemeine Grundsätze der Bewertung:

- ❏ Die auf den vorhergehenden Jahresabschluss angewendeten Bewertungsmethoden sind prinzipiell beizubehalten. Ein Abweichen ist nur unter besonderen Umständen zulässig und muss im Anhang begründet werden.
- ❏ Bei der Bewertung ist von der der Fortführung des Unternehmens auszugehen.

- ❑ Grundsatz der Vorsicht: Es dürfen nur die am Bilanzstichtag verwirklichten Gewinne ausgewiesen werden; erkennbare Risiken und drohende Verluste müssen jedoch berücksichtigt werden.

Bewertung des Anlagevermögens

Für die Bewertung von Vermögensgegenständen gilt das Anschaffungswertprinzip. Danach sind Gegenstände des Anlagevermögens höchstens mit den Anschaffungskosten oder Herstellungskosten in der Bilanz anzusetzen – vermindert um die planmäßigen Abschreibungen. Außerplanmäßige Abschreibungen müssen vorgenommen werden, wenn solche Wertminderungen voraussichtlich von Dauer sind. Bei der Vermögensbewertung darf somit höchstens der Anschaffungswert herangezogen werden. Bei Vermögensgegenständen, die im Laufe der Zeit allerdings mehr wert werden, **darf nicht über den Anschaffungswert** hinaus bewertet werden.

Beispiel:

Kauf eines Grundstückes im Jahr 1980 um 1 Mio €. Heute hat dieses Grundstück einen Verkaufswert von 5 Mio €. In der Bilanz darf dieses Grundstück trotzdem nur mit den ursprünglichen Anschaffungskosten aktiviert werden.

tatsächlicher Wert	5.000.000
Buchwert	1.000.000
stille Reserve	4.000.000

Die Differenz zwischen dem tatsächlichen Wert (Tageswert, Verkehrswert) und dem Buchwert nennt man stille Reserve. Diese wird in der Bilanz nicht ausgewiesen. Sichtbar wird eine stille Reserve beim Verkauf, da dann der realisierte Verkaufspreis als Ertrag verbucht werden muss.

Bewertung des Umlaufvermögens

Für die Bewertung des Umlaufvermögens gilt das strenge Niederstwertprinzip. Danach sind Gegenstände des Umlaufvermögens höchstens mit den Anschaffungskosten bzw Herstellungskosten in der Bilanz anzusetzen. Sinkt der Wert am Bilanzstichtag unter den Anschaffungswert (niedrigerer Börsenkurs oder Marktpreis), so sind Wertberichtigungen vorzunehmen (§ 207 Abs 1 HGB). Auch das Umlaufvermögen darf maximal mit dem Anschaffungswert bilanziert werden.

Danach folgt man dem Prinzip, dass drohende Verluste auch dann schon berücksichtigt werden müssen, wenn sie zwar noch nicht entstanden, am Bilanzstichtag jedoch schon bekannt sind. Das strenge Niederstwertprinzip folgt somit dem Grundsatz des Gläubigerschutzes.

Beispiel:

Einkauf von Rohöl im Laufe des Geschäftsjahres um 120 €/Tonne. Der Rohölpreis am Bilanzstichtag beträgt 100 €/Tonne. In der Bilanz ist das noch auf Lager befindliche Öl aus diesem Einkauf mit 100 €/Tonne zu bewerten.

Imparitätisches Realisationsprinzip

Noch nicht eingetretene Verluste, deren Ursachen schon am Bilanzstichtag bestanden haben, müssen in der Bilanz berücksichtigt werden (etwa unter den Rückstellungen). Künftig zu erwartende Gewinne dürfen dagegen nicht berücksichtigt werden.

Diese Bewertungsprinzipien führen dazu, dass sich der Kaufmann **ärmer** darstellt, als er in Wirklichkeit ist. Dahinter steht nicht eine absichtliche Bilanzverzerrung, vielmehr sollte es jedem Kaufmann ermöglicht werden, Reserven zu bilden, damit er seine Verbindlichkeiten immer bezahlen kann. Die Bewertungsprinzipien beruhen primär auf dem Gedanken des **Gläubigerschutzes**.

10.4 Der Anhang

Alle Kapitalgesellschaften (einschließlich GmbH & Co KG; AG & Co KG) sind verpflichtet, einen erweiterten Jahresabschluss aufzustellen, der folgende Bestandteile umfasst:

- ❑ Bilanz
- ❑ Gewinn- und Verlustrechnung
- ❑ Anhang

Notwendige Anhangangaben finden sich in einer Reihe von Gesetzesbestimmungen (zB §§ 225, 226, 227, 230, 232, 233, 236 bis 242 HGB).

Der Anhang kann im weiteren Sinn als *Erläuterung* der Bilanz sowie der Gewinn- und Verlustrechnung und der darauf angewandten Bilanzierungs- und Bewertungsmethoden verstanden werden. Generell sollen Bilanz und Gewinn- und Verlustrechnung unter Mithilfe des Anhanges ein möglichst *getreues Bild der Vermögens-, Finanz- und Ertragslage des Unternehmens* vermitteln.

Oft gibt es ein Wahlrecht, bestimmte Angaben entweder in der Bilanz bzw Gewinn- und Verlustrechnung oder im Anhang zu machen, sodass eine relativ enge Verzahnung zwischen diesen besteht. Umso größer ist daher die Bedeutung des Anhanges, da er auch für die Bilanzanalyse wichtige Informationen enthält.

Der Anhang von *Aktiengesellschaften und großen GmbH* ist im Wesentlichen identisch. Es besteht lediglich die Ausnahme, dass kleine Aktiengesellschaften keine Aufgliederung der Umsatzerlöse vornehmen müssen (siehe Kapitel 3.1.1 Größenkriterien).

Für kleine GmbH gibt es bei der Erstellung des Anhanges zahlreiche Ausnahmeregelungen bzw Erleichterungen.

Die folgende Checkliste zeigt, welche Angaben im Anhang einer Aktiengesellschaft bzw einer großen GmbH gemacht werden müssen. Ferner wird angegeben, ob die Angaben auch wahlweise direkt in der Bilanz oder Gewinn- und Verlustrechnung gemacht werden können und ob auch kleine GmbH diese Angaben machen müssen.

Anhang: **Aktiengesellschaft und große GmbH**	**auch kleine GmbH**
Angaben	
Forderungen mit Restlaufzeit größer ein Jahr*	x
Verbindlichkeiten mit Restlaufzeit bis zu einem Jahr*	x
Verbindlichkeiten mit Restlaufzeit größer gleich fünf Jahre	x
Grundwert bei bebauten Grundstücken*	x
Darstellung des **Anlagespiegels***	x
Abschreibungen des Geschäftsjahres*	x
Pauschalwertberichtigungen zu Forderungen	
Aufgliederung der Zuführung und Auflösung **unversteuerter Rücklagen***	x
Materialaufwand und Personalaufwand, aufgegliedert beim **Umsatzkostenverfahren**	x
wesentliche **Verluste** aus **Anlagenabgang**	
Leasingverbindlichkeiten des Folgejahres und der folgenden fünf Jahre	
Inlands- und Auslandsumsätze und Umsatzerlöse, gegliedert nach **Tätigkeitsbereichen**[1])	
Name und Sitz von **Beteiligungsunternehmen** (mindestens 20%), Höhe des Anteils am Kapital, Eigenkapital und Ergebnis des letzten Geschäftsjahres dieser Unternehmen[2])	
Beziehungen zu verbundenen Unternehmen[3])	
Erträge und Aufwendungen aus Gewinngemeinschaften und sonstigen verbundenen Unternehmen	

Anhang: Aktiengesellschaft und große GmbH	**auch kleine GmbH**
durchschnittliche **Zahl der Arbeitnehmer**, getrennt nach Arbeitern und Angestellten	x
Aufwendungen für **Abfertigungen und Pensionen**, getrennt nach Vorstandsmitgliedern, leitenden Angestellten und sonstigen AN	
Gesamtbezüge der Vorstandsmitglieder und des **Aufsichtsrates** sowie der früheren Vorstands- und Aufsichtsratsmitglieder[4])	
Namen der **Vorstands- und Aufsichtsrats-mitglieder**	x
Angaben und Erläuterungen	
Überschuldung nach Insolvenzrecht	x
aktivierte Aufwendungen für das Ingangsetzen, Erweitern und Umstellen eines Betriebes	
wesentliche **außerordentliche Erträge und Aufwendungen**	
Bilanzierungs- und **Bewertungsmethoden**	x
betragsmäßig erhebliche **Rückstellungen**	
Fehlbetrag zur **Pensionsrückstellung**	x
Angaben und Begründung	
Änderung der Darstellung (Gliederung) der Bilanz und Gewinn- und Verlustrechnung	x
Änderungen der Bilanzierungs- und Bewertungsmethoden	x

[1]) Braucht auch eine kleine Aktiengesellschaft nicht anzugeben;
die Aufgliederung der Umsätze braucht nicht zu erfolgen, wenn sie nicht durchführbar ist oder dem Unternehmen einen erheblichen Nachteil zufügen kann.

[2]) Die Angaben können unterbleiben, wenn sie
- für die Darstellung der Vermögens-, Ertrags- und Finanzlage des Unternehmens von untergeordneter Bedeutung sind;
- nach vernünftiger kaufmännischer Beurteilung geeignet sind, dem Unternehmen oder dem anderen Unternehmen einen erheblichen Nachteil zuzufügen.

Eigenkapital und Jahresergebnis müssen nicht angegeben werden, wenn der Jahresabschluss nicht offen gelegt werden muss und das berichtende Unternehmen weniger als die Hälfte der Aktien besitzt.

[3]) Einzelheiten müssen bei zu erwartendem erheblichem Nachteil nicht angegeben werden.

[4]) Angaben müssen nicht gemacht werden, wenn weniger als je drei Personen betroffen sind.

---

* Diese Angaben können wahlweise im Anhang oder direkt in der Bilanz oder Gewinn- und Verlustrechnung erfolgen.

11. Bilanzpolitik

11.1 Allgemeines zur Bilanzpolitik

Unter Bilanzpolitik versteht man die **bewusste Gestaltung** des Jahresabschlusses **im Rahmen der gesetzlich zulässigen Möglichkeiten** zur Erreichung bestimmter ergebnisregulierender und/oder publizitätspolitischer Ziele.

Ein wichtiges Wesensmerkmal der Bilanzpolitik ist, dass diese auf einem bewussten Entscheidungsakt der Unternehmensführung beruht, sich jedoch im Rahmen der gesetzlichen (handels- und steuerrechtlichen) Bestimmungen bewegt.

Für die ArbeitnehmervertreterInnen besteht grundsätzlich kein Mitbestimmungsrecht bei der Bilanzpolitik. Lediglich die ArbeitnehmervertreterInnen im Aufsichtsrat haben die – auf Grund der Drittelbeteiligung allerdings sehr eingeschränkte – Möglichkeit, auf die Bilanzpolitik Einfluss zu nehmen.

11.2 Ziele der Bilanzpolitik

Die Bilanzpolitik verfolgt eine interessensgerichtete Darstellung des Jahresabschlusses, um beim Bilanzleser einen bestimmten Eindruck hervorzurufen. Die Zielsetzungen der Bilanzpolitik hängen im Wesentlichen davon ab, für welche Interessenten der Jahresabschluss primär bestimmt ist. Zu den Interessierten zählen die Gesellschafter (Aktionäre), Vorstand und Aufsichtsrat, die Finanzbehörde, Kreditgeber, ArbeitnehmerInnen und ArbeitnehmervertreterInnen sowie die Öffentlichkeit.

Im Rahmen der Bilanzpolitik können unter anderem folgende Ziele verfolgt werden:

- Abwehr von Ansprüchen der ArbeitnehmerInnen an das Unternehmen;

- Abwehr von Ansprüchen der Öffentlichkeit (zB Gemeinden) an das Unternehmen;
- Reduzierung von Ausschüttungen an die Anteilseigner;
- Erzielung von Steuerersparnissen;

oder anders herum:

- Schaffung günstiger Strukturen für bestimmte Finanzierungsvorhaben;
- Stabilisierung oder Aufbau eines bestimmten Images.

Die einzelnen bilanzpolitischen Zielsetzungen können einander unterstützen oder miteinander in Konflikt stehen.

Beispiele:

Ein Unternehmen beabsichtigt, im kommenden Jahr einen Kredit zur Finanzierung eines Investitionsvorhabens aufzunehmen. Aus diesem Grund sollte ein möglichst günstiges Bilanzbild erstellt werden. Andererseits hat der Betriebsrat des Unternehmens Lohnforderungen angemeldet, die durch das günstige Bilanzbild eine Untermauerung erfahren könnten. Hier ist eindeutig eine Konfliktsituation gegeben.

Wenn Lohnverhandlungen vor der Türe stehen, wird unter Umständen ein möglichst niedriger Jahresüberschuss ausgewiesen. Für den Betriebsrat ist es in dieser Situation schwer, wirkungsvolle Argumente zu finden, da er nur selten Einblick in die Bilanzpolitik hat.

Es ist jedoch auch denkbar, dass ein möglichst niedriger Jahresfehlbetrag ausgewiesen wird, um die Eigentümer (Aktionäre) über die tatsächliche wirtschaftliche Situation im Unklaren zu lassen.

11.3 Instrumente der Bilanzpolitik

Die bilanzpolitischen Möglichkeiten werden durch die Grundsätze ordnungsgemäßer Buchhaltung und Bilanzierung sowie durch die gesetzlichen Bestimmungen über die Gliederung und Bewertung des Jahresabschlusses beschränkt.

11.3.1 Verlagerung von Investitionen

Vorziehung in das laufende Geschäftsjahr

Für eine Vorverlagerung von Investitionen in das laufende Geschäftsjahr wird sich die Unternehmensleitung beispielsweise entscheiden, wenn ein hoher Jahresüberschuss zu erwarten ist und Steuerbegünstigungen (siehe Kapitel 9.1.3.3 Unversteuerte Rücklagen) zur Minderung des Steueraufwandes in Anspruch genommen werden sollen.

Werden Investitionen jedoch allein aus diesem Motiv getätigt, so besteht die Gefahr von Fehlinvestitionen.

Verlagerung in das nächste Geschäftsjahr

Der Grund für die Verlagerung von Investitionen in das nächste Geschäftsjahr kann beispielsweise darin liegen, dass durch die Aufschiebung der dazu notwendigen Kreditaufnahme eine günstigere Relation von Eigen- zu Fremdkapital erreicht wird.

11.3.2 Ertragsverlagerungen

Wurde beispielsweise das angestrebte Umsatzziel gegen Jahresende schon erreicht oder sogar überschritten, wird oft danach getrachtet, Lieferungen erst im folgenden Geschäftsjahr durchzuführen. Noch nicht realisierte Gewinne dürfen im Jahresabschluss nicht ausgewiesen werden (siehe Kapitel „Bewertung“). Da die Lagerbestände (Vorräte) zu Herstellkosten in der Bilanz zu erfassen sind, wird der Gewinn in die nächste Periode verlagert, wenn die Erzeugnisse erst nach dem Bilanzstichtag ausgeliefert werden.

Soll hingegen ein besseres Ergebnis erzielt werden, so wird man danach trachten, möglichst noch vor dem Bilanzstichtag auszuliefern.

11.3.3 Veräußerung von Vermögensgegenständen mit stillen Reserven

Der Jahresüberschuss kann durch die Veräußerung von Vermögensgegenständen, die stille Reserven enthalten, erhöht werden. In der Gewinn- und Verlustrechnung werden solche Erträge unter „4.a Erträge aus dem Abgang vom Anlagevermögen" ausgewiesen.

Beispiel:

Ein Grundstück mit einem Buchwert von 1 Mio € wird um 3 Mio € verkauft. Der den Buchwert übersteigende Betrag von 2 Mio € stellt einen Ertrag aus der Auflösung einer stillen Reserve dar und erhöht als solcher den Jahresüberschuss.

11.3.4 Bewertungspolitik

Bei der Bewertungspolitik müssen grundsätzlich zwei einander entgegengesetzte Richtungen unterschieden werden:

- ❑ Ist das Ziel der Bilanzpolitik eine Minderung des Jahresüberschusses bzw eine Erhöhung des Jahresfehlbetrages, so wird man danach trachten, die Vermögensgüter in ihrem Wert herabzusetzen und/oder Passivposten in ihrem Wert hinaufzusetzen.
- ❑ Ist das Ziel hingegen eine Erhöhung des Jahresüberschusses bzw Verminderung des -fehlbetrages, so wird man versuchen, die Vermögensgüter in ihrem Wert hinaufzusetzen und/oder Passivposten herabzusetzen.

Anlagevermögen

Die Beeinflussung des Bilanzierenden besteht im Rahmen der Abschreibungen in der Wahl der voraussichtlichen Nutzungsdauer (siehe auch Kapitel „Abschreibungen"). Wenn bei der Wahl der Nutzungsdauer auch nicht willkürlich vorgegangen werden kann, so besteht doch ein Spielraum innerhalb einer bestimmten Bandbreite. Es gibt keinerlei gesetzliche Bestimmungen dafür, in welcher Zeitperiode ein Wirtschaftsgut abgeschrieben werden muss. Es existieren lediglich Richtlinien von den Finanzämtern sowie Erfahrungssätze in Fachpublikationen.

Eine einmal gewählte Nutzungsdauer muss jedoch grundsätzlich beibehalten werden. Die Gründe für die gewählte Abschreibungsdauer müssen im Anhang angegeben werden. Werden die Bewertungsmethoden geändert, so muss dies ebenfalls im Anhang angegeben und begründet werden.

Vorräte

Vorräte müssen nach dem strengen Niederstwertprinzip bewertet werden (siehe Kapitel 10.3 Grundzüge der Bewertung, S 151). Eine besondere Bedeutung kommt hier den so genannten Ladenhütern zu. Dies sind jene Gegenstände des Vorratsvermögens, die nur noch schwer oder gar nicht verkäuflich sind. Das Lager muss zwar nach dem Vorsichtsprinzip auf den aktuellen Tageswert abgewertet werden; da der tatsächliche Wert von Ladenhütern jedoch nur schwer ermittelbar ist, ist bei den Abwertungen ein erheblicher Spielraum gegeben.

Forderungen

Die Forderungen sind ebenfalls mit ihrem tatsächlichen Wert zu bilanzieren. Ist die Einbringlichkeit fraglich, müssen Wertberichtigungen vorgenommen werden. Bei der Beurteilung der Einbringlichkeit und der damit erforderlichen Wertberichtigungshöhe sind Spielräume gegeben.

Rückstellungen

Rückstellungen bilden wegen ihres mit Unsicherheit – bezüglich Höhe und/oder Fälligkeit – behafteten Charakters ein wichtiges Instrument der Bilanzpolitik. Werden Rückstellungen zu hoch gebildet, wird der Jahresüberschuss zu niedrig ausgewiesen. In den Rückstellungen sind in diesen Fällen Gewinne (Eigenkapital) versteckt.

Werden Rückstellungen, die im Vorjahr zu hoch gebildet worden sind, aufgelöst, so erhöht sich hingegen der Jahresüberschuss um diesen Betrag. Erträge aus der Auflösung von Rückstellungen werden in der Gewinn- und Verlustrechnung unter 4.b ausgewiesen.

Werden hingegen zu wenig Rückstellungen gebildet, so wird dies den Jahresüberschuss des Folgejahres schmälern. Ein schlechteres Ergebnis wird so unter Umständen in das nächste Geschäftsjahr verlagert.

In der Bilanz müssen nur Rückstellungen für Abfertigungen und Pensionen, Steuerrückstellungen und sonstige Rückstellungen gesondert ausgewiesen werden. Es lassen sich daher – insbesondere bei den sonstigen Rückstellungen – Auflösung, Verbrauch und Neuzuführung der einzelnen Rückstellungsarten nicht erkennen. Wesentlich aufschlussreicher ist der Wirtschaftsprüfbericht, in dem die Rückstellungsentwicklungen meist sehr detailliert dargestellt werden. Als Mitglied des Aufsichtsrates sollte man diesem Punkt besondere Aufmerksamkeit schenken.

12. Adressaten und Aufgaben des Jahresabschlusses

Die Frage, welche Aufgaben mit der Erstellung eines Jahresabschlusses verbunden sind, wird – abhängig vom Adressatenkreis – unterschiedlich beantwortet. Der Grund hiefür liegt in den unterschiedlichen Interessen der Informationsempfänger. Als Adressaten des Jahresabschlusses gelten:

- die Eigentümer bzw Anteilseigner (Aktionäre, Gesellschafter der GmbH)
- die Unternehmensleitung
- die ArbeitnehmerInnen bzw ihre VertreterInnen
- die Gläubiger des Unternehmens
- die Finanzbehörden
- gesetzliche und freiwillige Interessenvertretungen
- die Öffentlichkeit (Medien, konkurrierende Unternehmen und andere)

Während die Eigentümer primär an einem hohen Gewinn (Dividende) bzw an der Vermehrung ihres Vermögens interessiert sind, steht die Erhaltung der Arbeitsplätze, die Steigerung des Arbeitseinkommens sowie die Verbesserung der Arbeitsbedingungen im Mittelpunkt der Arbeitnehmerinteressen. Dementsprechend unterschiedlich ist das Informationsinteresse der genannten Gruppen, welches der Jahresabschluss befriedigen soll. Die Anteilseigner wollen aus dem Jahresabschluss Informationen über die wirtschaftliche Lage des Unternehmens gewinnen, mit deren Hilfe sie Entscheidungen über zu erwartende Gewinne, Ausübung von Eingriffs- und Mitwirkungsrechten und den Verkauf ihrer Anteile vorbereiten können. Wenig Interesse haben Eigentümer bzw Unternehmensleitung an der Weitergabe von Informationen, die die Kreditwürdigkeit des Unternehmens belasten könnte bzw die höhere Lohn- und Gehaltsforderungen auslösen könnten.

Die ArbeitnehmerInnen haben wiederum Interesse an einer Unternehmenspolitik, die den Bestand des Unternehmens und damit ihren Arbeitsplatz sichert (zB keine Dividendenzahlung auf Kosten der Unternehmenssubstanz). Darüber hinaus haben die ArbeitnehmerInnen auch ein finanzielles Informationsinteresse, da das Verhältnis von Löhnen und Gewinnen ein wichtiges Kriterium im Rahmen von Lohnverhandlungen sein kann.

Für den Gläubiger ist der Jahresabschluss ein wichtiges Instrument zur Beurteilung des Risikos seiner Kapitalinvestition. Sein Interesse wird vor allem auf eine vorsichtige Bilanzgestaltung gerichtet sein, weil sein Augenmerk primär der Sicherung seiner Forderung gilt.

Schließlich haben die gesetzlichen und freiwilligen Interessenvertretungen der ArbeitnehmerInnen und Unternehmer eine Vielzahl unterschiedlicher Informationsinteressen. Jahresabschlussdaten werden benötigt für Lohnverhandlungen, industriepolitische Entscheidungen und vieles mehr.[45]

Aus diesen und anderen unterschiedlichen Interessenslagen ergeben sich folgende Aufgaben an den Jahresabschluss.[46]

- Dokumentation
- Selbstinformation
- Rechenschaft gegenüber Arbeitnehmern und Außenstehenden
- Ausschüttungsregelung
- Grundlage für die steuerrechtliche Gewinnermittlung

Dokumentation

Die Dokumentationsaufgabe der Rechnungslegung besteht darin, dass Buchführung und Abschluss sämtliche Zahlungsvorgänge und Güterströme erfassen und widerspiegeln sollen. Die Dokumentation dieser Vorgänge kann als Beweismittel bei Rechtsstreitigkeiten, insbesondere im Konkursfall, herangezogen werden. Darüber hinaus dient die Aufzeichnung sämtlicher betrieblicher Vorgänge zugleich der Sicherung von Besteuerungsgrundlagen.

---

45 Weiterführende Literatur: Jonas in: Der Jahresabschluß im Widerstreit der Interessen, Düsseldorf 1983, S 95 ff; weiters Egner: Bilanzen, 1974, S. 25 ff, und Hess/Moritz/Svoboda: aaO, S 30 ff

46 Küting/Weber: aaO, S 155 ff

Selbstinformation

Buchführung und Jahresabschluss sollen der Unternehmensleitung einen Überblick über die Vermögens-, Finanz- und Ertragslage vermitteln. Der Zwang zur Rechenschaft des Kaufmanns (Vorstand, Geschäftsführer) vor sich selbst soll verhindern, dass das Unternehmen aus mangelnder Übersicht über den Vermögensstand in finanzielle Schwierigkeiten gerät. Die Selbstinformation hat damit mittelbar auch eine gläubigerschützende Funktion.

Rechenschaft gegenüber Arbeitnehmern und Außenstehenden

Von ebenso großer Bedeutung wie die Selbstinformation ist die Rechenschaft gegenüber Außenstehenden. Zu diesen Außenstehenden gehören ArbeitnehmerInnen, Kreditgeber, nicht an der Geschäftsführung beteiligte Gesellschafter (Aktionäre, Kommanditisten, stille Gesellschafter) sowie die interessierte Öffentlichkeit. Die genannten Personenkreise benötigen in unterschiedlich starkem Umfang Informationen zum Zweck der Kontrolle und Disposition. Der Jahresabschluss soll ihnen einen klaren Einblick in die Vermögens-, Finanz- und Ertragslage gewährleisten, damit eine effiziente Kontrolle der Wirtschaftlichkeit der Unternehmensführung durchgeführt werden kann (zum Beispiel durch den Betriebsrat im Rahmen der Mitwirkung in wirtschaftlichen Angelegenheiten nach dem Arbeitsverfassungsgesetz).

Ausschüttungsregelung

Bei Unternehmen, deren Haftung beschränkt ist (AG, GmbH), sind vor allem im Interesse der ArbeitnehmerInnen und Gläubiger Vorschriften über die Sicherung des Haftungsvermögens unerlässlich. Eine Aufgabe des Jahresabschlusses besteht darin, sicherzustellen, dass das Haftungskapital des Unternehmens nicht ausgeschüttet wird (Ausschüttungssperre). Folgende Bestimmungen liegen diesem Gedanken zu Grunde:

- ❑ Verbot der Rückgewähr von Einlagen;
- ❑ Verpflichtung, Beiträge aus dem Jahresüberschuss in die gesetzliche Rücklage einzustellen;
- ❑ Verpflichtung zur Bildung eines Wertberichtigungspostens für eigene Anteile.

Ferner wird dem Gedanken der Ausschüttungssperre dadurch Rechnung getragen, dass bei der Bewertung von Vermögensgegenständen zwingend Wertobergrenzen zu beachten sind (Höchstwertprinzip für Sachanlagen, Niederstwertprinzip für Vermögensgegenstände des Umlaufvermögens).

Grundlage für die steuerrechtliche Gewinnermittlung

Auf Grund des Maßgeblichkeitsgrundsatzes bildet der handelsrechtliche Jahresabschluss, der Gegenstand dieses Buches ist, zugleich die Ausgangsbasis für die steuerrechtliche Gewinnermittlung.

13. Jahresabschlussanalyse

13.1 Allgemeines zur Jahresabschlussanalyse

13.1.1 Wozu Jahresabschlussanalyse?

Durch die Jahresabschlussanalyse[47] sollen Erkenntnisse über die aktuelle wirtschaftliche Lage des Unternehmens gewonnen werden.

Die regelmäßig durchgeführte Jahresabschlussanalyse ermöglicht den ArbeitnehmervertreterInnen und den überbetrieblichen Interessenvertretungen der ArbeitnehmerInnen oftmals, Fehlentwicklungen im Unternehmen frühzeitig festzustellen.

Aus Arbeitnehmersicht wird im Zuge der Auseinandersetzung mit dem Jahresabschluss das Hauptaugenmerk auf der Frage liegen, **ob die Arbeitsplätze und die Einkommen der Beschäftigten in mittelfristiger Zukunft gesichert sind**.

Selbstverständlich spielen auch weitere Gesichtspunkte eine Rolle:

- ❑ Bestehen Spielräume im Rahmen der betrieblichen Lohn- und Gehaltsgestaltung?
- ❑ Sind Mittel vorhanden, um die Arbeitsplätze den gesundheitlichen Erfordernissen anzupassen?
- ❑ Sind die Erfolge der vergangenen Jahre gerecht verteilt worden?

Das sind nur einige Fragestellungen, die ArbeitnehmervertreterInnen dazu veranlassen, sich mit dem Jahresabschluss ihrer Unternehmung zu befassen.

Der Jahresabschluss ist die einzige regelmäßige Periodenrechnung, dessen

- ❑ jährliche Aufstellung gesetzlich vorgeschrieben,
- ❑ Inhalt gesetzlich festgelegt ist sowie

47 Im allgemeinen Sprachgebrauch wird statt Jahresabschlußanalyse auch der Begriff Bilanzanalyse verwendet.

- ❑ Rechtmäßigkeit durch unabhängige Sachverständige (Wirtschaftsprüfer) in vielen Fällen (AG, große und mittelgroße GmbH) geprüft wird.

Die alljährliche Aufstellung des Jahresabschlusses (**Regelmäßigkeit**) gewährleistet dem Empfänger, die wirtschaftliche Lage einer Gesellschaft über viele Jahre hinweg zu betrachten und zu beurteilen.

Die **einheitlichen** gesetzlichen Bestimmungen, die auf die Aufstellung des Jahresabschlusses angewandt werden müssen, betreffen Form der Darstellung (siehe Kapitel 7. Gliederung der Bilanz und 10.1 Gliederungsschema der Gewinn- und Verlustrechnung) und Bewertung (siehe Kapitel 10.3 Grundzüge der Bewertung). Damit ist sichergestellt, dass auch Jahresabschlüsse anderer Gesellschaften zum Vergleich herangezogen werden können, um eine Positionsbestimmung der eigenen Gesellschaft vorzunehmen.

Das rechtmäßige Zustandekommen des Jahresabschlusses wird durch die gesetzlich vorgeschriebene Prüfung sichergestellt (zur Prüfungspflicht siehe Kapitel 3.1 Die Abschlussprüfung).

13.1.2 Quellen der Jahresabschlussanalyse

13.1.2.1 Hauptquellen

Hauptquelle der Jahresabschlussanalyse ist natürlich der **Jahresabschluss** selbst. Er besteht aus den Teilen

- ❑ Bilanz
- ❑ Gewinn- und Verlustrechnung
- ❑ Anhang (bei Kapitalgesellschaften)

Zur Vorlagepflicht des Jahresabschlusses an den Betriebsrat darf auf das Kapitel 2.1.3.1 Vorlagepflicht (S 24) verwiesen werden.

Neben dem Jahresabschluss stehen den ArbeitnehmervertreterInnen in vielen Fällen noch weitere wichtige Informationsquellen zur Verfügung, die mit dem Jahresabschluss in engem Zusammenhang stehen. Das sind vor allem der **Lagebericht** und der Bericht des Abschlussprüfers (**Prüfbericht**).

Alle Kapitalgesellschaften haben neben dem Jahresabschluss auch einen **Lagebericht** aufzustellen, in dem der Geschäftsverlauf und die Lage des Unternehmens darzustellen sind. Darüber hinaus sind über Vorgänge von besonderer Bedeutung, die nach dem Abschluss des Geschäftsjahres eingetreten sind, und über die voraussichtliche Entwicklung des Unternehmens zu berichten. Des Weiteren ist auch auf die Bereiche Forschung und Entwicklung einzugehen.

Detaillierte Aufgliederungen aller Posten des Jahresabschlusses bietet in der Regel der **Prüfbericht**, der den ArbeitnehmervertreterInnen im Aufsichtsrat zur Verfügung steht. Näheres zum Bericht des Abschlussprüfers siehe im Kapitel 3.1.4 Wirtschaftsprüfbericht, S 51.

In jedem Fall ist der Betriebsinhaber verpflichtet, dem zuständigen Belegschaftsorgan die zum Verständnis des Jahresabschlusses erforderlichen **Erläuterungen und Aufklärungen** zu geben (ArbVG § 108 Abs 3).

13.1.2.2 Andere Informationsquellen

Beratungs- und Informationsrechte des Betriebsrates

Gemäß §108 Abs1 ArbVG hat **„der Betriebsinhaber den Betriebsrat über die wirtschaftliche Lage einschließlich der finanziellen Lage des Betriebes sowie über deren voraussichtliche Entwicklung, über die Art und den Umfang der Erzeugung, den Auftragsstand, den mengen- und wertmäßigen Absatz, die Investitionsvorhaben sowie über sonstige geplante Maßnahmen zur Hebung der Wirtschaftlichkeit des Betriebes zu informieren; auf Verlangen des Betriebsrates ist mit ihm über diese Information zu beraten“**. Im Anschluss daran wird festgelegt, dass auf Verlangen des Betriebsrates die erforderlichen Unterlagen im Zusammenhang mit der Erstellung von Wirtschaftsplänen (Erzeugungs-, Investitions-, Absatz-, Personal- und anderen Plänen) zur Verfügung zu stellen sind.

Auf Grund dieser Bestimmungen ist es interessierten Betriebsräten möglich, detaillierte Informationen nicht nur über die aktuelle wirtschaftliche Lage zu erhalten, sondern auch die zukünftigen Entwicklungstendenzen abzuschätzen.

Informationen von Gewerkschaften, Kammern und Fachverbänden

In regelmäßigen Abständen werden der interessierten Öffentlichkeit von diversen Interessenvertretungen (Gewerkschaften, Arbeiterkammern, Wirtschaftskammern und Fachverbänden) Branchenstudien vorgestellt. Diese Studien können dem Betriebsrat wertvolle Hinweise über die aktuelle wirtschaftliche Lage der jeweiligen Branche und deren zukünftige Entwicklung geben. Vor allem aber kann der Betriebsrat anhand von ausgewählten Kennzahlen die Stellung seines Unternehmens innerhalb der Branche ausloten. Beispielsweise seien in diesem Zusammenhang Kennzahlen zur Produktivität, Eigenkapitalausstattung, Rentabilität, Investitionstätigkeit und zu den Arbeitskosten genannt.

Für die Betriebsräte sind neben den Gewerkschaften vor allem die Arbeiterkammern ein nahe liegender Ansprechpartner. Sie erstellen nicht nur eigene Branchenstudien, die Arbeiterkammern können auch bei der Beschaffung von Studien anderer Institutionen behilflich sein, sowie veröffentlichte Daten und Kennzahlen von mit dem eigenen Unternehmen vergleichbaren Gesellschaften zur Verfügung stellen.

Wirtschaftsnachrichten der Medien

Aktuelle Unternehmensberichte werden regelmäßig in vielen Tageszeitungen veröffentlicht, eingehendere Analysen oftmals in einschlägigen Wochen- und Monatszeitschriften. Auch darin können wichtige Hinweise über das eigene Unternehmen bzw Brancheninformationen enthalten sein.

Für Betriebsräte börsennotierter Gesellschaften empfiehlt sich ein regelmäßiger Blick auf die Börsenkurse. Vom Börsenindex abweichenden Kursentwicklungen sollten eine besondere Aufmerksamkeit gewidmet und nach Möglichkeit aufgeklärt werden.

13.1.3 Grenzen der Jahresabschlussanalyse

Der Analyse des Jahresabschlusses sind zahlreiche Grenzen gesetzt, deren man sich in der Praxis stets bewusst sein sollte, um Fehlinterpretationen zu vermeiden.

Die Grenzen der Jahresabschlussanalyse ergeben sich vor allem aus den folgenden Gegebenheiten.

Bilanzpolitik

Der Jahresabschluss wird durch die von der Unternehmensleitung verfolgte Bilanzpolitik wesentlich gestaltet. Für die Analyse des Jahresabschlusses ist die Kenntnis des bilanzpolitischen Instrumentariums daher eine notwendige Voraussetzung (siehe Kapitel 11.3 Instrumente der Bilanzpolitik, S 159).

Vergangenheitsbezogene Daten

Die Informationen des Jahresabschlusses beziehen sich auf einen vergangenen Zeitraum (in der Regel das zuletzt abgelaufene Geschäftsjahr). Dem Betriebsrat liegt dieser Jahresabschluss zumeist erst zur Mitte des Folgejahres vor.

Stichtagsbezogene Daten

Die in der Bilanz dargestellten Verhältnisse sind nicht frei von Zufälligkeiten, die sich durch die stichtagsbezogene Aufstellung des Jahresabschlusses (Bilanzstichtag) ergeben. Die im Jahresabschluss dargestellten Verhältnisse können sich schon kurze Zeit nach dem Bilanzstichtag entscheidend verändert haben (zB Vorräte, Bankguthaben, Verbindlichkeiten).

Jahresabschluss des gesamten Unternehmens

Der Jahresabschluss bezieht sich auf das ganze Unternehmen. Den Betriebsrat interessieren jedoch oftmals die Ergebnisse von einzelnen Betrieben oder Standorten. Diese werden aber im Jahresabschluss nicht gesondert dargestellt. Informationen über die Entwicklung einzelner Bereiche eines Unternehmens müssen vom Betriebsrat – gestützt auf die Bestimmungen des § 108 Abs 1 ArbVG – erfragt werden.

Kapitalorientierung

Der Jahresabschluss ist vorrangig an Informationsinteressen der Kapitalgeber (etwa Gewinne, Investitionen, Verschuldung) und nicht an den primären Informationsinteressen der ArbeitnehmerInnen (etwa Sicherheit der Arbeitsplätze und der Einkommen, Arbeitsbedingungen) orientiert. Über diesen Informationsmangel hinaus ergibt sich für ArbeitnehmervertreterInnen mitunter die Gefahr, das unternehmerische Denken in Form von Vermögensgrößen und Erfolgsmaximierung als Sachzwang zu übernehmen.

Informationsmängel des Jahresabschlusses

Dem Jahresabschluss fehlen qualitative Daten wie etwa die Güte des technischen Know-how, die Qualität des Mangements, vertragliche Bindungen, die Marktstellung und die Branchenkonjunktur.

Für die zukünftige Entwicklung wesentliche Informationen (Auftragslage, Marktentwicklung) sind dem Jahresabschluss überhaupt nicht zu entnehmen und werden auch im Lagebericht zumeist nur unzureichend dargestellt.

14. Eigentliche Jahresabschlussanalyse

Mittel der Jahresabschlussanalyse

Die Beurteilung der Daten von Jahresabschlüssen setzt Vergleichsmaßstäbe voraus. Diese können einerseits aus den Jahresabschlüssen früherer Geschäftsjahre gewonnen werden (**Zeitvergleich**) oder durch die Gegenüberstellung mit Jahresabschlüssen branchenverwandter Unternehmen (**Betriebsvergleich**) gegeben sein. Den größten Informationsnutzen wird wohl die Kombination von Zeit- und Betriebsvergleich bringen.

Sowohl für den innerbetrieblichen als auch für den zwischenbetrieblichen Vergleich wird man mit einer Gegenüberstellung von absoluten Beträgen (zB Höhe des Eigenkapitals) nicht auskommen, da die Beträge auf Grund unterschiedlicher Unternehmensgrößen einen sinnvollen Vergleich nicht zulassen.

Eine Aussagekraft wird zumeist erst dadurch erreicht, indem absolute Zahlen sinnvoll zueinander in Beziehung gesetzt werden. Das Ergebnis solcher Verküpfungen sind **Kennzahlen**.

Eine derartige Kennzahl ist zum Beispiel der „Anteil des Eigenkapitals am Gesamtkapital", ausgedrückt in Prozent:

$$\textit{Eigenkapitalanteil} = \frac{\textit{Eigenkapital}}{\textit{Gesamtkapital}} \times 100$$

Mit dieser Kennzahl kann die Eigenkapitalausstattung verschiedener Unternehmen unabhängig von der Unternehmensgröße verglichen werden.

Vorstellung des Fallbeispiels

Um die einzelnen Kennzahlenberechnungen leichter nachvollziehbar zu machen, ist es sinnvoll, die Kennzahlen anhand eines konkreten Jahresabschlusses vorzustellen. Als Beispiel soll in unserem Fall der Jahresabschluss der Firma Aufzug AG dienen. Aus dem Firmenwortlaut geht der Unternehmensgegenstand schon deutlich hervor: Die Gesellschaft beschäftigt sich im Wesentlichen mit der fabriksmäßigen Erzeugung von Aufzügen und Fahrtreppen bzw deren Montage und Wartung. Sie ist eine Tochtergesellschaft eines weltweit agierenden Konzerns.

Als Vergleichsbetrieb wird die Firma Lift AG herangezogen. Die Gesellschaft ist in der gleichen Branche tätig und gehört ebenfalls einem weltweiten Konzern an.

Die Jahresabschlüsse der Aufzug AG werden auf den Seiten 240 ff leicht verkürzt angeführt.

14.1 Umsatzentwicklung und Betriebsleistung

Als Einstieg in die Jahresabschlussanalyse wird in diesem Buch die Betrachtung des Umsatzes und der Betriebsleistung gewählt.

Der **Umsatz** stellt für ein Unternehmen die wichtigste Geldquelle dar. Er umfasst im Wesentlichen die **Erlöse aus verkauften Erzeugnissen und Waren** sowie die **Vergütung von erbrachten Dienstleistungen**. Der Umsatz ist eine jener Größen, an denen vielfach die wirtschaftliche Bedeutung von Unternehmen gemessen wird.[48]

Man unterscheidet zwischen Brutto- und Nettoumsatz. Der Nettoumsatz errechnet sich ausgehend vom Bruttoumsatz durch den Abzug von Erlösschmälerungen. Erlösschmälerungen können gewährte Rabatte und Skonti sein, fallweise auch indirekte Steuern (Biersteuer, Mineralölsteuer und ähnliche).

	Bruttoumsatz
–	Erlösschmälerungen
=	Nettoumsatz

In der Gewinn- und Verlustrechnung scheint nur der Nettoumsatz unter der Bezeichnung **Umsatzerlöse** auf.

48 Zum Beispiel die jährlich in der Zeitschrift „trend“ veröffentlichte Rangliste „TOP 500“, die die umsatzstärksten Gesellschaften Österreichs auflistet.

Während der Umsatz den Wert der verkauften Erzeugnisse und Leistungen darstellt, werden mit der Betriebsleistung noch andere Leistungen einer Rechnungsperiode zusätzlich erfasst.

Berechnung der Betriebsleistung:		Umsatzerlöse
	+/–	Bestandsveränderungen
	+	Aktivierte Eigenleistungen
	+	Sonstige Betriebserträge
	=	Betriebsleistung

Bestandsveränderungen

Bestandsveränderungen können sowohl Verminderungen als auch Erhöhungen der Lagervorräte für unfertige und fertige Erzeugnisse sein.

Verminderungen dieser Lagervorräte (= **negative Bestandsveränderung**) werden bei der Ermittlung der Betriebsleistung von den Umsatzerlösen abgezogen, weil die Leistung für diese Erzeugnisse im Vorjahr (oder in den Vorjahren) erbracht worden ist.

Bestandserhöhungen an unfertigen und fertigen Erzeugnissen (= **positive Bestandveränderungen**) werden zu den Umsatzerlösen hinzugerechnet, da es sich um Leistungen des Unternehmens im betrachteten Geschäftsjahr handelt, die den Kunden aber noch nicht in Rechnung gestellt worden sind. Sie stellen Umsatzerlöse erst in einer kommenden Rechnungsperiode dar.

Aktivierte Eigenleistungen

Unter „Aktivierte Eigenleistungen“ werden selbsterstellte Anlagen verstanden, die für das eigene Unternehmen angefertigt worden sind und im Anlagevermögen aufzunehmen sind. Da es sich dabei um Leistungen des Unternehmens handelt, sind sie bei der Berechnung der Betriebsleistung zu berücksichtigen. In der Gewinn- und Verlustrechnung werden sie unter der Position

3. andere aktivierte Eigenleistungen

erfasst.

Sonstige Betriebserträge

In der Jahresabschlussanalyse werden aus den „Übrigen sonstigen betrieblichen Erträgen“ (Position 4c in der Gewinn- und Verlustrechnung) diejenigen Beträge herausgerechnet, welche außerordentlicher oder aperiodischer (= nicht dem Wirtschaftsjahr zurechenbar) Natur sind. Solche außergewöhnlichen Erträge sind zum Beispiel Kursgewinne, Erträge aus der Auflösung von Wertberichtigungen, Zuschreibungen und Ähnliches.

Berechnung: Übrige Sonstige betriebliche Erträge (Position 4c der GuV)
abzüglich außergewöhnliche Erträge
= Sonstige Betriebserträge

Die genaue Zusammensetzung der Position „Übrige Sonstige betriebliche Erträge“ ist zumeist nur dem Prüfbericht zu entnehmen. Starke Schwankungen im Zeitablauf sind ein Indiz dafür, dass außergewöhnliche Erträge das Ergebnis beeinflusst haben.

Wie der Name bereits ausdrückt, sind die „Übrigen Sonstigen betrieblichen Erträge“ ein Sammelposten verschiedenster Erträge (etwa Mieten, Konzernverrechnungen, Auflösung von Wertberichtigungen usw). Damit ist diese Position besonders geeignet, die tatsächliche Ertragslage aus der gewöhnlichen Geschäftstätigkeit zu verschleiern (zu verschönern). Werden hohe außergewöhnliche Erträge – beispielsweise aus der Auflösung von Wertberichtigungen – nicht erkannt, ist eine Fehlinterpretation der Ertragslage wahrscheinlich. ArbeitnehmervertreterInnen sollten daher nach Möglichkeit dieser Position Beachtung schenken und bei auffälligen Veränderungen eine detaillierte Aufgliederung verlangen.

Für die Jahresabschlussanalyse ist die Betriebsleistung wichtiger als der Umsatz, weil sie die Leistung eines Unternehmens periodengerecht zum Ausdruck bringt.

Berechnung der Betriebsleistung am Beispiel Aufzug AG
(Beträge in 1000 €)

	Aufzug AG		Veränderung Aufzug AG		Veränderung Lift AG
	Vorjahr	aktuelles Jahr	in 1000 €	in %	in %
Umsatz	1.663.117	1.935.596	+272.479	+16,4	+12,1
Bestands-veränderung	+ 3.381	+ 31.986	+ 28.605		
Aktivierte Eigen-leistungen	+ 4.423	+ 5.909	+ 1.486		
Sonstige Betriebs-erträge	+ 36.106	+ 38.535	+ 2.429		
Betriebsleistung	1.707.027	2.012.026	+304.999	+17,9	+ 4,0

Die Aufzug AG erzielte im aktuellen Geschäftsjahr mit 17,9 Prozent gegenüber dem Vorjahr eine beachtliche Steigerung der Betriebsleistung. Das Bruttoinlandsprodukt (BIP) Österreichs erhöhte sich in diesem Jahr im Vergleich dazu nur um 3,6 Prozent (nominell).

Den wesentlichsten Beitrag zur Steigerung der Betriebsleistung lieferte die Umsatzentwicklung (+16,4 Prozent). Darüber hinaus wurde der Lagerbestand an unfertigen Erzeugnissen und noch nicht abrechenbaren Leistungen gegenüber dem Vorjahr um 32 Mio EURO erhöht (positive Bestandsveränderung).

Die „Übrigen Sonstigen betrieblichen Erträge" werden im Jahresabschluss nicht näher erläutert und sind hier in Summe als „Sonstige Betriebserträge" aufgenommen worden. Die Beträge der sonstigen Betriebserträge weisen allerdings eine derartige Höhe auf, dass eine nähere Aufgliederung verlangt werden soll.

Da die starke Betriebsleistungserhöhung hauptsächlich auf die Umsatzentwicklung zurückzuführen ist, empfiehlt es sich, die Umsätze differenzierter zu betrachten. Dabei können folgende Aufgliederungsmerkmale in Betracht kommen.

Aufgliederung nach	Produkten bzw Produktgruppen
	Absatzgebieten
	Standorten (Betriebe)
	Auftraggebern (öffentliche Hand, Private uä)

Im Beispiel Aufzug AG werden die Umsätze im Anhang nur nach Inland/ Ausland aufgegliedert (in 1000 EURO)

	Vorjahr	aktuelles Jahr	Veränderung in 1000 €	in %
Inlandsumsätze	763.448	810.077	+ 46.629	+ 6,1
Exportumsätze	899.669	1.125.519	+ 225.850	+ 25,1

Die Veränderungsrechnung zeigt sehr deutlich, dass das bemerkenswerte Umsatzwachstum überwiegend dem Export zuzuschreiben ist. Der Anteil der Exporte am Gesamtumsatz hat sich auf 58 % erhöht (nach 54 % im Vorjahr).

Ein Blick auf die Umsatzentwicklung der Vergleichsgesellschaft Lift AG zeigt, dass auch diese Gesellschaft ein starkes Umsatzwachstum aufweist (+12,1 %). Ein erheblicher Unterschied besteht allerdings bei der Entwicklung der Betriebsleistung: Der knapp 18%igen Steigerung der Betriebsleistung bei der Aufzug AG steht nur eine Erhöhung um 4 % bei der Lift AG gegenüber. Der Grund für die unterschiedliche Entwicklung von Umsatz (+12 %) und Betriebsleistung (+4 %) bei Lift AG liegt darin, dass Produkte, die im aktuellen Jahr zu Umsatzerlösen geführt haben, teilweise bereits im Vorjahr angearbeitet worden sind (negative Bestandsveränderung).

Bei der Beurteilung von Veränderungen geldwerter Größen (wie zum Beispiel Umsatz und Betriebsleistung) ist es wichtig zu beachten, dass auch die laufende Geldwertveränderung eine nicht unbedeutende Rolle spielt.

	Aufzug AG	Lift AG
Veränderung der Betriebsleistung	+17,9 %	+4,0 %
Inflationsrate im Betrachtungsjahr	+3,6 %	

Während bei der Aufzug AG auch unter Berücksichtigung der Inflationsrate ein beachtliches Wachstum der Betriebsleistung festzustellen ist (etwa +14 %), muss man bei der Lift AG von einer eher stagnierenden Entwicklung sprechen, da hier das **reale** Wachstum nur 0,4 % betragen hat.

14.2 Ertragslage (Erfolgsermittlung)

Ziel dieses Kapitels ist es, den Erfolg einer Rechnungsperiode und dessen Zustandekommen zu ermitteln, die Höhe des Erfolgs einzuschätzen und dessen Verwendung aufzuzeigen.

Als Erfolg wird ganz allgemein die Differenz zwischen Erträgen und Aufwendungen angesehen. Sind die Erträge höher als die Aufwendungen, spricht man von einer erfolgreichen Periode. Aber auch im umgekehrten Fall – die Aufwendungen übersteigen die Erträge – hat sich ein Erfolg eingestellt, wenn auch ein negativer (Misserfolg).

Die beiden Begriffe „Ertrag“ und „Aufwand“ verweisen uns auf die Gewinn- und Verlustrechnung, in der Erträge und Aufwendungen in Form einer Staffelrechnung gegenseitig aufgerechnet werden. Als Restgröße bzw Ergebnis wird in der letzten Zeile der Gewinn- und Verlustrechnung der **Bilanzgewinn** oder – wenn die Aufwendungen die Erträge übersteigen – der **Bilanzverlust** ausgewiesen. Den Erfolg eines Unternehmens an diesem Ergebnis festzumachen, ist aber ein Fehler, der in der Praxis allzu oft gemacht wird. Der Bilanzgewinn/-verlust zeigt lediglich an, ob und in welcher Höhe Ausschüttungen an die Gesellschafter (Dividenden) vorgenommen werden können. Im Fall eines Bilanzverlustes ist eine Ausschüttung nicht möglich.

Der ausschüttbare Bilanzgewinn ist als Erfolgsmaßstab unbrauchbar, weil dieser durch die Rücklagenpolitik maßgeblich gestaltbar ist.

14.2.1 Der Jahresüberschuss

Der Jahresüberschuss stellt den Periodenerfolg eines Unternehmens vor Rücklagenbewegungen dar.

Ein negativer Jahresüberschuss wird **Jahresfehlbetrag** genannt.

Der Jahresüberschuss/-fehlbetrag bietet sich aus zwei Gründen als erster heranzuziehender Erfolgsmaßstab an:

> Zum einen zeigt der Jahresüberschuss/-fehlbetrag die in einer Periode **„selbsterwirtschaftete“ Eigenkapitalveränderung** an. Ein Jahresüberschuss erhöht, ein Jahresfehlbetrag vermindert das Eigenkapital.

Zum anderen – und das ist ein nicht zu vernachlässigender Grund – ist der Jahresüberschuss/-fehlbetrag unmittelbar aus der Gewinn- und Verlustrechnung ersichtlich (Position 29 der GuV).

Den Vorzügen des Jahresüberschusses als Erfolgskennzahl stehen allerdings auch Nachteile gegenüber, die Beachtung finden müssen. Wenn vorhin der Jahresüberschuss als „selbsterwirtschaftete Eigenkapitalveränderung" definiert wurde, so handelt es sich um eine Vereinfachung. In der Regel finden im Jahresüberschuss auch Erfolge ihren Niederschlag, die nicht unmittelbar im eigenen Unternehmen erwirtschaftet worden sind. Gemeint sind hier Erträge, die von Beteiligungsunternehmen übernommen worden sind (**Beteiligungserträge**) und Aufwendungen, die aus Abschreibungen oder Verlustübernahmen solcher Unternehmen stammen (**Beteiligungsaufwendungen**).

Eine weitere Einschränkung des Jahresüberschusses als Erfolgsmaßstab ergibt sich daraus, dass auch außerordentliche (entweder einmalige oder der Höhe nach ungewöhnliche Beträge) und aperiodische (andere Perioden betreffende) Erträge und Aufwendungen den Jahresüberschuss beeinflussen.

Diese Einwände, die gegen eine undifferenzierte Anwendung des Jahresüberschusses als Erfolgsgröße sprechen, können ausgeräumt werden, indem man ihn in weitere Erfolgskomponenten zerlegt. Die Aufspaltung soll Auskunft über die Herkunft des Jahresüberschusses geben.

ordentliches Ergebnis	➢	
Beteiligungsergebnis	➢	Jahresüberschuss
außerordentliches Ergebnis	➢	

Beteiligungserträge und -aufwendungen werden zum **Beteiligungsergebnis** zusammengefasst.

In einem weiteren Schritt werden die Ertrags- und Aufwandspositionen der Gewinn- und Verlustrechnung nach außergewöhnlichen Beträgen durchsucht und in ein **außerordentliches Ergebnis** eingestellt.

Rechnet man vom Jahresüberschuss das Beteiligungs- und außerordentliche Ergebnis ab, erhält man ein Ergebnis, das einem um betriebsfremde und außergewöhnliche Beträge befreiten Erfolg entspricht (= **ordentliches Ergebnis**, vielfach auch **Ergebnis des operativen Bereichs** genannt). Dieser nunmehr unverzerrte Periodenerfolg ist sowohl für einen Vergleich im Zeitablauf (innerbetrieblich) als auch für den zwischenbetrieblichen Vergleich (branchenverwandte Gesellschaften) gut geeignet.

Entwicklung und Zusammensetzung des Jahresüberschusses am Beispiel Aufzug AG (in 1000 EURO)

	Vorjahr	aktuelles Jahr	Veränderung
ordentliches Ergebnis	92.672	203.813	+111.141
Beteiligungsergebnis	0	– 20.000	– 20.000
außerordentliches Ergebnis	24.211	24.980	+ 769
Jahresüberschuss	116.883	208.793	+ 91.910

Die überaus kräftige Steigerung des Jahresüberschusses gegenüber dem Vorjahr (+92 Mio € bzw +79 %) ist, wie die Erfolgsaufspaltung deutlich zeigt, auf den operativen Bereich zurückzuführen: Das ordentliche Ergebnis konnte um 111 Mio € (+120 %) mehr als verdoppelt werden. Geschmälert wurde der Jahresüberschuss im aktuellen Jahr durch ein negatives Ergebnis im Beteiligungsbereich (–20 Mio €). Rund 25 Mio € hat das außerordentliche Ergebnis zum Jahresüberschuss beigetragen.

Die Ableitung bzw Zusammensetzung der einzelnen Erfolgskomponenten des Jahresüberschusses werden in den folgenden Kapitel beschrieben.

14.2.2 Ableitung des ordentlichen Ergebnisses

Nachdem im vorhergehenden Abschnitt geklärt werden konnte, aus welchen Erfolgsquellen der Jahresüberschuss stammt, kann nun im nächsten Schritt die Ableitung bzw Zusammensetzung der einzelnen Teilergebnisse vorgenommen werden.

Der Schwerpunkt sollte dabei auf der Analyse des Zustandekommens des ordentlichen Ergebnisses liegen, da dieses den Erfolg der eigentlichen Geschäftstätigkeit widerspiegelt.

Die Ableitung des ordentlichen Ergebnisses kann nach dem folgenden Schema durchgeführt werden.

		Position der GuV
	Betriebsleistung	
–	Materialaufwand und Aufwand für bezogene Leistungen	5
–	Personalaufwand	6
–	Abschreibungen auf Anlagen (außer Finanzanlagen)	7a
–	sonstige betriebliche Aufwendungen	8
+	Wertpapiererträge und Ertragszinsen	11 + 12
–	Aufwandszinsen	15
–	Steuern vom Einkommen und vom Ertrag	21
=	ordentliches Ergebnis	

Wichtig bei der Berechnung des ordentlichen Ergebnisses ist es, die oben angeführten Posten auf außergewöhnliche Beträge zu untersuchen und diese gegebenenfalls herauszurechnen. Der folgende Überblick zeigt für jeden Posten die wichtigsten möglichen außergewöhnlichen Beträge. Für das Auffinden dieser Beträge ist in der Regel ein Prüfbericht erforderlich.

Posten	außergewöhnliche Beträge
Materialaufwand	Vorratswertberichtigungen
Personalaufwand	Nachholung von Rückstellungsdotierungen Sozialplanaufwendungen
Abschreibungen	Firmenwertabschreibung außerordentliche Abschreibungen
sonstige betriebliche Aufwendungen	Steuernachzahlungen/-gutschriften Verluste aus Anlagenabgängen Forderungsverluste Einzelwertberichtigungen zu Forderungen Schadensfälle Kursverluste außergewöhnliche Rückstellungsdotierungen aperiodische Aufwendungen
Steuern vom Einkommen und Ertrag	Steuernachzahlungen/-gutschriften

Ableitung des ordentlichen Ergebnisses am Beispiel Aufzug AG

Um den Ursachen von Ergebnisveränderungen auf die Spur zu kommen, ist es sinnvoll, die Anteile der Aufwandsarten an der Betriebsleistung zu berechnen und in die Ableitungstabelle zusätzlich aufzunehmen.

Negative Erfolgsauswirkungen sind immer dann gegeben, wenn Aufwandsanteile im Vergleich zum Vorjahr steigen. Ergebnisverbessernd wirken sich dagegen Aufwendungen mit sinkenden Anteilen aus.

Aufzug AG	Vorjahr in 1000 €	Vorjahr in %	aktuelles Jahr in 1000 €	aktuelles Jahr in %	Veränderung in %
Betriebsleistung	1.707.027	100,0	2.012.026	100,0	+ 17,9
– Materialaufwand	– 669.949	39,2	– 752.971	37,4	+ 12,4
– Personalaufwand	– 610.485	35,8	– 657.328	32,7	+ 7,7
– Abschreibungen	– 45.467	2,7	– 47.214	2,4	+ 3,8
– sonstige betriebl. Aufwendungen	– 248.413[1])	14,5	– 282.126	14,0	+ 13,6
+ Wertpapiererträge und Ertragszinsen	+ 52.830	3,1	+ 41.819	2,1	– 20,8
– Aufwandszinsen	– 14.876	0,9	– 7.475	0,4	– 49,8
– Steuern vom Einkommen und Ertrag	– 77.995	4,6	– 102.918	5,1	+ 32,0
= **ordentliches Ergebnis**	92.672	5,4	203.813	10,1	+119,9

[1]) Verluste aus dem Abgang von Sachanlagen (100 €) wurden in Abzug gebracht.

Für die Verbesserung des ordentlichen Ergebnisses gegenüber dem Vorjahr (+111 Mio € bzw +119,9 %) sind zwei Faktoren entscheidend:

- ❑ Die starke Steigerung der Betriebsleistung (+17,9 %)
- ❑ Mit Ausnahme der Steuern vom Einkommen und Ertrag weisen alle Aufwandspositionen gegenüber der Betriebsleistung eine geringere Erhöhung auf. Damit sinken bei diesen Aufwandsposten die prozentuellen Anteile an der Betriebsleistung. Besonderes Gewicht haben dabei Personalaufwand (–3,1 Prozentpunkte: von 35,8 % im Vorjahr auf 32,7 % im aktuellen Jahr) und Materialaufwand (–1,8 Prozentpunkte).

Die Auswirkungen der rückläufigen Anteile der einzelnen Aufwandsposten an der Betriebsleistung sind bei der Entwicklung der Anteile des ordentlichen Ergebnisses leicht zu erkennen. Während das ordentliche Ergebnis im Vorjahr 5,4 % der Betriebsleistung ausmacht, sind es im aktuellen Jahr bemerkenswerte 10,1 %. Das bedeutet einen Anstieg von 4,7 Prozentpunkten gemessen an der Betriebsleistung.

Aufwandsstruktur und Umsatzrentabilität

Die folgende Tabelle zeigt die Anteile der einzelnen Aufwandsposten in Prozent der Betriebsleistung anhand des gewählten Beispielunternehmens im Vergleich zum branchengleichen Unternehmen Lift AG. Solche Vergleiche sind besonders zur eigenen Positionsbestimmung sinnvoll und erleichtern das Aufspüren von Fehlentwicklungen.

Als Resultat dieser Staffelrechnung wird der Anteil des ordentlichen Ergebnisses in Prozent der Betriebsleistung ausgewiesen. Dieser Prozentsatz wird in der Regel **Umsatzrentabilität** genannt.

Auf den ersten Blick zeigt die Gegenüberstellung der Aufwandstrukturen der beiden Unternehmen keine besonders auffälligen Unterschiede, was nicht sonderlich überraschen kann, da beide Unternehmen in derselben Branche tätig sind. Die für beide Unternehmen wichtigsten Aufwandsarten (Material, Personal) liegen anteilsmäßig (gemessen an der Betriebsleistung) in ähnlicher Höhe.

Trotz der Ähnlichkeit der Aufwandsstrukturen sind bei näherer Betrachtung wichtige Unterschiede erkennbar, die in der Folge nennenswerte Auswirkungen auf die Umsatzrentabilitäten zeigen. Bei einem Vergleich der Prozentsätze für das aktuelle Geschäftsjahr weist die Lift AG einen leicht höheren Anteil des Materialaufwands (+0,9 Prozentpunkte) und einen deutlich höheren Anteil des Personalaufwands (+3,1 Prozentpunkte) auf.

Beispiel

	Aufzug AG			Lift AG		
	Vorjahr	aktuelles Jahr	Veränderung in Prozentpunkten	Vorjahr	aktuelles Jahr	Veränderung in Prozentpunkten
Betriebsleistung	100,0 %	100,0 %		100,0 %	100,0 %	
Materialaufwand	39,2 %	37,4 %	–1,8	41,3 %	38,3 %	–3,0
Personalaufwand	35,8 %	32,7 %	–3,1	35,8 %	35,8 %	–
Abschreibungen	2,7 %	2,4 %	–0,3	4,3 %	4,8 %	+0,5
sonstige betriebl. Aufwendungen	14,5 %	14,0 %	–0,5	12,9 %	11,9 %	–1,0
Ertragszinsen	3,1 %	2,1 %	–1,0	0,6 %	0,5 %	–0,1
Aufwandszinsen	0,9 %	0,4 %	–0,5	1,0 %	1,0 %	–
Steuern vom Einkommen und Ertrag	4,6 %	5,1 %	+0,5	1,0 %	2,4 %	+1,4
ordentliches Ergebnis (= Umsatzrentabilität)	**5,4 %**	**10,1 %**	**+4,7**	**4,3 %**	**6,3 %**	**+2,0**

Auffällig ist, dass bei den Abschreibungen die Lift AG mit 4,8 % einen doppelt so hohen Prozentsatz aufweist wie die Aufzug AG (2,4 %). Das könnte ein Hinweis darauf sein, dass die Aufzug AG neben Eigenanlagen auch geleaste Anlagen benützt. Das ist aber nach Überprüfung der entsprechenden Angaben im Anhang weitgehend auszuschließen, da „Verpflichtungen von in der Bilanz nicht ausgewiesenen Sachanlagen" (Mieten und Leasingverpflichtungen) nur in einem bescheidenen Ausmaß bestehen (1,5 Mio €). Dass es sich um gänzlich andere Anlagen handeln könnte, ist bei branchengleichen Unternehmen nicht sehr wahrscheinlich. Vielmehr kann vermutet werden, dass bei der Aufzug AG Anlagen in Betrieb sind, die bereits abgeschrieben sind und dadurch keinen Abschreibungsaufwand mehr verursachen. Einen besseren Aufschluss darüber wird die Kennzahl „Anlagenabnutzungsgrad" im Kapitel Vermögensstruktur bringen.

Nachteile in der Aufwandsstruktur sind bei Aufzug AG bei der Position „sonstige betriebliche Aufwendungen" gegeben, die im aktuellen Geschäftsjahr gegenüber der Lift AG um 2,1 Prozentpunkte höher liegen. Dies sollte zum Anlass genommen werden, diesen Sammelposten nach Möglichkeit genauer zu betrachten. Eine entsprechende Aufgliederung ist in der Regel im Prüfbericht enthalten. Der höhere Anteil der sonstigen betrieblichen Aufwendungen könnte bei der Aufzug AG auf außergewöhnliche Aufwendungen, aber auch – auf Grund des höheren Anlagenalters (siehe Anlagenabnützungsgrad) – auf höhere Instandhaltungsaufwendungen zurückzuführen sein. Unterschiedliche Strukturen sind auch bei den Ertrags- und Aufwandszinsen gegeben.

Beispiel	Anteile an der Betriebsleistung (aktuelles Jahr)	
	Aufzug AG	Lift AG
Ertragszinsen	2,1	0,5
Aufwandszinsen	0,4	1,0
Zinssaldo	+ 1,7	– 0,5

Der deutlich höhere Anteil der Ertragszinsen bei der Aufzug AG weist auf einen höheren Barmittelbestand (Bankguthaben, Wertpapiere) im Jahresdurchschnitt hin. Der höhere Prozentsatz bei den Aufwandszinsen der Lift AG hat seinen Grund entweder in der geringeren Eigenkapitalausstattung oder in einem höherem Anteil an verzinslichen Verbindlichkeiten (etwa Bank-, Wechsel-, aber auch Konzernverbindlichkeiten). Die Bilanz selbst kann zur Klärung nur eingeschränkt beitragen, da die stichtagsbezogenen Angaben der Bilanz vom Jahresdurchschnitt erheblich abweichen können. Vermutlich hat der gegenüber der Aufzug AG höhere Anteil an verzinslichen Verbindlichkeiten den Ausschlag gegeben (siehe dazu die Kapitalstruktur auf Seite 203).

Der Anteil der Steuern vom Einkommen und vom Ertrag liegt im aktuellen Geschäftsjahr bei der Aufzug AG um 2,7 Prozentpunkte über dem der Lift AG. Ausschlaggebend dafür wird wohl die bessere Ertragslage sein. Zu berücksichtigen sind dabei auch etwaige steuerliche Verlustvorträge, die trotz günstiger Ertragslage den Ertragssteueraufwand vermindern können. Bestehende steuerliche Verlustvorträge sind im Regelfall dem Prüfbericht zu entnehmen.

Resümierend kann festgestellt werden, dass die Aufwandsstrukturvorteile bei der Aufzug AG im Vergleich zur Lift AG (geringere Material- und Personalaufwandsanteile, niedrigere Abschreibungen, positiver Zinssaldo) die Nachteile (höhere Prozentsätze bei sonstigen betrieblichen Aufwendungen und Ertragssteuern) übersteigen, sodass im aktuellen Geschäftsjahr eine Umsatzrentabilität von 10,1 % erwirtschaftet werden konnte (gegenüber 6,3 % bei der Lift AG).

Eine sinnvolle Variante ist die Berechnung der Umsatzrentabilität vor Ertragssteuern, um steuerliche Besonderheiten (etwa Verlustvorträge, Dotierung unversteuerter Rücklagen) auszugleichen. Für die beiden Gesellschaften ergibt sich bei dieser Variante für das aktuelle Geschäftsjahr folgendes Bild:

Beispiel

	Aufzug AG	Lift AG
ordentliches Ergebnis vor Ertragssteuern in Prozent der Betriebsleistung **(= Umsatzrentabilität vor Ertragssteuern)**	15,2	8,7

Die Umsatzrentabilität vor Ertragssteuern liegt bei der Aufzug AG erheblich über der der Lift AG.

Entwicklung der Aufwandsstruktur

Nach der genauen Betrachtung der Aufwandsstruktur des letzten Geschäftsjahres wird in einem weiteren Schritt die **Entwicklung** der Aufwandsstruktur untersucht. Zur besseren Einschätzung der Entwicklungstendenzen ist die Heranziehung von drei bis vier aufeinander folgenden Jahresabschlüssen zu empfehlen. Im gewählten Beispiel bleibt die Betrachtung aber auf zwei Geschäftsjahre beschränkt, wobei die prozentuelle Aufwandsstruktur auf Seite 185 als Grundlage herangezogen wird.

Beiden Unternehmen gemeinsam sind die sinkenden Anteile des Materials und sonstigen betrieblichen Aufwands und im Gegenzug dazu die Verbesserung der Umsatzrentabilität und der Anstieg der Ertragssteuern.

Die Lift AG konnte die Anteile des Material- und Sonstigen betrieblichen Aufwands gegenüber dem Vorjahr im Vergleich zur Aufzug AG stärker senken (Lift AG –4,0 Prozentpunkte; Aufzug AG –2,3 Prozentpunkte). Die Aufzug AG erreichte aber durch die zusätzliche Reduzierung der Personalaufwandstangente (–3,1 Prozentpunkte) entscheidende Kostenvorteile.

Bemerkenswert ist, dass der ohnehin niedrige Anteil der Abschreibungen an der Betriebsleistung bei der Aufzug AG weiter absank

(–0,3 Prozentpunkte), während das vergleichsweise hohe Niveau bei der Lift AG um 0,5 Prozentpunkte zunahm. Diese gegensätzliche Entwicklung fordert eine Untersuchung des Investitionsverhaltens beider Gesellschaften geradezu heraus (siehe dazu das Kapitel Investitionstätigkeit).

Nicht zuletzt infolge des rückläufigen Zinsniveaus verbuchte Lift AG gegenüber der Aufzug AG bei der Entwicklung des Zinssaldos kleine Vorteile. Der positive Zinssaldo verringerte sich bei Aufzug AG um 0,5 Prozentpunkte (von +2,2 % im Vorjahr auf +1,7 %), während sich der negative Zinssaldo bei Lift AG nur um 0,1 Prozentpunkte verschlechterte (von –0,4 % im Vorjahr auf –0,5 %).

Der Anstieg der Ertragssteuern fiel mit +1,4 Prozentpunkten bei der Lift AG stärker aus als bei der Aufzug AG (+0,5 Prozentpunkte).

Als Folge der genannten Anteilsveränderungen verzeichnete die Aufzug AG eine Verbesserung der Umsatzrentabilität (= Anteil des ordentlichen Ergebnisses an der Betriebsleistung) um 4,7 Prozentpunkte und die Lift AG eine Erhöhung um 2,0 Prozentpunkte.

Der Anstieg der Umsatzrentabilität bei der Aufzug AG liefert die wichtige Erkenntnis, dass das Unternehmenswachstum nicht mit einer sinkenden Erfolgsspanne erkauft wurde.

14.2.3 Zusammensetzung des Beteiligungsergebnisses

Das Beteiligungsergebnis setzt sich aus

Beteiligungserträgen (Position 10 der GuV)

abzüglich der **Beteiligungsaufwendungen** (Position 14b der GuV)

zusammen.

Beteiligungserträge umfassen die von Tochterunternehmen ausgeschütteten Dividenden und Gewinnübernahmen von Gesellschaften, mit denen ein Gewinnabführungsvertrag besteht.

Beteiligungsaufwendungen können Verlustübernahmen oder Abschreibungen auf Beteiligungen sein.

Beteiligungserträge und -aufwendungen können großen Einfluss auf die Ertragslage und in weiterer Folge auf den Bestand der Muttergesellschaft haben.

Dem Rechnung tragend, werden die Unternehmen in § 238 Absatz 2 und 3 angewiesen, **Angaben über Beteiligungsunternehmen** im Anhang zu machen. Und zwar:

Name

Sitz

Übernommener Anteil am Grund- oder Stammkapital

Höhe des Eigenkapitals

Ergebnis des letzten Geschäftsjahres

Gewinn- und Verlustübernahmeverträge.

Allerdings können die Angaben unterbleiben, soweit sie geeignet sind, dem Unternehmen oder dem Beteiligungsunternehmen erhebliche Nachteile zuzufügen. In diesem Fall müssen die ArbeitnehmervertreterInnen trachten, die erforderlichen Angaben anderweitig in Erfahrung zu bringen (Geschäftsführung, Aufsichtsrat).

Zurück zum Beispiel:

Im Beispielfall fielen für das Vorjahr weder Beteiligungserträge noch -aufwendungen an.

Im aktuellen Geschäftsjahr werden in der Gewinn- und Verlustrechnung Beteiligungsaufwendungen in der Höhe von 20 Mio € ausgewiesen. Dazu wird im Anhang ausgeführt, dass auf Grund einer negativen Ertragslage eine außerordentliche Abschreibung auf ein Tochterunternehmen vorgenommen werden musste.

14.2.4 Zusammensetzung des außerordentlichen Ergebnisses

Der Begriff „außerordentlich“ wird im HGB (§ 233) sehr eng ausgelegt. Als außerordentlich sind demnach nur solche Erträge (Position 18 der Gewinn- und Verlustrechnung) und Aufwendungen (Position 19 der Gewinn- und Verlustrechnung) auszuweisen, die außerhalb der gewöhnlichen Geschäftstätigkeit angefallen sind. Beträge, die im Rahmen der gewöhnlichen Geschäftstätigkeit anfallen, aber eine außerordentliche Höhe (beispielsweise Erträge aus Kursgewinnen) aufweisen, müssen demnach nicht gesondert ausgewiesen werden.

Die außerordentlichen Erträge und Aufwendungen der Gewinn- und Verlustrechnung müssen daher um solche Beträge ergänzt werden, die eine **außergewöhnliche Höhe** aufweisen (etwa Wertberichtigungen), einer ungewöhnlichen Konstellation entspringen (beispielsweise Kursgewinne bzw -verluste) oder **aperiodischer Natur** sind (zB realisierte Erträge aus in den Vorjahren angesammelten stillen Reserven, die etwa bei Anlagenverkäufen oder der Auflösung zu hoch gebildeter Rückstellungen und Wertberichtigungen anfallen).

Folgende Positionen der Gewinn- und Verlustrechnung sind als außergewöhnlich einzustufen (in Klammer: Position in der Gewinn- und Verlustrechnung):

- ❑ Erträge aus dem Abgang vom und der Zuschreibung zum Anlagevermögen mit Ausnahme der Finanzanlagen (4a)
- ❑ Erträge aus der Auflösung von Rückstellungen (4b)
- ❑ innerhalb der übrigen sonstigen betrieblichen Erträge (4c):
  Erträge aus der Auflösung von Wertberichtigungen
  Kursgewinne
  einmalige Zuschüsse bzw Förderungen
  Zuschreibungen auf Grund steuerlicher Betriebsprüfungen
  Erträge aus der Vergütung von Schadensfällen
- ❑ Erträge aus dem Abgang von und der Zuschreibung zu Finanzanlagen (13)
- ❑ Abschreibungen auf sonstige Finanzanlagen und auf Wertpapiere des Umlaufvermögens (14)
- ❑ außerordentliche Erträge (18)
- ❑ außerordentliche Aufwendungen (19)

Außergewöhnliche Beträge können auch in anderen Erträgen bzw Aufwendungen enthalten sein. Eine beispielhafte Aufzählung ist der Seite 182 zu entnehmen.

Außerordentliches Ergebnis am Beispiel Aufzug AG
(Beträge in 1000 €)

Position GuV	ao Beträge	Vorjahr	aktuelles Jahr
4a	Erträge aus dem Abgang von Sachanlagen	+ 201	+ 291
4b	Erträge aus der Auflösung von Rückstellungen	+24.786	+23.110
8b	übrige betriebliche Aufwendungen[1])	– 100	–
13	Erträge aus dem Abgang von Finanzanlagen	+ 95	+ 1.579
14a	Abschreibungen auf Finanzanlagen	– 771	–
	= **außerordentliches Ergebnis**	+24.211	+24.980

[1]) Angabe aus dem Anhang: Verluste aus dem Abgang von Sachanlagen

14.2.5 Eigenkapitalrentabilität

Unter Eigenkapitalrentabilität versteht man das Verhältnis zwischen einer Erfolgsgröße und dem eingesetzten Eigenkapital (ausgedrückt in Prozent). Damit wird die Verzinsung des Eigenkapitals zum Ausdruck gebracht.

Als einzusetzende Erfolgsgröße wird zumeist der Jahresüberschuss gewählt, der die selbsterwirtschaftete Eigenkapitalveränderung vor Dividendenausschüttung darstellt.

Wie schon im Kapitel Ertragslage erläutert, kann der Jahresüberschuss durch außergewöhnliche Beträge stark beeinflusst sein. In einem solchen Fall ist es sinnvoll, auch andere Erfolgsgrößen heranzuziehen (etwa das ordentliche Ergebnis), um diese verzerrenden Einflüsse auszuschalten. Allerdings muss man sich dabei bewusst sein, dass dann nicht alle eigenkapitalbildenden bzw -aufzehrenden Erfolge miteinbezogen werden, da auch außerordentliche Erfolge Eigenkapitalveränderungen bewirken.

$$\textbf{Eigenkapitalrentabilität} = \frac{\text{Jahresüberschuss} \times 100}{\text{Eigenkapital}}$$

Der hier verwendete Eigenkapitalbegriff setzt sich aus dem in der Bilanz als Eigenkapital bezeichneten Betrag (Position A der Passivseite) zuzüglich der unversteuerten Rücklagen (Position B der Passivseite) zusammen (zum Eigenkapital siehe auch das Kapitel **Kapitalstruktur**/ Eigenkapitalausstattung).

Rentabilitätskennzahlen wie die vorliegende gewinnen an Aussagekraft, wenn man sie mit anderen Unternehmen der Branche oder aktuellen Zinssätzen (Kredit, Anleihe, Sparbuch) vergleicht.

Hohe Eigenkapitalrentabilitäten entsprechen einer hohen Verzinsung des eingesetzten Kapitals und motivieren die Gesellschafter, das Kapital in der Gesellschaft zu belassen.

Bei kostengünstigen Alternativen zum Eigenkapital (etwa niedrig verzinsliche Kredite) kann der Gesellschafter durch eine niedrig gehaltene Eigenkapitalausstattung seine Rendite erhöhen. Dabei wird Eigenkapital durch Fremdkapital ersetzt. Die Freude der Gesellschafter an einer dadurch höheren Eigenkapitalrentabilität wird aber bei den Beschäftigten durch ein geringeres finanzielles Risikopolster für schlechte Konjunkturzeiten getrübt (Erhöhung der Insolvenzgefahr).

Beispiel

	Aufzug AG		Lift AG	
	Vorjahr	aktuelles Jahr	Vorjahr	aktuelles Jahr
Eigenkapitalrentabilität	44,4%	55,5%	28,3%	29,2%

Zum Vergleich: Aktuelle Anleihenverzinsung = 7,1 %.

Die Eigenkapitalrentabilität der Lift AG ist mit rund 29 % als sehr gut einzustufen, die Eigenkapitalrentabilität der Aufzug AG liegt fast doppelt so hoch.

Der Anstieg der Rentabilität gegenüber dem Vorjahr ist auf die verbesserte Ertragslage zurückzuführen.

Um die hohen Rentabilitäten der beiden Gesellschaften besser zu veranschaulichen, wurde vergleichsweise die Verzinsung von Anleihen angeführt.

14.2.6 Verwendung des Jahresüberschusses (Ausschüttungspolitik)

Grundsätzlich kann der Jahresüberschuss im Unternehmen einbehalten oder in Form von Dividenden (bzw Gewinnabfuhr) an die Gesellschafter teilweise oder zur Gänze ausgeschüttet werden. Mit diesen beiden Möglichkeiten ist bereits das Spannungsfeld abgesteckt, das sich bei der Entscheidung über die Verwendung des Jahresüberschusses ergibt: **Unternehmens- kontra Gesellschafterinteressen**.

Hinzu kommt, dass der Jahresüberschuss nicht die einzige Quelle für die Ausschüttung einer Dividende ist. Durch Rücklagenauflösungen kann der Bilanzgewinn erhöht werden bzw ein Jahresfehlbetrag (negativer Jahresüberschuss) in einen Bilanzgewinn umgewandelt werden. Dadurch kann auch bei einer negativen Ertragslage eine Dividende ausgeschüttet werden.

Rein faktisch betrachtet, knüpft der Dividendenbeschluss an der Höhe des Bilanzgewinns an. Eine Ausschüttung kann maximal bis zur Höhe des ausgewiesenen Bilanzgewinns vorgenommen werden. Wirtschaftlich gesehen sollte im Regelfall der Ausschüttungsbetrag nicht über dem Jahresüberschuss liegen. Dabei wird nach dem vernünftigen Grundsatz gehandelt, dass dem Unternehmen nicht mehr Kapital in Form einer Dividende entzogen werden soll, als erwirtschaftet werden konnte. Übersteigt der Dividendenbetrag den Jahresüberschuss (Jahresfehlbetrag), spricht man von einer **Ausschüttung aus der Substanz**, da für die Ausschüttung Rücklagen des Unternehmens aufgelöst werden müssen.

Weil eine Erhöhung des Eigenkapitals die finanzielle Ausstattung und wirtschaftliche Sicherheit des Unternehmens stärkt, liegt es im Interesse der ArbeitnehmerInnen, dass deren VetreterInnen im Aufsichtsrat auf eine gemäßigte Dividendenpolitik achten. Bei einer dünnen Eigenkapitaldecke (siehe Kapitel 14.3.2 Kapitalstruktur) und gleichzeitig schlechter Ertragslage sollte einer Dividendenausschüttung nicht zugestimmt werden, um eine Gefährdung des Unternehmensbestands zu verhindern.

Verwendung des Jahresüberschusses am Beispiel Aufzug AG

	Vorjahr		aktuelles Jahr	
	1000 €	%	1000 €	%
Jahresüberschuss	116.883	100	208.793	100
– Dividende	–96.000	82	–96.000	46
= **Eigenkapitalstärkung**	**20.883**	**18**	**112.793**	**54**

Trotz des stark erhöhten Jahresüberschusses im aktuellen Geschäftsjahr wurde der Ausschüttungsbetrag des Vorjahres nicht angehoben. Für das aktuelle Geschäftsjahr ergibt sich daraus, dass mehr als die Hälfte des erwirtschafteten Jahresüberschusses (54 %) zur Eigenkapitalstärkung im Unternehmen verbleibt.

Auf den ersten Blick ist man versucht, von einer angemessenen Dividendenpolitik zu sprechen. Dabei wird aber nicht berücksichtigt, wie hoch die Eigenkapitalausstattung ist, und weiters, in welchem Verhältnis der Ausschüttungsbetrag zu dem vom Gesellschafter eingezahlten Grundkapital steht.

Im Kapitel 14.3.2 Kapitalstruktur wird darauf hingewiesen werden, dass die Eigenkapitalausstattung auf Grund hoher und risikobehafteter Investitionen (Beteiligungen) im Beispielfall durchaus höher sein könnte.

Schon gar nicht kann man in Anbetracht des Verhältnisses Grundkapital zu Ausschüttungsbetrag von einer moderaten Dividendenpolitik sprechen: Dem einmal eingezahlten Grundkapital von 60 Mio € (Kapitalrücklagen sind von den Gesellschaftern keine eingebracht worden) steht eine Dividende aus einem einzigen Geschäftsjahr von 96 Mio € gegenüber. Die Dividende entspricht somit einer Rendite des Grundkapitals in der Höhe von 160 %.

Allein innerhalb der beiden letzten Geschäftsjahre wurde dem Gesellschafter mehr als das Dreifache des eingezahlten Grundkapitals refundiert (192 Mio €).

Positiv ist zu bewerten, dass der Ausschüttungsdruck seitens des Gesellschafters für das aktuelle Geschäftsjahr nicht so hoch gewesen ist, dass die Dividende an die starke Erhöhung des Jahresüberschusses angepasst wurde. Das nämlich hätte zu einem zusätzlichen Mittelabfluss in der Höhe von 75 Mio € geführt.

14.3 Vermögens- und Kapitalstruktur

Im vorangegangenen Kapitel ist der Betrachtungsschwerpunkt bei der Gewinn- und Verlustrechnung gelegen. Mit den Begriffen Eigenkapitalausstattung, Barmittelbestand und Verbindlichkeiten sind aber bereits Posten der Bilanz angesprochen worden, auf die in diesem Kapitel näher eingegangen werden soll.

Die Analyse der Vermögens- und Kapitalstruktur soll dem Bilanzleser einen Überblick über Schwerpunkte der Mittelverwendung (Vermögen) und der Mittelherkunft (Kapital) gewähren, um in einem weiteren Schritt Rückschlüsse auf die Art der Finanzierung im Hinblick auf die finanzielle Stabilität des Unternehmens zu ziehen.

14.3.1 Vermögensstruktur

Die Untersuchung der Vermögensseite wird am besten mit Hilfe von Strukturdaten (Prozentsätze) vorgenommen. Dabei wird das Gesamtvermögen (Bilanzsumme) gleich 100 Prozent gesetzt, und für die einzelnen Vermögensposten bzw -gruppen werden die jeweiligen Anteile berechnet.

Das auf diese Weise dargestellte Vermögen bietet übersichtlich einen schnellen Einblick in die Zusammensetzung des Gesamtvermögens und erlaubt auch einen Vergleich mit branchenähnlichen Unternehmen.

Beispiel: Vermögensstruktur

Die Zahlen sind Prozentsätze und stellen den Anteil der Posten an der Bilanzsumme dar (die Absolutbeträge sind auf Seite 240 angeführt).

	Aufzug AG		Lift AG	
	Vorjahr	aktuelles Jahr	Vorjahr	aktuelles Jahr
Anlagevermögen	**35,4**	**54,5**	**48,2**	**49,1**
Immaterielles AV	–	–	0,8	1,1
Sachanlagevermögen	12,8	9,9	32,6	33,7
Beteiligungen	0, 8	29,3	11,1	10,1
Übriges FinanzAV	21,8	15,3	3,7	4,2
Umlaufvermögen	**64,6**	**45,5**	**51,8**	**50,9**
Vorräte	17,6	13,6	26,8	23,8
Forderungen	35,1	26,9	23,3	24,3
Liquide Mittel	11,8	5,0	1,3	2,5
Rechnungsabgrenzung	0,1	–	0,4	0,3
Bilanzsumme	**100,0**	**100,0**	**100,0**	**100,0**

14.3.1.1 Erster Überblick und Vergleich

Betrachtet man die Vermögensstruktur der beiden aufeinanderfolgenden Geschäftsjahre der Aufzug AG, erhält man den Eindruck, dass es sich um zwei verschiedene Unternehmen handeln müsste. In den beiden Geschäftsjahren hat sich nämlich die Zusammensetzung des Vermögens völlig geändert. Waren im Vorjahr noch etwa zwei Drittel des Vermögens im Umlaufvermögen gebunden gewesen, entfällt in der Bilanz des folgenden Geschäftsjahres mehr als die Hälfte des Vermögens auf das Anlagevermögen.

Der Grund dafür liegt im starken Engagement in Beteiligungen (29,3 % nach nur 0,8 % im Vorjahr). Dies führte zu Anteilsrückgängen aller anderen Vermögensposten.

Auffällig hoch ist bei der Aufzug AG der Anteil der liquiden Mittel. Im aktuellen Geschäftsjahr betragen der Kassenbestand und die Guthaben bei Banken (Position B/IV der Aktivseite der Bilanz) immerhin 92 Mio €. Dieser hohe Bestand an Barmittel sollte zur Frage Anlass geben, welche Gründe für den Vorstand bestehen, diese Mittel nicht produktiv einzusetzen oder zur Schuldentilgung zu verwenden.

Dass die Vergleichsgesellschaft Lift AG ein anderes Unternehmen ist, sieht man auf einen Blick. Dass die Lift AG aber in der gleichen Branche tätig ist, lässt sich auf Grund der geringen Übereinstimmung der Vermögensstruktur allerdings nur schwer glauben. Man betrachte nur die großen Anteilsunterschiede von Sachanlagen und Vorräten. Die Vermögensstrukturen der beiden Gesellschaften sind ein gutes Beispiel dafür, dass auch innerhalb der gleichen Branche erhebliche Unterschiede hinsichtlich der Bilanzstrukturen bestehen können.

14.3.1.2 Anlagevermögen

14.3.1.2.1 Sachanlagevermögen

Das Anlagevermögen eines Unternehmens ist auf Grund der langfristigen Bindung mit Kosten und oftmals mit hohen Risken verbunden, die nicht von heute auf morgen reduziert werden können. Laufende Kosten (Abschreibungen, Zinsen, Versicherungs-, Instandhaltungskosten) entstehen unabhängig von der Kapazitätsauslastung und werden daher auch **Fixkosten** genannt. Mit der Höhe des Anlagevermögens steigen auch die Fixkosten. Probleme können sich daraus in wirtschaftlich schwierigen Jahren ergeben, wenn die Auftragseingänge bzw die Absatzmengen rückläufig sind. Gleich bleibenden Kosten stehen dann sinkende Umsatzerlöse gegenüber. Das führt zwangsläufig zu einer Verschlechterung der Ertragslage.

Andererseits ist ein hohes Sachanlagevermögen (hoher Anteil des Sachanlagevermögens am Gesamtvermögen) ein Indiz für einen hohen technischen Standard der Produktionsanlagen, der gegenüber anderen Gesellschaften Marktvorteile mit sich bringen kann, womit die Wettbewerbsfähigkeit und die Erhaltung der Arbeitsplätze gesichert werden.

Der technische Standard der Anlagegüter ist dem Jahresabschluss nicht unmittelbar zu entnehmen, aber über die Höhe der vorgenommenen Abschreibungen kann indirekt auf das Alter der eingesetzten Produktionsmittel geschlossen werden. Zu diesem Zweck wird die Kennzahl **Anlagenabnutzungsgrad** ermittelt.

$$\textbf{Anlagenabnutzungsgrad} = \frac{\text{kumulierte Abschreibungen der Sachanlagen} \times 100}{\text{Anschaffungskosten der Sachanlagen}}$$

Sowohl die kumulierten Abschreibungen als auch die Anschaffungskosten können dem Anlagenspiegel des Anhangs entnommen werden.

Der Anlagenabnutzungsgrad (auch Wertberichtigungsquote genannt) zeigt an, wie hoch die bisher vorgenommenen Abschreibungen im Verhältnis zu den Anschaffungskosten sind. Je höher der Anlagenabnutzungsgrad ist, desto länger sind die Anlagen bereits genutzt worden. Die Höhe der Kennzahl lässt somit einen Rückschluss auf das durchschnittliche Alter der im Betrieb befindlichen Sachanlagen und mittelbar auf den technologischen Stand zu.

Berechnung am Beispiel Aufzug AG

Anlagenabnutzungsgrad	Aufzug AG aktuelles Jahr	Lift AG aktuelles Jahr
$\frac{374.666 \text{ (kumulierte Abschreibungen)} \times 100}{560.129 \text{ (Anschaffungskosten)}}$	66,9%	49,5%

Zum Bilanzstichtag waren bei der Aufzug AG im Durchschnitt zwei Drittel der im Betrieb befindlichen Sachanlagen abgeschrieben. Im Vergleich zur Lift AG (Abnutzungsgrad: 49,5 %) kann unterstellt werden, dass die Aufzug AG im Schnitt mit einem älteren Sachanlagevermögen ausgestattet ist und dass somit in absehbarer Zeit ein Investitionsschub erforderlich sein wird.

14.3.1.2.2 Finanzanlagevermögen

Bei der Betrachtung des Anlagevermögens muss auch dem Finanzanlagevermögen große Aufmerksamkeit geschenkt werden, und hier insbesondere dem Beteiligungsvermögen. Zwei Gründe sind dafür ausschlaggebend: erstens die allgemein starke Zunahme des Beteiligungsvermögens österreichischer Kapitalgesellschaften innerhalb der letzten Jahre und zweitens das damit gestiegene Risiko, dass negative Erfolgsentwicklungen bei den Tochtergesellschaften auf den Jahresabschluss der Muttergesellschaft durchschlagen und den Bestand der Muttergesellschaft sogar gefährden können.

Der Trend zur starken Ausweitung des Beteiligungsvermögens begann etwa Mitte der Achtzigerjahre, als viele Gesellschaften nach der Devise „small is beautiful" begannen, betriebliche Aktivitäten in rechtlich selbständige Tochtergesellschaften auszugliedern. Ziel der Ausgliederungen war es, überschaubare und in ihren Aufgaben abgegrenzte Einheiten zu schaffen, um die Ergebnisverantwortlichkeit und die Flexibilität zu erhöhen, aber auch um den Verkauf des ausgegliederten Unternehmens selbst vorzubereiten.

Den zweiten Anstoß zur Gründung von Tochtergesellschaften lieferte ab Beginn der Neunzigerjahre die politische Entwicklung im Osten Europas (Ostöffnung), die zahlreiche österreichische Gesellschaften dazu veranlasste, mit eigenen Tochtergesellschaften in diesen Ländern vertreten zu sein (Eroberung neuer Märkte, Ausnützung des Lohngefälles).

Im Zusammenhang mit dem Beteiligungsvermögen können keine speziellen Kennzahlen angeboten werden. Ein Blick auf die Vermögensstruktur im Beispielsfall (der Anteil des Beteiligungsvermögens an der Bilanzsumme beträgt 29 %) zeigt, dass das Beteiligungsvermögen nicht nur bei reinen Holdinggesellschaften eine gewichtige Rolle spielen kann. In einem solchen Fall müssen die Ergebnisentwicklungen der Tochtergesellschaften, die nach § 238 Ziffer 2 HGB im Anhang auszuweisen sind, aufmerksam verfolgt werden. Negative Jahresergebnisse bei Tochtergesellschaften sollen zum Anlass genommen werden, von der Geschäftsführung nähere Aufklärung zu verlangen oder den Aufsichtsrat damit zu befassen.

14.3.1.3 Umlaufvermögen

Bei der Beurteilung der Höhe des Umlaufvermögens stehen diejenigen Posten im Vordergrund, die auf Grund ihres Gewichts (Anteil am Gesamtvermögen) Kosten verursachen und/oder Risken in sich bergen. In der Regel handelt es sich dabei um das Vorratsvermögen und die Forderungsbestände, in einzelnen Fällen auch um das Barvermögen (insbesondere die Wertpapiere des Umlaufvermögens).

14.3.1.3.1 Vorratsvermögen

Zum reibungslosen Ablauf der betrieblichen Aktivitäten muss jedes Unternehmen gewisse Vorräte auf Lager halten. Bei produzierenden Unternehmen werden es eher Roh-, Hilfs- und Betriebsstoffe bzw halbfertige Erzeugnisse sein, bei Handelsunternehmen eher Waren. Da die Vorratshaltung Kosten verursacht (Zinsen, Mieten, Personal), aber auch beachtenswerte Risken (Veralterung, Verderb, Schwund) enthält, ist es im Interesse des Unternehmens, die Lagerbestände gering zu halten.

Geht der Anstieg des Vorratsvermögens Hand in Hand mit einer Umsatzausweitung, erscheint das plausibel und damit unproblematisch. Erhöhungen des Lagerbestandes können aber auch ihre Ursachen in einer Fehleinschätzung der Marktentwicklung haben. Dieser Fall sollte frühzeitig erkannt werden, um entsprechende Gegenmaßnahmen einleiten zu können.

Mit Hilfe der Kennzahl Lagerdauer kann die Entwicklung des Vorratsvermögens im Zeitablauf recht gut beurteilt werden. Gerade diese Kennzahl sollte auch mit anderen Unternehmen der Branche verglichen werden.

$$\textbf{Lagerdauer} = \frac{(\text{Vorratsvermögen} - \text{Erhaltene Anzahlungen}) \times 365 \text{ Tage}}{\text{Umsatz}}$$

Die Lagerdauer gibt an, wie viele Tage die vorhandenen Vorräte im Durchschnitt auf Lager liegen. Ein deutlicher Anstieg dieser Kennzahl oder eine im Branchendurchschnitt zu hohe Lagerdauer bringt Kostennachteile.

Der Abzug der erhaltenen Anzahlungen vom Vorratsvermögen ist zweckmäßig, um abrechnungsbedingte Verzerrungen auszuschalten.

Beispiel

	Aufzug AG		Lift AG	
	Vorjahr	aktuelles Jahr	Vorjahr	aktuelles Jahr
Lagerdauer	27 Tage	15 Tage	30 Tage	30 Tage

Beurteilung im Zeitablauf

Die Aufzug AG konnte die Lagerdauer gegenüber dem Vorjahr stark reduzieren (–12 Tage). Gezielte Maßnahmen zur Senkung der Lagerdauer haben im aktuellen Geschäftsjahr offensichtlich Erfolg gehabt.

Zwischenbetrieblicher Vergleich

Die Lagerdauer war bei der Aufzug AG zuletzt um die Hälfte kürzer als bei Lift AG. Dadurch dürften bei der Aufzug AG gegenüber der Lift AG in Bezug auf die Lagerhaltung erhebliche Kostenvorteile bestehen. Ein Indiz dafür ist auch die geringere Zinsbelastung bei der Aufzug AG (siehe dazu die Aufwandsstruktur auf Seite 185).

14.3.1.3.2 Forderungen

Die Erhöhung des Forderungsbestandes tritt zumeist als Folge einer Umsatzausweitung auf. Allerdings führen auch eine nachlassende Zahlungsmoral der Kunden verbunden mit einer nachlässigen Handhabung des betrieblichen Mahnwesens sowie zunehmender Wettbewerb zu einem Anwachsen der Forderungsbestände. Die dadurch zusätzlich gebundenen Beträge müssen in der Regel durch teure kurzfristige Bankkredite vorgestreckt werden, wodurch einerseits eine höhere Kostenbelastung (Zinsen) entsteht, zum anderen der verfügbare Kreditspielraum für das eigene Unternehmen geschmälert wird.

Mit Hilfe der Kennzahl **Kundenziel** ist eine Möglichkeit gegeben, die Höhe der Forderungen im Zeitvergleich und im zwischenbetrieblichen Vergleich zu beurteilen.

$$\textbf{Kundenziel} = \frac{\text{(Forderungen aus Lieferungen und Leistungen)} \times 365 \text{ Tage}}{\text{Umsatz}}$$

Die Kennzahl Kundenziel gibt an, wie viele Tage die Forderungen aus Lieferungen und Leistungen durchschnittlich aushaften.

Zu den relevanten Forderungen aus Lieferungen und Leistungen zählen auch diejenigen, die gegenüber Konzerngesellschaften (verbundene Unternehmen und solche, mit denen ein Beteiligungsverhältnis besteht) gegeben sind. Etwaige andere Forderungen gegenüber Konzerngesellschaften, die nicht aus Lieferungen und Leistungen herrühren (zB kurzfristige Darlehen), sollten hier nicht miteinbezogen werden. Entsprechende Angaben sind dem Anhang oder dem Prüfbericht zu entnehmen.

Beispiel

	Aufzug AG		Lift AG	
	Vorjahr	aktuelles Jahr	Vorjahr	aktuelles Jahr
Kundenziel	(105 Tage)	89 Tage	69 Tage	65 Tage

Die Länge des Kundenziels der Aufzug AG für das Vorjahr (105 Tage) ist mit Vorsicht zu genießen, da die eigentlichen Forderungen aus Lieferungen und Leistungen gegenüber verbundenen Unternehmen im Anhang nicht angegeben sind.

Das durchschnittliche Kundenziel der Aufzug AG lag im aktuellen Geschäftsjahr deutlich (24 Tage) über dem der Lift AG. Eine Verkürzung des Kundenziels scheint bei der Aufzug AG durchaus im Bereich des Möglichen.

Steht ein genaueres Datenmaterial zur Verfügung (etwa Prüfbericht), können die Kundenziele getrennt nach Konzern- und Drittforderungen berechnet werden. Damit könnte gezielter an eine Verkürzung der Kundenziele herangegangen werden.

14.3.2 Kapitalstruktur

Die Passivseite der Bilanz (Kapital) gibt Auskunft über Herkunft und Zusammensetzung des Kapitals und zeigt damit, wie die Aktivseite (Vermögen) finanziert worden ist.

Analog zur Vermögensstruktur (siehe Seite 195) erleichtert auch hier eine Gruppenbildung und die prozentmäßige Darstellung der Kapitalposten die Übersicht.

In der folgenden Tabelle werden die Kapitalstrukturen für die gewählten Beispielunternehmen gezeigt. Die Angaben sind Prozentsätze und stellen den Anteil jedes Postens an der Bilanzsumme dar.

Beispiel

Kapitalstruktur	Aufzug AG Vorjahr	Aufzug AG aktuelles Jahr	Lift AG Vorjahr	Lift AG aktuelles Jahr
Eigenkapital	**18,7**	**20,2**	**19,5**	**25,2**
Eigenkapital lt Bilanz	12,2	13,2	9,6	12,5
Unversteuerte Rücklagen	6,5	7,0	9,9	12,7
Sozialkapital	**9,5**	**7,9**	**9,3**	**10,2**
Rückstellungen für Abfertigungen	7,9	6,6	8,1	8,9
Rückstellungen für Pensionen	1,6	1,3	1,2	1,3
Fremdkapital	**71,8**	**71,9**	**71,2**	**64,6**
Rückstellungen	41,0	33,0	14,5	16,5
Verbindlichkeiten	29,4	37,4	56,7	48,1
Rechnungsabgrenzung	1,4	1,5	–	–
Bilanzsumme	**100,0**	**100,0**	**100,0**	**100,0**

14.3.2.1 Erster Überblick und Vergleich

Die deutliche Strukturverschiebung auf der Vermögensseite der Aufzug AG in den beiden dargestellten Geschäftsjahren zeigt auf der Kapitalseite keinen Niederschlag. Lediglich der Anteil des Eigenkapitals hat zu Lasten des Sozialkapitals leicht zugenommen.

Anders bei der Lift AG: Die Kapitalstruktur hat sich gegenüber dem Vorjahr deutlich verändert, obwohl die Vermögensstruktur ziemlich konstant geblieben ist. Der Eigenkapitalanteil konnte wesentlich gesteigert werden; entsprechend rückläufig ist der Anteil des Fremdkapitals.

In Anbetracht der Entwicklungen bei den Vermögensstrukturen hätte man eher deutliche Veränderungen in der Kapitalstruktur bei der Aufzug AG vermutet und eine gleichförmige Entwicklung bei Lift AG. Dass die vermuteten Veränderungen auf der Kapitalseite bei der Aufzug AG nicht eingetreten sind, ist auf die hohe Selbstfinanzierungskraft des Unternehmens zurückzuführen (siehe dazu die Kapitel 14.4 Cash-flow und 14.7 Kapitalflussrechnung).

Ein Vergleich der Kapitalstrukturen beider Gesellschaften zeigt auffallende Unterschiede bei den Rückstellungen, den Verbindlichkeiten und beim Eigenkapital.

14.3.2.2 Eigenkapitalausstattung

Das für die Jahresabschlussanalyse herangezogene Eigenkapital setzt sich aus dem in der Bilanz bezeichneten Eigenkapital und den unversteuerten Rücklagen zusammen.

Die optimale Höhe des Eigenkapitals wurde in der Betriebswirtschaft über viele Jahre eingehend diskutiert. Allgemein gültige Maßstäbe konnten allerdings nicht gefunden werden. Heute wird die Bedeutung des Eigenkapitals vorrangig in der **Krisenfestigkeit** (die Fähigkeit, Krisen durch das Auffangen von Verlusten zu überstehen) gesehen, wobei die **Erwartungshaltungen der Gläubiger** (Banken, Lieferanten) nach wie vor eine wichtige Rolle spielen: In den Augen der Gläubiger steigt zumeist die Kreditwürdigkeit einer Gesellschaft mit der Höhe des Eigenkapitalanteils. Entscheidende Faktoren sind dabei die Ertragslage der Gesellschaft und die branchenübliche Eigenkapitalausstattung. Bei einer im Branchenvergleich dünnen Eigenkapitaldecke bei gleichzeitig schlechter Ertragslage werden Kreditgeber kaum bereit sein, das Unternehmen mit zusätzlichen Krediten auszustatten.

Berechnung des Eigenkapitalanteils

Bei der Berechnung des Eigenkapitalanteils wirkt die Bezugsbasis Bilanzsumme oftmals verzerrend, was sich naturgemäß auf die Höhe des Eigenkapitalanteils auswirkt. Dadurch wird nicht nur der betriebliche Zeitvergleich, sondern auch der zwischenbetriebliche Vergleich beeinträchtigt.

Zu den „Störfaktoren" zählen die liquiden Mittel und die von Kunden erhaltenen Anzahlungen.

Da die Bilanz die Bestände zu einem Stichtag wiedergibt, müssen diese nicht dem Jahresdurchschnitt entsprechen. Gerade bei den liquiden Mitteln und den von Kunden erhaltenen Anzahlungen treten oftmals abrechnungs- oder zufallsbedingte Schwankungen auf (zB Zuzählung eines Bankkredits unmittelbar vor dem Bilanzstichtag; Abrechnung eines größeren Auftrags unmittelbar nach dem Bilanzstichtag). Um zu vergleichbaren Eigenkapitalanteilen zu kommen, ist es sinnvoll, die Bilanzsumme um die liquiden Mittel und die von Kunden erhaltenen Anzahlungen zu verkürzen. Bei dieser Vorgangsweise wird angenommen, dass die liquiden Mittel jederzeit zur Rückzahlung von Verbindlichkeiten verwendet werden können, bzw dass unfertige oder noch nicht abrechenbare Erzeugnisse sukzessive ausgeliefert werden und damit die erhaltenen Kundenanzahlungen reduzieren.

Wendet man diese Überlegungen auf das Beispiel Aufzug AG an, bedeutet das (Beträge in 1000 €):

Beispiel: Aufzug AG

	Vorjahr	aktuelles Jahr
Bilanzsumme	1.408.712	1.866.641
– Liquide Mittel	- 166.407	- 92.335
– Erhaltene Anzahlungen	- 123.665	- 174.477
Korrigierte Bilanzsumme	**1.118.640**	**1.599.829**
Eigenkapital (die Höhe bleibt unverändert)	**263.542**	**376.335**

Die nunmehr vergleichbar gemachten Eigenkapitalanteile belaufen sich auf:

Beispiel

	Aufzug AG		Lift AG	
	Vorjahr	aktuelles Jahr	Vorjahr	aktuelles Jahr
Eigenkapitalanteil	23,6 %	23,5 %	24,0 %	29,8 %

Trotz der guten Ertragslage im letzten Geschäftsjahr blieb der Anteil des Eigenkapitals der Aufzug AG nahezu unverändert, weil sich Eigenkapital und (korrigierte) Bilanzsumme im gleichen Ausmaß erhöht haben.

Im Vergleich zur Lift AG muss der Eigenkapitalanteil als gering beurteilt werden. Der Anteil des Eigenkapitals der Lift AG lag zuletzt mit 6 Prozentpunkten deutlich über dem der Aufzug AG.

Ruft man sich aber die höhere Ertragskraft der Aufzug AG in Erinnerung (siehe Umsatzrentabilität auf Seite 185 bzw Seite 187), scheint die niedrigere Eigenkapitalausstattung durchaus gerechtfertigt.

Hinzu kommt der vergleichsweise hohe Rückstellungsanteil der Aufzug AG. Berechnet man die Anteile der Rückstellungen (ohne Sozialkapital und ohne Steuerrückstellungen) an der korrigierten Bilanzsumme, erhält man die folgenden Werte:

Beispiel

	Aufzug AG	Lift AG
Rückstellungsanteil	29,2 %	17,2 %

Die Riskenvorsorgen sind bei der Aufzug AG um 12 Prozentpunkte höher als bei der Lift AG, womit der niedrigere Eigenkapitalanteil der Aufzug AG mehr als wettgemacht ist. Eine genaue Auflistung der Rückstellungen ist in den veröffentlichten Jahresabschlüssen nicht enthalten und sollte gegebenenfalls dem Prüfbericht entnommen werden.

Mindestausstattung mit Eigenkapital

Natürlich kann es als Mangel empfunden werden, dass allgemein gültige Maßstäbe für eine optimale Eigenkapitalausstattung fehlen. Unternehmen mit negativer Ertragslage sollten mit der Höhe des Eigenkapitals auch für die abzusehenden zukünftigen Verluste Vorsorge getroffen haben, um eine drohende Überschuldung zu vermeiden.

Ein Mindestausmaß an Eigenkapital ist aber auch für Unternehmen mit guter Ertragslage zu empfehlen. Zum einen sollte das Beteiligungsengagement dahin gehend abgesichert sein, dass Eigenkapital zumindest in der Höhe des bilanzierten Beteiligungsvermögens vorhanden ist. Darüber hinaus ist ein zusätzliches Risikopolster in Form von Eigenkapital überall dort angebracht, wo risikoreiche Geschäfte getätigt werden. Mögliche Verluste aus solchen Geschäften sollten durch das Eigenkapital abgefangen werden können, um den Bestand der Gesellschaft nicht zu gefährden. Die Abschätzung der Risken setzt aber genaue betriebliche Kenntnisse voraus.

Das Verhältnis Eigenkapital zu Beteiligungsvermögen am Beispiel Aufzug AG:

Im Beispielsfall stehen zum aktuellen Bilanzstichtag dem Eigenkapital von 376 Mio € Beteiligungen in der Höhe von 547 Mio € gegenüber. Die Deckung der Beteiligungen durch das Eigenkapital beträgt 69 %, was zumindest für einen externen Betrachter die Eigenkapitaldecke als dünn erscheinen lässt.

14.3.2.3 Sozialkapital

In der Tabelle Kapitalstruktur wurde das Sozialkapital (= Rückstellungen für Abfertigungen und Pensionen) bewusst zwischen dem Eigen- und Fremdkapital als eigene Position angesiedelt, um den zweideutigen Charakter dieses Postens deutlich zu machen. Der Rechtsnatur nach müsste das Sozialkapital dem Fremdkapital zugeordnet werden, da es sich um Schulden gegenüber den ArbeitnehmerInnen handelt. Aus finanztheoretischer Sicht weist das Sozialkapital andererseits eigenkapitalähnliche Eigenschaften auf: Wie das Eigenkapital steht es dem Unternehmen in der Regel langfristig und zinsenlos zur Verfügung.

14.3.3 Deckungsstruktur

Bei der Deckungsstrukturanalyse werden Vermögensgruppen fristbezogen den entsprechend gegliederten Kapitalposten gegenübergestellt. Dadurch werden Aussagen über die fristgerechte Finanzierung des Vermögens ermöglicht. Als Leitsatz gilt dabei, dass langfristig gebundene Vermögensteile durch langfristig zur Verfügung stehende Mittel finanziert werden sollen (Fristenentsprechungsregel). Der Leitsatz gilt als erfüllt, wenn die langfristigen Kapitalien die langfristig gebundenen Vermögensteile übersteigen. In einem solchen Fall kann man von einer stabilen Finanzierung ausgehen.

Die Vorteile der langfristigen Finanzierung bestehen vor allem darin, dass

- langfristiges Kapital oft zinsgünstiger zu erhalten ist als kurzfristiges;
- die Finanzplanung erleichtert und genauer wird;
- langfristiges Kapital auch in kurzfristigen Krisensituationen zur Verfügung bleibt.

Werden langfristig gebundene Vermögenswerte kurzfristig finanziert, droht bei negativer Ertragslage oder schlechten Erfolgsaussichten, dass kurzfristig gewährte Kredite nicht verlängert oder aufgestockt werden. Die Folgen sind Liquiditätsengpässe, die bis zur Zahlungsunfähigkeit führen können.

Die Frage, ob die Forderung der Fristenentsprechung eingehalten wurde, kann anhand des Jahresabschlusses nur angenähert beantwortet werden. Nicht alle Bilanzposten können nach ihrer Fristigkeit eingeschätzt werden (Vorräte, Rückstellungen). Zum anderen sind die Bindungsdauer der einzelnen Bilanzposten nur ungefähr bekannt (zB länger als ein Jahr, länger als fünf Jahre).

Um die Deckungsstruktur leichter ersichtlich zu machen, werden die Bilanzposten nach folgendem Schema gruppiert.

AKTIVA	PASSIVA
Langfristiges Vermögen	**Langfristiges Kapital**
Anlagevermögen	Eigenkapital
Forderungen mit einer Restlaufzeit von länger als einem Jahr	Sozialkapital
	Verbindlichkeiten mit einer Restlaufzeit von länger als einem Jahr
Vorräte (abzüglich erhaltener Anzahlungen)	
Kurzfristiges Vermögen	**Kurzfristiges Kapital**
Kurzfristige Forderungen	Rückstellungen
Liquide Mittel	Kurzfristige Verbindlichkeiten
Rechnungsabgrenzung	Rechnungsabgrenzung

Auf der Aktivseite können die Vorräte meist nicht eindeutig dem lang- bzw kurzfristigen Bereich zugeordnet werden. Eine grobe Zuordnung kann aber insofern vorgenommen werden, als Roh-, Hilfs- und Betriebsstoffe eher zum langfristigen Vermögen und Fertigerzeugnisse und Waren in der Regel zum kurzfristigen Vermögen tendieren.

Die Rückstellungen sind im Schema dem kurzfristigen Kapital zugeschlagen worden. Eine Aufteilung nach Fristen ist bei den Rückstellungen gesetzlich nicht vorgeschrieben und wird daher üblicherweise im Jahresabschluss auch nicht vorgenommen. Bei einer detaillierten Aufgliederung (Prüfbericht) wird bei genauer Betriebskenntnis eine Aufteilung in kurz- und langfristige Rückstellungen möglich sein. So könnten etwaige Garantie- und Gewährleistungsrückstellungen im Regelfall dem langfristigen Kapital zugerechnet werden, ebenso die Rückstellungen für Jubiläumsgelder.

Fristgerechte Gliederung der Bilanz am Beispiel Aufzug AG
(Beträge in 1000 €)

AKTIVA		PASSIVA	
Langfristiges Vermögen	**1.017.626**	**Langfristiges Kapital**	**552.737**
Anlagevermögen	1.017.626	Eigenkapital	376.335
Langfrist. Forderungen	–	Sozialkapital	147.277
Vorräte (ohne erhalt. Anz.)	**79.388**	Langfrist. Verbindlichk.	29.125
Kurzfristiges Vermögen	**595.150**	**Kurzfristiges Kapital**	**1.139.427**
Kurzfrist. Forderungen	502.815	Rückstellungen	617.072
Liquide Mittel	92.335	Kurzfrist. Verbindlichk.	494.001
Rechnungsabgrenzung	–	Rechnungsabgrenzung	28.354
SUMME	**1.692.164**	**SUMME**	**1.692.164**

Im Beispiel ist eine fristgerechte Finanzierung des Vermögens nicht gegeben: Das langfristige Vermögen übersteigt das langfristige Kapital deutlich (um 465 Mio €). Das bedeutet, dass große Teile des langfristig gebundenen Vermögens durch nur kurzfristig zur Verfügung stehendes Kapital finanziert werden. Dies gilt selbst für den Fall, dass die Rückstellungen teilweise langfristiger Natur sind, was jedoch auf die Steuerrückstellungen in der Höhe von 150 Mio € sicher nicht zutrifft.

Um zwischenbetriebliche Vergleiche zu erleichtern, muss das Verhältnis zwischen langfristigem Vermögen und langfristigem Kapital in Form einer Kennzahl dargestellt werden.

$$\text{Deckung des langfristigen Vermögens durch langfristiges Kapital} = \frac{\text{Langfristiges Kapital} \times 100}{\text{Langfristiges Vermögen}}$$

(= Fristenentsprechungsregel)

Bei Werten über 100 Prozent gilt die Fristenentsprechungsregel als erfüllt, Zahlungsschwierigkeiten sind nicht zu befürchten.

Werte unter 100 bedeuten, dass das kurzfristig zur Verfügung stehende Vermögen kleiner ist als das kurzfristig zurückzuzahlende Fremdkapital, wodurch es in der Folge zu Liquiditätsengpässen kommen kann.

Beispiel

	Aufzug AG		Lift AG	
	Vorjahr	aktuelles Jahr	Vorjahr	aktuelles Jahr
Fristenentsprechungsregel	81,9 %	54,3 %	[1]	[1]

[1] Eine Berechnung der Fristenentsprechung kann nicht durchgeführt werden, da aus dem in der Wiener Zeitung veröffentlichten Jahresabschluss die Fristigkeiten der Forderungen und Verbindlichkeiten nicht ersichtlich sind.

14.4 Cash-flow (Finanzkraft)

Zentrale Frage dieses Kapitels ist es, in welcher Höhe finanzielle Mittel aus dem **ordentlichen Betriebsprozess** über die laufenden ausgabenwirksamen Aufwendungen hinaus in einer Periode erwirtschaftet werden konnten. Die Hervorhebung des ordentlichen Betriebsprozesses soll klarstellen, dass außerordentliche Faktoren (etwa Anlageverkäufe, Schadensfälle) unberücksichtigt bleiben, um Verzerrungen auszuschließen. Die entscheidende Kennzahl dafür ist der **Cash-flow**, der im Rahmen der Jahresabschlussanalyse unumstritten einen hohen Stellenwert genießt.

14.4.1 Cash-flow

Mit Hilfe des Cash-flow soll die Selbstfinanzierungskraft eines Unternehmens ermittelt werden. Die Berechnung eines Cash-flow ist fixer Bestandteil jeder Jahresabschlussanalyse. Damit wird aber auch schon seine größte Problematik angedeutet. Es gibt nämlich für den Cash-flow eine unüberschaubare Anzahl von Berechnungsarten, die natürlich zu den unterschiedlichsten Ergebnissen führen. Aus diesem Grund ist es empfehlenswert, einen vorgegebenen Cash-flow und die damit verbundenen Kennzahlen einfach unbeachtet zu lassen, wenn Unklarheiten über dessen Zusammensetzung (Berechnungsart) bestehen.

Die Ermittlung eines Cash-flow zielt darauf ab, dem Jahresüberschuss jene Aufwendungen hinzuzurechnen, die zu keinem Geldabfluss geführt haben (Abschreibungen, Nettodotierung des Sozialkapitals) und analog dazu den Jahresüberschuss um jene Erträge zu kürzen, die keinen Geldzufluss bewirkt haben (Auflösungen von Rückstellungen und Wertberichtigungen).

Eine umstrittene Frage ist, ob der Cash-flow auch die Beteiligungserträge und -aufwendungen enthalten soll, wenn sie zu Geldflüssen geführt haben. Da diese Beträge großen Schwankungen unterliegen können, nicht im eigenen Unternehmen entstanden sind und vor allem die Übernahme von Beteiligungserträgen oftmals einen willkürlichen Beschluss darstellen, erscheint es sinnvoll, das Beteiligungsergebnis nicht in den Cash-flow aufzunehmen.

Ein wichtiges Element bei der Cash-flow-Berechnung, wie sie in diesem Buch vorgeschlagen wird, ist, den finanziellen Überschuss ohne Einbeziehung des außerordentlichen Ergebnisses (siehe Kapitel 14.2.4) zu ermitteln. Der Grund dafür ist, dass außerordentliche Erträge und Aufwendungen in ihrer Entstehung oftmals einmaliger Natur (zB Beteiligungsverkauf, Subventionen), periodenfremd (zB Auflösung von Rückstellungen), aber auch zufällig (zB Schadensfälle) sein können.

Ein derart ermittelter Cash-flow ist der finanzielle Überschuss aus der ordentlichen Geschäftstätigkeit und enthält keine außerordentlichen Störfaktoren, die zu Fehlschlüssen verleiten können.

Theoretische Cash-flow-Berechnung

	Jahresüberschuss
+	unbare Aufwendungen (Aufwendungen ohne Geldabfluss)
–	unbare Erträge (Erträge ohne Geldzufluss)
–	Beteiligungsergebnis
–	außerordentliches Ergebnis
=	**Cash-flow**

Diese Ermittlungsart ist kompliziert und führt mitunter auch zu Doppelzählungen (zum Beispiel haben Rückstellungsauflösungen zu keinem Geldzufluss geführt und werden außerdem als außerordentliche Erträge erfasst).

Es erscheint jedenfalls sinnvoller, die Berechnung des Cash-flow nach dem folgenden Schema vorzunehmen (**Praktikermethode**).

	ordentliches Ergebnis
+	Normalabschreibungen
+	Nettodotierung Sozialkapital
=	**Cash-flow**

Das ordentliche Ergebnis wurde schon bei der Besprechung der Ertragslage abgeleitet (siehe Seite 179) und ist bereits um außergewöhnliche Faktoren bereinigt. Das Gleiche trifft auch auf die Normalabschreibungen zu. Die Nettodotierung des Sozialkapitals wird aus der Gegenüberstellung des Sozialkapitals mit dem Vorjahr ermittelt:

	Sozialkapital laufendes Geschäftsjahr
–	Sozialkapital des Vorjahres
=	**Nettodotierung des Sozialkapitals**

Beispiel zur Cash-flow-Berechnung (Beträge in 1000 €)

	Aufzug AG	
	Vorjahr	aktuelles Jahr
ordentliches Ergebnis	92.672	203.813
Normalabschreibungen	+45.467	+47.214
Nettodotierung Sozialkapital	+16.884	+13.337
= **Cash-flow**	**155.023**	**264.364**

Die Aufzug AG konnte den Cash-flow im aktuellen Geschäftsjahr um 109 Mio € steigern (+70,5 %). Die Ursache für die erhebliche Erhöhung liegt im Wesentlichen bei den Faktoren, die zur Verbesserung des ordentlichen Ergebnisses geführt haben. Diese Faktoren sind bereits im Rahmen der Ertragslage besprochen worden (siehe Kapitel 14.2.2).

Verwendung des Cash-flow

Mit der Steigerung der Selbstfinanzierungskraft sind der Aufzug AG auch mehr Mittel zur Erfüllung der **Aufgaben des Cash-flow** zur Verfügung gestanden. Nämlich die Finanzierung von

- Investitionen,
- Dividendenausschüttungen und
- Schuldentilgungen.

Negativer Cash-flow

Ist in einem Geschäftsjahr ein negativer Cash-flow erwirtschaftet worden, so mussten für die Finanzierung von Investitionen, etwaigen Dividendenausschüttungen und Schuldentilgungen andere Mittel herangezogen werden (beispielsweise durch die Verringerung des Barmittelbestandes, in der Regel aber aus der Erhöhung von Verbindlichkeiten).

Darüber hinaus sind aber auch die Abschreibungen des Geschäftsjahres, die notwendigen Sozialkapitaldotierungen und andere laufende Aufwendungen in der Höhe des negativen Cash-flow-Betrages nicht durch den Umsatzprozess erwirtschaftet worden.

Ein negativer Cash-flow sollte daher immer als ein Alarmsignal für eine Unternehmenskrise gewertet werden.

Da bei einem negativen Cash-flow keine Mittel zur Schuldentilgung erwirtschaftet werden, aber auf Grund von Investitionen und der Finanzierung ungedeckter Aufwendungen Fremdmittel aufgenommen werden müssen, kommt es regelmäßig zu einem deutlichen Anstieg des Fremdkapitals.

14.4.2 Umsatzverdienstrate

Diese Kennzahl dient vor allem dazu, die Finanzkraft (Cash-flow) von Unternehmen miteinander zu vergleichen.

$$\textbf{Umsatzverdienstrate} = \frac{\text{Cash-flow} \times 100}{\text{Betriebsleistung}}$$

Die Umsatzverdienstrate zeigt an, wie viel Cash-flow mit 100 € Betriebsleistung erwirtschaftet werden konnten. In Prozent ausgedrückt, was die übliche Darstellungsart der Umsatzverdienstrate ist, gibt sie den Anteil des Cash-flow an der Betriebsleistung an.

Beispiel

	Aufzug AG Vorjahr	Aufzug AG aktuelles Jahr	Lift AG Vorjahr	Lift AG aktuelles Jahr
Umsatzverdienstrate	9,1 %	13,1 %	9,1 %	11,5 %

Gegenüber dem Vorjahr konnte die Aufzug AG die Finanzkraft stärker steigern (+4,0 Prozentpunkte) als die Lift AG (+2,4 Prozentpunkte). Im aktuellen Geschäftsjahr lag die Umsatzverdienstrate der Aufzug AG um 1,6 Prozentpunkte über der des Vergleichsunternehmens.

Für die Beurteilung der Höhe der Umsatzverdienstrate sollten Vergleiche nur mit branchenverwandten Unternehmen angestellt werden, da die Umsatzverdienstrate sehr stark von branchenspezifischen Faktoren (zB Anlagenintensität, Gewinnspanne) abhängt.

14.4.3 Fiktive Verschuldungsdauer

Eine sehr wichtige praktische Bedeutung hat der Cash-flow im Rahmen der Kreditvergabe erlangt. Dabei steht die Überlegung im Vordergrund, dass mit der Höhe der Finanzkraft auch das Rückzahlungspotential für aufgenommene Kredite steigt. Negativ formuliert heißt das, dass bei geringer Finanzkraft auch nur wenige und im Extremfall keine finanziellen Mittel zur rechtzeitigen Tilgung von Schulden zur Verfügung stehen. In einer solchen Situation werden die potentiellen Kreditgeber (Banken, Kunden, Lieferanten) nicht oder nur unter bestimmten Auflagen bereit sein, dem Unternehmen Geld zu überlassen, da kein Vertrauen in die vereinbarten Rückzahlungsverpflichtungen gegeben ist. Bei sinkendem Cash-flow bzw bei rückläufiger Umsatzverdienstrate steigt für die Kreditgeber das finanzielle Risiko.

Diese Überlegungen haben zu der Kennzahl **Fiktive Verschuldungsdauer** geführt, die eine Verbindung zwischen eingegangener Verschuldung und Cash-flow herstellt.

$$\textbf{Fiktive Verschuldungsdauer} = \frac{\text{Fremdkapital + Sozialkapital} - \text{liquide Mittel} - \text{Wertpapiere des AV}}{\text{Cash-flow}}$$

Zusammengefasst werden die Posten Fremdkapital + Sozialkapital – liquide Mittel – Wertpapiere des Anlagevermögens als **Nettoverschuldung** bezeichnet, sodass diese Kennzahl auch verkürzt dargestellt werden kann:

$$\textbf{Fiktive Verschuldungsdauer} = \frac{\text{Nettoverschuldung}}{\text{Cash-flow}}$$

Das Sozialkapital wird in die Nettoverschuldung einbezogen, da diese Verpflichtungen zu einem späteren Zeitpunkt ebenfalls zu Zahlungen führen werden.

Die Fiktive Verschuldungsdauer gibt an, wie oft (bzw wie viele Jahre) der Cash-flow der jeweiligen Periode theoretisch verdient werden muss, um die aktuelle Nettoverschuldung abzubauen.

Durch die divisionale Verknüpfung von Nettoverschuldung und Cash-flow wird die enge Beziehung zwischen den beiden Faktoren deutlich: Eine geringe Finanzkraft kann bei einer niedrigen Nettoverschuldung zum gleichen Ergebnis führen wie eine hohe Nettoverschuldung bei gleichzeitig starker Finanzkraft.

Für die Höhe der fiktiven Verschuldungsdauer ist keine absolute Richtschnur gültig. Ein überschaubarer Zeithorizont (etwa 10 bis 15 Jahre) sollte aber nicht überschritten werden. Wichtig ist die Beobachtung dieser Kennzahl für das eigene Unternehmen im Zeitablauf und der Vergleich mit branchenverwandten Gesellschaften.

Für Unternehmen der Baubranche und des Anlagenbaus empfiehlt es sich, die Nettoverschuldung um die erhaltenen Anzahlungen von Kunden zu kürzen, um abrechnungsbedingte Verzerrungen zu vermeiden.

Beispiel

(Beträge in 1000 €)	Aufzug AG	
	Vorjahr	aktuelles Jahr
Fremdkapital	1.011.230	1.343.029
Sozialkapital	+ 133.940	+ 147.277
liquide Mittel	– 166.408	– 92.335
Wertpapiere des AV	– 307.014	– 284.883
erhaltene Anzahlungen	– 123.665	– 174.477
= Nettoverschuldung	**548.083**	**938.611**
Cash-flow	**155.023**	**264.364**

Beispiel

	Aufzug AG		Lift AG	
	Vorjahr	aktuelles Jahr	Vorjahr	aktuelles Jahr
fiktive Verschuldensdauer (in Jahren)	3,54	3,55	5,30	3,68

Der Cash-flow hätte bei der Aufzug AG in beiden Jahren nur rund 3,5-mal erwirtschaftet werden müssen, um die Nettoverschuldung abzudecken. Dieser theoretische Schuldentilgungszeitraum ist sehr kurz. Das Vergleichsunternehmen Lift AG weist für das aktuelle Geschäftsjahr eine ähnlich kurze Verschuldungsdauer auf.

Die Fiktive Verschuldungsdauer zeigt für die Aufzug AG ein sehr gutes Verhältnis zwischen Verschuldung und Finanzkraft an.

14.5 Investitionstätigkeit

Unter Investitionen werden in einem weiten Sinn alle Bindungen von Geld in Vermögensposten verstanden. Dazu gehören auch die Geldbindungen im Umlaufvermögen. Im Kapitel Vermögensstruktur wurde auf diesen Investitionsbereich mit den Kennzahlen Lagerdauer (Vorratsvermögen) und Kundenziel (Forderungen) bereits eingegangen.

In diesem Kapitel wird der Investitionsbegriff enger gefasst, indem sich die Betrachtung auf die Zugänge des **Anlagevermögens** beschränkt.

Für ein Unternehmen sind Investitionsentscheidungen aus folgenden Gründen von besonderer Bedeutung:

- **Erfolgssicherung**

  Die Investitionen sollen die zukünftigen Erfolgsaussichten des Unternehmens sicherstellen bzw verbessern.

- **Langfristige Wirkung**

  Mittelbindungen im Anlagevermögen sind in der Regel langfristig und bedürfen einer entsprechenden Finanzierung, da die Geldrückflüsse aus den Investitionen erst in der Zukunft über mehrere Jahre verteilt zu erwarten sind.

- **Laufende Belastung mit Fixkosten**

  Unabhängig davon, ob produziert wird oder nicht, fallen kontinuierlich Aufwendungen (Abschreibungen, Aufwandszinsen, Instandhaltung) an.

Mit der Investitionstätigkeit sind also erfolgs- und finanzwirtschaftliche Auswirkungen verbunden. Die Erfolgsauswirkungen einzelner Investitionen können anhand der Jahresabschlussanalyse nicht bestimmt werden. Auf Grund von Zuordnungsproblemen muss der erfolgswirtschaftliche Aspekt von Investitionen vernachlässigt werden.

Im Mittelpunkt der Analyse der Investitionstätigkeit steht daher das Investitionsvolumen und dessen finanzwirtschaftliche Auswirkungen. Dabei gilt es, die folgenden Fragen zu beantworten:

- Stehen die Investitionen in das immaterielle und Sachanlagevermögen umfangmäßig im Einklang mit der Branche?
- Genügen die Sachanlagezugänge den Ersatzbeschaffungserfordernissen bzw werden Sachanlageinvestitionen darüber hinaus getätigt (Erweiterungs- und/oder Rationalisierungsinvestitionen)?
- In welchem Ausmaß konnte die langfristige Kapitalbindung in Investitionen aus dem Ertragspotential des Unternehmens gedeckt werden und sind die darüber hinausgehenden Investitionen ebenfalls langfristig finanziert worden?

14.5.1 Investitionsvolumen

Die Höhe der jährlichen Investitionen kann dem Anlagenspiegel aus der Spalte Zugänge entnommen werden. Im Rahmen der Jahresabschlussanalyse sollen die Investitionen zumindest nach folgenden Posten getrennt aufgelistet werden.

Zugänge zum

- immateriellen Anlagevermögen
- Sachanlagevermögen
- Finanzanlagevermögen
  - Beteiligungen
  - Ausleihungen
  - Wertpapiere
- Investitionsvolumen insgesamt

Eine tiefere Gliederung (etwa des Sachanlagevermögens oder der Beteiligungen) ist zwar sehr zeitaufwändig, kann aber im Einzelfall zweckmäßig sein.

Investitionen reichen in ihrer Wirkung über mehrere Jahre hinaus und erfordern einen längerfristigen Betrachtungszeitraum. Aus diesem Grund wäre es sinnvoll, die Analyse auf drei bis vier Geschäftsjahre auszudehnen.

Volumen und Zusammensetzung der Investitionen am Beispiel Aufzug AG

(Beträge in 1000 €)

Zugänge zu	Vorjahr	aktuelles Jahr
Immaterielles AV	–	–
Sachanlagevermögen	50.014	53.333
Finanzanlagevermögen	–	555.906
Beteiligungen	–	555.906
Ausleihungen	–	–
Wertpapiere	–	–
Investitionsvolumen	**50.014**	**609.239**

Auf Grund erheblicher Beteiligungszukäufe ist das Investitionsvolumen der Aufzug AG im aktuellen Geschäftsjahr gegenüber dem Vorjahr beträchtlich angestiegen. Die Sachanlagezugänge sind im Vergleich dazu nur mäßig erhöht worden.

Beteiligungszugänge fallen unregelmäßig bzw einmalig an und bleiben bei einem Zeit- bzw zwischenbetrieblichen Vergleich unberücksichtigt. Ihnen muss im Einzelfall große Aufmerksamkeit zukommen. Beteiligungskäufe bergen oftmals ein hohes finanzielles Risiko. Sie sind Signale für eine Änderung bzw Erweiterung der Geschäftspolitik. Besonders Auslandsengagements verdienen in Hinblick auf mögliche Produktionsverlagerungen große Beachtung.

Zur besseren Beurteilung der Investitionen in das Sachanlagevermögen dient die Kennzahl

$$\textbf{Sachanlagezugänge in Prozent der Betriebsleistung} = \frac{(\text{Sachanlagezugänge}) \times 100}{\text{Betriebsleistung}}$$

Auf Grund der Entwicklung dieser Kennzahl im Zeitablauf kann das Investitionsverhaltens des Unternehmens recht gut abgeschätzt werden. Der Anstieg dieser Kennzahl weist auf Produktionsausweitungen oder auf erhöhte Rationalisierungsbemühungen hin. Eine stetige Abwärtsentwicklung bringt eine zunehmende Veralterung der Anlagen mit sich oder kann Ausdruck pessimistischer Zukunftserwartungen sein. Besonderen Wert besitzt diese Kennzahl vor allem im Vergleich mit branchenverwandten Unternehmen.

Bei der Interpretation muss berücksichtigt werden, dass viele Investitionen (etwa Gebäude, große Anlagen) nicht kontinuierlich, sondern schubweise erfolgen. Eine Betrachtung des prozentmäßigen Verhältnisses zwischen Sachanlagezugängen und Betriebsleistung, die sich nur über ein oder zwei Jahre erstreckt, ist daher nur bedingt aussagefähig.

Beispiel

	Aufzug AG		Lift AG	
	Vorjahr	aktuelles Jahr	Vorjahr	aktuelles Jahr
Sachanlagezugänge in Prozent der Betriebsleistung	2,9	2,7	11,1	4,3

Das Investitionsniveau der Aufzug AG lag zumindest in den beiden letzten Geschäftsjahren deutlich unter jenem der Lift AG. Die Folge davon kann eine zunehmende Veralterung der Anlagen im Vergleich zum Mitbewerber sein. Die geringe Investitionstätigkeit bei den Sachanlagen hat ihren Niederschlag auch in der Kennzahl Anlagenabnutzungsgrad gefunden (siehe Seite 198).

14.5.2 Investitionsneigung (Sachanlagezugänge)

$$\textbf{Investitionsneigung} = \frac{\text{Sachanlagezugänge} \times 100}{\text{Abschreibungen auf Sachanlagen}}$$

Mit dieser Kennzahl soll gemessen werden, ob der Verschleiß der Sachanlagen durch regelmäßige Neuanschaffungen ersetzt wird, um eine Veralterung der Anlagen zu verhindern. Werte um 100 Prozent oder knapp darüber zeigen, dass die notwendigen Ersatzanschaffungen durchgeführt worden sind. Liegt der Wert deutlich über der 100 Prozentmarke, ist das ein Indiz dafür, dass auch Erweiterungs- und/oder Rationalisierungsinvestitionen getätigt worden sind.

Der Beobachtungszeitraum sollte bei der Investitionsneigung zumindest drei bis vier Jahre umfassen. Eine detailliertere Berechnung der Investitionsneigung für einzelne Posten oder Gruppen des Sachanlagevermögens ist sinnvoll.

Beispiel

	Aufzug AG			Lift AG		
	Vorjahr	aktuelles Jahr	4-Jahresdurchschnitt	Vor-Vorjahr	aktuelles Jahr	4-Jahresdurchschnitt
Investitionsneigung in %	110,0	113,0	118,5	266,8	94,5	235,7

In den beiden letzten Geschäftsjahren hat die Aufzug AG kaum über Ersatzbeschaffungen hinaus investiert. Die Investitionsneigung im Durchschnitt der letzten vier Jahre liegt nicht signifikant über den Werten der beiden letzten Geschäftsjahre. Im Vergleichsunternehmen Lift AG waren innerhalb der letzten vier Jahre die Sachanlagezugänge mehr als doppelt so hoch wie die entsprechenden Abschreibungen. Dies ist ein deutlicher Hinweis darauf, dass die Lift AG in diesem Zeitraum Investitionsschwerpunkte für Produktionserweiterungen und/oder Rationalisierungen gesetzt hat.

14.5.3 Deckung der Investitionen durch den Cash-flow

Mit der Berechnung dieser Kennzahl soll ermittelt werden, inwieweit die Investitionen in das Anlagevermögen durch selbsterwirtschaftete Mittel (Cash-flow) finanziert werden konnten.

$$\textbf{Investitionsdeckung durch den Cash-flow} = \frac{\text{Cash-flow} \times 100}{\text{Investitionen}}$$

Da Investitionen oftmals unregelmäßig getätigt werden (Investitionsschübe), ist es auch bei dieser Kennzahl erforderlich, mehrere Geschäftsjahre in die Betrachtung einzubeziehen.

Von einem erfolgreichen Unternehmen kann nur dann die Rede sein, wenn es gelingt, sämtliche Investitionen in einem mehrjährigen Zeitraum aus selbsterwirtschafteten Mittel zu finanzieren. Diese Anforderung ist dann erfüllt, wenn die Investitionsdeckung durch den Cash-flow im langjährigen Durchschnitt über 100 Prozent liegt.

Beispiel

	Aufzug AG			Lift AG		
	Vorjahr	aktuelles Jahr				
Cash-flow in 1000 €	155.023	264.364				
Investitionen in 1000 €	50.014	609.239				
	Vorjahr	aktuelles Jahr	4-Jahresdurchschnitt	Vor- Vorjahr	aktuelles Jahr	4-Jahresdurchschnitt
Investitionsdeckung durch den Cash-flow in %	**310**	**43**	**87**	**51**	**182**	**76**

Trotz der großen Finanzkraft der Aufzug AG konnten die Investitionen auf Grund der außergewöhnlich hohen Beteiligungszugänge weder im aktuellen Geschäftsjahr noch im Durchschnitt der letzten vier Jahre zur Gänze durch den Cash-flow gedeckt werden. Die absoluten Zahlen für Cash-flow und Investitionen zeigen, in welcher Höhe über den Cash-flow hinaus andere Geldquellen zur Finanzierung der Investitionen herangezogen werden mussten (zuletzt: 345 Mio €).

Aufschluss über die Herkunft der zusätzlich erforderlichen Finanzmittel wird eine Kapitalflussrechnung geben können (siehe Kapitel 14.7.3 Kapitalflussrechnung). Ohne das Beteiligungsengagement im aktuellen Geschäftsjahr hätte die Investitionsdeckung durch den Cash-flow im Durchschnitt der letzten vier Jahre 266 % betragen.

14.6 Personalkennzahlen

Dieses Kapitel beschäftigt sich mit dem ureigensten Zuständigkeitsbereich von ArbeitnehmervertreterInnen. Belegschaftskennzahlen sind es, mit denen die ArbeitnehmervertreterInnen von ihrer Geschäftsführung am häufigsten konfrontiert werden, und daher eine intensive Auseinandersetzung erfordern.

Zentrale Bedeutung hat die Anzahl der Beschäftigten und im Zusammenhang damit deren Angemessenheit mit dem Geschäftsvolumen, deren Kosten und die Höhe der Produktivität.

Im Mittelpunkt dieses Kapitels stehen daher die Fragen:

- ❑ Wie hat sich der Personalaufwand im Vergleich zur Betriebsleistung entwickelt, und wie hoch ist er im Vergleich mit branchenverwandten Gesellschaften?
- ❑ Stehen die Personalaufwandssteigerungen im Einklang mit den Produktivitätssteigerungen?
- ❑ Wie produktiv ist der Personaleinsatz im Vergleich mit branchenverwandten Gesellschaften?

14.6.1 Anzahl der Beschäftigten

Die Beschäftigtenanzahl ist den ArbeitnehmervertreterInnen in der Regel genauestens bekannt. Darüber hinaus kann sie im Jahresdurchschnitt – getrennt nach Arbeitern und Angestellten – dem Anhang zum Jahresabschluss entnommen werden.

Bei Kennzahlberechnungen, die sich auf Periodengrößen (etwa Personalaufwand, Betriebsleistung, Wertschöpfung) beziehen, sind die Beschäftigtenzahlen im Jahresdurchschnitt den stichtagsbezogenen Angaben vorzuziehen, da dadurch Personalstandsveränderungen während des Geschäftsjahres Rechnung getragen wird.

Ungenauigkeiten bei Betriebsvergleichen anhand von Personalkennzahlen können dadurch zu Stande kommen, wenn die Anzahl der Teilzeit- und karenzierten Beschäftigten ungleich behandelt werden: So wird teilweise die effektive Anzahl der Teilzeit- und karenzierten Beschäftigten in die Angaben über die Beschäftigtenanzahl aufgenommen, teilweise wird dieser Personenkreis nach Vollarbeitszeit gewichtet berücksichtigt.

14.6.2 Personalaufwandstangente

Personalaufwandstangente (= Lohntangente)

$$= \frac{(\text{Personalaufwand} - \text{Nettodotierung Sozialkapital}) \times 100}{\text{Betriebsleistung}}$$

Mit dieser Kennzahl wird der Anteil des Personalaufwands an der Betriebsleistung gemessen. Ein im Zeitablauf steigender Prozentsatz bringt zum Ausdruck, dass die Zunahme des Personalaufwands größer gewesen ist als die Ausweitung der Betriebsleistung. Sinkt die Personalaufwandstangente, ist das ein Zeichen dafür, dass die Steigerung der Betriebsleistung höher war als die Zunahme des Personalaufwands. Ursachen dafür könnten beispielsweise

- der teilweise Verzicht auf Eigenerzeugung zu Gunsten fremdbezogener Lieferungen und Leistungen sein oder
- Rationalisierungsmaßnahmen und Produktivitätssteigerungen.

Der Anteil des Personalaufwands an der Betriebsleistung wurde bereits bei der Erstellung der Aufwandsstruktur berechnet und dargestellt (siehe Seite 184). An dieser Stelle soll eine zusätzliche Variante dieser Kennzahl vorgestellt werden. Der Personalaufwand in der erwähnten Aufwandsstruktur enthält auch die Nettodotierung des Sozialkapitals, die aus zweierlei Gründen bei einem Zeit- und Betriebsvergleich der Personalaufwandstangente problematisch sein kann. Zum einen enthält die Nettodotierung des Sozialkapitals auf Grund der großzügigen Übergangsregelungen des Rechnungslegungsgesetzes 1990 (bis zu zwanzig Jahre Spielraum zur Anpassung an die gesetzlichen Erfordernisse) Nachholdotierungen, die als periodenfremde Aufwendungen anzusehen sind. Und zweitens erscheint der Personalaufwand hinsichtlich der Sozialkapitalaufwendungen doppelt belastet, da die laufenden Abfertigungs- und Pensionszahlungen ohnehin im Personalaufwand enthalten sind. Aus diesen Gründen ist es sinnvoll, die Nettodotierung des Sozialkapitals aus dem Personalaufwand herauszunehmen.

Die Nettodotierung errechnet sich aus der Höhe der Abfertigungs- und Pensionsrückstellungen des laufenden Jahres abzüglich des Betrages aus der vorjährigen Bilanz.

Beispiel

	Aufzug AG		Lift AG	
	Vorjahr	aktuelles Jahr	Vorjahr	aktuelles Jahr
Personalaufwandstangente	34,8 %	32,0 %	35,3 %	35,4 %

Die Personalaufwandstangente ist bei der Aufzug AG rückläufig (-2,8 Prozentpunkte). Das ist die Folge davon, dass die Betriebsleistung im letzten Geschäftsjahr stärker ausgeweitet werden konnte (+17,9 %), als der Personalaufwand zugenommen hat (+8,5 %). Die Einsparung um 2,8 Prozentpunkte brachte gegenüber dem Vorjahr eine positive Erfolgsauswirkung von rund 56 Mio € (2,8 Prozentpunkte geringerer Personalaufwand von 2.012 Mio S Betriebsleistung).

Von nicht unerheblicher Bedeutung dürfte für die Aufzug AG sein, dass die Personalaufwandstangente des Konkurrenten (Lift AG) im letzten Geschäftsjahr deutlich höher gelegen ist (+3,4 Prozentpunkte).

14.6.3 Personalaufwand pro Beschäftigten

Aus den oben genannten Gründen sollte auch hier der Personalaufwand ohne die Nettodotierung des Sozialkapitals herangezogen werden. Der Beschäftigtenanzahl im Jahresdurchschnitt ist der bilanzstichtagsbezogenen Anzahl der Vorzug zu geben.

Personalaufwand pro Beschäftigten

$$= \frac{\text{Personalaufwand} - \text{Nettodotierung Sozialkapital}}{\text{Beschäftigtenanzahl im Jahresdurchschnitt}}$$

Beispiel

	Aufzug AG			Lift AG		
	Vorjahr	aktuelles Jahr	Veränderung	Vor-Vorjahr	aktuelles Jahr	Veränderung
Personalaufwand pro Beschäftigten	645.921	660.504	+2,3 %	527.614	549.211	+4,1 %

Der auf den „statistisch durchschnittlich“ Beschäftigten entfallende Personalaufwand ist bei der Aufzug AG deutlich höher (zuletzt etwa 20 %) als bei der Lift AG. Die Gründe dafür könnten vielfältig sein, entziehen sich aber einer externen Beurteilung: Qualifikation, Überstunden, Prämien, Anzahl der Teilzeitbeschäftigten und Karenzpersonen, Überzahlungen und Ähnliches mehr.

Eine differenziertere Betrachtungsweise könnte durch die zusätzliche Berechnung der Kennzahlen Löhne pro Arbeiter, Gehalt pro Angestellte angestellt werden.

14.6.4 Wertschöpfungsrechnung

Bei den bisher angeführten Personalkennzahlen lag das Hauptaugenmerk auf den Kosten: Kosten des Einzelnen bzw aller Beschäftigten, Personalaufwand im Verhältnis zur Betriebsleistung und zu vergleichbaren Gesellschaften.

Bedeutsam ist aber auch der Blick auf die Leistung, die durch die Beschäftigten zu Stande gekommen ist. Produktivitätskennzahlen, die auf die Ausbringungsmenge pro Arbeitsstunde oder pro Beschäftigten abstellen, können mit Hilfe der Jahresabschlussanalyse nicht ermittelt werden. Dazu sind in der Regel die erzeugten Produkte zu vielfältig, um sie auf rechenbare Mengengrößen zu bringen.

Als messbare Leistungskomponente müssen daher Geldgrößen herangezogen werden. Diese haben aber den Nachteil, von den Beschäftigten nicht beeinflussbare Komponenten zu enthalten, die das Resultat verzerren (etwa Absatzpreis-, Materialkostenschwankungen).

Bei Gesellschaften der gleichen Branche kann aber angenommen werden, dass sie weitgehend den gleichen verzerrenden Einflüssen ausgesetzt sind, sodass eine Vergleichbarkeit annähernd gegeben ist.

Die vielfach verwendete Kennzahl **Umsatz pro Beschäftigten** ist für den zwischenbetrieblichen Vergleich nicht geeignet. Mit dem Anteil der zugekauften Waren und Leistungen steigt auch die Relation Umsatz pro Beschäftigten, weil durch den Verzicht auf die Eigenerzeugung die Beschäftigtenanzahl bei gleich hohem Umsatz geringer ist.

Als ein brauchbarer Erfolgsmaßstab hat sich die **Wertschöpfung** herausgestellt. Als Wertschöpfung wird jener Wert bezeichnet, der im betrieblichen Produktionsprozess den bezogenen Produkten (Roh-, Hilfs- und Betriebsstoffen, zugekaufte Teile und Leistungen) hinzugefügt werden konnte.

14.6.4.1 Ableitung der betrieblichen Wertschöpfung

Die Wertschöpfung wird am einfachsten dadurch berechnet, dass von den erzielten Erlösen und erwirtschafteten Erträgen alle von anderen Unternehmen bezogenen Lieferungen und Leistungen (= Vorleistungen) abgezogen werden.

Vorleistungen + Wertschöpfung = Summe der Erträge

Außergewöhnliche Erträge und Aufwendungen sollten bei der Berechnung der Wertschöpfung eliminiert werden, um die für einen Vergleich störenden Einflüsse auszuschalten. Die um außergewöhnliche Einflüsse bereinigte Wertschöpfung wird als **betriebliche Wertschöpfung** bezeichnet.

Berechnung der betrieblichen Wertschöpfung:

	Betriebsleistung	siehe Seite 175
+	Ertragszinsen	Position 11 + 12 der GuV
–	Materialaufwand (inkl bezogene Leistungen)	Position 5 der GuV
–	übrige betriebliche Aufwendungen (nach Abzug außergewöhnlicher Aufwendungen)	Position 8b der GuV
=	**betriebliche Wertschöpfung**	

Die zur Ableitung der betrieblichen Wertschöpfung notwendigen Posten müssen nicht noch einmal berechnet werden, sondern können einfach der Ableitung des ordentlichen Ergebnisses auf Seite 181 entnommen werden.

Beispiel

	Aufzug AG Vorjahr	Aufzug AG aktuelles Jahr
betriebliche Wertschöpfung (in 1000 €)	845.932	1.025.523

14.6.4.2 Betriebliche Wertschöpfung pro Beschäftigten

Mit der betrieblichen Wertschöpfung ist nun eine Größe gegeben, anhand derer die Leistung der Beschäftigten im Zeitablauf und innerhalb einer Branche annäherungsweise verglichen werden kann.

Beispiel

Betriebliche Wertschöpfung pro Beschäftigten (in 1000 €)

	Vorjahr	aktuelles Jahr	Veränderung
Aufzug AG	920.492	1.051.818	+14,3 %
Lift AG	699.795	785.160	+12,2 %

In Folge der Ausweitung der Betriebsleistung (+17,9 %) bei gleichzeitig unterproportionaler Zunahme der Beschäftigtenanzahl (+6,1 %) konnte bei der Aufzug AG die betriebliche Wertschöpfung pro Beschäftigten stark gesteigert werden (+14,3 %).

Bemerkenswert ist auch der Vergleich der betrieblichen Wertschöpfung pro Beschäftigten mit dem branchenverwandten Unternehmen Lift AG. Dabei schneidet die Aufzug AG besonders gut ab: Im aktuellen Geschäftsjahr lag die betriebliche Wertschöpfung pro Beschäftigten der Aufzug AG um 267 1000 € höher als bei der Lift AG. Das ist eine Differenz von 34 %.

Dieser Unterschied kann sicher nicht in der gesamten Höhe auf einen produktiveren Einsatz der Beschäftigten bei der Aufzug AG beruhen. Hier müssen Faktoren eine Rolle spielen, die anhand der veröffentlichten Jahresabschlüsse nicht bestimmt werden können. Diese Faktoren können sowohl das erzeugte Produkt als auch den belieferten Markt betreffen. In den Beispielsfällen muss jedenfalls bedacht werden, dass beide Unternehmen in einen internationalen Konzern eingebunden sind. Das betrifft sowohl die Absatz- (Lieferungen an Konzerngesellschaften) als auch die Beschaffungsseite (Zukauf von Komponenten und Leistungen von Konzerngesellschaften). Wesentliche Bedeutung dabei hat auch die Stellung der Gesellschaft innerhalb des Konzerns. Bei den vereinbarten bzw vorgegebenen Konzernverrechnungspreisen ist es nicht unerheblich, ob das Unternehmen als Mutter- oder Tochtergesellschaft auftritt.

Der Veränderung der betrieblichen Wertschöpfung pro Beschäftigten sollte die Veränderung des Personalaufwands pro Beschäftigten gegenübergestellt (siehe Seite 224) werden. Durch den Vergleich der Veränderungsraten wird ersichtlich, inwieweit eine Erhöhung bzw Verminderung der betrieblichen Wertschöpfung pro Beschäftigten Auswirkungen auf den Personalaufwand pro Beschäftigten gehabt hat.

Beispiel

	Aufzug AG
Veränderung der betrieblichen Wertschöpfung pro Beschäftigten gegenüber dem Vorjahr	+ 14,3 %
Veränderung des Personalaufwands pro Beschäftigten gegenüber dem Vorjahr	+ 2,3 %

Die Wertschöpfungssteigerung pro Beschäftigten war im aktuellen Geschäftsjahr wesentlich höher als der Personalmehraufwand für den durchschnittlichen Beschäftigten (siehe dazu auch die nächste Kennzahl: Verteilung der betrieblichen Wertschöpfung).

14.6.4.3 Verteilung der betrieblichen Wertschöpfung

Die betriebliche Wertschöpfung kann man nicht nur unter dem Aspekt betrachten, welche Werte den bezogenen Vorleistungen im Rahmen des Produktionsprozesses hinzugefügt worden sind, sondern auch unter dem Gesichtspunkt **Schaffung von Einkommen**. Unter diesem Blickwinkel zeigt die **Verteilung der Wertschöpfung**, in welchem Verhältnis die geschaffenen Werte auf die verschiedenen Gruppen von Einkommensbeziehern verteilt worden sind. Bei den Einkommensbeziehern kann man vier Gruppen unterscheiden:

- ❑ ArbeitnehmerInnen
- ❑ Staat und Sozialversicherung
- ❑ Fremdkapitalgeber
- ❑ Unternehmen

Diesen vier Gruppen werden die folgenden Einkommen zugeordnet:

❑ **Arbeitseinkommen**	**Berechnung**
Bruttolöhne und -gehälter	Position 6a+b der GuV
Sonstiger Sozialaufwand	Position 6f der GuV
Abfertigungs- und Pensionszahlungen	Position 6c+d der GuV abzüglich der Nettodotierung des Sozialkapitals

❑ **Gemeineinkommen**	**Berechnung**
Steuern	Positionen 8a + 21 der GuV
Sozialabgaben	Position 6e der GuV
❑ **Fremdkapitaleinkommen**	
Aufwandszinsen	Position 15 der GuV
❑ **Unternehmenseinkommen**	
Cash-flow	zur Berechnung s Seite 210

Damit die Verteilung der Wertschöpfung deutlich zum Ausdruck kommt, werden die Gruppeneinkommen anteilig zur Wertschöpfung angegeben. Mit dieser Art der Darstellung wird auch ein Zeit- und Betriebsvergleich ermöglicht.

Beispiel

Wertschöpfungsverteilung	Aufzug AG		Lift AG	
	Vorjahr	aktuelles Jahr	Vorjahr	aktuelles Jahr
Arbeitseinkommen	57,1 %	50,8 %	60,2 %	55,5 %
Gemeineinkommen	22,8 %	22,7 %	18,1 %	19,8 %
Fremdkapitaleinkommen	1,8 %	0,7 %	2,2 %	2,0 %
Unternehmenseinkommen (Cash-flow)	18,3 %	25,8 %	19,5 %	22,7 %
betriebliche Wertschöpfung	100,0 %	100,0 %	100,0 %	100,0 %

Die starke Erhöhung der betrieblichen Wertschöpfung bei der Aufzug AG im aktuellen Geschäftsjahr (+180 Mio € bzw +21 %) ist vor allem dem Unternehmenseinkommen zugute gekommen. Der Anteil des Unternehmenseinkommens an der betrieblichen Wertschöpfung konnte im Vergleich zum Vorjahr zu Lasten aller anderen Gruppenanteile (vor allem des Anteils des Arbeitseinkommens) kräftig erhöht werden (+7,5 Prozentpunkte auf 25,8 %).

Ein Zweijahreszeitraum ist in der Regel etwas zu kurz, um allgemeine Aussagen über die Entwicklung der Wertschöpfungsverteilung treffen zu können (Umverteilungstendenzen). Die Erfahrung zeigt, dass bei konjunkturellen Aufschwüngen die Wertschöpfungszuwächse überproportional dem Unternehmenseinkommen zufallen (= Anteilserhöhung des Unternehmenseinkommens). Umgekehrt erhöhen sich in konjunkturell schwierigen Zeiten die Anteile des Arbeitseinkommens.

14.7 Kapitalflussrechnung

Die Kapitalflussrechnung soll Einblick in die Struktur und das Zustandekommen des finanziellen Gleichgewichts eines Unternehmens bieten. Zu diesem Zweck werden Cash-flow-Analyse und Bewegungsbilanz zu einer neuen Rechnung kombiniert. Durch die zusammenfassende Darstellung werden zusätzliche Erkenntnisse über die finanzielle Lage, deren Veränderung und zukünftige Auswirkungen auf das Unternehmen gewonnen. Die Aufstellung einer Kapitalflussrechnung trägt somit zum frühzeitigen Erkennen etwaiger Ungleichgewichte in den Zahlungsströmen bei, um Krisensituationen vorzubeugen.

14.7.1 Bewegungsbilanz

Ausgangspunkt der Kapitalflussrechnung ist die Erstellung einer Bewegungsbilanz (Veränderungsbilanz). Sie ist ein erster Schritt, die Finanzgebarung transparent zu machen, indem die Veränderungen aller Posten zweier aufeinander folgenden Bilanzen errechnet werden. Die Unterscheidung zwischen Mittelherkunft (Finanzzuflüsse) und Mittelverwendung (Finanzabflüsse) stellt dabei das wichtigste Ordnungselement dieser Rechnung dar.

Mittelherkunft	=	Erhöhung der Passivposten (zB Fremdkapitalzunahmen) Verminderung der Aktivposten (zB Eingang von Forderungen)
Mittelverwendung	=	Verminderung der Passivposten (zB Schuldentilgung) Erhöhung der Aktivposten (zB Erhöhung der Vorräte)

Bewegungsbilanz am Beispiel Aufzug AG
(in 1000 €)

Ein Minuszeichen kennzeichnet einen Finanzabfluss (Mittelverwendung), ein Pluszeichen einen Finanzzufluss (Mittelherkunft).

AKTIVA			PASSIVA		
Anlagevermögen		**–518.914**	**Eigenkapital**		**+112.793**
immat. AV	–		(Eigenkapital lt Bilanz + unversteuerte Rücklagen)		
SachAV	– 5.140				
Beteiligungen	–535.906		**Sozialkapital**		**+ 13.337**
Ausleihungen	–		(Abfertigungs- und Pensionsrückstellungen)		
Wertpapiere AV	+ 22.132				
Umlaufvermögen		**+ 60.985**	**Fremdkapital**		**+331.799**
Vorräte	– 6.698		Rückstellungen	+ 39.623	
Lieferford	– 56.685		Bankverbindlk	– 54.959	
Konzernford	+ 45.708		erhaltene Anzlg	+ 50.812	
sonstige Ford	+ 3.122		Lieferverbindlk	– 23.653	
liquide Mittel	+ 74.072		Wechselverb	–	
(Bankguthaben + Wertpapiere UV)			Konzernverb	+310.976	
ARA	+ 1.466		sonst Verbind	– 118	
			PRA	+ 9.118	
SUMME		**–457.929**	**SUMME**		**+457.929**

Das Anlagevermögen (Beteiligungen) weist im aktuellen Geschäftsjahr eine sehr hohe zusätzliche Kapitalbindung auf, die nur zu rund einem Fünftel durch die Eigenkapitalzunahme finanziert werden konnte. Hauptquelle der Mittelherkunft ist das Fremdkapital (Erhöhung der Konzernverbindlichkeiten). Die restlichen Mittel zur Finanzierung der Beteiligungen stammen aus Mittelfreisetzungen im Umlaufvermögen (Verminderungen der Konzernforderungen und der liquiden Mittel).

Die Vorzüge einer Bewegungsbilanz sind, dass sie rasch und mühelos aus der Bilanz ohne Rückgriff auf die Gewinn- und Verlustrechnung zu entwickeln ist. Die Vernachlässigung der Gewinn- und Verlustrechnung hat aber erhebliche Nachteile, weil wichtige Informationen über die Herkunft der Kapitalströme verloren gehen, wie zum Beispiel die Frage, welche Finanzmittel dem Unternehmen aus dem Umsatzbereich (operativer Bereich) zugeflossen sind.

Durch die Weiterentwicklung der Bewegungsbilanz zur Kapitalflussrechnung können diese Informationsdefizite abgebaut werden.

14.7.2 Von der Bewegungsbilanz zur Kapitalflussrechnung

Um aus einer Bewegungsbilanz eine Kapitalflussrechnung zu entwickeln, sind im Wesentlichen zwei Schritte erforderlich:

- ❑ Aufgliederung der Veränderungen des Anlagevermögens und des Eigenkapitals und
- ❑ Zusammenführung und Neuordnung des Datenmaterials.

14.7.2.1 Detailliertere Darstellung der Veränderung des Anlagevermögens

Die Veränderung des Anlagevermögens kann mit Hilfe des Anlagespiegels nach Zugängen, Abgängen und Abschreibungen weiter aufgegliedert werden.

Aufgliederung der Veränderung des Anlagevermögens am Beispiel Aufzug AG

in 1000 €	Zugänge	Abschreibungen	Abgänge	Veränderung
SachAV	53.333	47.214	979	5.140
Beteiligungen	555.906	20.000	–	535.906
Wertpapiere AV	–	–	22.132	–22.132

Buchwertermittlung der Anlagenabgänge

Die Zugänge und Abschreibungen können direkt dem Anlagenspiegel entnommen werden. Die Abgänge werden im Anlagenspiegel mit den ursprünglichen Anschaffungskosten ausgewiesen. Da sie nicht mit dem aktuellen Wert (Buchwert) angeführt werden, sind sie für die Kapitalflussrechnung nicht brauchbar. Die einfachste Methode, die Buchwerte der Abgänge zu ermitteln, ist, sie mit Hilfe der Differenzrechnung aus den anderen Daten der obigen Tabelle zu berechnen.

in 1000 €	SachAV	Beteiligungen	Wertpapiere AV
Zugänge	53.333	555.906	–
– **Abschreibungen**	–47.214	– 20.000	–
– **Veränderung**	– 5.140	–535.906	–(–)22.132
= **Abgänge**	979	–	22.132

Die Zugänge sind in die Kapitalflussrechnung als Mittelverwendung (–), Abgänge und Abschreibungen als Mittelherkunft (+) aufzunehmen.

Es mag auf den ersten Blick erstaunen, die Abschreibungen als Finanzzufluss (Mittelherkunft) in die Kapitalflussrechnung einzubeziehen. Der Grund dafür ist einfach: Die Abschreibungen werden über die Umsatzerlöse verdient, Auszahlungen stehen diesen Erlösen aber nicht gegenüber, da die Abschreibungen lediglich ein fiktiver Betrag zur periodengerechten Erfolgsabgrenzung sind. Die tatsächlichen Auszahlungen sind – den Abschreibungen zeitlich vorangehend – zum Zeitpunkt der Investition bereits angefallen. Weitere Auszahlungen werden erst bei Ersatzanschaffungen anfallen.

14.7.2.2 Detailliertere Darstellung der Veränderung des Eigenkapitals

Erhöhungen des Eigenkapitals resultieren aus dem erwirtschafteten Jahresüberschuss und/oder aus Kapitalzufuhren der Gesellschafter.

Verminderungen des Eigenkapitals werden durch Jahresfehlbeträge (= negativer Jahresüberschuss) und durch Dividendenzahlungen bewirkt.

Am Beispiel Aufzug AG sieht die Aufgliederung der Eigenkapitalveränderung wie folgt aus:

	ordentliches Ergebnis	203.813
Jahresüberschuss	Beteiligungsergebnis	– 20.000
	außerordentliches Ergebnis	24.980
Dividendenzahlung (für das Vorjahr)		– 96.000
Kapitalzufuhr		–
Eigenkapitalveränderung		**112.793**

Nach der detaillierteren Aufspaltung der Veränderungen des Anlagevermögens und des Eigenkapitals hat die Bewegungsbilanz der Aufzug AG nun folgende Gestalt.

(Auf die detaillierte Anführung von Umlaufvermögen und Fremdkapital wird hier verzichtet, da die Darstellung dieser Bereiche nicht verändert wurde.)

Anlagevermögen		**Eigenkapital**	
Sachanlagenzugang	– 53.333	ordentliches Ergebnis	+203.813
Beteiligungszugang	–555.906	Beteiligungsergebnis	– 20.000
Sachanlagenabschr	+ 47.214	(Abschreibungen)	
Beteiligungsabschr	+ 20.000	ao Ergebnis	+ 24.980
Sachanlagenabgang	+ 979	Dividendenzahlung	– 96.000
Wertpapierabgang	+ 22.132		
		Sozialkapital	+ 13.337
Umlaufvermögen	+ 60.985	**Fremdkapital**	+331.799
SUMME	**– 457.929**	**SUMME**	**+ 457.929**

14.7.2.3 Zusammenziehung einzelner Posten

Nunmehr können einige Vereinfachungen der Darstellung durchgeführt werden.

Die Beteiligungsabschreibungen werden einmal positiv (Mittelfreisetzung aus dem Anlagevermögen) und einmal negativ (Verminderung des Eigenkapitals) erfasst. Die Beträge heben sich gegenseitig auf und können daher ersatzlos gestrichen werden. Kapitalbewegungen haben keine stattgefunden.

Die Positionen Sachanlageabschreibungen, ordentliches Ergebnis und die Veränderung des Sozialkapitals entsprechen der Zusammensetzung des Cash-flow (siehe Seite 210) und werden daher durch diesen ersetzt. Durch diesen Schritt wird die Bewegungsbilanz entscheidend verändert. Die Qualität der Rechnung nimmt nun stark zu, da zusätzlich zu den Veränderungen der Bilanzposten die Erfolgsgröße Cash-flow enthalten ist.

Eine weitere Konsequenz ist, dass die an der Bilanz orientierte Gliederung dieser Rechnung (Aktiva und Passiva inkl Unterteilungen) nicht mehr aufrecht gehalten werden kann, da Posten aus verschiedenen Gruppen zusammengefasst wurden: Die Sachanlagenabschreibung aus dem Anlagevermögen, das ordentliche Ergebnis aus dem Eigenkapital und die Veränderung des Sozialkapitals.

In einem Zwischenstadium auf dem Weg von der Bewegungsbilanz zur Kapitalflussrechnung sieht die Rechnung nach Kürzungen (Beteiligungsabschreibung) und Zusammenziehungen (Cash-flow) wie folgt aus:

Cash-flow	+	264.364
(= Sachanlagenabschreibung + ordentliches Ergebnis + Sozialkapitalveränderung)		
außerordentliches Ergebnis	+	24.980
Dividendenzahlung	–	96.000
Sachanlagenzugang	–	53.333
Beteiligungszugang	–	555.906
Sachanlagenabgang	+	979
Wertpapierabgang	+	22.132
Veränderungen im Umlaufvermögen	+	60.985
Veränderungen im Fremdkapital	+	331.799
	±	0

Nicht nur die Inhalte, auch die formale Darstellung der Rechnung hat sich gewandelt. Die Darstellungsart der Bewegungsbilanz (Kontoform) ist durch die Form einer Staffelrechnung ersetzt worden.

14.7.2.4 Behandlung des außerordentlichen Ergebnisses

Bevor die endgültige Neuordnung des Datenmaterials vorgenommen werden kann, muss noch auf das außerordentliche Ergebnis eingegangen werden.

Innerhalb des außerordentlichen Ergebnisses muss man zwei Gruppen von Aufwendungen und Erträgen unterscheiden: einerseits Beträge (Erträge oder Aufwendungen), die keine Ein- oder Auszahlungen zur Folge gehabt haben, und zum anderen Beträge, die Zahlungsströme ausgelöst haben.

Beträge, die keine Ein- oder Auszahlungen zur Folge gehabt haben

Auf Grund der Ausgeglichenheit der Kapitalflussrechnung müssen Aufwendungen und Erträge, die zu keinen Zahlungsströmen geführt haben, auf andere Posten der Kapitalflussrechnung Einfluss genommen haben, die nun dementsprechend zu hoch oder zu niedrig ausgewiesen werden.

Beispiel: Erträge aus der Auflösung von Rückstellungen.

Mit den Erträgen aus der Auflösung von Rückstellungen sind keine Einzahlungen verbunden. Andererseits haben die Rückstellungsauflösungen reduzierend auf den Posten Rückstellungsveränderung gewirkt. Das bedeutet, dass der Posten Rückstellungsveränderung um die Auflösungserträge zu gering angesetzt worden ist.

Rückstellungsveränderung	außerordentliches Ergebnis
+ Dotierung (Finanzfluss über Umsatz	....
– Verbrauch(Auszahlung)	....
– Auflösung	**+ Erträge aus der Rückstellungsauflösung**

Zur korrekten Darstellung der Zahlungsströme muss der Posten Rückstellungsveränderung um den Auflösungsbetrag korrigiert (erhöht) werden. Im Gegenzug dazu wird das außerordentliche Ergebnis um den gleichen Betrag gekürzt.

Korrektur der Rückstellungsveränderung (lt Bewegungsbilanz) am Beispiel Aufzug AG (in 1000 €):

Rückstellungsveränderung lt Bewegungsbilanz (= Dotierung – Verbrauch – Auflösung)	+ 39.623
+ Erträge aus Rückstellungsauflösungen (Position 4b der GuV)	+ 23.110
= Rückstellungsveränderung lt Kapitalflussrechnung	62.733

Durch die Hinzurechnung der Erträge aus der Rückstellungsauflösung ist nun die kapitalflusswirksame Rückstellungsveränderung ermittelt worden. Sie besteht nun aus den Größen **Rückstellungsdotierung** abzüglich der zu tatsächlichen Auszahlungen geführten **Verwendung von Rückstellungen**.

Beträge, die Ein- und Auszahlungen ausgelöst haben

Die Posten des außerordentlichen Ergebnisses, die Ein- oder Auszahlungen zur Folge hatten, können teilweise einzelnen Bereichen der Kapitalflussrechnung zugewiesen werden, etwa die Erträge aus Anlagenverkäufen dem Investitionsbereich.

Im außerordentlichen Bereich der Kapitalflussrechnung verbleiben demnach nur noch solche Posten des außerordentlichen Ergebnisses, die einen Kapitalfluss ausgelöst haben **und** keinem anderen Bereich direkt zugeordnet werden können. Um welche Posten es sich dabei im Einzelnen handelt, kann der anschließenden Kapitalflussrechnung entnommen werden.

14.7.3 Kapitalflussrechnung

Auf Grund diverser Zusammenfassungen (Cash-flow) und Neuzuordnungen (außerordentliches Ergebnis) kann die Gliederung der Bewegungsbilanz nicht mehr aufrechterhalten werden.

In der betriebswirtschaftlichen Literatur und Praxis wird eine Vielzahl unterschiedlicher Kapitalflussrechnungen angeboten. Die folgende Gliederung und Darstellungsform der Kapitalflussrechnung versteht sich als Vorschlag.

Veränderungen nach eigenen Zwecken können und sollen vorgenommen werden.

Kapitalflussrechnung
(Aufzug AG in 1000 €)

1. Finanzielles Ergebnis des operativen Bereichs (Cash-flow)		**+ 264.364**
2. Finanzielles Ergebnis des ao Bereichs		**–**
Kursgewinne/-verluste	–	
Schadensfälle (Aufwendungen bzw Vergütungen)	–	
Steuernachzahlungen/-gutschriften	–	
Subventionen	–	
andere ao Aufwendungen/Erträge	–	
3. Finanzielles Ergebnis des Investitionsbereichs		**– 28.352**
Sachanlagenzugang	– 53.333	
Sachanlagenabgang	+ 979	
Erträge aus Sachanlagenabgängen	+ 291	
Wertpapierabgang	+ 22.132	
Erträge aus Wertpapierabgängen	+ 1.579	
4. Finanzielle Bewegungen im Umlaufvermögen (ohne Konzernforderungen)		**– 58.795**
Erhöhung der Vorräte	– 6.698	
Erhöhung der Lieferforderungen	– 56.685	
Eingang sonstiger Forderungen	+ 3.122	
Verminderung ARA	+ 1.466	
5. Finanzielle Bewegungen im FK-Bereich (ohne Konzernverbindlichkeiten)		**+ 43.933**
Veränderung der Rückstellungen	+ 62.733	
Erhöhung der erhaltenen Anzahlungen	+ 50.812	
Tilgung Bankverbindlichkeiten	– 54.959	
Verminderung der Lieferverbindlichkeiten	– 23.653	
Verminderung der sonstigen Verbindlichkeiten	– 118	
Erhöhung PRA	+ 9.118	
6. Finanzielles Ergebnis des Konzernbereichs		**– 295.222**
Beteiligungszugänge	– 555.906	
Eingang Konzernforderungen	+ 45.708	
Erhöhung der Konzernverbindlichkeiten	+ 310.976	
Ausschüttung der Dividende für Vorjahr	– 96.000	
Zwischensumme		**– 74.072**
7. Veränderung des Geldbereichs		**+ 74.072**
Reduzierung der liquiden Mittel	+ 74.072	
Summe		**± 0**

Kurze Interpretation

Der bemerkenswerte Überschuss aus dem operativen Bereich reichte nicht aus, die Mittelabflüsse im Konzernbereich abzudecken. Zur Aufrechterhaltung des finanziellen Gleichgewichts mussten Fremdmittel aufgenommen und die Liquiditätsreserve vermindert werden (Spitzenausgleichsfunktion des Geldbereichs).

Die hohen Kapitalerfordernisse für das Beteiligungsengagement könnten Ursache dafür gewesen sein, die Investitionen in eigene Sachanlagen zu vernachlässigen.

Entscheidender Punkt für die Zukunft ist die Frage, ob es gelingt, die Konzernverschuldung durch Erträge aus dem Beteiligungsbereich abzubauen. Fallen diese Erträge zu gering an, werden wohl die Ergebnisse des operativen Bereichs herangezogen werden müssen. Das könnte zur Folge haben, dass der Investitionsbereich weiterhin vernachlässigt werden muss.

14.7.4 Abschließende Bemerkungen

Die Kapitalflussrechnung basiert auf dem Datenmaterial der Bilanz und der Gewinn- und Verlustrechnung. Alle Erkenntnisse, die man aus einer Kapitalflussrechnung gewinnen kann, hätte man in irgendeiner Art und Weise auch aus Bilanz und Gewinn- und Verlustrechnung entnehmen können (etwa eine Absatzkrise aus dem Anwachsen der Vorräte; den Ausgleich operativer Verluste durch Kreditaufnahme oder Verminderung der Liquiditätsreserven; geringe Investitionstätigkeit und vieles mehr).

Der Vorteil einer Kapitalflussrechnung liegt darin, dass Veränderungen zweier aufeinander folgender Bilanzen in Verbindung mit Ergebnissen aus der Gewinn- und Verlustrechnung übersichtlich (auf einer Seite) zusammengefasst (in einem Rechnungskreis) dargestellt werden und damit eine bessere Orientierung ermöglicht wird.

14.8 Bilanz, GuV und Anlagenspiegel des Fallbeispiels

Aufzug AG
Bilanz zum 31. 12.

AKTIVSEITE (Beträge in 1000 €)	aktuelles Jahr	Vorjahr
A. Anlagevermögen	**1.017.627**	**498.712**
I. immaterielle Vermögensgegenstände	0	0
II. Sachanlagen	185.464	180.323
1. Grundstücke, einschließlich der Bauten auf fremdem Grund	72.758	79.321
2. technische Anlagen und Maschinen	37.846	34.041
3. andere Anlagen, Betriebs- und Geschäftsausstattung	74.860	66.393
4. geleistete Anzahlungen und Anlagen in Bau	0	568
III. Finanzanlagen	832.163	318.389
1. Anteile an verbundenen Unternehmen	547.281	11.375
2. Ausleihungen	0	0
3. Wertpapiere (Wertrechte) des Anlagevermögens	284.882	307.014
B. Umlaufvermögen	**849.014**	**908.534**
I. Vorräte	253.864	247.167
1. Roh-, Hilfs- und Betriebsstoffe	74.316	84.717
2. unfertige Erzeugnisse	53.614	55.603
3. fertige Erzeugnisse und Waren	0	0
4. noch nicht abrechenbare Leistungen	125.171	91.196
5. geleistete Anzahlungen	763	15.651
II. Forderungen und sonstige Vermögensgegenstände	502.815	494.960
1. Forderungen aus Lieferungen und Leistungen	342.466	285.781
2. Forderungen gegenüber verbundenen Unternehmen	147.290	192.998
3. Forderungen gegenüber Unternehmen, mit denen ein Beteiligungsverhältnis besteht	0	0
4. sonstige Forderungen und Vermögensgegenstände	13.059	16.181
III. Wertpapiere und Anteile	0	38.000
IV. Kassenbestand, Schecks, Guthaben bei Kreditinstituten	92.335	128.407
D. Rechnungsabgrenzungsposten	**0**	**1.466**
	1.866.641	**1.408.712**

PASSIVSEITE (Beträge in 1000 €)	aktuelles Jahr	Vorjahr
A. Eigenkapital	**246.089**	**171.990**
I. Nennkapital (Grund-, Stammkapital)	60.000	60.000
II. Kapitalrücklagen (gebundene)	10.520	10.520
III. Gewinnrücklagen (freie Rücklagen)	10.703	1.356
IV. Bilanzgewinn (Bilanzverlust)	164.866	100.114
B. unversteuerte Rücklagen	**130.246**	**91.552**
1. Bewertungsreserve auf Grund von Sonderabschreibungen	4.074	4.899
2. sonstige unversteuerte Rücklagen	126.172	86.653
C. Rückstellungen	**764.349**	**711.389**
1. Rückstellungen für Abfertigungen	123.778	111.000
2. Rückstellungen für Pensionen	23.499	22.940
3. Steuerrückstellungen	149.576	147.304
4. sonstige Rückstellungen	467.496	430.145
D. Verbindlichkeiten	**697.603**	**414.545**
1. Anleihen	0	0
2. Verbindlichkeiten gegenüber Kreditinstituten	57.349	112.308
3. erhaltene Anzahlungen auf Bestellungen	174.477	123.665
4. Verbindlichkeiten aus Lieferungen und Leistungen	56.026	79.679
5. Verbindlichkeiten aus der Annahme gezogener Wechsel und der Ausstellung eigener Wechsel	0	0
6. Verbindlichkeiten gegenüber verbundenen Unternehmen	333.118	22.142
7. Verbindlichkeiten gegenüber Unternehmen, mit denen ein Beteiligungsverhältnis besteht	0	0
8. sonstige Verbindlichkeiten	76.633	76.751
E. Rechnungsabgrenzungsposten	**28.354**	**19.236**
	1.866.641	**1.408.712**

Gewinn- und Verlustrechnung (Beträge in 1000 €)

	aktuelles Jahr	Vorjahr
1. Umsatzerlöse	1.935.596	1.663.117
2. Veränderung des Bestandes an fertigen und unfertigen Erzeugnissen sowie an noch nicht abrechenbaren Leistungen	+ 31.986	+ 3.381
3. andere aktivierte Eigenleistungen	+ 5.909	+ 4.423
4. sonstige betriebliche Erträge	+ 61.936	+ 61.093
a) Erträge aus dem Abgang vom und der Zuschreibung zum Anlagevermögen mit Ausnahme der Finanzanlagen	291	201
b) Erträge aus der Auflösung von Rückstellungen	23.110	24.786
c) übrige	38.535	36.106
5. Materialaufwand und Aufwendungen für bezogene Leistungen	–752.971	–669.949
6. Personalaufwand	–657.328	–610.485
a) Löhne	287.273	274.509
b) Gehälter	197.913	174.768
c) Aufwendungen für Abfertigungen und Altersversorgung	20.916	38.693
d) Aufwendungen für gesetzlich vorgeschriebene Sozialabgaben sowie vom Entgelt abhängige Abgaben und Pflichtbeiträge	123.347	110.839
e) sonstige Sozialaufwendungen	27.879	11.676
7. Abschreibungen auf immaterielle Vermögensgegenstände und Sachanlagen	– 47.214	– 45.467
8. sonstige betriebliche Aufwendungen	–282.126	–248.513
a) Steuern, soweit sie nicht unter Z 21 fallen	6.775	4.437
b) übrige	275.351	244.076
9. Betriebserfolg (Zwischensumme aus Z 1 bis 8)	295.788	157.600
10. Erträge aus Beteiligungen	–	–
11. Zinsenerträge, Wertpapiererträge und ähnliche Erträge	+ 41.819	+ 52.830
12. Erträge aus dem Abgang von und der Zuschreibung zu Finanzanlagen	+ 1.579	+ 95

13.	Aufwendungen aus Beteiligungen	– 20.000	–
14.	Abschreibungen auf Finanzanlagen und auf Wertpapiere des Umlaufvermögens	–	– 771
15.	Zinsen und ähnliche Aufwendungen	– 7.475	– 14.876
16.	Finanzerfolg (Zwischensumme aus Z 10 bis 15)	15.923	37.278
17.	Ergebnis der gewöhnlichen Geschäftstätigkeit	311.711	194.878
18.	außerordentliche Erträge	–	–
19.	außerordentliche Aufwendungen	–	–
20.	außerordentliches Ergebnis	–	–
21.	Steuern vom Einkommen und vom Ertrag	–102.918	– 77.995
22.	**Jahresüberschuss/Jahresfehlbetrag**	208.793	116.883
23.	Auflösung unversteuerter Rücklagen	+ 25.041	+ 15.770
24.	Auflösung von Kapitalrücklagen	–	–
25.	Auflösung von Gewinnrücklagen	–	–
26.	Zuweisung zu unversteuerten Rücklagen	– 63.735	– 33.814
27.	Zuweisung zu Gewinnrücklagen	– 9.347	– 848
28.	Gewinnvortrag/Verlustvortrag aus dem Vorjahr	+ 4.114	+ 2.123
29.	Bilanzgewinn/Bilanzverlust	164.866	100.114

Verkürzter Anlagenspiegel des aktuellen Geschäftsjahres

(Beträge in 1000 €)

	Anschaffungs-/Herstellungs-kosten			Abschrei-bungen	Buchwert	Buchwert	Abschrei-bungen
	Stand 1. 1.	Zugänge	Abgänge	(kumuliert)	31. 12.	Vorjahr	laufendes Jahr
Immaterielle Anlagen	–	–	–	–	–	–	–
Sachanlagen	522.578	53.333	15.781	374.666	185.464	180.323	47.214
Finanzanlagen	319.160	555.906	22.132	20.771	832.163	318.389	20.000
Beteiligungen	11.375	555.906	–	20.000	547.281	11.375	20.000
Ausleihungen	–	–	–	–	–	–	–
Wertpapiere	307.785	–	22.132	771	284.882	307.014	–
Anlagevermögen	841.738	609.239	37.913	395.437	1.017.627	498.712	67.214

15. Neue Bilanzkennzahlen in alphabetischer Reihenfolge

Die folgenden Kennzahlen werden zum besseren Verständnis nicht nur theoretisch erklärt, sondern jeweils auch am Beispiel der Muster AG berechnet.

Bilanz zum 31. 12. **Muster AG** (in Tausend €)

Aktiva			**Passiva**		
Anlagevermögen		**4.000**	**Eigenkapital**		**5.000**
Vorräte	12.000		Rückstellungen	3.000	
Forderungen	1.000		Verbindlichkeiten aus Lieferungen und Leistungen	1.000	
Liquide Mittel	3.000		Bankverbindlichkeiten	11.000	
Umlaufvermögen		**16.000**	**Fremdkapital**		**15.000**
Gesamtvermögen		20.000	Gesamtkapital		20.000

Gewinn und Verlustrechnung 1. 1. bis 31. 12. **Muster AG** (in Tausend €)

Umsatz	10.000
Material	– 3.000
Personal	– 4.000
Abschreibungen	– 500
Betriebsaufwand	– 1.000
Betriebserfolg	**= 1.500**
Beteiligungsergebnis	+ 3.000
Zinsergebnis	– 1.000
Finanzerfolg	**= 2.000**
Steuern	– 500
Jahresüberschuss	**= 3.000**

EBIT (Earnings before interests and taxes)

Deutsche Übersetzung: **Betriebserfolg vor Zinsen und Steuern**

Das EBIT ist in der Regel mit dem Begriff „Betriebserfolg" ident und damit direkt in der Gewinn- und Verlustrechnung ablesbar. Es stellt den Gewinn des Unternehmens vor Abzug des Finanzerfolges sowie der Steuern dar. In einer etwas abgewandelten Variante wird das EBIT als Gewinn vor Abzug des Zinsenerfolges sowie der Steuern berechnet. In dieser Variante werden also etwa Beteiligungserträge, die im Finanzerfolg verrechnet sind, nicht in Abzug gebracht.

Die Berechnung des EBIT, Beispiel Muster AG

		1000 €	**Variante 1**	**Variante 2**
Umsatz		10.000		
Material	–	3.000		
Personal	–	4.000		
Abschreibungen	–	500		
Betriebsaufwand	–	1.000		
Betriebserfolg	=	**1.500**	EBIT = Betriebserfolg = 1.500	
Beteiligungsergebnis	+	3.000		EBIT = Betriebserfolg inkl Beteiligungserfolg = 4.500
Zinsergebnis	–	1.000		
Finanzerfolg	=	**2.000**		
Steuern	–	500		
Jahresüberschuss	=	**3.000**		

Das EBIT gibt Auskunft über den Erfolg im eigentlichen „operativen" Bereich, wenngleich berücksichtigt werden muss, dass in dieser Kennzahl auch außerordentliche Erfolgskomponenten wie Rückstellungsauflösungen oder Anlagenverkäufe verrechnet werden. Die Finanzierung sowie die Versteuerung haben keinen Einfluss auf diese Gewinngröße. Ein negativer Finanzerfolg in Folge eines hohen Fremdkapitalanteiles beeinflusst somit das EBIT nicht. Umgekehrt führen auch hohe Zinsenerträge, die etwa aus einer geschickten Veranlagung oder aus einer Überliquidität stammen, nicht zu einer Verbesserung des EBIT.

EBIT-Margin

Deutsche Übersetzung: **Prozentueller Anteil des EBIT am Umsatz**

Bei der EBIT-Margin wird das EBIT (Betriebserfolg) in Beziehung zum Umsatz gesetzt. Man erhält dadurch die Umsatzrentabilität, wobei Auswirkungen der Finanzierungs- und Steuerpolitik des Unternehmens ausgeblendet bleiben.

Diese Kennzahl eignet sich gut, um den Erfolg im operativen Geschäft mit anderen Unternehmen derselben Branche zu vergleichen.

Berechnung:

EBIT-Margin = EBIT / Umsatz * 100

EBIT-Margin, Fortsetzung Beispiel Muster AG

	1000 €
EBIT (Variante 1)	1.500
Umsatz	10.000
EBIT-Margin	**15 %**

EPS (Earnings per share)

Deutsche Übersetzung: **Verdienst pro Aktie**

Die Kennzahl „Earnings per share" ist eine der wichtigsten und gebräuchlichsten Kennzahlen im Rahmen der Aktienanalyse. Sie zeigt den um das außerordentliche Ergebnis bereinigten Jahresüberschuss pro Aktie und ist insbesondere im Zeitablauf eine sehr aussagekräftige Gewinngröße.

Berechnung:

$$\textbf{EPS} = \frac{\textbf{Jahresüberschuss}\text{ (bereinigt um außerordentliches Ergebnis)}}{\textbf{Anzahl der Aktien}}$$

Earnings per share, Fortsetzung Beispiel Muster AG

Jahresüberschuss in 1000 €	3.000
Anzahl Aktien	100.000
Earnings per share in 1000 €	**0,03**

EVA (Economic Value Added)

Deutsche Übersetzung: **„Wertzuwachs"**

Der EVA sagt aus, ob der tatsächlich erreichte Gewinn höher ist als die angefallenen Kapitalkosten. Als Gewinngröße wird das so genannte NOPAT (siehe unten) herangezogen. Bei einer positven Differenz und damit einem positiven EVA wird ein „Übergewinn" erzielt, es bleibt mehr übrig, als Kapitalkosten angefallen sind. Je höher dieser Übergewinn ausfällt, desto eher wird der Kapitalgeber daran interessiert sein, Kapital in diese Anlage zu investieren. Ein zu geringer EVA birgt die Gefahr, dass das Kapital abgezogen und in eine andere – sich „lohnendere" Anlageform investiert wird.

Der EVA hat besonders im Shareholder-Value-Konzept zunehmende Bedeutung erlangt und ist im Rahmen dieses Konzepts eine der Schlüsselkennzahlen. Ziel ist es, jene Strategie zu wählen, die den größtmöglichen, quantifizierbaren „Wert" schafft. Ein zu geringer EVA birgt auf lange Sicht die Gefahr von Auslagerungen, Umstrukturierungen bis hin zu Betriebsschließungen.

Berechnung:

EVA = Gewinn (NOPAT) minus Kapitalkosten
(WACC * Capital Employed)

Die Berechnung des EVA, Fortsetzung Beispiel Muster AG

*Schritt 1: Die Berechnung des **NOPAT** (Net operating Profit after Tax, Betriebserfolg nach Steuern)*

	1000 €	**Berechnung NOPAT**	
Umsatz	10.000		
Material	– 3.000		
Personal	– 4.000		
Abschreibungen	– 500		
Betriebsaufwand	– 1.000		
Betriebserfolg	= **1.500**	Betriebserfolg	1.500
Beteiligungsergebnis	+ 3.000	minus Steuern	– 500
Zinsaufwand	– 1.000	= **NOPAT**	**= 1.000**
Finanzerfolg	= **2.000**		
Steuern	– 500		
Jahresüberschuss	= **3.000**		

Schritt 2: Berechnung des ***Capital Employed*** *(eingesetztes Kapital), Fortsetzung Muster AG*

	1000 €
Eigenkapital	5.000
Verzinstes Fremdkapital	11.000
– Liquide Mittel	3.000
= Capital Employed	**= 13.000**

Beim Capital Employed werden Eigenkapital und verzinstes Fremdkapital addiert und von diesem Betrag werden die Liquiden Mittel abgezogen. Der Abzug der Liquiden Mittel wird damit begründet, dass mit den vorhandenen Liquiden Mittel Fremdkapital zurückbezahlt werden könnte. Das nicht verzinsliche Fremdkapital (Rückstellungen, Verbindlichkeiten aus Lieferungen und Leistungen) wird nicht miteinbezogen, da dieses dem Unternehmen „gratis" zur Verfügung steht und dafür keine Kapitalkosten anfallen.

Schritt 3: Berechnung der ***WACC*** *(gewichtete Kapitalkosten), Fortsetzung Muster AG*

WACC = Anteil des Eigenkapitals × Eigenkapitalkosten + Anteil des Fremdkapitals × Fremkapitalkosten

Eigenkapitalanteil (Eigenkapital / Capital Employed * 100)	38,5 %	Eigenkapitalkosten	12 %
Fremdkapitalanteil	61,5 %	Fremdkapitalkosten	5 %
WACC (12 × 0,385 + 5 × 0,615)			**7,7 %**

Die Eigenkapitalkosten setzen sich in der Regel aus dem Zinssatz für eine risikofreie Veranlagung etwa in Anleihen (zB ca 6 %), einer allgemeinen Risikoprämie für Aktien (in der Regel ca 5 %) sowie einem Risikoaufschlag für die jeweilige Branche (zB 1 %) zusammen. Die Fremdkapitalkosten spiegeln die Marktzinsen wider.

*Schritt 4: Berechnung des **EVA**, Fortsetzung Muster AG*

EVA = Gewinn (NOPAT) minus Kapitalkosten (WACC * Capital Employed)

NOPAT	1.000
– Kapitalkosten (0,07 × 13.000)	– 1.001
= **EVA**	– **1**

In unserem Beispiel ergibt sich also ein negativer EVA. Die Kapitalkosten liegen über dem NOPAT. Es wurden also „Werte" vernichtet. Der Kapitaleinsatz hat sich aus der Sicht der Anleger nicht gelohnt. Als Konsequenz werden Maßnahmen ergriffen, die zukünftig einen positiven EVA garantieren. Dazu können Maßnahmen zur Steigerung des NOPAT ergriffen werden (zB Preiserhöhung, Rationalisierung) oder Maßnahmen zur Effizienzsteigerung des Kapitaleinsatzes (weniger Kredite durch strafferes Forderungs oder Lagermanagement, Leasing statt Kauf, Outsourcing kapitalintensiver Betriebsteile etc).

FCF (Free Cash-flow)

Deutsche Übersetzung: **Geldmittelüberschuss aus der Geschäftstätigkeit nach Abzug der Ersatzinvestitionen**

Im Unterschied zum herkömmlichen Cash-flow werden beim Free Cashflow auch noch die erforderlichen Ersatzinvestitionen in Abzug gebracht. Der FCF gibt somit Auskunft, welche Überschüsse aus der Geschäftstätigkeit erwirtschaftet worden sind, um einerseits Dividendenzahlungen, andererseits aber auch Kredittilgungen sowie über die Ersatzinvestitionen hinausreichende Erweiterungsinvestitionen finanzieren zu können.

Berechnung:

FCF = Cash-flow minus Ersatzinvestitionen

Beispiel Free Cash-flow, Fortsetzung Muster AG

	1000 €	**Berechung des Cash-flow**	
Umsatz	10.000		10.000
Material	– 3.000		– 3.000
Personal	– 4.000		– 4.000
Abschreibungen	– 500		
Betriebsaufwand	– 1.000		– 1.000
Betriebserfolg	**= 1.500**		
Beteiligungsergebnis	+ 3.000		+ 3.000
Zinsergebnis	– 1.000		– 1.000
Finanzerfolg	= 2.000		
Steuern	– 500		– 500
Jahresüberschuss	**= 3.000**	**Cash-flow**	**= 3.500**
		Ersatzinvestitionen *(Annahme)*	– 2.000
		Free Cash-flow	**= 1.500**

Auch der Free Cash-flow ist eine Schlüsselkennzahl im Rahmen der Shareholder-Value-Philosophie. Er ist ein Maß für die erzielbaren Einnahmenüberschüsse einer Geschäftsperiode. Bedeutung hat der FCF aber auch im Rahmen der Investitionsrechnung, etwa wenn alternative Investitionsentscheidungen bzw deren wirtschaftliche Vorteilhaftigkeit gegeneinander abgewogen werden sollen.

Gearing

Deutsche Übersetzung: **Verschuldungsgrad**

Die Kennzahl Gearing zeigt die Verschuldung eines Unternehmens im Verhältnis zum vorhandenen Eigenkapital. Sie hat eine gewisse Ähnlichkeit zur Eigenkapitalquote, bei der das vorhandene Eigenkapital im Verhältnis zum Gesamtkapital dargestellt wird. Beide Kennzahlen geben Auskunft über die Kapitalstruktur eines Unternehmens.

Je höher das Gearing ist, umso mehr steigt die Abhängigkeit des Unternehmens von seinen Fremdkapitalgebern und umso schwieriger ist es, zusätzliches Kapital aufzunehmen. Eine steigende Verschuldung geht im Regelfall auch mit steigenden Fremdkapitalzinsen einher. Andererseits muss jedoch auch beachtet werden, dass sich ein zu niedriges

Gearing negativ auf die Rentabilität eines Unternehmens auswirken kann, da Eigenkapital in der Regel wesentlich teurer als Fremdkapital ist.

Berechnung:

Gearing = Verzinsliches Fremdkapital abzüglich Liquide Mittel / Eigenkapital

Beispiel Gearing, Fortsetzung Muster AG

	1000 €
Eigenkapital	5.000
Verzinstes Fremdkapital	11.000
– Liquide Mittel	3.000
= Capital Employed	**= 13.000**
Gearing (= 8.000 / 5.000)	**160 %**

Gesamtkapitalrentabilität

Ein Unternehmen ist in der Regel nicht nur mit Eigenkapital finanziert. Hinzu kommen Verbindlichkeiten und Rückstellungen als Fremdkapital. Die **Eigenkapitalrentabilität** ist die „**Unternehmer**rentabiliät", die für die Kapitaleigner von Interesse ist. Die **Gesamtkapitalrentabilität** ist dagegen die **Unternehmensrentabilität**. Sie stellt den Gesamtertrag eines Geschäftsjahres dem Gesamtkapital gegenüber. Die Gesamtkapitalrentabilität gilt als Kennzahl, die die Profitabilität des Unternehmens ohne Rücksicht auf die besonderen Interessen der Gesellschafter oder der Kapitalquellen zum Ausdruck bringt, da nicht zwischen Eigen- und Fremdkapital differenziert wird.

Berechnung:

$$\textbf{Gesamtkapitalrentabilität} = \frac{\textbf{Jahresüberschuss + Aufwandszinsen}}{\textbf{Gesamtkapital * 100}}$$

Das Gesamtkapital setzt sich aus Eigen- und Fremdkapital zusammen. Beiden Kapitalquellen sind Erträge zuzurechnen. Dem Eigenkapital wird das insgesamt erzielte Ergebnis (Jahresüberschuss) zugerechnet, dem Fremdkapital dagegen die Zinsen.

Die Beurteilung, ob die erreichte Gesamtkapitalrentabilität zufrieden stellend ist, ergibt sich aus einem Vergleich mit alternativen Anlageformen auf gleichem Risikoniveau.

Beispiel Gesamtkapitalrentabilität, Fortsetzung Muster AG

	1000 €
Jahresüberschuss	3.000
Aufwandszinsen	1.000
Eigenkapital	5.000
Fremdkapital	15.000
Gesamtkapital	20.000
Gesamtkapitalrentabilität	20 %

In vielen Geschäftsberichten wird die Gesamtkapitalrentabilität auch als „Return on Investment“ (ROI) angegeben *(siehe ROI)*. Während bei der Gesamtkapitalrentabilität allerdings in der Regel als Ertragsgröße der Jahresüberschuss **vor** Abzug der Aufwandszinsen herangezogen wird, wird der ROI vom Jahresüberschuss **nach** Aufwandszinsen berechnet. In der Praxis werden diese beiden Kennzahlen sowie deren Berechnung oft vermischt bzw ident verwendet.

NOPAT (Net Operating Profit after Tax)

Deutsche Übersetzung: **Betriebserfolg nach Steuern**

Diese Kennzahl stellt den Betriebserfolg nach Steuern dar. Umgekehrt ausgedrückt ergibt sich der NOPAT aus dem Jahresüberschuss abzüglich des Finanzerfolges. Die Finanzierungskosten (Eigenkapital bzw Fremdkapital) werden bei dieser Ertragskennzahl somit außer Ansatz gelassen. Anders als beim EBIT werden jedoch die Steuern in Abzug gebracht. Das NOPAT ist Grundlage zur Berechnung des EVA (Economic Value Added). Beim EVA wird der NOPAT den angefallenen Kapitalkosten gegenübergestellt wird (Näheres siehe EVA).

Beispiel NOPAT, Fortsetzung Muster AG

	1000 €	**Berechnung NOPAT**	
Umsatz	10.000		
Material	– 3.000		
Personal	– 4.000		
Abschreibungen	– 500		
Betriebsaufwand	– 1.000		
Betriebserfolg	**= 1.500**	Betriebserfolg minus Steuern = **NOPAT**	1.500 – 500 = **1.000**
Beteiligungsergebnis	+ 3.000		
Zinsergebnis	– 1.000		
Finanzerfolg	**= 2.000**		
Steuern	– 500		
Jahresüberschuss	**= 3.000**		

Price-earnings-ratio (p/e)

Deutsche Übersetzung: **Kurs-Gewinn-Verhältnis** (KGV)

Diese Kennzahl wird vor allem bei börsenotierten Gesellschaften verwendet und gibt Auskunft über das Verhältnis vom Kurs der Aktie zum Gewinn je Aktie. Dabei gilt generell der Grundsatz, je kleiner das Kurs-Gewinn-Verhältnis (KGV) ist, desto höher ist die Rentabilität des für den Aktionär eingesetzen Kapitals. Ein geringes KGV sagt somit aus, dass der Aktienkurs in Relation zu den erwirtschafteten Gewinnen relativ niedrig ist. Je höher das KGV ist, desto teurer ist die Aktie. Niedrig bewertete Aktien beinhalten stets auch die Gefahr einer feindlichen Übernahme.

Beispiel Price-earnings-ratio, Fortsetzung Beispiel Muster AG

Aktienkurs	450
Jahresüberschuss pro Aktie (Earnings per share)	30
Price-earnings-ratio	**15**

ROCE (Return on Capital Employed)

Deutsche Übersetzung: **Verzinsung des eingesetzten Kapitals**

Der ROCE ist eine Weiterentwicklung der Gesamtkapitalrentabilität. Er wird vor allem bei Unternehmen verwendet, die sich der Shareholder-Value-Orientierung verpflichtet fühlen, also insbesondere bei den größeren börsenoterierten Gesellschaften.

Berechnung:

ROCE = NOPAT / Capital Employed * 100

Im Zähler steht das NOPAT (Net Operating Profit after Tax, Betriebserfolg nach Steuern), eine Kennzahl, die den Erfolg des Unternehmens ohne Finanzerfolg darstellt. Im Nenner steht das Capital employed, also das „eingesetzte Kapital", für das den Anlegern ein Preis gezahlt werden muss. Das Capital employed besteht aus dem Eigenkapital (inkl Stille Reserven, Goodwill etc) und dem verzinslichen Fremdkapital.

Die Grundidee des ROCE ist einfach. Prinzipiell soll jedes Unternehmen mehr Rentabilität erreichen, als das gesamte in das Unternehmen investierte Kapital an Zinsen kostet. Der errechnete ROCE sollte also aus der Sicht der Anleger – wie der EVA (Economic Value Added) – langfristig über den tatsächlichen Kapitalkosten des Unternehmens (= WACC) liegen. Der ROCE wird in Prozent ausgedrückt, der EVA ist dagegen eine absolute Zahl.

Die Differenz zwischen ROCE und den Kapitalkosten (WACC) wird auch **„Spread"** genannt. Ein positiver Spread heißt, dass sich der Kapitaleinsatz gelohnt hat. Ein negativer bedeutet, dass die Kapitalkosten (zB Zinsen) höher waren als die erzielte Rendite.

Beispiel ROCE, Fortsetzung Muster AG

	1000 €
NOPAT	1.000
Capital Employed	13.000
ROCE	**7,7 %**
WACC	*7,7 %*
Spread	*0 %*

In unserem Beispiel sind ROCE und WACC gleich hoch. Es ergibt sich ein Spread von Null. Aus der Sicht des Anlegers ist dieses Unternehmen daher nicht rentabel. Durch die Geschäftstätigkeit des Unternehmens können gerade die Kapitalkosten wieder hereingebracht werden. Es werden keine zusätzlichen „Werte“ geschaffen.

ROE (Return on Equity) oder RONA (Return on Net Assets)

Deutsche Übersetzung: **Eigenkapitalrentabilität**

Der Return on Equity entspricht der klassischen Eigenkapitalrentabilität. Sie gibt Auskunft über die Verzinsung des vom Eigentümer eingesetzten Eigenkapitals. Als Verzinsung wird dabei der erwirtschaftete Jahresüberschuss herangezogen. Je höher dieser Wert ist, desto eher wird der Eigentümer motiviert sein, sein Kapital weiter im Unternehmen wirtschaften zu lassen.

Berechnung:

ROE = Jahresüberschuss / Eigenkapital * 100

Beispiel ROE, Fortsetzung Muster AG

	1000 €
Jahresüberschuss	3.000
Eigenkapital	5.000
ROE	**60 %**

Der ROE liegt in unserem Fall bei 60 %, was einem überdurchschnittlich hohen Wert entspricht. Die Beurteilung dieses Werts hängt vor allem von der Rentabilität alternativer Anlagemöglichkeiten ab.

ROI (Return on Investment)

Deutsche Übersetzung: **Verzinsung des eingesetzten Gesamtkapitals**

Beim ROI wird der Gewinn eines Jahres dem Gesamtkapital gegenübergestellt. Er macht damit eine Aussage, wie sich das eingesetzte Kapital im Laufe eines Geschäftsjahres verzinst hat. Der ROI ist nahe verwandt mit der Eigenkapitalrentabilität bzw der Gesamtkapitalrentabilität.

Berechnung:

ROI = Jahresüberschuss / Gesamtkapital * 100

Beispiel ROI, Fortsetzung Muster AG

	1000 €
Jahresüberschuss	3.000
Eigenkapital	5.000
Fremdkapital	15.000
Gesamtkapital	20.000
ROI	**15 %**

ROS (Return on Sales)

Deutsche Übersetzung: **Umsatzrentabilität**

Der ROS ist eine Kennzahl, die der EBIT-Margin sehr nahe kommt. Es wird jedoch nicht der Betriebserfolg (= EBIT) in Beziehung zum Umsatz gesetzt, sondern das gesamte Ergebnis – zumeist das Ergebnis der gewöhnlichen Geschäftstätigkeit (EGT). Das EGT setzt sich aus dem Betriebserfolg sowie dem Finanzerfolg zusammen. Anders als bei der EBIT-Margin wird beim ROS also auch der Finanzerfolg des Unternehmens mit berücksichtigt. Die Kapitalausstattung (Eigenkapital, Fremdkapital) sowie der wirtschaftliche Erfolg von Tochtergesellschaften (Dividenden, Beteiligungsabschreibungen etc) beeinflusst daher den ROS.

Berechnung:

$$\mathbf{ROS} = \frac{\textbf{Ergebnis der gewöhnlichen Geschäftstätigkeit EGT}}{\textbf{Umsatz * 100}}$$

Beispiel ROS, Fortsetzung Muster AG

	1000 €
Betriebserfolg	1.500
Finanzerfolg	2.000
= EGT	= 3.500
Umsatz	10.000
ROS	**35 %**

WACC (Weighted average Cost of Capital)

Deutsche Übersetzung: **Durchschnittliche gewichtete Kapitalkosten**

Die „Weighted average Cost of Capital" werden benötigt, um die Untergrenze der Verzinsung (Rentabilität) zu errechnen, die beim Einsatz des Kapitals erreicht werden muss. Wird diese Untergrenze nicht erreicht, lohnt sich der Einsatz des Kapitals für den Investor nicht und der Marktwert des Unternehmens sinkt. Zwischen dem Marktwert des Unternehmens (Shareholder Value) und den Kapitalkosten besteht somit ein enger Zusammenhang.

Berechnung:

WACC = Anteil des Eigenkapitals am Capital Employed × Eigenkapitalkosten + Anteil des Fremdkapitals am Capital Employed × Fremdkapitalkosten

Beispiel WACC, Fortsetzung Muster AG (siehe auch EVA)

Eigenkapitalanteil (Eigenkapital / Capital Employed * 100)	38,5 %	Eigenkapitalkosten	12 %
Fremdkapitalanteil	61,5 %	Fremdkapitalkosten	5 %
WACC (12 × 0,385 + 5 × 0,615)			**7,7 %**

Die Eigenkapitalkosten setzen sich in der Regel aus dem Zinssatz für eine risikofreie Veranlagung etwa in Anleihen (zB ca 6 %), einer allgemeinen Risikoprämie für Aktien (in der Regel ca 5 %) sowie einem Risikoaufschlag für die jeweilige Branche (zB 1 %) zusammen. Die Fremdkapitalkosten spiegeln die Marktzinsen wider.

(Net) Working Capital

Deutsche Übersetzung: **Nettoumlaufvermögen**

Das Working Capital gehört inhaltlich zu den Kennzahlen der Liquidität. Im Mittelpunkt steht die Frage, ob die Gesellschaft mehr Umlaufvermögen als kurzfristiges Fremdkapital hat. Mit anderen Worten, ob das gesamte kurzfristige Fremdkapital durch Umlaufvermögen abgedeckt ist und damit auch zurückgezahlt werden kann. Das Working Capital wird nicht als Prozentsatz (wie die Liquidität), sondern als absoluter Wert ausgedrückt.

Berechnung:

Working Capital = Umlaufvermögen minus kurzfristige Verbindlichkeiten

Beispiel Working Capital, Fortsetzung Muster AG

Aktiva			**Passiva**		
Anlagevermögen		4.000	Eigenkapital		5.000
Vorräte	12.000				
Forderungen	1.000		Langfristiges Fremdkapital	5.000	
Liquide Mittel	3.000		**Kurzfristiges Fremdkapital**	**10.000**	
Umlaufvermögen		**16.000**	Fremdkapital		15.000
Gesamtvermögen		20.000	Gesamtkapital		20.000

Working Capital = 16.000 – 10.000 = 6.000

In unserem Beispiel ergibt sich ein positives Working Capital. Die Gesellschaft verfügt somit über mehr Umlaufvermögen als kurzfristiges Fremdkapital. Eine Bedienung des kurzfristigen Fremdkapitals sollte daher kein Problem darstellen, die Gefahr einer Zahlungsunfähigkeit ist nicht gegeben.

16. Internationale Rechnungslegung

(Ines Hofmann)

Die Internationalisierung der Rechnungslegung hat auch vor Österreich nicht Halt gemacht. Im Frühjahr 1999 trat das Konzernabschlussgesetz (KonzaG) in Kraft, wodurch nun alle Konzernunternehmen die Möglichkeit haben, ihren Konzernabschluss nach internationalen Bilanzvorschriften, also nach IAS *(International Accounting Standards)* oder nach US-GAAP *(Generally Accepted Accounting Principles)* aufzustellen.

Die zwei Philosophien

Grundsätzlich stehen sich zwei völlig unterschiedliche Rechnungslegungskonzeptionen gegenüber, nämlich die Rechnungslegung im angloamerikanischen Raum (bedeutsame Länder: USA, Großbritannien, Australien) und jene im kontinentaleuropäischen Raum (dazu zählen EU-Mitgliedstaaten) bzw in Japan. Der angloamerikanische Ansatz wird vor allem durch die US-GAAP und die IAS repräsentiert, stellvertretend für den kontinentaleuropäischen Ansatz sind das österreichische und deutsche Handelsgesetzbuch zu nennen.

Die **angelsächsischen Rechnungslegungsvorschriften** sind keine einheitlich kodifizierte Rechtsquelle, sondern stellen einen Mix aus Verlautbarungen, Vorschriften von Aufsichtsbehörden oder Einzelfallentscheidungen dar. Die Träger der Rechnungslegungsvorschriften sind sehr heterogen, nämlich wirtschaftsprüfende Berufsverbände, private Fachorganisationen, Börsenaufsichtskommissionen und andere mehr. Der Jahresabschluss dient hier primär als Entscheidungsgrundlage für Anteilseigner und potentielle Investoren.

Die **österreichischen Rechnungslegungsvorschriften** stellen ein detailliertes, gewachsenes, gesetzlich kodifiziertes und vom Gesetzgeber getragenes Bilanzrecht dar. Diese Regelungen sind meist systematischer und allgemeiner Natur und weniger einzelfallbezogen. Primäre Adressaten der Rechnungslegung sind hier die Gläubiger.

Sowohl die Investoren als auch die Gläubiger als auch die anderen Adressaten (Arbeitnehmer, Kunden, Fiskus) haben gleichermaßen ein berechtigtes Interesse, sich mit Hilfe des Jahresabschlusses ein Bild vom Unternehmen zu machen und daraufhin ihre Entscheidung zu treffen (siehe Kapitel 12.). Die Interessen dieser Adressaten sind allerdings zum Teil stark abweichend und stehen sich teilweise diametral gegenüber. Während es zB einen Anteilseigner für seine Investitionsentscheidung primär interessiert, ob bzw in welcher Höhe aus dem betrachteten Unternehmen in Zukunft Ausschüttungen oder Kurssteigerungen zu erwarten sind, ist für einen Gläubiger die Höhe des Einkommensstroms weitgehend vertraglich fixiert. Für ihn ist vielmehr die Liquiditäts- und Finanzlage des Unternehmens ausschlaggebend. Im Unterschied zum Anteilseigner ist er unter Gläubigerschutzgesichtspunkten sogar eher an einer geringen Gewinnausschüttung interessiert.

Auf Grund dieser verschiedenen Interessenslagen lässt sich auch erklären, warum einzelne Bilanzierungsgrundsätze in beiden Rechtskreisen eine unterschiedliche Bedeutung haben. So nehmen in Österreich und Deutschland das Vorsichts-, Realisations- und Anschaffungskostenprinzip einen wesentlich höheren Stellenwert ein als im angloamerikanischen Raum. Diese vorsichtsorientierte Bilanzierung hat zur Folge, dass noch nicht realisierte Erträge im Jahresabschluss nicht ausgewiesen werden dürfen, jedoch drohende Verluste sehr wohl bereits im Erkenntniszeitpunkt aufgenommen werden müssen. Weiters dürfen Vermögensgegenstände in die Bilanz höchstens mit ihren Anschaffungskosten aufgenommen werden. Durch diese Festlegung von Obergrenzen können noch nicht realisierte Erträge nicht ausgewiesen werden. Die Zielrichtung im Interesse des Gläubigerschutzes ist es daher, die Ausschüttung von nicht endgültig realisierten Gewinnen und damit Kapitalabzug zu vermeiden.

In der angloamerikanischen Rechungslegung steht dagegen nicht das Vorsichtsprinzip, sondern eine möglichst hohe Dividendenausschüttung im Vordergrund. US-amerikanische Jahresabschlüsse sind tendenziell auf eine zeitnähere Vermögensdarstellung hin ausgerichtet: Stille Reserven werden möglichst vermieden. Das Management will seine Fähigkeit zur Erzielung von Gewinnen zeigen, um die Aktionäre und potentiellen Anleger zu neuen Investments zu veranlassen. Als Maßstab für die Unternehmensführung wird die Wertsteigerung des Shareholder Value – der Marktwert des Eigenkapitals – herangezogen. Es wird daher die kurzfristige Gewinnerzielung mit Blick auf die Börsenkursentwicklung in den Vordergrund gestellt, womit der Rahmen für strategische Entscheidungen mit dem entsprechenden Investitionsbedarf deutlich enger wird.

Die unterschiedlichen Interessenslagen haben somit zur Folge, dass im Vergleich zum österreichischen und deutschen Bilanzrecht in einem nach angloamerikanischen Vorschriften aufgestellten Jahresabschluss in der

Regel die Gewinne früher ausgewiesen werden und dadurch in der Bilanz ein höheres Vermögen und Eigenkapital aufscheint.

16.1 Bestandteile der Rechnungslegung

Nach **österreichischem HGB** hat der Jahresabschluss von Kapitalgesellschaften die Bilanz, die Gewinn- und Verlustrechnung und den Anhang zu umfassen (siehe Kapitel 6.3).

Nach **IAS** besteht der Jahresabschluss aus der Bilanz *(balance sheet)*, der Gewinn- und Verlustrechnung *(income statement)*, der Kapitalflussrechnung *(cash flow statement)*, dem Anhang *(notes and other statements and explanatory material)*, dem Eigenkapitalspiegel *(statement of non-owner movements in equity)* und der Kennzahl „Gewinn je Aktie" (siehe auch Kapitel 15.). Der Anhang umfasst ua eine Segmentberichterstattung, die die einzelnen Geschäftsbereiche *(segments)* detailliert erläutert. Der Eigenkapitalspiegel zeigt die erfolgsneutralen Eigenkapitalveränderungen (zB Veränderungen der Neubewertungsrücklage). Die Aufstellung eines Lageberichts ist nach IAS nicht vorgeschrieben, jedoch enthalten einzelne IAS-Vorschriften Angabepflichten, die nach österreichischen Verständnis Bestandteil des Lageberichts sind.

Die Bestandteile nach IAS entsprechen großteils den Bestandteilen nach US-GAAP. Ergänzend ist nach **US-GAAP** die G&V-Rechnung um eine Entwicklung der Gewinnrücklagen zu ergänzen. Die Anhangangaben der US-GAAP sind etwas ausführlicher als die der IAS. Weiters ist von börsennotierten Unternehmen ein mit österreichischem Lagebericht vergleichbarer Lagebericht *(management discussion and analysis of financial condition and results of operation)* aufzustellen.

16.2 Selbsterstellte immaterielle Vermögensgegenstände

Bei den immateriellen Vermögensgegenständen *(intangible assets)* handelt es sich um nicht-körperliche Gegenstände wie zB Rechte oder wirtschaftliche Werte. Ihr Zweck liegt in der Nutzung innerhalb des Unternehmens.

Werden immaterielle Vermögensgegenstände nicht von einem Dritten entgeltlich erworben, so dürfen sie in der **HGB-Bilanz** nicht angesetzt werden.

Nach **IAS** besteht kein absolutes Aktivierungsverbot für selbsterstellte immaterielle Vermögensgegenstände. Forschungskosten (zB Grundlagenforschung) dürfen nicht in der Bilanz angesetzt werden. Entwicklungskosten (zB Design, Konstruktion oder Testen von Prototypen) sind zu aktivieren, wenn bestimmte Voraussetzungen vorliegen. Dazu zählt zB die zuverlässige Bestimmbarkeit der Kosten, die technische Realisierbarkeit, die Möglichkeit des internen Einsatzes oder Verkaufs. In einem IAS-Abschluss sind daher tendenziell mehr immaterielle Vermögensgegenstände enthalten als in einem HGB-Abschluss.

Die Auswirkungen bei einem Übergang von HGB auf IAS:

- ❑ Erhöhung des Anlagevermögens, Erhöhung des Eigenkapitals
- ❑ Erhöhung der künftigen Abschreibungen und dadurch Verminderung der künftigen Gewinne

Beispiel:

In der unternehmenseigenen Entwicklungsabteilung wird ein neues Produktionsverfahren entwickelt, das später zu einem Patent führt. Die entstandenen Herstellungskosten betragen 400.000 €.

B I L A N Z in 1.000 €

Aktiva					Passiva
	HGB	IAS		HGB	IAS
AV	30.000	30.400	**EK**	40.000	40.400
Immat. AV	2.000	**2.400**	Grundkapital	7.000	7.000
Sach AV	22.000	22.000	Rücklagen	30.000	30.000
Finanz AV	6.000	6.000	Bilanzgewinn	3.000	**3.400**
UV	20.000	20.000	**FK**	10.000	10.000
Vorräte	12.000	12.000	Abf+PensionsRSt	3.000	3.000
Forderungen	5.000	5.000	Sonstige RSt	1.000	1.000
Kassa, Bank	3.000	3.000	Verbindlichkeiten	6.000	6.000
Gesamtvermögen	50.000	50.400	Gesamtkapital	50.000	50.400

Bei allen Beispielen werden ev. steuerliche Effekte außer Acht gelassen.

*In der **HGB-Bilanz** dürfen die 400.000 € nicht in der Bilanz angesetzt werden, da das Produktionsverfahren nicht entgeltlich erworben wurde. Durch den Nichtansatz in der HGB-Bilanz werden die entstandenen Kosten in der G&V-Rechnung sofort erfolgswirksam und vermindern damit den Gewinn um 400.000 € (Eigenkapital sinkt dadurch ebenfalls).*

*In der **IAS-Bilanz** müssen jedoch die Herstellungskosten angesetzt werden, wodurch im Jahr der Aktivierung der Gewinn in der G&V-Rechnung um 400.000 € höher ausfällt als in der HGB-Bilanz. Erst in den folgenden Jahren schlagen sich die Abschreibungen auf das aktivierte Produktionsverfahren, verteilt auf die Nutzungsdauer, gewinnmindernd in der G&V-Rechnung nieder (Eigenkapital steigt im 1. Jahr, sinkt in den nächsten Jahren).*

16.3 Sachanlagevermögen

Bewertung von Sachanlagen

Nach der **österreichischen Rechtslage** dürfen Sachanlagen höchstens mit den Anschaffungs- oder Herstellungskosten vermindert um die Abschreibung angesetzt werden. Eine Neubewertung, dh eine Bewertung mit Tageswerten, ist in Österreich unzulässig.

Nach **IAS** ist die Neubewertung von Sachanlagevermögen eine zulässige alternative Methode. Allerdings müssen dann alle Gegenstände derselben Anlagengruppe (zB unbebaute Grundstücke oder Maschinen) neu bewertet werden. Die Differenz zwischen dem Tageswert und dem früheren Buchwert ist in eine so genannte „Neubewertungsrücklage“ einzustellen. Dadurch kommt es im Jahr der Neubewertung zu keiner Veränderung des Bilanzgewinnes. In den folgenden Jahren erhöhen sich die Abschreibungsbeträge auf Grund der höheren Abschreibungsbasis, wodurch der Gewinn in diesen Jahren niedriger ausfällt.

Nach **US-GAAP** ist eine Neubewertung der Sachanlagen ebenfalls verboten.

Die Auswirkungen bei einem Übergang von HGB auf IAS:

- ❑ Erhöhung des Anlagevermögens, Erhöhung des Eigenkapitals

- Erhöhung der künftigen Abschreibungen und dadurch Verminderung der künftigen Gewinne

Beispiel:

Auf Grund eines Schätzgutachtens beträgt der Tageswert der gesamten unbebauten Grundstücke (Anschaffungskosten 1,5 Mio €) 2 Mio €.

B I L A N Z in 1.000 €

Aktiva	HGB	IAS	Passiva	HGB	IAS
AV	30.000	30.500	**EK**	40.000	40.500
Immat. AV	2.000	2.000	Grundkapital	7.000	7.000
Sach AV	22.000	**22.500**	Rücklagen	30.000	30.000
Finanz AV	6.000	6.000	NeubewertungsRL	0	**500**
			Bilanzgewinn	3.000	3.000
UV	20.000	20.000	**FK**	10.000	10.000
Vorräte	12.000	12.000	Abf+PensionsRSt	3.000	3.000
Forderungen	5.000	5.000	Sonstige RSt	1.000	1.000
Kassa, Bank	3.000	3.000	Verbindlichkeiten	6.000	6.000
Gesamtvermögen	50.000	50.500	Gesamtkapital	50.000	50.500

*In der **HGB-Bilanz** und **US-GAAP-Bilanz** dürfen die Grundstücke höchstens mit ihren ursprünglichen Anschaffungskosten von 1,5 Mio € ausgewiesen werden.*

*Nach **IAS** ist als alternative Methode die Neubewertung der Grundstücke und damit ein Ansatz in der Höhe von 2 Mio € möglich. Die Differenz zwischen den ursprünglichen Anschaffungskosten (1,5 Mio €) und dem Tageswert der Grundstücke (2 Mio €) in der Höhe von 0,5 Mio € ist nicht in der G&V-Rechnung als Ertrag auszuweisen, sondern erfolgsneutral in eine Neubewertungsrücklage einzustellen.*

Nutzungsdauer von Sachanlagen

Durch die betriebswirtschaftliche und nicht steuerliche Orientierung der IAS und US-GAAP kommt es tendenziell zu längerer Nutzungsdauer und damit in den einzelnen Jahren zu geringeren Abschreibungen.

Die Auswirkungen beim Übergang von HGB auf IAS bzw US-GAAP:

- Durch die niedrigeren Abschreibungsbeträge wird das Eigenkapital in der IAS-Bilanz gegenüber der HGB-Bilanz entsprechend höher ausgewiesen.

16.4 Leasing

Grundsätzlich bezeichnet man mit Leasing *(lease)* die Nutzung von Vermögensgegenständen bzw Personal, die nicht im Eigentum bzw Dienstverhältnis der Unternehmung stehen. Der geleaste Vermögensgegenstand kann dabei entweder in der Bilanz des Leasingnehmers oder in der Bilanz des Leasinggebers aufgenommen werden. Die Zuordnung des Leasinggegenstandes richtet sich grundsätzlich danach, wer der wirtschaftliche Eigentümer ist, dh, wer die Risiken und Chancen, die mit dem Eigentum am Leasinggegenstand verbunden sind, trägt.

Das Kriterium des wirtschaftlichen Eigentums ist in allen drei Rechnungslegungen verankert, jedoch wird das Kriterium unterschiedlich gehandhabt.

In **Österreich** orientiert man sich in der HGB-Bilanz überwiegend an den steuerlichen Leasing-Erlässen der Finanzverwaltung, sodass es idR zu einem Ansatz des Leasinggegenstandes in der Bilanz des Leasinggebers kommt.

Da auf die **IAS und US-GAAP** keine steuerlichen Regeln einwirken, erfolgt die Zurechnung eines Leasinggegenstandes zum Leasingnehmer oder Leasinggeber alleine auf Grund des wirtschaftlichen Eigentums.

In vielen Fällen, in denen das Leasingobjekt nach österreichischer Vorgehensweise beim Leasinggeber bilanziert wird, wäre nach internationalen Vorschriften eine Bilanzierung beim Leasingnehmer erforderlich.

Die Auswirkungen beim Übergang von HGB auf IAS bzw US-GAAP:

- In der Bilanz des Leasingnehmers sind tendenziell mehr Vermögensgegenstände enthalten.

16.5 Langfristige Fertigung

Ein langfristiger Fertigungsauftrag (construction contracts) ist ein Vertrag über die Fertigung oder Errichtung eines oder einer Gruppe von Gegenständen, dessen Ausführung sich über einen Bilanzstichtag hinweg zieht. Eine zeitliche Mindestdauer ist nicht festgelegt. Solche Geschäftsvorgänge sind für eine Reihe von Branchen typisch, wie etwa der Baubranche oder dem Industrieanlagenbau.

Nach **österreichischem Recht** darf ein Gewinn aus einem langfristigen Fertigungsauftrag erst im Jahr der Fertigstellung in die G&V eingestellt werden, soweit es sich nicht um selbständige Teilleistungen handelt. Im internationalen Jargon wird diese Vorgehensweise als „completed contract method“ bezeichnet.

Nach **IAS und US-GAAP** ist grundsätzlich die Methode der Teilgewinnrealisierung vorgeschrieben. Dies bedeutet, dass der Gewinn aus dem Auftrag – entsprechend dem jeweiligen Grad der Fertigstellung des Auftrags – anteilsmäßig über die Jahre verteilt wird. Diese Teilgewinnrealisierung führt zu einem im Vergleich mit der österreichischen Rechtslage zeitlich vorgezogenen Gewinnausweis. Dem Vorteil der periodengerechten Gewinnverteilung steht der Nachteil höherer Unsicherheit entgegen. Die IAS sind also „weniger vorsichtig“ als das HGB.

Die Auswirkungen bei einem Übergang von HGB auf IAS bzw US-GAAP:

- ❑ In den Jahren bis zur Fertigstellung sind die Vorräte (noch nicht abrechenbare Leistungen) niedriger und die Forderungen höher.
- ❑ Auf Grund des anteiligen Gewinnausweises sind die Gewinne nach IAS bis zur Fertigstellung höher. Im Jahr der Fertigstellung kommt es zu einem niedrigeren Gewinnausweis.

Beispiel:

Die Muster AG erhält einen Auftrag mit einem Auftragsvolumen von 1 Mio €. Die Bearbeitung beansprucht 3 Jahre, wobei sich der Fertigstellungsgrad gleichmäßig auf die Jahre verteilt. Die Gesamtkosten betragen 0,7 Mio €. Änderungen der Erträge und Kosten treten nicht auf.

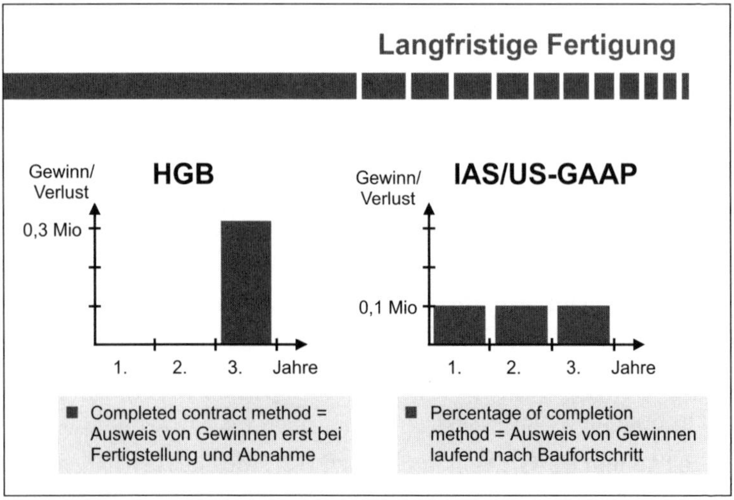

*Im **HGB-Jahresabschluss** wird der gesamte Gewinn von 0,3 Mio € bei Fertigstellung, also im dritten Jahr, in der G&V ausgewiesen.*

*In der **IAS-Bilanz** wird nach dem Grad der Fertigstellung – also in jedem Jahr 1/3 des gesamten Gewinnes ausgewiesen. Das sind also anteilsmäßig in jedem Jahr 0,1 Mio €. Nach IAS kommt es also zu einer gleichmäßigeren Verteilung des Gesamtgewinns auf den Bearbeitungszeitraum.*

16.6 Umfang der Herstellungskosten

Werden Güter ganz oder teilweise selbsterstellt (wie zB unfertige und fertige Erzeugnisse oder für den eigenen Betrieb erstellte Anlagen), dann tritt an Stelle der Anschaffungskosten der Wertmaßstab der Herstellungskosten. Zu den Herstellungskosten gehören alle jene Aufwendungen, die für die Herstellung eines Vermögensgegenstandes und seine Erweiterung entstehen. Dazu gehören neben den dem Vermögensgegenstand direkt zurechenbaren Material- und Fertigungskosten (so genannte Einzelkosten) auch Teile der nicht direkt zurechenbaren Kosten der Fertigung und des Materialbereiches (so genannte Fertigungs- und Materialgemeinkosten, zB Reinigungskosten, Versicherung, Lagerhaltung). Kosten der allgemeinen Verwaltung und des Vertriebes dürfen nicht in die Herstellungskosten einbezogen werden (Ausnahme besteht bei langfristiger Fertigung).

Durch den Ansatz der Herstellungskosten von selbsterstellten Anlagen oder unfertigen/fertigen Erzeugnissen in der Bilanz kommt es zu einer Korrektur dieser Aufwendungen, die in voller Höhe in der G&V-Rechnung enthalten sind. Je nachdem welche Aufwendungen in die Herstellungskosten eingerechnet werden, werden mehr oder weniger die tatsächlich angefallenen Aufwendungen in der G&V-Rechnung korrigiert und somit auch der Gewinn höher oder niedriger ausgewiesen.

Sowohl nach HGB als auch nach IAS und US-GAAP müssen bestimmte Kostenbestandteile in die Herstellungskosten einbezogen werden. Der Unterschied in den drei Rechnungslegungen besteht im Umfang der einzubeziehenden Kostenbestandsteilen.

Nach **HGB** müssen in die Herstellungskosten mindestens die Material- und Fertigungseinzelkosten eingerechnet werden (= Mindestansatz). Für die Material- und Fertigungsgemeinkosten, die Sozialkosten (= Aufwendungen für Sozialeinrichtungen, freiwillige Sozialleistungen, betriebliche Pensionen und Abfertigungen) und die herstellungsbezogenen Fremdkapitalzinsen gibt es ein Wahlrecht. Dh, je nach beabsichtigten Ergebnisausweis kann man diese Aufwendungen in die Herstellungskosten einbeziehen oder nicht.

Nach **IAS und US-GAAP** besteht nur ein Einbeziehungswahlrecht für die Fremdkapitalzinsen. Alle anderen Aufwendungen sind verpflichtend in die Herstellungskosten aufzunehmen.

Die Auswirkungen beim Übergang von HGB auf IAS bzw US-GAAP:

- ❑ Wurde nach HGB der Mindestansatz gewählt, so werden bei einem Übergang höhere Herstellungskosten anzusetzen sein. Dies bedeutet, dass mehr Aufwendungen neutralisiert werden und dadurch ein höherer Gewinn ausgewiesen wird.
- ❑ Wurde nach HGB der Höchstansatz und nach IAS bzw US-GAAP der Mindestansatz gewählt, so wird beim Übergang der Gewinn um die Höhe der herstellungsbezogenen Fremdkapitalzinsen niedriger ausgewiesen.
- ❑ Wurde sowohl nach HGB als auch nach IAS bzw US-GAAP der Höchstansatz gewählt, so gibt es beim Übergang keinen Unterschied.

Beispiel:

Die Muster AG begann mit der Errichtung einer Lagerhalle, die von den eigenen Mitarbeitern erstellt wird. Aus der Kostenrechnungsabteilung liegen folgende Daten über die bisher angefallenen Kosten vor: Fertigungsmaterial 15.000 €, Fertigungslöhne 30.000 €, Materialgemeinkosten 10.000 €, Fertigungsgemeinkosten 24.000 €, freiwillige Sozialaufwendungen 1.000 €, Zinsaufwendungen 500 €.

Variante 1: *Sowohl in der HGB-Bilanz als auch in der IAS-Bilanz wird der Mindestansatz der Herstellungskosten gewählt.*

	HGB	IAS
Materialeinzelkosten	15.000	15.000
Fertigungseinzelkosten	30.000	30.000
Herstellungskosten – Mindestansatz HGB	**45.000**	
Materialgemeinkosten		10.000
Fertigungsgemeinkosten		24.000
Sozialkosten		1.000
Herstellungskosten – Mindestansatz IAS		**80.000**

Der Gewinn nach IAS wird bei dieser Variante um 35.000 € (Differenz von 80.000 – 45.000) höher ausgewiesen. In der G&V-Rechnung sind die aktivierten Herstellkosten von selbsterstellten Anlagen in der Position „Aktivierte Eigenleistungen" zu finden.

Variante 2: *In der HGB-Bilanz wird der Höchstansatz und in der IAS-Bilanz der Mindestansatz der Herstellungskosten gewählt.*

	HGB	IAS
Materialeinzelkosten	15.000	15.000
Fertigungseinzelkosten	30.000	30.000
Materialgemeinkosten	10.000	10.000
Fertigungsgemeinkosten	24.000	24.000
Sozialkosten	1.000	1.000
Herstellungskosten – Mindestansatz IAS		**80.000**
Zinsaufwendungen	500	
Herstellungskosten – Höchstansatz HGB	**80.500**	

Der Gewinn nach IAS wird bei dieser Variante um den Betrag der Zinsaufwendungen = 500 € niedriger ausgewiesen.

16.7 Pensionsverpflichtungen

Werden vom Unternehmen selbst Pensionszusagen rechtsverbindlich und unwiderruflich erteilt, dann sind diese Verbindlichkeiten, die hinsichtlich der Höhe von der Fälligkeit ungewiss sind, in die Passivseite der Bilanz aufzunehmen. Die Höhe der Pensionsrückstellung ist so zu ermitteln, dass der rückgestellte Betrag die künftigen Pensionszahlungen unter Berücksichtigung einer entsprechenden Verzinsung und einer durchschnittlichen Lebenserwartung deckt. Die Bildung der Pensionsrückstellung ist dabei gleichmäßig auf die Jahre zwischen Entstehung der Pensionsverpflichtung und Zeitpunkt der Pensionierung zu verteilen.

Der Hauptunterschied zwischen österreichischen und **IAS-** bzw **US-GAAP-Regel** liegt in der Berücksichtigung künftiger Lohn- und Gehaltssteigerungen. Bei der internationalen Ermittlung des Pensionsaufwandes sind die künftigen Gehälter zu schätzen, wobei Gehaltserhöhungen und künftige Beförderungen berücksichtigt werden. In Österreich werden Gehaltssteigerungen erst dann in die Berechnung einbezogen, wenn am Bilanzstichtag der Zeitpunkt und die Höhe der Steigerung feststeht. Im Regelfall wird daher nach IAS ein höherer Rückstellungsbedarf gegeben sein als nach HGB.

Ein weiterer wesentlicher Unterschied zwischen Österreich und **USA** besteht im Ausweis der Pensionsverpflichtung. In den USA werden die Pensionsverpflichtungen in rechtlich selbständige externe Pensionsfonds ausgelagert. Weder die Pensionsverpflichtung noch das Fondsvermögen scheinen in der amerikanischen Bilanz auf.

Die Auswirkung bei einem Übergang von HGB auf IAS:

❏ Erhöhung des Fremdkapitals, Verringerung des Eigenkapitals

Beispiel:

Die Muster AG bildete im Vorjahr eine Pensionsrückstellung in der Höhe von 2,5 Mio €. In diesem Jahr ergibt sich auf Grund des versicherungs-

mathematischen Berechnungsverfahrens, bei dem ein Zinssatz von 6 % zu Grunde gelegt wird, eine erforderliche Pensionsrückstellung in der Höhe von 2,505 Mio €. Unter Berücksichtigung von künftigen qualifikationsbedingten Gehaltssteigerungen würde die erforderliche Pensionsrückstellung 2,515 Mio € betragen.

B I L A N Z in 1.000 €

Aktiva	HGB	IAS	Passiva	HGB	IAS
AV	30.000	30.000	**EK**	39.995	39.990
Immat. AV	2.000	2.000	Grundkapital	7.000	7.000
Sach AV	22.000	22.000	Rücklagen	30.000	30.000
Finanz AV	6.000	6.000	Bilanzgewinn	2.995	**2.990**
UV	20.000	20.000	**FK**	10.005	10.010
Vorräte	12.000	12.000	Abf+PensionsRSt	3.005	**3.010**
Forderungen	5.000	5.000	Sonstige RSt	1.000	1.000
Kassa, Bank	3.000	3.000	Verbindlichkeiten	6.000	6.000
Gesamtvermögen	50.000	50.000	Gesamtkapital	50.000	50.000

Die erforderliche zusätzliche Bildung der Pensionsrückstellung nach HGB fällt um 10.000 € geringer aus als nach IAS. Diese bedeutet, dass der Gewinn nach IAS um 10.000 € geringer ausgewiesen wird als nach HGB. Ebenso ist die Pensionsrückstellung in der IAS-Bilanz um 10.000 € höher als in der HGB-Bilanz.

16.8 Sonstige Rückstellungen

Rückstellungen sind Schulden des Unternehmens, die in ihrer Höhe und/oder Rechtsgrund noch ungewiss sind. Neben den gesondert auszuweisenden Abfertigungs- und Pensionsrückstellungen können im Posten „Sonstige Rückstellungen" zB Rückstellungen für Jubiläumsgelder, nicht konsumierte Urlaube, Garantien etc enthalten sein. Diese Aufgezählten gehören zu der Kategorie der Rückstellungen für ungewisse Verbindlichkeiten.

Eine zweite Kategorie stellen die Aufwandsrückstellungen dar, bei denen idR keine rechtliche Verpflichtung gegenüber Dritten besteht. Dh, bei diesen hängt es noch von einer Entscheidung des Kaufmanns ab, ob letztlich Schulden entstehen. Als Beispiele können die Rückstellung für Großreparaturen, die Rückstellung für unterlassene Instandhaltung, wenn keine rechtliche und wirtschaftliche Verpflichtung zur Instandhaltung besteht, angeführt werden.

Grundsätzlich kann nach **IAS** nur dann eine Rückstellung gebildet werden, wenn es sich um eine Verpflichtung gegenüber einem Dritten handelt, deren sich das Unternehmen aus rechtlichen oder wirtschaftlichen Gründen nicht entziehen kann. Aufwandsrückstellungen dürfen also, soweit es an einer Verpflichtung gegenüber einem Dritten mangelt, nach IAS nicht gebildet werden.

Nach **österreichischer Rechtslage** besteht bei Aufwandsrückstellungen ein Ansatzwahlrecht.

Weiters stellen die **IAS** höhere Anforderungen an die Eintrittswahrscheinlichkeit der Zahlungsverpflichtung und an die Bestimmbarkeit des Betrages.

Nach HGB sind daher eher Rückstellungen zu bilden als nach IAS und im Fall der Schätzung ist der Wertansatz nach HGB tendenziell höher als nach IAS.

Die Auswirkungen beim Übergang von HGB auf IAS bzw US-GAAP:

- ❑ Tendenzielle Verringerung des Fremdkapitals, tendenzielle Erhöhung des Eigenkapitals

Beispiel:

Die Muster AG konnte auf Grund der hohen Auftragslage im letzten Quartal die üblicherweise jährlich durchgeführten Wartungsarbeiten nicht vornehmen, da dies einen mehrtägigen Stillstand der Maschinen bedeutet hätte. Die Instandhaltungsarbeiten sollen deshalb erst zu Beginn des nächsten Jahres vorgenommen werden. Man rechnet dafür mit Kosten von rund 15.000 €.

***Variante 1:** Rückstellung für Instandhaltung wird nach HGB gebildet*

B I L A N Z in 1.000 €

Aktiva	HGB	IAS		Passiva HGB	IAS
AV	30.000	30.000	**EK**	39.985	40.000
Immat. AV	2.000	2.000	Grundkapital	7.000	7.000
Sach AV	22.000	22.000	Rücklagen	30.000	30.000
Finanz AV	6.000	6.000	Bilanzgewinn	2.985	**3.000**
UV	20.000	20.000	**FK**	10.015	10.000
Vorräte	12.000	12.000	Abf+PensionsRSt	3.000	3.000
Forderungen	5.000	5.000	Sonstige RSt	1.015	**1.000**
Kassa, Bank	3.000	3.000	Verbindlichkeiten	6.000	6.000
Gesamtvermögen	50.000	50.000	Gesamtkapital	50.000	50.000

Diese Rückstellung für Instandhaltung stellt eine Aufwandsrückstellung ohne Verpflichtungscharakter gegenüber Dritten dar. Nach HGB kann für diesen zukünftigen Wartungsaufwand eine Rückstellung gebildet werden, wodurch der Gewinn um 15.000 € vermindert wird und gleichzeitig die sonstigen Rückstellungen, die Fremdkapital darstellen, um 15.000 € erhöht werden.

***Variante 2:** Rückstellung für Instandhaltung wird nach HGB nicht gebildet*

Nach HGB kann auch die Variante gewählt werden, dass keine Rückstellung gebildet wird. In diesem Fall ist die HGB-Bilanz ident mit der IAS bzw US-GAAP-Bilanz, da in dieser die Rückstellung mangels Verpflichtung gegenüber Dritten nicht angesetzt werden darf.

16.9 Größenordnung der Unterschiede

Die Größenordnung eines Unterschieds zwischen IAS bzw US-GAAP und entsprechender österreichischer Rechtslage hängt nur zu einem Teil von der Unterschiedlichkeit eines Standards selbst ab. Zum anderen Teil ist sie mit der Wichtigkeit der betroffenen Position verbunden. Ein Standard kann einerseits sehr unterschiedlich sein, aber andererseits nur eine unwesentliche Bilanzposition betreffen. Umgekehrt kann ein nur geringfügiger Unterschied in einer Bilanzregel bestehen, jedoch betragsmäßig eine sehr wichtige Position betreffen und damit eine sehr große Auswirkung nach sich ziehen.

Weiters wirken sich nicht alle Unterschiede zwischen HGB und IAS bzw US-GAAP auf ein Unternehmen aus. Der Grund besteht darin, dass nicht jedes Unternehmen alle möglichen Vorgänge, die im Jahresabschluss unterschiedlich abgebildet werden, auch verwirklicht. So bearbeiten viele Unternehmen keine langfristigen Aufträge und andere wiederum machen keine Pensionszusagen.

In der folgenden Übersicht werden die wesentlichsten Unterschiede und deren Auswirkung auf das Eigenkapital, die durch den Übergang von den HGB-Vorschriften auf IAS oder US-GAAP zu erwarten sind, nochmals zusammenfassend aufgezeigt.

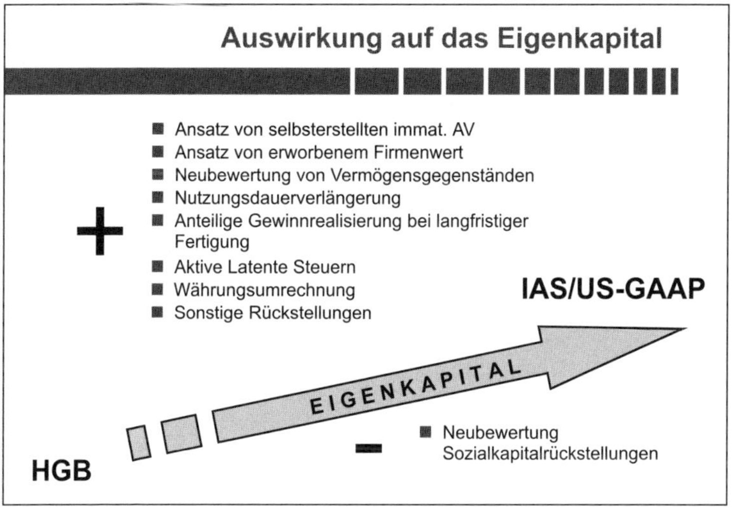

16.10 Anmerkungen zur Bilanzanalyse

Welche Aspekte bei einer Bilanzanalyse sind zu berücksichtigen?

- **Zu welchem Zeitpunkt wird analysiert?**

  Die Auswirkungen bei der Anwendung unterschiedlicher Methoden der Bilanzierung und Bewertung auf den Gewinn gleichen sich idR im Zeitablauf aus. Wird bei einem Geschäftsfall nach einer Methode der Gewinn zeitlich vorgezogen, so verringert sich entsprechend der Gewinn gegenüber der anderen Methode in einer oder mehreren späteren Perioden. Für die Bilanzanalyse wäre es daher wichtig zu wissen, in welcher Phase sich die Geschäftsvorgänge befinden, um abschätzen zu können, ob sich durch eine Änderung der Methode der Gewinn erhöht oder verringert. Diese Informationen sind jedoch dem externen Analysten kaum zugänglich.

- **Stille Reserven**

  Die Möglichkeit zur Bildung bzw Nichtbildung Stiller Reserven hat neben den Effekten auf die Vermögens- und Kapitalstruktur va eine Auswirkung auf die Rentabilitätskennzahlen.

- **Leasing**

  Die unterschiedliche Behandlung des Leasing hat einen entsprechenden Einfluss auf die Finanzlage.

- **Ansatzwahlrechte**

  Va bei einem Vergleich von verschiedenen Unternehmen ist die unterschiedliche Ausübung von Ansatzwahlrechten zu berücksichtigen.

- **Definition des außerordentlichen Ergebnisses**

  Eine unterschiedliche Definition von außerordentlichen Aufwendungen und Erträgen (wie beispielsweise Betriebsschließung ist nach HGB ao Aufwand, nach IAS nicht) führen zu erheblichen Unterschieden in der Beurteilung der Ertragslage.

17. Investitionen

17.1 Warum sich der Betriebsrat mit Investitionen beschäftigen soll

In Diskussionen mit oder unter ArbeitnehmervertreterInnen klingt immer wieder große Skepsis durch, wenn es um das Thema *Investitionen* geht. Während einerseits die Meinung vertreten wird, dass Investitionen primär Rationalisierungszwecken dienen und daher zur Arbeitsplatzvernichtung beitragen, betonen andere, dass mit Hilfe von Investitionen die Wettbewerbsfähigkeit und damit in weiterer Folge auch die Arbeitsplätze erhalten werden können. Die Wahrheit wird wohl in der Mitte liegen und eine Beurteilung dieser Problematik wird in jedem Fall einer genauen und differenzierten Beobachtung aller Einflussfaktoren bedürfen.

Es ist keine Frage, dass viele Investitionen Arbeitsplätze schaffen und zumeist die Qualifikationsanforderungen durch neue Technologien erhöht werden. Ein Unternehmen, das auf eine ständige Modernisierung verzichtet, wird bei immer schärferen Wettbewerbsbedingungen alsbald nicht mehr konkurrenzfähig sein. Gleichzeitig darf jedoch nicht übersehen werden, dass betriebswirtschaftliche Vorteile in nicht wenigen Fällen auf Kosten der Belegschaft erzielt werden. Rationalisierungseffekte von Investitionen führen unter Umständen zu einem Abbau von Arbeitsplätzen, zu schlechteren Arbeitsbedingungen und zu einer Intensivierung der Arbeit.

Investitionsentscheidungen berühren somit das Interesse der ArbeitnehmerInnen sehr nachhaltig. Die tägliche Betriebsratsarbeit sollte daher alle Möglichkeiten in Anspruch nehmen, die im Rahmen des Arbeitsverfassungsgesetzes bzw im Rahmen der politischen Auseinandersetzung zur Verfügung stehen.

17.2 Was ist eine Investition?

Eine Abgrenzung des Begriffes Investition kann mittels der betrieblichen Produktionsfaktoren durchgeführt werden. Als Produktionsfaktoren werden dabei sämtliche Faktoren verstanden, die zur Erstellung eines Produktes bzw zur Erbringung einer Leistung notwendig sind. Als bedeutendste Produktionsfaktoren werden in der Betriebswirtschaftsliteratur vor allem die Betriebsmittel, die ArbeitnehmerInnen, die Werkstoffe, das Kapital sowie die Unternehmensleitung angeführt.[49]

Die Investitionen stellen dabei Zukäufe von Betriebsmitteln wie Gebäude, Maschinen, Geschäftsausstattung oder Werkzeugen dar. Anschaffungen werden jedoch nur dann als Investition bezeichnet, wenn die zugekauften Betriebsmittel für eine längere betriebliche Nutzung und nicht zur Weiterveräußerung bestimmt sind. Von besonderer Bedeutung ist also der Wille des Investors, das erworbene Produkt *langfristig* im Produktionsprozess einzusetzen. Andere Anschaffungen, die nur der kurzfristigen Verwendung dienen – etwa der Ankauf von Rohstoffen, Verbrauchsmaterialien, Waren –, werden nicht als *Investition* bezeichnet. In diesen Fällen wird von einer *Anschaffung* oder einem *Zukauf* gesprochen.

Neben dieser Auffassung – man könnte sie als die „klassische“ bezeichnen – gibt es noch jüngere Investitionsdefinitionen, die durchaus auch die Anschaffung anderer Vermögensteile bzw Ausgaben in den Investitionsbegriff mit einbeziehen. Derartig erweiterte Investitionsbegriffe beinhalten etwa langfristige Anschaffungen im Umlaufvermögen (wie den eisernen Bestand im Vorratslager) bis hin zu Investitionen in das Humankapital wie zB Ausbildungskosten für ArbeitnehmerInnen.

Die Anschaffung der Betriebsmittel erfolgt auf dem *Investitionsgütermarkt.* Hier agieren vorwiegend Unternehmen aus der Maschinenbauindustrie, deren Produkte nicht an private Haushalte verkauft werden, sondern an andere Unternehmen, die diese Erzeugnisse als Produktionsfaktor im betrieblichen Geschehen einsetzen. Für die Volkswirtschaft stellt die wirtschaftliche Lage des Investitionsgütermarktes einen wichtigen Indikator für die zukünftige Entwicklung des Gesamtmarktes dar. Wenn sich etwa die Wirtschaft nach einem Konjunkturtief

---

49 Vgl Wöhe, 1975, S 61 f

zu erholen beginnt, so ist der Aufwärtstrend in der Regel zuerst in der Investitionsgüterindustrie sichtbar.

Produktionsfaktoren

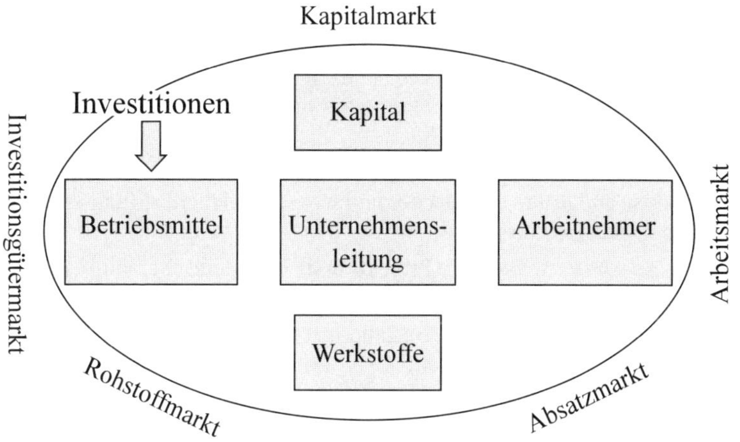

Der hohe Stellenwert der Investitionen im Rahmen des volkswirtschaftlichen Gefüges macht freilich auch deutlich, warum der Staat in wirtschaftlich rückläufigen Situationen darauf bedacht ist, Investitionsanreize etwa in Form von Steuererleichterungen oder von direkten Zuschüssen zu gewähren. Es wird damit auf eine dynamische Wirkung der Staatsausgaben abgezielt (Multiplikatoreffekt), wodurch die Konjunktur angekurbelt werden soll.

17.3 Die Investitionsplanung

Sowohl bei der Errichtung eines Betriebes als auch bei Neuinvestitionen in bestehende Betriebe ist eine genaue Investitionsplanung notwendig. Besonders müssen dabei Wechselwirkungen, die zwischen den betrieblichen Teilbereichen bestehen, beachtet werden, da durch eine Investitionsentscheidung in vielen Fällen Art und Umfang der Leistungserstellung langfristig festgelegt werden. Eine spätere Korrektur ist nur schwer durchführbar und häufig mit hohen Kosten verbunden.

Der Prozess der Entscheidungsfindung durchläuft in der Regel mehrere Phasen. Je intensiver und genauer in den jeweiligen Phasen gearbeitet wird, desto höher liegt die Chance, dass die Ergebnisse der Investitionsentscheidung mit den Zielen der Entscheidungsträger übereinstimmen.

Folgende Phasen können dabei unterschieden werden:[50]

- *Investitionsdatenbeschaffung:* in dieser Phase werden Anregungen, Ideen und Daten aus allen korrespondierenden Funktionsbereichen benötigt;
- *Investitionsplanung und Entscheidungsvorbereitung:* Investitionsanalyse auf Grund technischer und wirtschaftlicher Prüfung in Frage kommender Alternativen;
- *Investitionsentscheidung:* Projekt- und Gesamtentscheidung mit endgültiger Festlegung der Sollwerte;
- *Investitionsdurchführung:* Bestellung, Lieferung, Inbetriebnahme und Feststellung von Ist-Werten;
- *Investitionskontrolle:* Budget- und Projektkontrolle etwa auf der Basis eines Soll-Ist-Vergleiches.

Der Betriebsrat sollte den Schwerpunkt seiner Tätigkeit insbesondere im Vorfeld einer Investitionsentscheidung anlegen. Bei der Entscheidung selbst ist der Betriebsrat nur dann eingebunden, wenn er im Aufsichtsrat der Gesellschaft vertreten ist und im Rahmen der *zustimmungspflichtigen Geschäfte* zur konkreten Mitentscheidung über ein Investitionsprojekt aufgerufen ist. Nicht im Aufsichtsrat vertretenen Betriebsräten kommt lediglich ein Informations- bzw Beratungsrecht zu.[51]

Im Vorfeld der Informationsentscheidung sollte der Betriebsrat versuchen, alle ihm zur Verfügung stehenden Möglichkeiten auszuschöpfen, um auf die Investitionsplanung bzw auf die Entscheidungsvorbereitung Einfluss zu nehmen. Fehlinvestitionen mit negativen Auswirkungen für die ArbeitnehmerInnen können dann rechtzeitig erkannt und mitunter auch verhindert werden. Inwieweit dies tatsächlich durchführbar ist, hängt freilich von der Qualität der Kommunikation zwischen Unternehmensleitung und Betriebsrat ab. Nur wenn eine vernünftige Gesprächsbasis vorhanden ist, wird der Betriebsrat die Interessen der Ar-

50 Vgl Korndörfer, 1986, S 258
51 Vgl dazu Kapitel 2.1 Wirtschaftliche Mitwirkungsrechte des Betriebsrates

beitnehmerInnen bereits im Vorfeld der Investitionsentscheidung einbringen können.

17.4 Das Vorfeld der Investitionsentscheidung

17.4.1 Welche Wirkungen haben Investitionen?

Entscheidungen über Investitionen gehören zu den folgenschwersten im Unternehmen, weil damit die Weichen für die Unternehmenspolitik auf lange Sicht gestellt werden. Kaum eine unternehmerische Entscheidung erfordert deshalb soviel Weitblick für künftige Entwicklungen in der Technik und auf den Märkten wie die Investitionsentscheidung.

Gemeinsam sind den Investitionen dabei, dass

- ❑ sie das Kostengefüge der Unternehmung auf längere Zeit fixieren,
- ❑ nachträgliche Revisionen einer einmal getroffenen Kapazitätsentscheidung in der Regel kostspielig sind und
- ❑ Investitionen die entscheidende Basis für die zukünftige Ertragskraft des Unternehmens darstellen.[52]

Die langfristigen Auswirkungen von Investitionsentscheidungen reichen somit von der Festlegung von Fertigungsverfahren über die Bindung finanzieller Mittel bis hin zur Belastung mit Fixkosten.

Umso verständlicher ist es, dass die Investitionsentscheidung mit größter Sorgfalt vorbereitet werden muss. Fehlinvestitionen haben nur allzu oft schwer wiegende Konsequenzen für das Unternehmen.

17.4.2 Anlass zur Investitionsentscheidung

Grundsätzlich hat wohl jede Investitionsentscheidung den Sinn, die Wirtschaftlichkeit der Unternehmung zu sichern bzw auszubauen. Dies kann beispielsweise durch den Ersatz alter, bereits abgeschriebener Anlagen oder durch eine Erweiterung der Kapazität erreicht werden.

52 Vgl Schierenbeck 85, S 268

Zusätzlich gibt es aber noch eine Reihe von Investitionsmotiven, die nur mittelbar mit einer Hebung der Wirtschaftlichkeit zusammenhängen. Zu erwähnen wären hier etwa Investitionen, die auf Grund von Umweltschutzauflagen vorgenommen werden müssen. Außerdem werden Investitionen nicht selten nur deswegen vorgenommen, um diverse Steuererleichterungen in Anspruch nehmen zu können. Derart motivierte Investitionen laufen jedoch Gefahr, dass die angeschafften Anlagen im betrieblichen Geschehen nicht optimal eingesetzt werden.

17.4.2.1 Errichtungs- oder Gründungsinvestition

Unter der Gründungs- bzw Errichtungsinvestition ist die Investition von Mitteln in ein noch nicht existierendes Unternehmen zu verstehen. In einem weiten Sinne könnte man auch den Aufbau eines Teilbetriebes, die Gründung einer Tochtergesellschaft oder die Bildung eines Joint Venture als Errichtungsinvestition bezeichnen.[53]

17.4.2.2 Erweiterungsinvestition

Von einer Erweiterungsinvestition spricht man, wenn ein Unternehmen zum Zweck der Kapazitätsausweitung investiert. Die Investition kann dabei entweder neuen Vorhaben dienen oder zur Erweiterung bisheriger, zu klein gewordener Produktionsanlagen eingesetzt werden. Zu unterscheiden ist hier zwischen der Sachinvestition, die dem betrieblichen Wachstum dient, und der Finanzinvestition, die ein externes Wachstum zur Folge hat.

17.4.2.3 Ersatzinvestition

Eine Ersatzinvestition liegt dann vor, wenn es sich um den Ersatz eines vorhandenen, nicht mehr leistungsfähigen Vermögensgutes handelt. Dabei ist insbesondere entscheidend, wann zB eine alte Maschine ersetzt werden soll. Hierzu ist in der Regel ein Vergleich zwischen altem und neuem Aggregat anhand von Ausbringungsmenge, Wartungskosten und Höhe des Ausschusses notwendig.

---

53 Vgl Amann, 1993, S 101

17.4.2.4 Rationalisierungsinvestition

Eine Rationalisierungsinvestition ist dann gegeben, wenn Produktionsanlagen oder andere Vermögensgüter ersetzt werden, obwohl diese noch betriebsbereit sind. Den Anlass geben in der Regel neue auf dem Markt befindliche Aggregate, die wesentlich bessere Produkteigenschaften aufweisen. Es kann sich unter anderem um Verbesserungen bezüglich der zu erzielenden Produktivität oder um ein völlig neues, kostengünstigeres Produktionsverfahren handeln. In vielen Fällen kommt es diesbezüglich aber auch zu Personaleinsparungen.

Die einzelnen Investitionsanlässe können nicht immer unabhängig voneinander betrachtet werden, zB kann durch den Kauf einer neuen Maschine

- eine alte Maschine ersetzt werden, die starke Verschleißerscheinungen aufweist (Ersatzinvestition), zugleich
- eine Erweiterung der Produktion wegen der höheren Kapazität möglich sein (Erweiterungsinvestition) und,
- da die neue Maschine für die gleiche Leistung weniger Arbeitskräfte benötigt, ein Rationalisierungseffekt erzielt werden (Rationalisierungsinvestition).[54]

17.4.3 Welche Faktoren haben Einfluss auf Investitionsentscheidungen?

Investitionsentscheidungen orientieren sich primär am Ziel der Gewinnmaximierung. Daneben gibt es jedoch eine Reihe von weiteren Einflussgrößen, von wirtschaftlichen über technische und ökologische Faktoren bis hin zu politischen Einflussgrößen.

Wirtschaftliche Faktoren

Im Mittelpunkt der wirtschaftlichen Einflussfaktoren stehen die Marktgegebenheiten. Jeder Investition sollte eine genaue Marktbeobachtung vorausgehen, damit die Chancen des Produktes eingeschätzt werden können. Von besonderer Bedeutung ist in diesem Zusammenhang eine

54 Vgl Amann, 1993, S 102

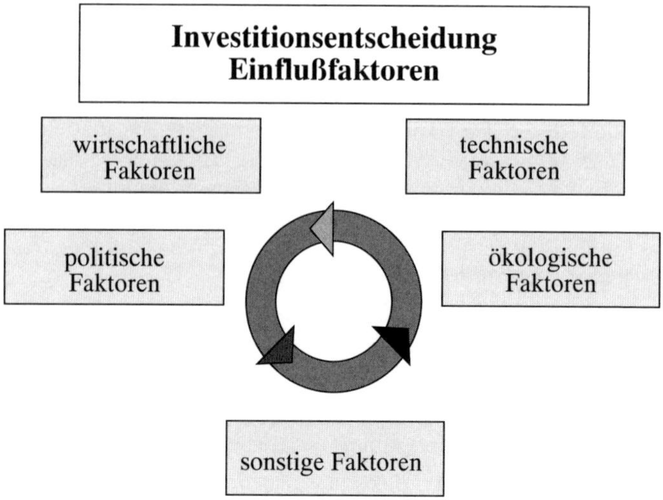

Beurteilung der potentiellen Absatzmenge, da davon die Dimensionierung der Investition abhängt. Zusätzlich sollten Vorschaurechnungen aufgestellt werden, um die Rentabilität der Investition beurteilen zu können.

Weitere wirtschaftliche Einflussgrößen sind der Standort der Investition sowie der benötigte Kapitalbedarf. Der letztere Faktor ist weitgehend von der jeweiligen Zinsenentwicklung abhängig. Niedrige Zinsen verbilligen die Kreditkosten, die Finanzierung der Investition wird dadurch erleichtert. Eine nicht unwesentliche Bedeutung kommt diesbezüglich auch der Förderungspolitik des Staates bzw der Bundesländer zu.

Wirtschaftliche Einflussfaktoren können auch von den ArbeitnehmervertreterInnen ins Spiel gebracht werden. Im Mittelpunkt deren Forderungen bzw deren Interessen werden in der Regel die Sicherung bestehender sowie die Schaffung neuer Arbeitsplätze stehen.

Technische Einflussgrößen

Technische Einflussgrößen umfassen im Wesentlichen die Festlegung von bestimmten Fertigungsverfahren, des Fertigungsprogrammes sowie der Produktionskapazität. Die Wahl der Technologie ist für den Betriebsrat ein besonders wichtiger Faktor, da diese maßgeblich für die

Gestaltung der Arbeitsplätze und Arbeitsbedingungen ist. Die Technologie ist unter Umständen dafür entscheidend, ob die Arbeitsorganisation traditionell tayloristisch oder etwa in Form von Gruppenarbeit gestaltet wird.

Politische Einflussgrößen

Freier Marktzugang, die Subventions- und Währungspolitik stellen politische Einflussgrößen auf die Investitionspolitik dar. Auch die Steuerpolitik kann im Rahmen einer Investitionsentscheidung einen bedeutenden Einfluss ausüben. Steuerliche Begünstigungen sind mitunter entscheidend, ob überhaupt bzw an welchem internationalen oder regionalen Standort eine Investition getätigt wird.

Eine nicht unbedeutende Rolle spielt weiters die politische Stabilität eines Landes. Insbesondere multinationale Unternehmen räumen diesem Kriterium häufig einen hohen Stellenwert ein. Andererseits sind gerade diese Unternehmen oft nicht abgeneigt, ihre Investitionsentscheidung von den Lohnkosten am jeweiligen Produktionsstandort abhängig zu machen, wodurch andere Kriterien wie die politische Stabilität wieder in den Hintergrund ihrer Überlegungen rücken.

Ökologische Faktoren

Inwieweit Investitionsentscheidungen von ökologischen Faktoren beeinflusst werden, hängt zunächst einmal von der Unternehmensphilosophie bzw der darin festgelegten Einstellung zur Umwelt ab. Daneben gewinnt die staatliche Politik immer mehr an Gewicht, indem Umweltstandards obligatorisch vorgeschrieben werden. Ökologische Einflussfaktoren reichen von Umweltschutzauflagen über Ökosteuern, Entsorgungsvorschriften bis hin zu Haftungsfragen bei Umweltschäden.

Nicht zuletzt wird die Orientierung an ökologischen Faktoren immer mehr zur „Verkaufsmasche".

17.4.4 Welche Risken sind mit einer Investition verbunden?

Jeder Investition haftet ein Risiko an, da für heute getätigte Investitionen Einnahmen in der Zukunft erwartet werden. Investitionsentscheidungen basieren auf Annahmen, deren Eintreffen nicht mit einer vollkommenen Sicherheit vorhergesehen werden kann. Die Erfahrung zeigt, dass die Ungewissheit mit dem Planungshorizont zunimmt. Aus diesem Grund steigt das Investitionsrisiko, je langfristiger die Kapitalbindung angelegt ist und je später die Mittelrückflüsse aus dem jeweiligen Projekt die Anfangsinvestition übersteigen.

Unterscheidet man in nationale und internationale Investitionen, sind letztere wegen des schwieriger zu beurteilenden Umfeldes grundsätzlich einem größeren Risiko ausgesetzt. Zu beachten sind Wechselkursschwankungen, Transferierbarkeit von Kapital sowie politische Risken. Geht man allerdings davon aus, dass ein internationales Unternehmen die Investitionen in einer Vielzahl von Ländern tätigt, kann damit ein gewisser Risikoausgleich erreicht werden (etwa durch unterschiedliche Konjunkturzyklen).[55]

17.4.4.1 Finanzielle Risken

Die finanziellen Risken einer Investition bedrohen einerseits die Rendite der Investition, im Extremfall kann aber auch der Weiterbestand des Unternehmens gefährdet werden.

Sie bestehen sowohl auf der Mittelbedarfs- als auch auf der Mittelangebotsseite. Die Bedarfsseite ist von Unsicherheiten bezüglich der Höhe der benötigten Mittel sowie der zeitlichen Verteilung des Geldbedarfs gekennzeichnet. Zwar werden diese Risken durch eine gute Planung gemindert, ganz ausgeschlossen werden können sie jedoch in einem von Wechselkursschwankungen und Teuerung verunsicherten wirtschaftlichen Umfeld nicht.

Kaum ein Einfluss kann dagegen auf die Entwicklung der Mittelangebotsseite genommen werden. Insbesondere bei kapitalintensiven Investitionen, deren Erstellung sich über einen längeren Zeitraum erstreckt, können sich die Verhältnisse auf dem Kapitalmarkt grundlegend verändern. So besteht die Möglichkeit, dass die Fremdkapitalzinsen steigen, dass das Kapital durch Maßnahmen der Notenbank zur Konjunkturdämpfung knapp wird, oder dass die Eigenfinanzierungskraft durch eine Rezession vermindert wird.[56]

---

55 Vgl Amann, 1993, S 103
56 Vgl Borer, 1978, S 46

17.4.4.2 Technische Risken

Die meisten Schwierigkeiten technischer Art im Zuge der Investitionstätigkeit sind auf mangelnde Erfahrung zurückzuführen. Bei Routineinvestitionen treten technische Risken dementsprechend selten auf. So besteht etwa bei komplizierten Produktionsverfahren oder Produktionsaggregaten das Risiko, dass zum Zeitpunkt der Inbetriebnahme der Investitionsanlagen die vorgegebenen technischen Anforderungen nicht oder nur zum Teil erfüllt werden. Zurückzuführen könnte dies auf zu ungenaue Anforderungsprofile an den Lieferanten oder auf Fehler beim Lieferanten sein.[57]

17.4.4.3 Marktbedingte Risken

Je weniger Erfahrungen mit dem Zielpublikum sowie der Konkurrenz bestehen, desto höher ist der Grad des marktbedingten Risikos. Es beinhaltet, dass die Produkte nicht oder nicht im geplanten Ausmaß auf dem Markt abgesetzt oder die geplanten Preise nicht verwirklicht werden können.

Unter den oben genannten Anlässen für Investitionsentscheidungen bergen die Ersatzinvestitionen das geringste Risiko, sofern das Unternehmen einen bestimmten Martkanteil besitzt und auf Grund vorliegender Kenntnisse der Märkte eine brauchbare Entscheidungsgrundlage hat.

Erweiterungsinvestitionen beinhalten demgegenüber ein größeres Risiko, vor allem dann, wenn sie auf bisher nicht bearbeiteten Märkten erfolgen bzw eine erhebliche Absatzerweiterung voraussetzen.[58]

---

57 Vgl Borer, 1978, S 48
58 Vgl Amann, 1993, S 102

17.5 Die Investitionsentscheidung

17.5.1 Was zu entscheiden ist

17.5.1.1 Beurteilung der Zweckmäßigkeit

Bei einer Beurteilung der Zweckmäßigkeit ist zu entscheiden, ob eine Investition den Unternehmenszielen entspricht. Hier kann für oder gegen das spezifische Vorhaben entschieden werden.

Als Beispiel könnte der Plan eines Automobilherstellers zur Herstellung von Computern angeführt werden, für den ein komplexes Investitionsvorhaben zur Entscheidung ansteht.[59] Es wird zu entscheiden sein, ob die notwendigen Erweiterungsinvestitionen mit dem Unternehmenszweck übereinstimmen.

Aus Arbeitnehmerseite ist hinsichtlich der Zweckmäßigkeit einer Investition primär die Übereinstimmung mit dem Zielsystem der Arbeitnehmervertretung zu überprüfen. Es werden daher weniger die betriebswirtschaftlichen Faktoren als vielmehr soziale Faktoren wie Arbeitsplatzsicherheit, Arbeitsbedingungen etc im Vordergrund der Beurteilung stehen.

17.5.1.2 Wahlproblem bei mehreren Alternativen

Wenn mehrere Alternativen gegeben sind, erfordert die Entscheidung einen Vergleich anhand eines oder mehrerer Kriterien (Kosten, Qualität, Energieverbrauch etc). Als beste Alternative sollte jene mit dem größtmöglichen Zielbeitrag gewählt werden. Erschwert werden diese Entscheidungen, wenn die Beurteilung der Alternativen auf der Basis unterschiedlicher Annahmen über die zukünftige Entwicklung zu abweichenden Ergebnissen führt.

59 Vgl Amann, 1993, S 103

17.5.1.3 Wann soll die alte Anlage ersetzt werden?

Wenn der geeignete Zeitpunkt ermittelt werden soll, an dem eine alte Anlage zu ersetzen ist, müssen vor allem folgende Punkte zur Entscheidungsfindung herangezogen werden:

- ❑ Reparaturkosten
- ❑ Betriebskosten der alten im Vergleich zur neuen Anlage
- ❑ Ausbringung beider Aggregate je Zeiteinheit
- ❑ Remanenzkosten (Buchverluste, Abschreibungen) der alten Anlage[60]
- ❑ Investitionsausgaben für die neue Anlage[61]

17.5.1.4 Problem der optimalen Nutzungsdauer

Bei der Planung einer Investition ist es notwendig, die voraussichtliche Nutzungsdauer der Aggregate festzulegen. Diese Annahme wird einerseits als Grundlage für eine Investitionsrechnung benötigt, andererseits ergibt sich daraus der Zeitpunkt einer eventuellen Anschlussinvestition. Die Einschätzung der optimalen Nutzungsdauer ist dabei weniger von gesetzlichen Vorschriften als von eigenen Erfahrungswerten bzw von Erfahrungen Dritter abhängig.

17.5.1.5 Festlegung eines optimalen Investitionsprogrammes

In der Realität kann nur selten von klar abgrenzbaren, voneinander unabhängigen Investitionsvorhaben ausgegangen werden. Typisch sind vielmehr Überschneidungen zwischen verschiedenen Unternehmensbereichen sowie innerhalb eines Funktionsbereiches, die bei einzelnen Investitionsentscheidungen zu beachten sind.[62] So bleibt die Erhöhung der Kapazität einer Fertigungsstufe so lange wirkungslos, als nicht die vor- bzw nachgelagerten Aggregate daran angepasst werden (= Engpass). Je komplexer die leistungswirtschaftlichen Zusammenhänge eines Unternehmens gestaltet sind, desto schwieriger ist die Entscheidung über die Durchführung einzelner Investitionen. Wird keine Gesamt-

---

60 Remanenzkosten sind nicht sofort abbaubare Kosten.
61 Vgl Amann, 1993, S 103
62 Vgl Amann, 1993, S 104

betrachtung angestellt, läuft der Entscheidungsträger Gefahr, eine nicht optimale Entscheidung zu treffen. Erschwert wird eine Gesamtbetrachtung durch die Vielzahl der Einflussfaktoren sowie durch gegenseitige Abhängigkeiten, so dass es selbst mit modernen Rechenmethoden kaum möglich ist, alle relevanten Faktoren in eine Programmplanung einzubringen. Die Planung eines Investitionsprogrammes kann daher nur als Versuch verstanden werden, dem „Optimum" möglichst nahe zu kommen.

17.5.2 Wer hat zu entscheiden?

17.5.2.1 Die Mitbestimmung des Betriebsrats[63]

Die wichtigsten Mitbestimmungsrechte des Betriebsrats sind im Arbeitsverfassungsgesetz (ArbVG) geregelt. Im Falle einer Investitionsentscheidung stehen dem Betriebsrat insbesondere gemäß § 108 ArbVG Informationsrechte zu. Kommt es durch eine Investition zu gravierenden Betriebsänderungen, so werden die Informationsrechte ausgedehnt. Der Betriebsrat kann dann Vorschläge zur Beseitigung oder Milderung von nachteiligen Folgen für die ArbeitnehmerInnen unterbreiten (§ 109 ArbVG). Das stärkste Mitbestimmungsrecht haben ArbeitnehmervertreterInnen im Aufsichtsrat einer Kapitalgesellschaft. Im Rahmen der *zustimmungspflichtigen Geschäfte* muss der Aufsichtsrat – und damit auch die ArbeitnehmervertreterInnen im Aufsichtsrat – über die Verwirklichung des Investitionsvorhabens entscheiden.

17.5.2.1.1 Informationsrechte

Gemäß § 108 Absatz 1 ArbVG hat der Betriebsinhaber den Betriebsrat über Investitionen sowie über geplante Maßnahmen zur Hebung der Wirtschaftlichkeit des Betriebes zu informieren. Darüber hinaus ist der Betriebsrat berufen, im Zusammenhang mit der Erstellung von Investitionsplänen und anderen Wirtschaftsplänen „dem Betriebsinhaber Anregungen zu geben und Vorschläge zu erstatten, mit dem Ziel, zum allgemeinen wirtschaftlichen Nutzen und im Interesse des Betriebes und der Arbeitnehmer die Wirtschaftlichkeit und Leistungsfähigkeit des Betriebes zu fördern".

63 Siehe Kapitel 2.1 Wirtschaftliche Mitwirkungsrechte des Betriebsrats

Das Arbeitsverfassungsgesetz verpflichtet zwar den Betriebsinhaber, den Betriebsrat zu informieren und sich mit ihm über Investitionspläne zu beraten, sieht jedoch für den Fall, dass der Unternehmer dieser Verpflichtung nicht nachkommt, keinerlei Sanktionen vor.

Zu den fehlenden Sanktionsmöglichkeiten kommt noch, dass der Betriebsrat häufig zu spät informiert wird, so dass keine Zeit mehr für die Ausarbeitung von Vorschlägen vorhanden ist. Weitere Probleme ergeben sich dadurch, dass die Informationen sachlich nicht ausreichend sind bzw sich ausschließlich auf die Finanzierung der Investition beschränken. Angaben über Auswirkungen auf Arbeitsplätze, Arbeitsplatzgestaltungen, Qualifikationsanforderungen etc fehlen dann.

17.5.2.1.2 Mitwirkung bei Betriebsänderungen

Als Betriebsänderungen sind laut § 109 ArbVG in Zusammenhang mit Investitionen unter anderem folgende Sachverhalte zu verstehen:

- ❑ die Änderung der Betriebsanlagen; *darunter würde etwa die Einführung anderer völlig neuer Maschinen fallen, nicht jedoch der normale Ersatz von abgenutzten Maschinen durch andere des gleichen oder ähnlichen Typs;*
- ❑ die Einführung neuer Arbeitsmethoden; *typische Anwendungsfälle wären hier der Übergang von Handarbeit zu Maschinenarbeit oder von Einzelfertigung zu Fließbandfertigung und von dieser zur Gruppenarbeit;*
- ❑ die Einführung von Rationalisierungs- und Automatisierungsmaßnahmen; *diese müssen allerdings von erheblicher Bedeutung sein.*

Bei Vorliegen einer Betriebsänderung kann der Betriebsrat Vorschläge zur Verhinderung, Beseitigung oder Milderung von für die ArbeitnehmerInnen nachteiligen Folgen von derartigen Maßnahmen erstatten. Er hat jedoch auf die wirtschaftlichen Notwendigkeiten des Betriebes Bedacht zu nehmen. Kommt der Betriebsinhaber seiner Informationspflicht nicht oder nicht rechtzeitig nach, so sind auch bei dieser Regelung keinerlei Sanktionen vorgesehen.

17.5.2.1.3 Die Mitbestimmung des Aufsichtsrates

Generell obliegt dem Vorstand (bei einer Aktiengesellschaft) bzw der Geschäftsführung (bei einer GmbH) die Leitung der Gesellschaft, und damit auch die Entscheidung über den Ankauf von Gegenständen des

Anlagevermögens. § 95 Aktiengesetz bzw § 30 GmbH-Gesetz ermöglichen es jedoch, in der Satzung und dem Aufsichtsrat festzulegen, dass der Vorstand bestimmte Arten von Geschäften nur mit vorheriger Zustimmung des Aufsichtsrates vornehmen darf. Hiedurch ist für den Aufsichtsrat auch eine Mitwirkung an Geschäftsführungsmaßnahmen gegeben.[64]

Zwar wird im Gesetz nur von einer *Sollbestimmung* gesprochen, die herrschende Lehre qualifiziert diese Sollbestimmung jedoch als eine Bestimmung, die entsprechende Pflichten des Vorstandes begründet.[65]

Welche Geschäfte der Zustimmung unterliegen, kann dem Aktiengesetz bzw dem GmbH-Gesetz entnommen werden. Beispiele für zustimmungspflichtige Geschäfte sind:

- ❑ Erwerb und Veräußerung von Beteiligungen
- ❑ Erwerb, Veräußerung und Belastung von Grundstücken
- ❑ Investitionen, die einen bestimmten Anschaffungswert im Einzelnen und innerhalb einer bestimmten Periode übersteigen
- ❑ Aufnahme von Anleihen, Darlehen und Krediten (ab einer gewissen Höhe)
- ❑ etc

Der Aufsichtsrat kann jederzeit durch Beschluss den Satzungskatalog über die zustimmungspflichtigen Geschäfte erweitern.

Wichtig ist, dass alle zustimmungspflichtigen Geschäftsführungsmaßnahmen **vor** ihrer Durchführung oder ihrem Abschluss – dh noch im Planungsstadium – dem Aufsichtsrat zur Bewilligung vorzulegen sind.

Verweigert der Aufsichtsrat seine Zustimmung, so kann sowohl der Vorstand als auch der Aufsichtsrat die Hauptversammlung anrufen. Diese kann an Stelle des Aufsichtsrates der geplanten Maßnahme zustimmen oder den Vorstand in intern bindender Weise verpflichten, von der Durchführung der entsprechenden Geschäftsführungsmaßnahme Abstand zu nehmen.

Hat der Vorstand ein zustimmungspflichtiges Geschäft ohne vorherige Zustimmung des Aufsichtsrates vorgenommen, so ist dieses nach au-

---

64 Vgl Kapitel 2.2 Wirtschaftliche Mitwirkungsrechte der Arbeitnehmervertreter im Aufsichtsrat

65 Vgl Geppert, Moritz 1979, S 279, bzw Schiemer, Jabornegg, Strasser 1993, S 676

ßen hin dennoch wirksam. Der Aufsichtsrat hat keine Möglichkeiten, den Vorstand zur Unterlassung der Handlung zu zwingen. Allerdings begeht der Vorstand eine Pflichtverletzung, die als Sanktion die vorzeitige Abberufung vom Vorstandsamt und/oder die Schadenersatzpflicht zur Folge haben kann.

17.6 Wirtschaftliche Kriterien bei der Investitionsentscheidung

17.6.1 Die Investitionsrechnung als Entscheidungshilfe für die wirtschaftliche Investitionsplanung

Will ein Betrieb eine Investition durchführen, so stehen gewöhnlich verschiedene technische Anlagen oder Produktionsverfahren zur Wahl. Welche Anlage die vorteilhafteste ist, ist nicht allein eine Frage der technischen Ergiebigkeit. Es genügt also nicht eine reine Mengenbetrachtung, sondern es muss berücksichtigt werden, dass der Betrieb für die Anlagen bei der Beschaffung und Nutzung bestimmte Auszahlungen zu tätigen hat, die über die Verkäufe der produzierten Güter als Einzahlungen wieder hereinkommen müssen.[66] Ein wichtiges Hilfsmittel der Investitionsplanung ist deshalb die Investitionsrechnung, mit deren Hilfe die Vorteilhaftigkeit eines Investitionsprojektes oder mehrerer Investitionsalternativen beurteilt wird.

Ziel einer Investitionsrechnung ist es, die Rentabilität einer geplanten Investition zu ermitteln. Es soll festgestellt werden, ob die Verzinsung des im Investitionsprogramm gebundenen Kapitals im Vergleich zu anderen Anlagemöglichkeiten günstig ist.

Durchgeführt wird eine Investition immer dann, wenn sie die Wiedergewinnung der Anschaffungsauszahlungen sicherstellt und darüber hinaus eine vom Investor als ausreichend angesehene Verzinsung des eingesetzten Kapitals erbringt.

---

66 Vgl Wöhe, 1975, S 505 f

17.6.1.1 Was mit Hilfe einer Investitionsrechnung berechnet werden kann

Eine Investitionsrechnung wird eingesetzt, wenn[67]

- ein einzelnes Investitionsprojekt isoliert betrachtet werden soll;
- zwei oder mehrere Investitionsprojekte gleichen Verwendungszwecks miteinander verglichen werden sollen;
- ein optimales Investitionsbudget – dh eine optimale Kombination mehrerer Investitions- und Finanzierungsprojekte – erstellt werden soll.

17.6.1.2 Statische Verfahren der Investitionsrechnung

Statische Verfahren der Investitionsrechnung werden häufig in kleineren und mittleren Betrieben eingesetzt, da sie einfach anzuwenden sind und wegen ihrer Einfachheit auch eine relativ kostengünstige Ermittlungsart darstellen. Die Berechnungen werden bei diesem Verfahren nur für eine Periode durchgeführt. Unberücksichtigt bleibt dabei, dass Einnahmen in späteren Perioden weniger wichtig sind als solche früherer Perioden, da sie zinsenwirksam vorfinanziert werden müssen.

17.6.1.2.1 Kostenvergleichsrechnung

Mit Hilfe der Kostenvergleichsrechnung werden die pro Periode anfallenden Kosten zweier oder mehrerer Investitionsobjekte ermittelt. Bei diesem Verfahren bleiben die Erlöse unberücksichtigt.

Es wird derjenigen Investition der Vorzug gegeben, die die geringsten Kosten verursacht.

---

67 Vgl Wöhe, 1975, S 506

Die zu vergleichenden Kosten setzen sich wie folgt zusammen:

		Bemerkung
Fixkosten	**Abschreibungen**	$\frac{\text{Anschaffungswert der Investition}}{\text{Nutzungswert}}$
	Zinsen	durchschnittlicher Kapitaleinsatz * Zinssatz
variable Kosten	**variable Löhne**	
	Einsatzmaterialien	
	Betriebsstoffe	
	Energie	
	Provisionen etc	

Der typische Anwendungsbereich der Kostenvergleichsrechnung ist dann gegeben, wenn die Ausbringungsmengen und damit die am Absatzmarkt erzielbaren Erlöse der verschiedenen Investitionsobjekte gleich hoch sind.[68]

Alternativ kann der Kostenvergleich entweder auf der Basis *„Gesamtkosten je Periode"* oder *„Stückkosten"* erfolgen, wobei ein Vergleich der Stückkosten dann notwendig wäre, wenn von unterschiedlichen Ausbringungsmengen bzw Kapazitäten auszugehen ist. Führt dies jedoch gleichzeitig zu unterschiedlichen Erlösen, müsste die Kostenvergleichsrechnung durch eine Gewinnvergleichsrechnung ergänzt werden.

68 Näheres Amann, 1993, S 106

Beispiel

		Projekt A	Projekt B
Fixkosten	**Abschreibungen** Anschaffungswert (€) Nutzungsdauer (Jahre)	 100.000 5	 120.000 5
	Zinsen durchschnittl. Kapital Zinssatz (%)	 50.000 4	 60.000 4
Variable Kosten	**variable Löhne**	10.000	12.000
	Einsatzmaterialien	4.000	3.900
	Betriebsstoffe	900	800
	Energie	600	400
	sonst variable Kosten	800	900
Kapazität	**Stück**	500	600

Lösung

		Projekt A	Projekt B
Fixkosten	**Abschreibungen**	20.000	24.000
	Zinsen	2.000	2.400
Variable Kosten	**variable Löhne**	10.000	12.000
	Einsatzmaterialien	4.000	3.900
	Betriebsstoffe	900	800
	Energie	600	400
	sonst variable Kosten	800	900
Gesamtkosten		**38.300**	**44.400**
Gesamtkosten pro Stück		**76,6**	**74,0**

In unserem Beispiel erweist sich die Alternative A als kostengünstiger, wenn die Gesamtkosten der beiden Projekte miteinander verglichen werden. Da bei Projekt B jedoch eine weit höhere Ausbringungsmenge erzielt werden kann, bringt eine Stückrechnung die Alternative B als Gewinner.

17.6.1.2.2 Gewinnvergleichsmethode

Mit Hilfe der Gewinnvergleichsmethode können auch verschiedene Erlöse in die Berechnung mit einbezogen werden. So könnte es etwa der Fall sein, dass eine Erhöhung der Ausbringungsmenge nur mittels einer Preissenkung abgesetzt werden kann. Da die Preise bei der Kostenvergleichsrechnung nicht berücksichtigt werden, führt diese in diesem Fall zu falschen Schlüssen.

Fortsetzung des Beispiels

	Projekt A	**Projekt B**
erzielbarer Preis	100	80

Lösung

	Projekt A	**Projekt B**
Erlös	50.000	48.000
– Kosten	38.300	44.400
= Gesamtgewinn	**11.700**	**3.600**

Die hohe Ausbringungsmenge bei Projekt B führte zu einem Preisnachlass. Die im Vergleich zu Projekt A höheren Kosten können nur knapp im Preis untergebracht werden, der Gesamtgewinn ist somit geringer als bei A.

17.6.1.2.3 Rentabilitätsrechnung (ROI)

Ein Vergleich des absoluten Gewinnes – wie bei der Gewinnvergleichsrechnung – führt dann zu nicht relevanten Ergebnissen, wenn der Kapitaleinsatz zwischen den beiden Projekten stark differiert. Bei der Rentabilitätsrechnung wird der erzielte Gewinn zum Kapitaleinsatz in Relation gebracht. Das Ergebnis zeigt den *„Rückfluss des investierten Kapitals“* (= Return on Investment, ROI).

$$\frac{\text{Gewinn}}{\text{Kapitaleinsatz}} \times 100 = \text{Rentabilität}$$

Fortsetzung des Beispiels

	Projekt A	Projekt B
Gewinn	11.700	3.600
Kapitaleinsatz	100.000	120.000
Rentabilität in %	11,7	3,0

Die Rentabilität von Projekt A liegt mit 11,7 % etwa dreimal so hoch wie jene von Projekt B.

17.6.1.2.4 Amortisationsrechnung

Die Amortisationsrechnung (auch Pay-off- oder Pay-back-Methode) betrachtet den Zeitraum, in dem sich die Investition amortisiert, das heißt, in welchem Zeitraum die Anschaffungskosten wiedergewonnen werden. Gewählt wird jenes Investitionsobjekt, dessen Amortisationsdauer am kürzesten ist.

Dieses Verfahren orientiert sich weniger am Gewinnstreben, sondern sehr viel stärker am Sicherheitsstreben des Unternehmens. Der Investor bevorzugt eine kurze Amortisationsdauer, in der Regel drei bis fünf Jahre, da er über diese kurze Frist noch relativ sichere Zahlen prognostizieren kann. Die Unsicherheit ist so für den Investor geringer als bei einer längeren Amortisationsdauer.[69]

$$\frac{\text{Kapitaleinsatz}}{\text{Gewinn}} = \text{Amortisationsdauer}$$

69 Vgl Amann, 1993, S 110

Fortsetzung des Beispiels

	Projekt A	Projekt B
Gewinn	11.700	3.600
Kapitaleinsatz	100.000	120.000
Amortisationsdauer	**8,5 Jahre**	**33,3 Jahre**

Auch hier erweist sich das Projekt A als das eindeutig vorteilhaftere. In bereits 8,5 Jahren werden die Anschaffungskosten durch Überschüsse wieder hereingebracht. Bei B dauert dies immerhin 33,3 Jahre.

17.6.1.3 Dynamische Verfahren der Investitionsrechnung

Wie bereits erwähnt, bestehen die grundsätzlichen Mängel der statischen Investitionsrechnungsverfahren darin, dass sie zeitliche Unterschiede im Auftreten von Einnahmen und Ausgaben nicht oder nur unvollkommen berücksichtigen. Dieser Einwand ist insofern gravierend, als der Gegenwartswert zukünftiger Einnahmenüberschüsse bzw -fehlbeträge aus Investitionen nicht nur von ihrer nominellen Höhe, sondern auch von ihrem zeitlichen Anfall abhängt. Statische Verfahren können demnach immer nur näherungsweise Lösungsergebnisse liefern.

Dynamische Verfahren setzen voraus, dass konkrete Zahlungsreihen für jedc Investition aufgestellt werden können. Hierbei entstehen jedoch regelmäßig folgende Probleme:[70]

- *Unsicherheitsproblem:* Zukünftige Ereignisse können nicht mit Sicherheit vorhergesagt werden.
- *Zurechnungsproblem:* Wie verändern sich die Einnahmen und Ausgaben bei Durchführung einer Investition; würden bestimmte Einzahlungen (Umsätze, sonstige Erlöse) nicht anfallen, wenn die Investition nicht durchgeführt wird?
- *Definitionsproblem:* Welche Größen werden als Zahlungen verstanden (Kosten-Nutzen-Rechnung)?

70 Vgl Schierenbeck, 1985, S 296 f

17.6.1.3.1 Die Kapitalwertmethode

Der Kapitalwert stellt den Zentralbegriff der dynamischen Investitionsrechnung dar. Er ergibt sich durch Abzinsung (Diskontierung) der ihr zuzurechnenden jährlichen Einnahmenüberschüsse bzw -unterdeckungen auf einen einheitlichen Bezugspunkt und durch Subtraktion des ursprünglichen Kapitaleinsatzes von der Summe der diskontierten Einnahmenüberschüsse.

Warum müssen die Einnahmenüberschüsse abgezinst werden?

Wird eine Investition fremdfinanziert, so ist zu berücksichtigen, dass der Investor Kreditzinsen zu bezahlen hat. Einkünfte in späteren Perioden sind daher weniger wert und müssen in der Höhe der Kreditzinsen abgezinst werden.

Eine Abzinsung bzw Diskontierung ist aber auch dann notwendig, wenn die Investition aus Eigenmitteln finanziert wird. Der Investor könnte sein Kapital nämlich anderweitig anlegen und dafür Ertragszinsen lukrieren. Da er sein Kapital jedoch zur Finanzierung der Investition verwendet, entgeht ihm der Gewinn aus einer anderweitigen Anlage. Die sich aus der Investition ergebenden Einnahmenüberschüsse sind in der Folge um diesen entgangenen Gewinn (= Opportunitätskosten) abzuzinsen.

Beispiel

Eine Investition mit dem Anschaffungswert 200.000 bringt in den Perioden 1 bis 3 folgenden Rückflüsse:

Periode	**Rückflüsse (Einnahmenüberschüsse auf Grund der Investition)**	**Abzinsungsfaktor bei einem Kalkulationszinsfuß von 5%**	**Barwerte der jährlichen Rückflüsse (Rückflüsse × Abzinsungsfaktor)**
1	+ 100.000	$\frac{1}{1{,}05} = 0{,}952$	95.200
2	+ 90.000	$\frac{1}{1{,}05} \times \frac{1}{1{,}05} = 0{,}907$	81.630
3	+ 70.000	$\frac{1}{1{,}05} \times \frac{1}{1{,}05} \times \frac{1}{1{,}05} = 0{,}864$	60.480
Summe	**+ 260.000**		**237.310**

Die Ermittlung des Kapitalwertes erfordert, dass die Rückflüsse jedes Geschäftsjahres um den entsprechenden Abzinsungsfaktor diskontiert werden. Die sich daraus ergebenden Barwerte können nun addiert werden, wodurch sich insgesamt ein Barwert in der Höhe von 237.310 € ergibt.

Wird nun der Barwert der Rückflüsse (237.310 €) vom Anschaffungswert (200.000 €) der Investition abgezogen, ergibt sich ein positiver Kapitalwert in der Höhe von 37.310 €. Da dieser Kapitalwert größer als Null ist, kann die Investition als vorteilhaft beurteilt werden.

17.6.1.3.2 Die Methode des internen Zinsfußes

Die Methode des internen Zinsfußes baut auf der oben dargestellten Kapitalwertmethode auf. Allerdings wird nicht von einer gegebenen Mindestverzinsung (Kalkulationszinsfuß) ausgegangen, mit deren Hilfe der Kapitalwert ermittelt wird, sondern man sucht jenen Diskontierungszinsfuß, der zu einem Kapitalwert von Null führt.

Der sich daraus ergebende Zinsfuß wird „interner Zinsfuß" genannt und drückt die Effektivverzinsung bzw die Rentabilität des Investitionsobjektes aus. Eine Investition ist dann vorteilhaft, wenn der interne Zinsfuß höher als der Kalkulationszinsfuß ist.

Im Vergleich mehrerer Alternativen ist diejenige mit dem höchsten internen Zinsfuß zu wählen.

Beispiel

In unserem obigen Beispiel liegt der interne Zinsfuß bei etwa 15 %. Eine genaue mathematische Rechnung ist bei dieser Problemstellung nur mit komplizierten Berechnungsmethoden möglich, da die Einnahmenrückflüsse über mehrere Perioden hereinkommen. Die Errechnung des internen Zinsfußes kann jedoch auch näherungsweise erfolgen, indem der Zinssatz solange verändert wird, bis sich ein Kapitalwert von Null ergibt.

Hat nun unser Investor die Möglichkeit, seine 200.000 € Startkapital um beispielsweise 18 % anderswo anzulegen, wird die obige Investitionsvariante ungünstiger für ihn sein.

17.6.1.4 Beurteilung der Investitionsrechnung

Die Investitionsrechnung ist als eine technische Hilfe im Prozess der Investitionsentscheidung anzusehen. Die hier vorgestellten Verfahren sind relativ leicht zu praktizierende und kostengünstige Möglichkeiten, um einen Vergleich oder eine Vorteilhaftigkeitsprüfung von Investitionsvorhaben durchzuführen. Sie haben aber unter anderem folgende Schwächen:

- Zukünftige Erfolgskomponenten wie Einnahmenrückflüsse können immer nur geschätzt werden;
- Es wird angenommen, dass die für das Rechenverfahren benötigten Erfolgsfaktoren aus dem Gesamtzusammenhang des Unternehmens heraus isoliert und auf das spezifische Investitionsobjekt bezogen werden können;
- Statische Verfahren vernachlässigen grundsätzlich den Zeitfaktor. Zahlungen, die in der ersten Periode des Betrachtungszeitraumes anfallen, erhalten daher die gleiche Wertigkeit wie Zahlungen in der letzten Periode.
- Bei dynamischen Verfahren ist wieder der Kalkulationszinsfuß nur schwer einzuschätzen, dieser muss subjektiv bestimmt werden.

17.6.1.5 Ansätze zur Berücksichtigung ungewisser Erwartungen

Ein wesentlicher Kritikpunkt aller Verfahren der Investitionsrechnung betrifft die Ungewissheiten, die allen Schätzungen anhaften. Es gibt nun verschiedene Methoden, wie diese Ungewissheiten zu einem bestimmten Grad berücksichtigt werden können.

Ein möglicher Ansatz ist, dass die erwarteten Einnahmenrückflüsse mit dem Grad ihres wahrscheinlichen Eintreffens (subjektive Einschätzung) multipliziert werden.

Einen weiteren Ansatz liefert die Sensitivitätsanalyse. Bei dieser Analyse werden durch Variation einzelner wichtiger Plandaten bestimmte Grenzwerte der Vorteilhaftigkeit ermittelt. Wie bei einem Planspiel werden bestimmte Faktoren verändert und die Auswirkungen dieser Veränderungen auf die Kennzahlen der Investitionsrechnung beobachtet.

Als die wichtigsten kritischen Größen zur Beeinflussung des Mittelrückflusses aus einer Investition werden in der Praxis die Ausbringungsmenge sowie der Deckungsbeitrag[71] des Produktes herangezogen. Mit Hilfe der Sensitivitätsanalyse wird nun ermittelt, welche Mindestmengen bzw welche Mindestdeckungsbeiträge erreicht werden müssen, damit sich ein Kapitalwert von Null bzw größer Null errechnet. Die Sensitivitätsanalyse dient vor allem zur Abschätzung des Risikos des Investitionsvorhabens.[72]

17.6.2 Die Finanzierung von Investitionen

17.6.2.1 Die Begriffe „Investition" und „Finanzierung"

Bevor wir uns generell mit der Finanzierung von Investitionen auseinander setzen, soll zunächst der Unterschied zwischen den Begriffen *Investition* und *Finanzierung* geklärt werden.

Die Investition hat die Beschaffung von Betriebsmittel zum Inhalt und stellt damit eine Form der Mittelverwendung dar, während unter Finanzierung die Beschaffung finanzieller Mittel verstanden wird.

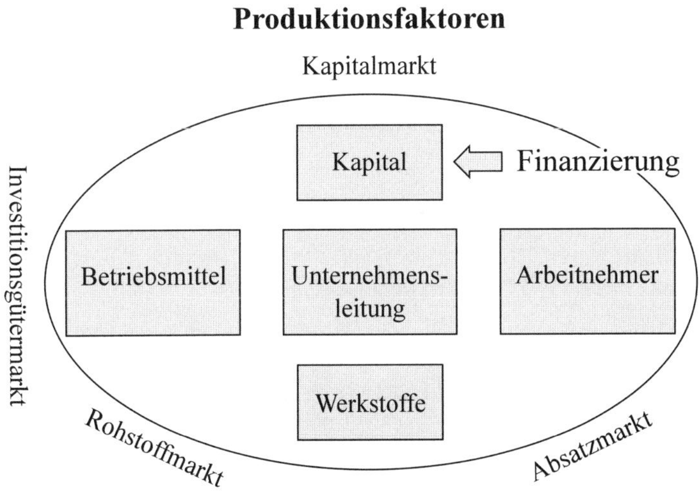

71 Vgl Kapitel 19.4 Der Deckungsbeitrag
72 Vgl Amann, 1993, S 128

Beide Begriffe – Investition und Finanzierung – stehen jedoch in einem engen Zusammenhang. Dies deshalb, da eine Mittelverwendung das Vorhandensein und damit die Beschaffung der Mittel bzw des Kapitals zur Voraussetzung hat. Ein Investitionsplan ist ohne Bedeutung, wenn die geplante Investition nicht finanziert werden kann. Andererseits ist die Beschaffung finanzieller Mittel für einen Betrieb ohne praktischen Wert, wenn keine ertragbringende Verwendung gegeben ist.

Bei der Finanzierung von Investitionsvorhaben sollten bestimmte Regeln beachtet werden, die angesichts der Langfristigkeit von Investitionsvorhaben für den Unternehmensfortbestand von großer Bedeutung sind.

17.6.2.2 Wie sollen Investitionen finanziert werden?

Investitionen sollen grundsätzlich aus dem Cash-flow[73] finanziert werden. Da Investitionen jedoch häufig schubweise erfolgen, kann diese Regel freilich nur über einen längeren Zeitraum Gültigkeit haben.

Dies bedeutet jedoch nicht, dass für die Finanzierung von Investitionen keine fremden Mittel herangezogen werden dürfen. Im Gegenteil: aus finanztechnischer Sicht wird sich eine Fremdfinanzierung kaum vermeiden lassen. Es muss jedoch unbedingt gewährleistet sein, dass die Finanzierungskosten – vor allem aber die Kredittilgungen – aus den künftigen Einzahlungen bzw aus dem Cash-flow finanziert werden können.

Übersteigen fremdfinanzierte Investitionen in mehreren Perioden den Cash-flow, und verfügt die Gesellschaft darüber hinaus nur wenig Liquiditätsreserven, besteht die Gefahr, dass die Kredittilgungen ins Stocken geraten und Liquiditätsengpässe auftreten.

Ist der Investitionsbedarf höher als die Selbstfinanzierungskraft des Unternehmens, besteht die Möglichkeit, dass Reserven zur Finanzierung herangezogen werden. Diese Reserven können etwa durch den Verkauf nicht betriebsnotwendiger Vermögensteile (Grundstücke, Wertpapiere) genützt werden.

Vielfach werden Investitionen auch aus Gesellschafterzuschüssen bestritten. Dabei stellen entweder die „alten" Eigentümer zusätzliche Mittel

---

73 Siehe Kapitel 14.4 Cash-flow

bereit, oder aber es werden „neue“ Gesellschafter mit Finanzkraft gesucht. Letzteres kann bei Aktiengesellschaften etwa in Form eines Börsenganges durchgeführt werden. Der Kaufpreis der neu aufgelegten Aktien erhöht das Eigenkapital und die Ausstattung mit liquiden Mittel, woraus in der Folge die Investitionen getätigt werden können.

Neben diesen „klassischen“ Finanzierungsmethoden gewinnen zunehmend neue Formen an Bedeutung. Hervorgehoben sei hier etwa das Leasing. Ähnlich einer Fremdfinanzierung muss hier nur ein geringes – unter Umständen sogar kein – Startkapital vorhanden sein. Die Rückzahlung erfolgt durch periodische Leasingraten. Zu beachten ist freilich, dass dem Vorteil der geringen Anfangsbelastung eine höhere jährliche Aufwandsbelastung gegenübersteht. Auch bei Leasing gilt der Grundsatz, dass die Rückzahlungsraten aus dem Cash-flow finanziert werden müssen, um Liquiditätsengpässe zu vermeiden.

Zusammenfassend stehen folgende Finanzierungsarten zur Verfügung:

Innen-finanzierung	**ordentliche Geschäftstätigkeit**	Cash-flow
		Vermögensumschichtungen (Abbau von Vorräten, Forderungen etc)
	außerordentliche Geschäftstätigkeit	Verkauf von nicht betriebsnotwendigem Vermögen (Grundstücke, Wertpapiere etc)
		Beteiligungserträge
Außen-finanzierung	**Eigenfinanzierung**	Gesellschafterzuschuss
		Kapitalerhöhung (etwa durch Ausgabe neuer Aktien)
		Subventionen (verlorene Zuschüsse)
	Fremdfinanzierung	Kredite (kurz- oder langfristig)
		Lieferverbindlichkeiten
		Leasing, Miete

17.7 Technische Kriterien bei der Investitionsentscheidung

Bei einer Investitionsplanung sind nicht nur rein wirtschaftliche Faktoren wie etwa die Rentabilität oder die Amortisationsdauer zu berücksichtigen, vielmehr sind auch verschiedene technische Kriterien in die Planung miteinzubeziehen.

- *Produkteigenschaften* – Struktur, Werkstoff, Gestalt, Oberfläche, Design
- *Herstellverfahren* – Oberflächenbehandlung, Formgebung, Montage
- *Standort* – Lagerung, Transport, Montage
- *Betriebsmittel* – Verfahren, Kompatibilität (Übereinstimmung) mit anderen Betriebsmitteln, Entsorgung
- *Personal* – Anzahl, Ausbildung, Einsatzplan

Die Beurteilung dieser technischen Faktoren setzt selbstverständlich technisches Know-how sowie spezielle Kenntnisse über den Betrieb voraus. Eine sinnvolle Beurteilung muss daher auch Betroffene, die zukünftig das zu erwerbende Betriebsmittel bedienen sollen, miteinbeziehen und vorhandenes Know-how von ArbeitnehmerInnen, TechnikerInnen etc nützen.

17.8 Die Investitionskontrolle

Investitionsplanung ist nur dann sinnvoll, wenn anschließend auch eine Kontrolle stattfindet. Nur die laufende Kontrolle gibt Aufschluss darüber, ob die durchgeführte Investition den in der Investitionsplanung erwarteten Auswirkungen und Daten entspricht.

Ziel der Investitionskontrolle ist:

- die Beurteilung des Erfolgs der Investitionspolitik;
- das Erkennen von Fehlentwicklungen als Voraussetzung für korrigierende Maßnahmen;
- die Verbesserung künftiger Planung durch „Lernen aus Erfahrung“;
- das Aufdecken von Schwachstellen im Planungsprozess.

Der Soll-Ist-Vergleich als Grundlage der Investitionskontrolle

Im Mittelpunkt der Investitionskontrolle steht ein Soll-Ist-Vergleich. Dabei werden die realen Gegebenheiten mit den Planungsunterlagen verglichen und Abweichungen erhoben. Dass dieser Vergleich in der Praxis nicht immer einfach ist, ist auf folgende Grundvoraussetzungen zurückzuführen:[74]

- es darf nur „Gleiches" mit „Gleichem" verglichen werden;
- die zu vergleichenden Größen müssen messbar sein.

Der Soll-Ist-Vergleich dient lediglich der Feststellung von Art und Ausmaß der aufgetretenen Abweichungen gegenüber den Plandaten. In den meisten Fällen genügt dies für eine effiziente Investitionskontrolle jedoch nicht. Vielmehr müssen diese Abweichungen in einem weiteren Schritt hinsichtlich ihrer Ursachen hinterfragt werden. Insbesondere bei komplexeren Investitionsvorhaben ist eine genaue Analyse der Abweichungsursachen unerlässlich, da hier die unterschiedlichsten Einflussgrößen verantwortlich sein könnten. Nur auf diese Weise können Fehlleistungen der Planer (wie Schätzungsungenauigkeit) oder der ausführenden Organe (Zweckentfremdung, Terminverzögerungen, Überschreitung des Kreditlimits) durch Überwachung frühzeitig erkannt und die nötigen Korrekturmaßnahmen vorgeschlagen werden.

74 Vgl Borer 1978, S 83 f.

18. Die Börse – eine Einführung

18.1 Der Börsenhandel

Die Börse ist eine zentrale Kauf-, Verkaufs- und Informationsstelle für Wertpapiere mit fixen Spielregeln. In Österreich gibt es seit 1771 eine Börse. Zweck der Börse ist es, durch die täglich geordnete Gegenüberstellung von Angebot und Nachfrage Marktpreise (= Kurse) für Wertpapiere zu ermitteln, die dann im Kursblatt bzw in anderen Medien bekannt gegeben werden.

1997 wurde die Organisation der Wiener Börse grundlegend umstrukturiert. Der Kassamarkt der Wiener Börse und der Terminmarkt ÖTOB wurden in eine Organisation zusammengeführt. Die neue integrierte österreichische Wertpapier- und Terminbörse soll ein wesentlicher Schritt auf dem Weg sein, Wien als internationalen Finanzplatz zu etablieren und auf Dauer als eigenständigen Markt für österreichische sowie zentral- und osteuropäische Wertpapiere zu positionieren. 1998 wurde die öffentlich-rechtliche Wiener Börsenkammer in das privatwirtschaftliche Unternehmen „Börsen Aktiengesellschaft“ umgewandelt

Ende 1999 wurde mit der technischen Anbindung des Wiener Kassamarktes an die deutsche Handelsplattform Xetra der nächste Entwicklungsschritt gesetzt. Diese Anbindung soll zu einer drastischen Senkung der Transaktionskosten führen, neue Distributionskanäle öffnen und das internationale Investoreninteresse auf den österreichischen Finanzplatz lenken.

18.1.1 Wertpapierhandel auf verschiedenen Ebenen

Einer Aktiengesellschaft, die ihre Anteile an der Börse handeln möchte, stehen dazu mehrere *Märkte* innerhalb der Börse zur Verfügung,

- ❑ Austrian Equitiy Market (A-, B-, C-Market)
- ❑ Austrian Growth Market
- ❑ ÖTOB (ATX-Produkte, Stock Options etc)

- Other Security Market (zB Bonds)
- Unregulated Security Market (Rentenwerte, Garantien und sonstige Beteiligungspapiere).

A-, B- und C-Market unterscheiden sich im Wesentlichen hinsichtlich der Liquidität, der Marktbetreuung und der Publizitätsverpflichtung.

Im A-Market notieren die 22 ATX-Werte. Weitere Voraussetzung ist das Vorhandensein einer bestimmten Marktbetreuungsstruktur (mindestens zwei Market-Maker, ein Specialist). Market Maker bzw Specialists sind etwa Banken oder andere Institutionen, die sich verpflichten, Kauf- oder Verkaufangebote zu erstellen, wenn zu wenig Marktteilnehmer vorhanden sind. An das Publizitätsverhalten werden die höchsten Ansprüche gestellt: IAS/US-GAAP-Bilanzierung, Ad-hoc-Publizität, Anschluss an ein elektronisches Medium, Quartalsberichte, Unternehmenskalender usw.

Im B-Market sind die Voraussetzungen etwas milder, es genügt die Verpflichtung eines Specialist als Marktbetreuer, zusätzliche Market-Maker sind möglich. Im C-Market sind die restlichen Werte des Amtlichen Handels und des Geregelten Freiverkehrs gelistet.

In das Segment „Austrian Growth Market" (AGM) werden die Wachstumswerte der Wiener Börse eingeordnet. Der Austrian Growth Market ist weitgehend identisch mit dem Neuen Markt Frankfurt. Gedacht ist der AGM vor allem für Unternehmen ab 500 Millionen Börsekapitaliserung, einem Mindestemissionsvolumen von 100 Millionen Schilling, Jahresabschlüsse und Quartalsberichte nach IAS/US-GAAP und mindestens 20 Prozent Streubesitz.

An der ÖTOB (Österreichische Termin- und Optionsbörse) werden vor allem Optionen und Terminkontrakte gehandelt. Der Käufer einer Option ist berechtigt, innerhalb einer bestimmten Frist (Optionsfrist) das zu Grunde liegende Finanzinstrument – etwa Aktien – zu einem festgesetzten Preis (Ausübungspreis) zu kaufen (Call-Option) oder zu verkaufen (Put-Option). Dafür bezahlt der Käufer einer Option einen bestimmten im Kursblatt angegebenen Preis. Die Produkte des Segments „Other Securities Market" (OSM) betreffen jene Wertpapiere, die nicht den anderen angeführten Marktsegmenten zuzuordnen und entweder zum Amtlichen Handel oder Geregelten Freiverkehr zugelassen sind. Dieses Marktsegment enthält vor allem sämtliche Rentenwerte des Amtlichen Handels sowie Optionsscheine, Genussrechte, Genussscheine und Investmentzertifikate des Amtlichen Handels oder des Geregelten Freiverkehrs.

Das Segment „Unregulated Securities Market“ (USM) umfasst alle Wertpapiere, die im Sonstigen Wertpapierhandel gehandelt werden

18.1.2 Wie auf der Börse gehandelt wird

Seit 5. November 1999 erfolgt der Handel mit österreichischen Aktien, sonstigen Beteiligungswerten und Rentenwerten auf Xetra (**Ex**change **E**lectronic **Tra**ding), dem Handelssystem der Deutschen Börse.

Das Xetra-Marktmodell für Wien beinhaltet einerseits den Fortlaufenden Handel mit mehreren Auktionen sowie andererseits nur eine Auktion pro Handelstag.

Auktion

In der Auktion wird die Liquidität in einem Wertpapier auf einen bestimmten Zeitpunkt konzentriert. Eine Auktion besteht aus der Aufruf-, der Preisermittlungs- und der Marktausgleichsphase. Die Preisermittlung erfolgt nach dem Meistausführungsprinzip. Der Auktionspreis ist der Preis, zu dem das höchste ausführbare Ordervolumen und der niedrigste Überhang besteht.

Fortlaufender Handel

Der Fortlaufende Handel beginnt nach Ablauf der Eröffnungsauktion. Jeder Auftrag wird auf Xetra zunächst in ein elektronisches Orderbuch eingestellt, in dem sich Kauf- und Verkaufsangebote gegenüberstehen. Sobald sich Kauf- und Verkaufsorders ausführbar gegenüberstehen, werden diese vom System automatisch zusammengeführt – sie werden „gematcht“.

Der Vorteil des Fortlaufenden Handel besteht darin, dass jederzeit ein Geschäft zu Stande kommen kann, ohne dass ein Auktionstermin abgewartet werden muss. Dafür, dass jederzeit hinreichend Orders zu marktgerechten Preisen vorliegen, sorgt das oben erwähnte Betreuersystem der Wiener Börse mit den Specialists bzw Market Makern, die permanent verbindliche Kauf- und Verkaufsorders in den Markt stellen und dadurch für zusätzliche Liquidität sorgen.

Am Xetra-Handel der Wiener Börse dürfen nur die zum Börsehandel zugelassenen Institute, zB Banken und ihre Vertreter (Händler), teilnehmen.

Der Kurszettel

Über die aktuellen Börsenkurse kann man sich am besten in den Tageszeitungen oder im Internet (zB www.wbag.at) erkundigen. Die Kursentwicklung von börsenotierten Gesellschaften wird dabei in der Regel anhand folgender Informationen dargestellt:

Ausschnitt aus einem Kurszettel (ATX-Fließhandel)[75]:

Unternehmen	Eurorating	Aktueller Kurs Höchst/ Tiefst/ Schluss	Zuletzt H/T/S	Jahres-Höchstkurs	Jahres-Tiefstkurs	Umsatz in Stück	Umsatz in Mio €	KGV	Dividendenrendite
AMS	4AA2	89,4/ 88,7/ 89,25	89,4/ 86,1/ 89,4	89,4	24,9	60.474	5,38	95,45	0,0
EVN	5AA1	120,45/ 117,5/ 120,45	118,40/ 116,10/ 118,40	150	106,70	12.694	1,51	15,54	1,93
Wolford	4AA1	33,50/ 33,01/ 33,50	34,50/ 33,01/ 33,22	53,90	28,50	4.402	0,15	19,70	2,2

Die einzelnen Spalten haben folgende Bedeutung:

- Eurorating: In einigen Tageszeitungen (etwa „Die Presse“) werden die notierten Gesellschaften hinsichtlich ihrer Größe bzw ihres Kreditrisikos eingestuft. Das Rating von der „Presse“ stammt etwa von der Rating Firma „Dun&Bradstreet“. Die ersten drei Werte (zB 5AA) geben dabei Auskunft über die Größe eines Unternehmens. Unternehmen, die mit 5AA eingestuft werden, haben ein eingezahltes Kapital von mehr als 725 Mio S. Je geringer diese Zahl wird, desto geringer ist das eingezahlte Kapital. Der vierte Wert (zB 1) gibt Auskunft über das Kreditrisiko, welches umso höher ist, je höher die Zahl ist (1 ist niedrig, 4 ist sehr hoch).
- Kurs: Bei den Kursen wird meistens ein Tageshöchst-/Tagesniedrigst- und ein Schlusskurs angegeben. Ein *glatter* Kurs ergibt sich dann, wenn sämtliche Aufträge erfüllt werden können. Falls bei einem Wertpapierpreis, der die meisten Abschlüsse erlaubt, Käufer oder

75 Die Presse, 27. 4. 2000

Verkäufer übrig bleiben, erfolgt eine Rationierung. Wenn es mehr Verkäufer als Käufer gibt, heißt das, dass ein Rest an angebotenen Wertpapieren übrig bleibt. Der Kurs wird in diesem Fall mit einem Zusatz *„rW"* für „repartiert Ware" versehen. Umgekehrt könnte es mehr Käufer als Verkäufer geben, dann erhält der Kurs den Zusatz *„rG"* oder *„repartiert Geld"*. Andererseits kommt es zu keinem Handel, wenn bei Aktien zu einem bestimmten Kurs nicht mindestens 25 % der Kauf- und Verkaufswünsche erfüllt werden können. Falls es nicht gelingt, Zusatzaufträge hereinzubekommen, um doch über die 25 %-Grenze zu gelangen, kann auf dem Kurszettel nur eine „Taxe" angeschrieben werden, ein Wert, zu dem ein Überhang an Papieren bzw Kaufwünschen vorhanden war. Dabei bedeutet *„W"*, dass zur angegebenen Taxe mindestens dreimal soviel Ware als Kaufwünsche vorhanden war. *„G"* bedeutet, dass mindestens dreimal mehr Kaufwünsche als Angebote angemeldet wurden.

- ❑ Jahreshöchst(tiefst)kurs: Durch diese Angabe kann erkannt werden, auf welchem Kursniveau sich der aktuelle Wert befindet.
- ❑ Umsatz in Stück bzw in Euro: Dieser Wert zeigt an, wie hoch die Handelsaktivität mit einem bestimmten Wert ist. Je höher der Umsatz, desto mehr Angebot und Nachfrage gibt es für diesen Wert. Bei einem geringen Umsatz besteht die Gefahr, dass die Aktie nicht verkauft werden kann.
- ❑ KGV (Kursgewinn-Verhältnis): Das KGV gibt Auskunft über das Verhältnis vom Kurs der Aktie zum Gewinn je Aktie. Dabei gilt generell der Grundsatz: Je kleiner das KGV ist, desto höher ist die Rentabilität des für den Aktionär eingesetzen Kapitals. Ein geringes KGV sagt somit aus, dass der Aktienkurs in Relation zu den erwirtschafteten Gewinnen relativ niedrig ist. Je höher das KGV ist, desto teurer ist die Aktie. Niedrig bewertete Aktien beinhalten stets auch die Gefahr einer „feindlichen" Übernahme.
- ❑ Dividendenrendite: gibt das Verhältnis von Dividende zu aktuellem Kurs an. Je höher dieser Wert ist, desto „rentabler" ist eine Aktie. Es muss allerdings beachtet werden, dass sich die Rentabilität einer Anlage nicht nur aus der Dividendenausschüttung ergibt, sondern auch aus der Kursentwicklung.

18.3 Anlagemöglichkeiten

Wenn jemand Geld an der Börse anlegen möchte, besteht prinzipiell die Wahl zwischen den beiden Formen *Anteilsscheine* und *Schuldscheine*. Bei Anteilsscheinen wird das Kapital in Form von Eigenkapital, bei Schuldscheinen in Form von Fremdkapital in das Unternehmen eingebracht.

18.3.1 Anteilsscheine

Anteilsscheine stellen eine Verbriefung eines Eigentumsrechtes an der zu Grunde liegenden Gesellschaft dar. Dies bedeutet, dass der Eigentümer eines Anteilsscheines auch Eigentümer – zumindest aber Miteigentümer – der Gesellschaft ist. Anteilsscheine sind immer Risikopapiere. Der Wert des Anteiles kann durch Verluste des Unternehmens – bis hin zur Wertlosigkeit – vermindert werden. Gleichzeitig erhält der Kapitalgeber für die Zurverfügungstellung von Kapital kein regelmäßiges Entgelt etwa in Form einer fixen Verzinsung. Ein Entgelt wird nur bei Erzielung eines Gewinnes erstattet (= Dividende).

Typische Anteilsscheine sind Aktien, Investmentzertifikate oder Partizipationsscheine.

18.3.2 Schuldscheine

Mit dem Erwerb eines Schuldscheines wird der Kapitalgeber nicht Miteigentümer der Gesellschaft. Er „borgt" sein Kapital lediglich her und erhält dafür in der Regel eine fix vereinbarte Verzinsung. Am Ende der Vertragsdauer erhält der Kapitalgeber sein Kapital wieder zurück, unabhängig davon, ob die Gesellschaft Gewinne oder Verluste gemacht hat. Der Erwerber von Schuldscheinen hat somit ein wesentlich geringeres Risiko zu tragen als der Erwerber von Anteilsscheinen.

Typische Schuldscheine sind Anleihen, Pfandbriefe und Kommunalbriefe.

18.4 Anteilsscheine

18.4.1 Aktien

Aktien sind Wertpapiere, die Eigentümerrechte der Aktionäre an einer Aktiengesellschaft verbriefen. Die tragende Idee der Aktiengesellschaft ist die Finanzierung eines großen wirtschaftlichen Unterfangens, das ein einzelner Unternehmer nicht auf die Beine stellen könnte, durch zahlreiche anonyme Geldgeber.

Die Aktionäre stellen ihr Geld in der Hoffnung zur Verfügung, dass die Aktiengesellschaft mit diesem Kapital Gewinne erwirtschaften wird. Sollte die Gesellschaft zu Grunde gehen, bekommt jeder Aktionär nur den auf ihn entfallenden Teil des Liquidationserlöses, da das Geld der Aktionäre „Risikokapital" darstellt. Die Aktionäre sind jedoch über den Verlust ihres Kapitaleinsatzes hinaus nicht haftbar.

Wenn das Unternehmen floriert, winken dem Aktionär – als Dank für seine Risikobereitschaft – Belohnungen wie Dividenden oder Gewinne aus dem Verkaufserlös der Aktie.

Neu ausgegebene Aktien werden „junge Aktien" genannt.

Aktien können nach dem Umfang der Rechte, die den Aktionären zustehen, in Stamm- und Vorzugsaktien unterschieden werden.

18.4.1.1 Stammaktien

Stammaktien stellen den „Normaltyp" der Aktie dar. Sie gewähren gleiches Stimmrecht in der Hauptversammlung, gleichen Anspruch auf Gewinnanteil (Dividende), gleichen Anteil am Liquidationserlös und ein gesetzliches Bezugsrecht auf junge Aktien bei Kapitalerhöhungen oder auf Wandelschuldverschreibungen.

18.4.1.2 Vorzugsaktien

Vorzugsaktien sind dagegen Aktien besonderer Gattung. Sie räumen dem Aktionär im Verhältnis zu den Stammaktien einen besonderen Anspruch auf Dividende, Stimmrecht, Bezugsrecht oder Liquidationserlös ein.

Häufig haben die Vorzugsaktien **kein Stimmrecht**. Dann stellen sie ein Finanzierungsmittel dar, mit dem Eigenkapital beschafft werden soll, ohne dass sich die bestehenden Stimmenverhältnisse in der Gesellschaft verschieben. Der Ausschluss des Stimmrechts erfolgt dann aus machtpolitischen Gründen. Der höhere Anspruch auf Dividende wird bei diesen Wertpapieren als Ersatz für den Ausschluss beim Stimmrecht eingeräumt.

Vorzugsaktien werden in der Praxis auch in jenen Fällen ausgegeben, in denen eine erforderliche Erhöhung des Aktienkapitals nicht mit Stammaktien durchgeführt werden kann, weil der Aktienkurs unter dem Nennwert liegt und eine Ausgabe von Aktien „unter pari" nicht zulässig ist. Dann ist eine Unterbringung neuer Aktien zum Nennwert, also über dem Börsenkurs der alten Aktien, nur möglich, wenn die neuen Aktien mit einem Vorzugsrecht ausgestattet werden.[76]

18.4.1.3 Partizipationsscheine

Partizipationsscheine sind den Vorzugsaktien ähnlich, können jedoch auch von Unternehmen, die nicht als Aktiengesellschaft organisiert sind, ausgegeben werden – etwa von Sparkassen oder Kreditgenossenschaften. Die gesetzlichen Bestimmungen für Partizipationsscheine finden sich im Bankwesengesetz (§ 23).

Die Inhaber der Partizipationsscheine sind am Vermögen und am Gewinn des Unternehmens beteiligt. Häufig ist – wie bei Vorzugsaktien – eine jährliche Mindestgewinnausschüttung garantiert, dafür haben die Inhaber in der Hauptversammlung nur ein Frage- und kein Stimmrecht.

18.4.1.4 Namensaktien

Namensaktien lauten auf den Namen des Aktionärs, der im Aktienbuch der Gesellschaft eingetragen werden muss. Die Übertragung dieser Aktie ist im Vergleich zu Inhaberaktien nur erschwert möglich, wodurch die Beweglichkeit (= Fungibilität) der Aktie eingeschränkt ist. Diesem Nachteil steht der Vorteil einer größeren Transparenz der Eigentumsverhältnisse gegenüber, da das Aktienbuch eingesehen werden kann.

---

76 Vgl Wöhe, 1975, S 566

Wenn durch die Satzung die Übertragung an die Zustimmung der Gesellschaft gebunden wird, so bezeichnet man die Aktien als **„vinkulierte Namensaktien“**. Mit Hilfe der Vinkulierung kann die Gesellschaft verhindern, dass die Aktien in die Hände von Personen gelangen, die ihr – aus welchen Gründen auch immer – als Aktionäre nicht genehm sind.

18.4.1.5 Inhaberaktien

Wenn die Satzung nichts anderes bestimmt, sind Aktien grundsätzlich als Inhaberaktien auszustellen. Sie stellen den „Normaltyp“ der Aktie dar. Ihre Übertragung erfolgt formlos durch Übergabe – ähnlich einem Überbringersparbuch.

18.4.1.6 Bezugsrecht

Wenn eine Aktiengesellschaft zusätzliches Eigenkapital braucht, kann sie neue Aktien ausgeben, wobei die bisherigen Aktionäre ein Vorkaufsrecht (= Bezugsrecht) haben.

Der Ausgabepreis der jungen Aktien liegt meist unter ihrem Marktwert. Daher bekommt das Bezugsrecht der Altaktionäre – und damit das Recht, junge Aktion zum günstigen Ausgabepreis zu kaufen – einen eigenen Wert. Solche Bezugsrechte werden vor Ausgabe der jungen Aktien mehrere Tage lang an der Wiener Börse gehandelt.

Der Bezugsrechtsverkauf ist somit eine Möglichkeit des Aktionärs, einen Teil der in der Gesellschaft und damit auch in seiner Aktie steckenden stillen Reserve in Bargeld umzuwandeln. Er kann sein Bezugsrecht aber auch ausüben und junge Aktien erwerben.[77]

---

77 Vgl Tschebull, 1989, S 16

18.4.2 Investmentzertifikate

Investmentfonds werden von Kapitalanlagegesellschaften verwaltet, die das Geld zahlreicher Anleger gemeinsam veranlagen. Sie bieten *Investmentzertifikate* zum Kauf an und investieren das zu verwaltende Kapital in Wertpapiere. Jeder Zertifikatsinhaber ist seinem Anteil entsprechend Miteigentümer am Investmentfonds. Für die Verwaltung des Fonds haben die Anleger eine Verwaltungsgebühr zu entrichten, welche von den erwirtschafteten Gewinnen in Abzug gebracht wird.

Der Zertifikatsbesitzer kann sein Zertifikat jederzeit zurückgeben und sich den Rücknahmepreis auszahlen lassen, während ein verkaufswilliger Aktionär erst über die Börse einen Käufer suchen muss.

Investmentzertifikate dienen insbesondere vorsichtigeren Anlegern zur Risikostreuung. Für einen Kleinanleger ist es kaum rentabel, seinen Wertpapierbesitz großzügig zu streuen, dazu wären einerseits viel Kapital und andererseits gute Börsen- und Branchenkenntnisse erforderlich. Investmentfonds offerieren nun auch kleineren Anlegern jene Risikostreuung und jene fachmännische Vermögensverwaltung, die nur für Großanleger möglich und rentabel ist.

Von Bedeutung sind die Investmentfonds auch bezüglich der Wertpapierdeckung von Abfertigungs- und Pensionsrückstellungen. Einige Fonds haben sich auf dieses Geschäft spezialisiert, ihre Investmentzertifikate werden als Deckung für die Abfertigungs- und Pensionsrückstellung anerkannt.

18.4.3 Gewinnscheine

Gewinnscheine sind ein Mittelding zwischen Aktien und Anleihen. Im Gegensatz zu Aktionären sind Gewinnscheininhaber nicht an der Substanz des Unternehmens beteiligt und haben kein Stimmrecht in der Hauptversammlung. Sie stellen lediglich langfristig Kapital zur Verfügung und sind dafür am Gewinn des Unternehmens beteiligt.[78] Gibt es keinen Gewinn, wirft der Gewinnschein auch keinen Ertrag ab.

78 Vgl Tschebull, 1989, S 19

18.4.4 Genussscheine

Genussscheine, die von Beteiligungsfondsgesellschaften ausgegeben werden, sind eine besondere Art von Wertpapieren, wobei ein eigenes Gesetz ihre Ausgabe in Form von Steuererleichterungen begünstigt.

Die Kapitalanleger bringen ihr Kapital als Eigenkapital in den Fonds ein. Dieser investiert nun das zur Verfügung stehende Kapital in verschiedene – vorwiegend kleinere und mittlere – Unternehmen. Die Erträge aus diesen Beteiligungen fließen über den Fonds an die Genussscheinbesitzer.

Genussscheinfonds beteiligen sich in der Regel als stille Teilhaber oder Kommanditisten an den Firmen, können aber auch Aktien oder GmbH-Anteile erwerben.

Eine Voraussetzung für die Inanspruchnahme der Steuerbegünstigung ist, dass der Zeichner seine Genussscheine zehn Jahre lang behält. Nach ebenfalls zehn Jahren wird das Beteiligungskapital an den Fonds und von diesem an die Genussscheinbesitzer zurückgezahlt.

Im Gegensatz zu den Investmentfonds, deren Management die Zusammensetzung des Vermögens durch Zukauf und Verkauf von Wertpapieren laufend ändern kann, bleibt der Genussscheinfonds zehn Jahre lang an den von ihm gewählten Firmen beteiligt.

18.4.5 Der Wert von Anteilen

Aktien können entweder als „Nennbetragsaktien“ oder als „Stückaktien“ begründet werden, wobei beide Aktienarten in einer Gesellschaft nicht nebeneinander bestehen dürfen. Nennbetragsaktien müssen stets auf mindestens einen Euro oder auf ein Vielfaches davon lauten. Dieser Wert wird Nennwert oder *Nominale* genannt. Alle Nennwerte einer Aktiengesellschaft zusammengezählt ergeben das *Nominal- bzw Grundkapital*. Der Anteil am Grundkapital bestimmt sich nach dem Verhältnis des Nennbetrags zum Grundkapital.

Stückaktien haben dagegen keinen Nennbetrag. Jede Stückaktie ist am Grundkapital in gleichem Umfang beteiligt. Der Anteil bestimmt sich nach der Zahl der ausgegebenen Aktien.

Wenn ein potentieller Käufer eine Aktie erwerben will, ist der Kaufpreis (Börsenkurs) in der Regel nicht mit dem Nominale ident. Häufig liegt der Börsenkurs ein Vielfaches über dem Nominale.

Die Ursache für diese Differenz liegt zum einen darin, dass das Nominalkapital einer Aktiengesellschaft nicht mit ihrem gesamten Eigenkapital identisch ist. Vielmehr sind auch Rücklagen und Gewinnvorträge zum Eigenkapital zu zählen.[79]

Das Verhältnis des bilanzierten Eigenkapitals (inklusive unversteuerter Rücklagen) zum Grundkapital bezeichnet man als **„Bilanzkurs".**[80]

$$\text{Bilanzkurs} = \frac{\text{bilanziertes Eigenkapital}}{\text{Grundkapital}} \times 100$$

Andererseits ist in vielen Fällen das tatsächliche Vermögen des Betriebes größer als das in der Bilanz ausgewiesene Vermögen, wenn etwa durch Unterbewertung von Vermögensteilen oder Überbewertung von Rückstellungen stille Rücklagen gebildet worden sind. Folglich ist auch das effektiv vorhandene Eigenkapital größer als das bilanzierte Eigenkapital, so dass sich das gesamte Eigenkapital einer Unternehmung aus dem bilanzierten Eigenkapital und den stillen Rücklagen zusammensetzt.

$$\text{Korrigierter Bilanzkurs} = \frac{\text{bilanziertes Eigenkapital + stille Rücklagen}}{\text{Grundkapital}} \times 100$$

Geht man nicht vom Verhältnis des Eigenkapitals zum Grundkapital, sondern vom Verhältnis des Ertragswertes zum Grundkapital aus, so erhält man den **Ertragswertkurs.**

$$\text{Ertragswertkurs} = \frac{\text{Ertragswert}}{\text{Grundkapital}} \times 100$$

Der Ertragswert lässt sich durch Kapitalisierung des nachhaltig erwarteten Reinertrages (Jahresüberschusses) ermitteln. Dabei werden die zukünftig zu erwartenden Erträge mit einem Kapitalisierungszinsfuß abgezinst.[81]

---

79 Vgl Kapitel 9.1 Eigenkapital

80 Vgl Wöhe, 1975, S 572

81 Zur Methode des Abzinsens siehe Kapitel 17.6.1.3 Dynamische Verfahren der Investitionsrechnung

$$\text{Ertragswert} = \frac{\text{Reinertrag}}{\text{Kapitalisierungszinsfuß}} \times 100$$

Während der Bilanzkurs lediglich zum Ausdruck bringt, wie viele Rücklagen im Verhältnis zum Grundkapital vorhanden sind, dh wie groß der „innere Wert“ einer Aktie auf Grund der vorhandenen Vermögenssubstanz ist, zeigt der Ertragswertkurs den „inneren Wert“ einer Aktie hinsichtlich der Ertragserwartungen.

Keiner der bisher dargestellten Kurse entspricht jedoch dem **Börsekurs.** Dieser wird durch alle Komponenten beeinflusst, von denen Angebot und Nachfrage abhängen.

Grundlage der Kursbildung sind die Erwartungen der Anleger hinsichtlich der Ertragsentwicklung des Unternehmens sowie hinsichtlich der Entwicklung von alternativen Anlagemöglichkeiten. Diese Erwartungen werden ua durch Dividendenankündigungen, Bekanntmachungen über Gewinne und den Geschäftsverlauf der Unternehmen sowie durch die allgemeine Konjunkturentwicklung etc beeinflusst. Die Erwartungen der Anleger können aber auch von psychologischen Faktoren maßgeblich beeinflusst werden – so werden immer wieder Kursstürze von Aussagen bedeutender bzw medienpräsenter Wertpapiermanager ausgelöst.

18.5 Schuldscheine

18.5.1 Anleihen

Anleihen stellen die größte Gruppe der Schuldscheine dar. Bedeutende Gesellschaften wie Banken, Versicherungen, Körperschaften oder Industrieunternehmen leihen sich dabei langfristig Geld aus und geben Wertpapiere aus.

Anleihen haben in der Regel eine längere Bindung, als sie bei gewöhnlichen Spareinlagen üblich ist, wodurch freilich auch eine höhere Verzinsung angeboten werden muss.

Bei der Zeichnung einer Anleihe borgt der Kapitalgeber sein Geld her und bekommt dafür eine fixe Verzinsung. Abgesehen von Extremfällen

– wie Insolvenz – besteht für den Kapitalgeber kein Risiko, da er sein Geld nach einer vereinbarten Laufzeit zur Gänze wieder zurückbekommt. Allerdings wird er nicht an Substanzgewinnen beteiligt, ausbezahlt wird nur der getätigte Kapitaleinsatz.

Möchte der Zeichner einer Anleihe sein Kapital vorzeitig zurückhaben, so kann das Wertpapier schon vor der Tilgung zum Kauf angeboten werden. Der Kaufpreis hängt dabei von Angebot und Nachfrage ab und wird in der Regel über die Börse gebildet.

Wenn das allgemeine Zinsniveau steigt und neue Anleihen eine höhere Verzinsung bringen als ihre Vorgänger, wird sich der Kurs für alte Anleihen an der Börse („Sekundärmarkt“) dieser Entwicklung anpassen und sinken. Wenn das allgemeine Zinsniveau dagegen sinkt, vermindert sich der Zinssatz für neue Anleihen. Die alten Anleihen werfen nun auf Grund der früheren Konditionen mehr Zinsen ab als die neuen; der Kurs für die alten Anleihen wird dementsprechend an der Börse steigen.

Anleihen sind in der Regel die „klassischen“ Wertpapiere zur Deckung der Abfertigungs- und Pensionsrückstellung.

18.5.1.1 Wandelanleihen

Wandelanleihen sind Anleihen von Aktiengesellschaften, die dem Geldgeber zunächst eine fixe Verzinsung bieten und ihm nach Ablauf einer fixierten Frist die Möglichkeit geben, die Anleihe zu einem im Voraus festgesetzten Verhältnis in Aktien der betreffenden Gesellschaft umzuwandeln. Der Anleihezeichner kann dadurch auch von einer etwaigen Wertsteigerung der von ihm mitfinanzierten Gesellschaft profitieren.

18.5.1.2 Optionsanleihen

Optionsanleihen sind Anleihen, die dem Käufer neben der Verzinsung das Recht einräumen, andere Wertpapiere – in der Regel Aktien einer Gesellschaft, die die Anleihe aufnimmt – zu im Voraus festgesetzten Preisen zu erwerben. Falls der Marktwert dieser Aktien über den festgesetzten Optionskurs steigt, bekommt das Optionsrecht einen eigenen Marktwert. Die Optionsscheine, die ihren Besitzer zum günstigen Kauf des Wertpapieres berechtigen, werden ihrerseits an der Börse gehandelt.

Für die Kaufpreisgarantie verlangt der Anbieter von Optionsscheinen eine „Prämie“. Sie ist umso höher, je wahrscheinlicher der Börsekurs der betreffenden Aktie zum vereinbarten Zeitpunkt über dem in der Option vereinbarten Kaufpreis liegen wird.

Liegt der aktuelle Börsekurs bei Ausübung einer Option höher als der vereinbarte Optionspreis plus Prämie, hat der Besitzer des Optionsscheines die Differenz gewonnen. Liegt der Börsekurs unter dem vereinbarten Optionspreis, wird der Inhaber des Scheines auf die Ausübung der Option verzichten, und der Verkäufer der Option ist der Gewinner.

Generell kann eine Option als Wette über die zukünftige Kursentwicklung einer Aktie verstanden werden.[82] Je nachdem ob auf steigende oder sinkende Kursentwicklung spekuliert wird, können Call- und Putoptionen unterschieden werden. Bei Calloptionen „wettet“ der Käufer der Option, dass der Kurs des zu Grunde liegenden Wertes steigen wird. Bei einer Putoption wird dagegen auf sinkende Kurse gesetzt. Putoptionen werden daher oft auch aus dem Motiv der Risikobegrenzung gehalten. Sinkt der Kurs von Wertpapieren, profitiert der Kapitalanleger durch den gleichzeitig ansteigenden Wert der Putoption.

18.5.1.3 Nachrangiges Kapital

Nachrangiges Kapital nimmt eine Mittelstellung zwischen Aktie und Anleihe ein. Das durch sie aufgebrachte Kapital gilt als „nachrangiges Fremdkapital“.

Kommt es zu einer Insolvenz beim Schuldner, so wird das nachrangige Kapital erst dann bedient, wenn alle übrigen Gläubiger befriedigt worden sind. Somit kommt dem nachrangigen Kapital in gewisser Weise der Charakter von Risikokapital zu. Als Gegenleistung für das höhere Risiko sind solche Anleihen in der Regel mit höheren Zinsen oder einem zusätzlichen Optionsrecht ausgestattet.

82 Vgl Tschebull, 1989, S 30

18.5.2 Pfandbriefe und Kommunalbriefe

Diese Art von Schuldscheinen wird insbesondere von Pfandbriefinstituten – etwa Hypothekenbanken – ausgegeben. Sie richten sich an Personen, die Wert auf eine Sicherstellung durch Grund und Boden legen. Die Pfandbriefinstitute verwenden das aufgebrachte Kapital, um Grundbesitzern, die ihren Boden als Pfand zur Verfügung stellen, Darlehen zu gewähren.

Kapitalgeber bekommen für die Zurverfügungstellung von Kapital Zinsen sowie eine grundbücherliche Sicherstellung. Die Laufzeit der Papiere ist in der Regel höher als vergleichsweise bei Anleihen (bis zu 20, mitunter auch mehr Jahre).

Bei Kommunalbriefen werden die aufgebrachten Mittel als Kredit an öffentlich-rechtliche Körperschaften – zB Gemeinden – weitergereicht. Diese Kredite sind durch eine öffentlich-rechtliche Haftung gesichert.

18.6 Die Analyse von Aktien

Wer Geld in Aktien oder andere Wertpapiere investiert, möchte sichergehen, dass es sich um eine rentable Veranlagung handelt. Um dies zu beurteilen, ist es erforderlich, die Wertpapiere genauer zu analysieren. Als Analysemethoden lassen sich dabei die Fundamental- und die technische Analyse unterscheiden.

18.6.1 Die Fundamentalanalyse

Bei der Fundamentalanalyse wird davon ausgegangen, dass der Wert einer Aktie hauptsächlich von der Entwicklung der wirtschaftlichen Lage des betreffenden Unternehmens abhängig ist. Je besser die Ertragsaussichten sind, desto stärker wird der Kurs der Aktie steigen. Als Analyseinstrument kommen vor allem die Bilanzanalyse, aber auch Marktuntersuchungen, Untersuchungen über Produktprogramme etc in Frage.

Die große Bedeutung der Jahresabschlüsse in Zusammenhang mit der Fundamentalanalyse ergibt sich deshalb, da börsennotierende Gesellschaften ihren Jahresabschluss veröffentlichen müssen und dieser daher auch den Anlegern zugänglich wird. Da die Jahresabschlüsse allerdings nur vergangenheitsbezogene Daten liefern können, ist es für die interessierten Anleger ebenso wichtig, Anhaltspunkte über die zukünftige Entwicklung der Gesellschaft zu gewinnen (Auftragslage, Investitionen, Forschung und Entwicklung).

18.6.2 Die technische Analyse

Unter technischer Analyse versteht man in der Börsensprache alle Methoden, die ausgehend von der Kursentwicklung Schlüsse über den weiteren Verlauf einer Aktie sowie der Gesamtbörse ziehen. Diese Methoden sind jedoch selbst unter Experten umstritten.[83]

18.6.2.1 Die Methode der gleitenden Durchschnitte

Da die Kurse täglich schwanken, gibt es immer wieder die Bestrebung, die kurzfristigen Zufallsschwankungen auszuschalten, um einen mittelfristigen Trend zu erkennen.

Dieser Trend kann etwa durch die Berechnung des *gleitenden 200-Tage-Durchschnitts* (gemeint sind 200 Börsentage) ermittelt werden. Dabei werden die Kurse der letzten 200 Tage addiert und durch 200 geteilt. An jedem Börsentag wird der gleitende Durchschnitt neu berechnet. Der neueste Kurs kommt hinzu, der älteste fällt weg.

Stellt man das graphisch dar, gewinnt man eine Linie, die einen mittelfristigen Trend angibt. In einer Hausse bewegen sich die aktuellen, täglichen Kurse oberhalb der 200-Tage-Linie, in einer Baisse unterhalb. Nun gibt es folgende Regel: Schneidet die Kurve der täglichen Kurse die 200-Tage-Linie nach oben, gilt dies als Kaufsignal, umgekehrt als Verkaufssignal.

83 Vgl Lang, 1986, S 88 f

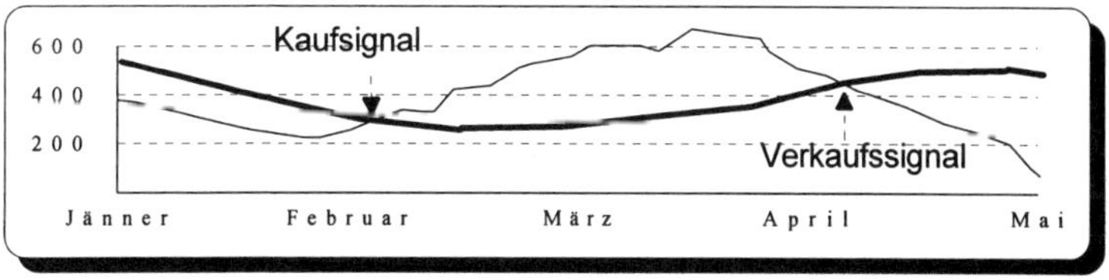

In unserem Beispiel ergibt sich im Februar ein Kaufsignal, im April sollten die Werte besser wieder verkauft werden – außer der Anleger beabsichtigt, die Aktie langfristig in seinem Portefeuille zu behalten.

18.6.2.2 Trendlinien

Die üblichen Börsenkursbewegungen ergeben ein stetes Auf und Ab der Kurslinie. Will man aus dieser Kurve einen einheitlichen Trend sichtbar machen, kann man sich mit so genannten „Trendlinien" behelfen. Dabei werden an die Kurven Tangenten angelegt. Nach oben hin zeigende Trendlinien gelten als Kauf- und nach unten hin zeigende als Verkaufssignale. Für die meisten Aktien werden diese Kurven in Form von „Charts" in Spezialzeitschriften veröffentlicht.

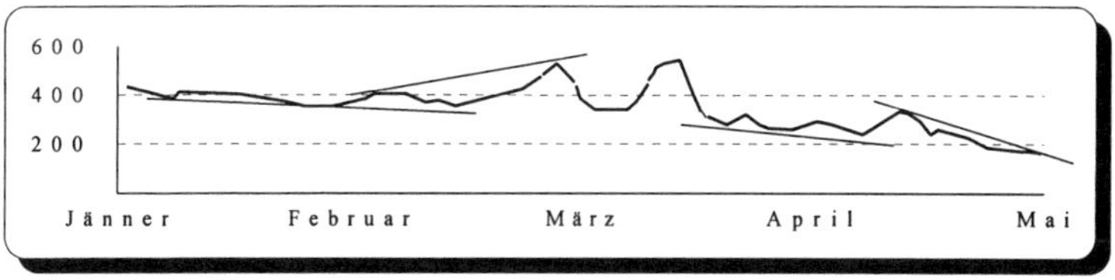

18.6.2.3 Das Aktienumsatzvolumen

Viele Börsianer, die sich der technischen Analyse, insbesondere der Chartanalyse verschrieben haben, sind der Meinung, dass ohne genaue Kenntnis des Umsatzvolumens einer Aktie keine exakte Prognose gestellt werden kann. Das Umsatzvolumen sollte jedoch nicht überbetont werden, da steigende Kurse fast immer von hohen Umsätzen begleitet sind. Ferner kommt es trotz Einbeziehung des Umsatzvolumens immer wieder zu Fehlprognosen.

Aus der Analyse des Aktienvolumens zeigt sich unter anderem, ob ein „Durchbruch“ des Kurses verlässlich ist. Findet etwa ein rascher Kursanstieg bei einem niedrigen Aktienvolumen statt, kann dies darauf hindeuten, dass in erster Linie Spekulanten am Werk waren. Ein sich daraus ergebender Kursanstieg wird daher häufig nicht von anhaltender Dauer sein.[84]

18.6.2.4 Börsenindizes

Die Entwicklung des Börsenkurses einer einzelnen Aktie ist nicht nur von der wirtschaftlichen Lage dieser Gesellschaft abhängig, vielmehr spielt auch die Gesamtentwicklung des jeweiligen Börsenmarktes eine entscheidende Rolle. Eine Beurteilung des gesamten Börsenmarktes wird mit so genannten „Indizes“ durchgeführt. Ein Aktienindex ist ein repräsentativer Durchschnittswert aller bzw der wichtigsten Aktien eines Landes.

Die bedeutendsten Indizes sind der Dow-Jones-Index (New York), der Nikkei-Index (Tokio), der DAX (Frankfurt) und der FT-100-Index (London). Die wichtigsten Indices in Österreich sind der Wiener Börsen-Index (WBI) und der Austrian-Traded-Index (ATX). Letzterer wird auf Basis der im Fließhandel gehandelten Aktien berechnet, ersterer beschreibt die Entwicklung sämtlicher im amtlichen Börsehandel notierenden österreichischen Aktien. Immer mehr Bedeutung erlangen mittlerweile vor allem Börsen, die mit Werten aus Wachstumsbranchen (Internet, Telekommunikations etc) handeln. Der wichtigste Index in den USA ist hier der Nasdaq-100-Index. Der NEMAX-50 ist das vergleichbare Pendant dazu auf der Frankfurter Börse. An der Wiener Börse wird in diesem Segment seit Mai 2000 der Vienna Dynamic Index (ViDX) berechnet, der unter anderem die Aktien von Libro, Cybertron oder Bet and Win enthält.

Die Entwicklung von Aktien und anderen Wertpapieren hängt zwar in der Regel grundsätzlich mit der Entwicklung der wirtschaftlichen Lage des dem Papier zu Grunde liegenden Unternehmens zusammen. Es spielen jedoch irrationale Einflussfaktoren eine häufig viel zu wenig beach-

84 Vgl Lang, 1989, S 98

tete Rolle. Technische und statistische Hilfswerkzeuge wie die Analyse von Charts, Aktienvolumen etc können daher bei der Prognose bestenfalls als Unterstützung betrachtet werden, verlassen sollte man sich auf deren Aussagen jedoch keinesfalls.

Dies gilt insbesondere für Beteiligungen von ArbeitnehmerInnen an der eigenen Unternehmung. Den Aktienerwerbern muss klar sein, dass jede Aktie mit dem Risiko des Wertverlustes behaftet ist. Selbst wenn die Unternehmung im fundamentalen Bereich positive Ertragszahlen aufweist, können psychologische Momente – unter Umständen auch spekulative Momente – zu einem Verfall des Aktienkurses führen. Um den damit verbundenen Vermögensverlust für die betroffenen ArbeitnehmerInnen in Grenzen zu halten, sollte immer nur ein Teil der Ersparnisse in Risikopapiere investiert werden. Die restlichen Ersparnisse sind besser in festverzinslichen Wertpapieren (etwa Sparbuch) angelegt.

18.6.3 Das österreichische Übernahmegesetz

Das Übernahmegesetz (ÜbG) trat mit 1. Jänner 1999 in Kraft. Das Hauptanliegen des ÜbG ist es, im Interesse der Minderheitsaktionäre und Arbeitnehmer der Zielgesellschaft ein geordnetes Verfahren bei öffentlichen Übernahmeangeboten börsenotierter Unternehmen sicherzustellen. Kernstück des Gesetzes ist das den Minderheitsaktionären bei einem Kontrollwechsel zu unterbreitende Pflichtangebot, das den Minderheitsaktionären die freie Entscheidung über Verbleib oder Austritt eröffnet.

Auslöser für die Schaffung eines Übernahmerechts war der Kauf der Bundesanteile an der Creditanstalt-Bankverein durch die Bank Austria. Weitere Übernahmen (zB Steyr durch Magna und die konkurrierenden Angebote für Aktien der Krems-Chemie AG) bestätigten die Notwendigkeit eines dem Transparenzgebot Rechnung tragenden Verfahrens, das bei jedem öffentlichen Angebot einzuhalten ist.

Das Übernahmerecht ist in Übereinstimmung mit einem Richtlinienvorschlag der EU (13. Richtlinie auf dem Gebiet des Gesellschaftsrecht betreffend Übernahmeangebote) erarbeitet worden und erfasst nur den Beteiligungserwerb von in Österreich börsenotierten Aktiengesellschaften. Das wesentliche Ziel des Übernahmerechts ist es, bei einem Kontrollwechsel jedem Aktionär der Zielgesellschaft (= übernommenes Unternehmen) die Ausstiegsmöglichkeit durch Verkauf seiner Aktien zu sichern. Ein so genanntes Pflichtangebot ist demnach an alle Aktionäre zu richten, wenn ein Bieter die Mehrheit der Stimmrechte der Zielgesellschaft erwirbt. Aber auch bei Erwerb von weniger als 50 % der Stimmrechte kann – insbesondere bei Publikumsgesellschaften – eine kontrollierende Beteiligung vorliegen. Der so genannte Schwellenwert, ab dem eine kontrollierende Beteiligung zu vermuten ist, wurde entsprechend internationalen Vorbildern durch Verordnung der Übernahmekommission bei 30 % der Stimmrechte festgelegt. Die Satzungen der einzelnen Gesellschaften können eine widerlegliche Vermutung bereits bei weniger als 30 % der Stimmrechte festlegen, wobei der Grenzwert bei 20 % liegt.

Eine weitere Verordnung der Übernahmekommission hat die so genannte „Creeping-in-Klausel" (schleichender Ausbau der Kontrolle) zum Inhalt und dient im Wesentlichen der Vorbeugung von möglichen Umgehungsvarianten des Übernahmegesetzes (zB Verletzung der Gleichbehandlung). Nach der 2. Verordnung der Übernahmekommission ist ein Pflichtangebot auch dann zu stellen, wenn ein bereits kontrollierender Aktionär (oder gemeinsam vorgehende Rechtsträger) mit weniger als 50 % der Stimmrechte innerhalb einer Frist von 12 Monaten zusätzlich mehr als 2 % der Stimmrechte hinzuerwirbt. Das Pflichtangebot entfällt jedoch, sofern eine Gefährdung der Vermögensinteressen der Kleinaktionäre nicht zu befürchten ist. Dies ist der Fall, wenn der Erwerb durch ein öffentliches Angebot erfolgt und nach dem Erwerb der kontrollierende Aktionär bzw die mit ihm gemeinsam vorgehenden Rechtsträger nicht mehr als 47 % der Beteiligung halten. Nach Überschreiten der 50-%-Schwelle kommen die Regeln über das „Creeping-in" nicht mehr zur Anwendung.

Für die Auslösung eines Pflichtangebots ist es irrelevant, wie die kontrollierende Beteiligung zu Stande kam, ob durch schleichenden Aufkauf über die Börse, durch ein freiwilliges Übernahmeangebot oder durch den Kauf eines großen Aktienpakets. Gerade beim Pakethandel wird oft ein über dem Börsekurs liegender Preis erzielt, welcher in Hinkunft auch an die Minderheitsaktionäre zumindest teilweise weitergegeben werden muss. Der im Fall eines Pflichtangebots an alle Aktionäre anzubietende Preis muss mindestens dem durchschnittlichen Börsekurs der letzten 6 Monate entsprechen und darf höchstens um 15 Prozent jenen Betrag unterschreiten, den der kontrollierende Aktionär in den vergangenen zwölf Monaten für Aktien der Zielgesellschaft bezahlt hat (zB bei außerbörslichem Paketkauf). Der mögliche Paketabschlag von höchstens 15 % kann durch Satzungsbestimmung ausgeschlossen oder mit einem niedrigeren Prozentsatz festgelegt werden.

Bisweilen haben drei Gesellschaften die Möglichkeit in Anspruch genommen und durch Satzungsbestimmung auf den Preisabschlag völlig verzichtet.

Die Gleichbehandlung aller Aktionäre der übernommenen Gesellschaft wird durch entsprechende Transparenz des Übernahmevorgangs gesichert. So erhalten die Aktionäre und sonstigen Beteiligungspapierinhaber der Zielgesellschaft sorgfältig aufbereitete und von einem unabhängigen Sachverständigen kontrollierte Informationen, um auf fundierter Grundlage und ohne Zeitdruck über die Annahme des Angebots entscheiden zu können. Die Bundesarbeitskammer hat sich besonders dafür eingesetzt, dass im Rahmen der Angebotsunterlage über die künftige Geschäftspolitk zu berichten ist und damit dem Informationsbedürfnis der Arbeitnehmer angemessen Rechnung getragen wird. Dem Betriebsrat sind die Angebotsunterlagen vom Vorstand der Zielgesellschaft umgehend zur Verfügung zu stellen.

Die Organe der Zielgesellschaft sind verpflichtet, im Interesse aller Aktionäre zu handeln und Marktverzerrungen wie Insiderhandel bei den beteiligten börsenotierten Gesellschaften zu verhindern. Bei der Beurteilung des Pflichtangebots bzw öffentlichen Übernahmeangebots haben die Organe der Zielgesellschaft auch die Interessen der Arbeitnehmer, der Gläubiger und das öffentliche Interesse zu berücksichtigen. Die Stellungnahme der Organe der Zielgesellschaft ist ebenfalls dem Betriebsrat zu übermitteln.

Zur Durchführung der Aufgaben des ÜbG ist eine unabhängige Übernahmekommission eingesetzt, der auch drei von der Bundesarbeitskammer vorgeschlagene Mitglieder angehören. Bei der Übernahmekommission handelt es sich um eine Kollegialbehörde mit richterlichem Einschlag, die über alle im Zusammenhang mit dem Übernahmegesetz zu beurteilenden Angelegenheiten entscheidet. Damit wird im Interesse der beteiligten Unternehmen eine rasche Durchführung des Übernahmevorgangs gewährleistet. Sie ist weiters berechtigt, Verordnungen zum Übernahmegesetz zu erlassen.

Börsenotierte Unternehmen, die sich den Bestimmungen des Übernahmerechts nicht unterwerfen wollten, konnten bis 31. Dezember 1999 durch Satzungsbestimmung (Dreiviertel-Mehrheit) beschließen, dass die Vorschriften des Pflichtangebots keine Anwendung finden (Opting-out). Insgesamt haben drei Gesellschaften hievon Gebrauch gemacht. Beteiligungspapiere solcher Gesellschaften dürfen dann nicht im Amtlichen Handel notieren und werden in den Geregelten Freiverkehr umgereiht.

Die Übernahmekommission hat 1999 insgesamt sechs Einzelfälle behandelt. Detailinformationen zu den Einzelfällen sowie detaillierte Informationen und wichtige „Links“ können auf der Homepage der Übernahmekommission (**www.takeover.at**) abgerufen werden.

19. Die Kostenrechnung – wichtige Begriffe

Der handels- und steuerrechtliche Jahresabschluss der Unternehmung stellt die offizielle und extern orientierte periodenbezogene Erfolgsrechnung eines Geschäftsjahres dar. Davon zu unterscheiden ist nun die **kalkulatorische Erfolgsrechnung**, deren Charakter sich durch folgende Merkmale vom Jahresabschluss unterscheidet:

- Die Kostenrechnung ist ausschließlich intern ausgerichtet – der Jahresabschluss richtet sich auch an externe Adressaten;
- im Gegensatz zum Jahresabschluss können aus der Kostenrechnung Aussagen über einzelne Produkte bzw Bereiche des Unternehmens gewonnen werden. Während im Jahresabschluss der Erfolg für das gesamte Unternehmen berechnet wird, können in der Kostenrechnung die Kosten eines einzelnen Produktes isoliert und darauf aufbauend eine Preiskalkulation erstellt werden;
- der Jahresabschluss basiert auf gesetzlich vorgegebenen Regeln, welche es bei der Kostenrechnung nicht gibt;
- die Berechnung der Kosten basiert auf Grundlage der Aufwendungen aus der Gewinn- und Verlustrechnung; es werden jedoch Anpassungen vorgenommen (zB werden die Abschreibungen auf Grund der Wiederbeschaffungswerte und nicht der Anschaffungswerte berechnet; nicht betriebsnotwendige Aufwendungen wie Spenden an Sportvereine etc werden nicht als Kosten aufgenommen).

Die Aufgabe der Kostenrechnung ist die Erfassung, Verteilung und Zurechnung der Kosten, die bei der betrieblichen Leistungerstellung entstehen. Durch die Ermittlung der Kosten soll in erster Linie eine Grundlage für betriebliche Entscheidungen geschaffen werden. Gleichzeitig sollen durch einen Vergleich der tatsächlich angefallenen Kosten mit den zuvor geplanten Kosten Abweichungen sowie deren Ursachen festgestellt werden.

Im Folgenden werden die wichtigsten Begriffe der Kostenrechnung näher erläutert und mit Beispielen illustriert.

19.1 Kostenartenrechnung

Die Kostenartenrechnung dient der systematischen Erfassung aller Kosten, die bei der Erstellung und Verwertung der Kostenträger (= Produkte oder Leistungen) entstehen. Ihre Fragestellung lautet: **Welche Kosten sind angefallen?**

In der Regel können folgende Kostenarten unterschieden werden:

- *Personalkosten* – Löhne, Gehälter, soziale Abgaben etc
- *Sachkosten* – Roh-, Hilfs- und Betriebsstoffe
- *Kapitalkosten* – zB Zinsen, Abschreibungen auf Gebäude, Maschinen, Geschäftsausstattung etc
- *Kosten für Dienstleistungen Dritter* – zB Transportkosten, Rechts- und Beratungskosten, Energiekosten, Telefon
- *Kosten für Steuern, Gebühren und Beiträge*

Wie bereits erwähnt, werden die Kostenarten aus der Finanzbuchhaltung gewonnen, wobei bei der Überleitung häufig Berichtigungen angebracht werden müssen. So sind etwa nicht betriebsnotwendige Aufwendungen aus der Buchhaltung – etwa Spenden, Sponsoring von Sportvereinen – in der Kostenrechnung unberücksichtigt zu lassen. Diese nicht berücksichtigten Aufwendungen werden *neutrale Aufwendungen* genannt. Andererseits werden in der Kostenrechnung zusätzlich kalkulatorische Kosten etwa für Wagnisse (zB in Folge von Konjunkturrückgängen, plötzlichen Nachfrageverschiebungen) oder Zinsen aufgenommen. Letztere werden auf Basis des gesamten betriebsnotwendigen Kapitals berechnet und nicht nur auf Basis des Fremdkapitals wie in der Finanzbuchhaltung. Diese Kosten, denen kein Aufwand gegenübersteht, werden *Zusatzkosten* genannt.

Die Überleitung der Aufwendungen aus der Finanzbuchhaltung in Kosten wird im *Betriebsüberleitungsbogen (BÜB)* vorgenommen.

Die einzelnen Kostenarten können ihrerseits in Einzel- und Gemeinkosten sowie in fixe und variable Kosten eingeteilt werden.

19.1.1 Einzelkosten

Einzelkosten sind den erstellten Leistungen direkt zurechenbar, da sie pro Kostenträger genau erfasst werden können. Die Fertigungslöhne oder Materialaufwendungen gehören zu dieser Gruppe. Einzelkosten entsprechen dem Verursachungsprinzip im hohen Maße.

19.1.2 Gemeinkosten

Gemeinkosten sind nicht direkt auf die einzelnen Leistungen zurechenbar, da sie für mehrere oder alle Leistungen der Kostenbereiche entstanden sind. Sie werden häufig auch *Overheads* bezeichnet. Als Beispiel kommen etwa Verwaltungsaufwendungen in Frage (Telefonkosten, Buchhaltung, Lohnverrechnung). Das Verursachungsprinzip ist bei ihnen schwerer (oder überhaupt nicht) als Verteilungskriterium anzuwenden. Die Verrechnung auf die Kostenträger erfolgt indirekt mit Hilfe von Schlüsselgrößen und Zuschlagssätzen über Kostenstellen.

19.1.3 Fixe Kosten

Die fixen Kosten, auch feste bzw konstante Kosten genannt, sind jene Kostenbestandteile, die bei einer Änderung des Beschäftigungsgrades konstant bleiben. Sie entstehen aus der *Bereitschaft* zur Leistungserstellung und werden deshalb auch *Kosten der Betriebsbereitschaft* genannt.

Typische Fixkosten sind Abschreibungen von Anlagevermögen und Zinsen für Kredite. Diese Kosten fallen unabhängig von der Kapazitätsauslastung des Unternehmens an. Auch wenn die Beschäftigung stark abnimmt, fallen diese Kosten in unverminderter Höhe an.

Fixkostensprung

Fixkosten sind jedoch nur jeweils für einen bestimmten Beschäftigungsbereich unveränderlich. Verändert sich der Beschäftigungsgrad über eine bestimmte Grenze, entsteht ein *Fixkostensprung*.

Beispiel: Eine Maschine hat eine Kapazität von 1.000 Stück. Solange der Beschäftigungsgrad innerhalb dieser maximalen Kapazität bleibt, bleiben die durch diese Maschine anfallenden Kosten unverändert. Wird nun der Beschäftigungsgrad – etwa anlässlich eines Konjunkturaufschwunges – erhöht und die Ausbringungsmenge auf 1.500 Stück angehoben, so muss eine weitere Maschine angeschafft werden. Die mit der Investition verbundenen Fixkosten (Abschreibungen, Zinsen) führen zu einem Fixkostensprung.

Fixkostendegression

Generell gelten der Großanlagenbau, die eisen- und stahlerzeugende Industrie sowie die Großchemie als stark fixkostenintensiv. Unternehmen dieser Branche leiden in konjunkturell rückläufigen Phasen unter einem höheren Kostendruck als Unternehmen mit einem geringeren Fixkostenanteil. Da die Fixkosten kurzfristig nicht abgebaut werden können, verteilen sie sich in Zeiten mit geringerem Beschäftigungsgrad auf weniger Leistungseinheiten, wodurch die Kostenbelastung pro Stück überproportional zunimmt. Umgekehrt nehmen die Gesamtkosten pro Stück bei einer Erhöhung des Beschäftigungsgrades weniger zu, je höher der Fixkostenanteil ist. Dieser Sachverhalt wird *Fixkostendegression* genannt. Anlagenintensivere Unternehmen versuchen daher zunehmend, ihre Fixkosten durch flexiblere Finanzierungsformen – zB Leasing – abzubauen.

Kostenremanenz

In Zusammenhang mit Fixkosten wird immer wieder der Begriff *Kostenremanenz* verwendet. Darunter wird verstanden, dass bei rückläufiger Beschäftigung Kosten senkende Anpassungsprozesse oft unterbleiben, da das Unternehmen die Kapazität nicht ohne weiters einschränken kann.

Dies wird besonders in der Tourismusindustrie, aber auch beim Verkehr deutlich sichtbar. Geht etwa die Auslastung in einem Schigebiet deutlich zurück, so können die bestehenden Schilifte nicht ohne weiteres abgebaut werden. Ein Abbau hätte aller Voraussicht nach – neben den technischen Abtragungskosten – auch einen Verlust an Attraktivität für den Kunden und damit einen weiteren Auslastungsrückgang zur Folge.

19.1.4 Variable Kosten

Variable Kosten variieren im gleichen Maße wie der Beschäftigungsgrad. Typische variable Kosten sind die Material- oder Energiekosten. Je mehr produziert wird, desto höher wird der Material- bzw Energieverbrauch.

Beispiel: Ein Unternehmen hat Fixkosten für Abschreibungen, Miete und Zinsen in der Höhe von 1.000 €. Pro erzeugten Stück fallen 50 € variable Kosten für Material, Fertigungslöhne, Energie etc an.

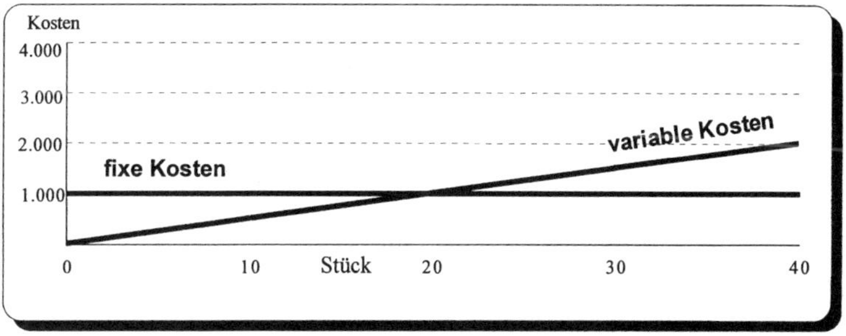

Im Fall einer Unternehmenskrise ist es für Unternehmen mit einem hohen Anteil variabler Kosten leichter, Einsparungen vorzunehmen, da die variablen Kosten dem niedrigeren Beschäftigungsgrad angepasst werden können. Fixkosten können oft nur mit zeitlicher Verzögerung reduziert werden.

19.2 Kostenstellenrechnung

Die Kostenstellenrechnung baut auf der Kostenartenrechnung auf. An die Erfassung der Kostenarten schließt sich ihre Verteilung auf die Betriebsbereiche an, in denen sie angefallen sind. Während die Kostenartenrechnung zeigt, welche Kosten entstanden sind, gibt die Kostenstellenrechnung Aufschluss darüber, **wo** die Kosten angefallen sind. Sie erfasst die Kosten also am Ort ihrer Entstehung.

Die primäre Aufgabe der Kostenstellenrechnung ist die Überwachung und Kontrolle der Wirtschaftlichkeit der betrieblichen Tätigkeit in den einzelnen Kostenstellen.

Die Bildung von Kostenstellen kann nach folgenden Gesichtspunkten erfolgen:

- nach *betrieblichen Funktionen* wie Beschaffung, Fertigung, Verwaltung, Vertrieb;
- nach *Verantwortungsbereichen* – zB nach Meistern;
- nach *räumlichen Gesichtspunkten* – Filialen, Betriebe, Lager, Werkstatt;
- nach *rechentechnischen Erwägungen* – zB für eine Platzkostenrechnung (einzelne Maschinen und Arbeitsplätze werden als eigene Kostenstelle verwendet).

Kostenstellen können in *Hauptkostenstellen* und *Hilfskostenstellen* untergliedert werden. Die Kosten der Hauptkostenstellen können dabei direkt den Kostenträgern (Produkte, Leistungen) zugerechnet werden. Typische Hauptkostenstellen sind Fertigungsstellen und Materialstellen. Die Hilfskostenstellen erbringen dagegen innerbetriebliche Leistungen für andere Kostenstellen (zB EDV-Abteilung).

Der Betriebsabrechnungsbogen

Die Kostenstellenrechnung kann kontenmäßig oder tabellarisch durch die Verwendung eines Betriebsabrechnungsbogens (BAB) durchgeführt werden. Der BAB ist eine Tabelle, in der die Kostenarten vertikal und die Kostenstellen horizontal aufgelistet werden.

Er hat folgende Aufgaben:

- die Gemeinkosten nach dem Verursachungsprinzip auf die Kostenstellen zu verteilen;
- die Kosten der Hilfskostenstellen auf Hauptkostenstellen umzulegen;
- Kalkulationssätze für jede Kostenstelle durch Gegenüberstellung von Einzel- und Gemeinkosten zu ermitteln;
- die Berechnung von Kennzahlen zur Kontrolle der Wirtschaftlichkeit der einzelnen Kostenstellen zu ermöglichen.

Beispiel eines vereinfachten Betriebsabrechnungsbogens:

Kostenstellen / Kostenarten	GuV	Kostenrechnung	Hauptkostenstellen				Hilfskostenstelle
	Aufwand	**Gesamtkosten**	Lager	Fertigung	Verwaltung	Vertrieb	Fuhrpark
1. *Personalkosten*							
Bezüge	1.000	**1.000**	300	150	200	200	150
soziale Abgaben	500	**500**	150	75	100	100	75
2. *Kosten für Dienstleistungen*							
Miete und Hauskosten	500	**400**	40	80	100	100	80
Energiekosten	300	**250**	25	50	62,5	62,5	50
Versicherungen	100	**100**	11	22	28	28	11
3. *Abschreibungen*	100	**200**	20	40	50	50	40
Summe 1–3	**2.500**	**2.450**	**546**	**417**	**540,5**	**540,5**	**406**
4. *Umlage Hilfskostenstelle* (Fuhrpark)			215,2	162	28,4	0	–406
Summe 1–4	2.500	**2.450**	761,2	579,4	568,9	540,5	–

Erklärung des Betriebsabrechnungsbogens:

1. Die Überleitung von Aufwendungen in Kosten

Die im Betriebsabrechnungsbogen verwendeten Kosten leiten sich aus der Gewinn- und Verlustrechnung – genauer gesagt, aus der Finanzbuchhaltung – ab. Im Prinzip werden dabei die Aufwendungen aus der GuV – abgesehen von einigen Korrekturen – vollständig in die Kostenrechnung übernommen.

Abweichungen gibt es in unserem Beispiel bei den Miet- und Energiekosten. Eine mögliche Ursache, warum in der Kostenrechung bei diesen Kostenarten weniger verrechnet wird als in der Gewinn- und Verlustrechnung, könnte sein, dass das vorliegende Unternehmen einen Betrieb hat, der mit der eigentlichen Geschäftstätigkeit in keinem Zusammenhang steht (Beispiel: Trafik, Kindergarten, Sportklub). Diese nichtbetriebsnotwendigen Aufwendungen werden nicht in die Kostenrechnung übergeleitet.

Die Abschreibungen wieder werden in diesem Beispiel in der Kostenrechnung höher angesetzt als in der Buchhaltung. Dies dürfte darauf zurückzuführen sein, dass Abschreibungen in der Finanzbuchhaltung vom Anschaffungswert, in der Kostenrechnung jedoch vom Wiederbeschaffungswert berechnet werden.

2. Die Aufteilung der Kosten auf die einzelnen Kostenstellen

Die Umlage der bei der Erstellung von Produkten oder Leistungen anfallenden Kosten auf die einzelnen Kosten sollte im Idealfall nach der Zahl der in Anspruch genommenen Leistungseinheiten erfolgen (zB: Arbeitsstunden bei den Arbeitskosten, kw/h bei den Energiekosten). Ist eine Aufteilung nach diesen Gesichtspunkten nicht möglich, müssen Zuteilungsschlüssel (Fläche, Anzahl der ArbeitnehmerInnen etc) verwendet werden.

3. Die Umlage der Hilfskostenstelle auf die Hauptkostenstellen

In unserem Beispiel wird die Hilfskostenstelle Fuhrpark auf die anderen Hauptkostenstellen umgelegt. Der Fuhrpark erbringt ausschließlich Leistungen für andere Kostenstellen, sodass die hier entstandenen Kosten nun auf die Haupkostenstellen verteilt werden müssen. Die Umlage der Hilfskostenstelle kann wieder entweder durch eine genaue Abrechnung der erbrachten Leistungseinheiten (falls vorhanden bzw möglich) oder mittels Verteilungsschlüsseln erfolgen.

Zuschlagssätze

Ein Betriebsabrechnungsbogen beinhaltet in der Regel neben einer Aufteilung der Kosten nach Kostenstellen eine Berechnung von Zuschlagssätzen. Dabei werden in einem ersten Schritt die in den jeweiligen Kostenstellen anfallenden Kosten danach beurteilt, ob sie dem Kostenträger (Produkt, Leistung) direkt zurechenbar sind. Es wird also differenziert, ob die Kosten Einzel- oder Gemeinkosten darstellen. Wenn diese Aufteilung beendet ist, werden in einem weiteren Schritt die Zuschlagssätze gebildet. Der Zuschlagssatz ist immer ein Prozentwert und gibt an, wie hoch die Gemeinkosten in Prozent der Einzelkosten sind.

Fortsetzung Beispiel: ***Fertigungsstelle***

Es wird angenommen, dass die in der Fertigungsstelle anfallenden Personalkosten Einzelkosten sind, da sie direkt dem Produkt zurechenbar sind. Die übrigen Kosten wie Miete, Energie, Abschreibungen etc sind in unserem Beispiel Gemeinkosten.

Fertigungsstelle

Einzelkosten	Personalkosten	225
	Summe	225
Gemeinkosten	Sachkosten	417
	Abschreibungen	40
	Umlage Hilfskostenstelle	162,4
	Summe	**619,4**
Zuschlagssatz	**Gemeinkosten in % der Einzelkosten**	**275**

Der sich aus dieser Rechnung ergebende Zuschlagssatz wird insbesondere für die Kalkulation der Selbstkosten benötigt. Dabei werden den Einzelkosten die Gemeinkosten in Form des Zuschlagssatzes aufgeschlagen, und es ergibt sich die Höhe der Selbstkosten.[85]

85 Vgl Kapitel 19.3 Die Kostenträgerrechnung

19.3 Die Kostenträgerrechnung

Die Kostenträgerrechnung stellt die Frage: **Wofür sind Kosten entstanden?** Als Kostenträger werden dabei die Produkte oder Leistungen verstanden, die am Markt verkauft werden sollen. Die Kostenträgerrechnung hat die Aufgabe, die Herstell- und die Selbstkosten, die bei der Erstellung von Kostenträgern entstanden sind, auf die Leistungseinheiten (Produkte, Leistungen) zu verrechnen. Sie wird auch *Kalkulation* genannt.

Diese Kostenermittlung dient in erster Linie als Grundlage für preispolitische Entscheidungen, zB der Kalkulation des Angebotspreises, sofern der Betrieb einen Einfluss auf den Preis nehmen kann. Ferner dient die Kalkulation der Ermittlung der Preisuntergrenze, dh der Feststellung, welcher Marktpreis gerade noch geeignet ist, die Gesamtkosten des Produktes zu decken. Die Kostenträgerrechnung ist aber auch Grundlage für die Bewertung der Bestände an Halb- und Fertigfabrikaten sowie der selbsterstellten Anlagen.

Es gibt verschiedene Methoden, wie eine Kostenträgerrechnung aufgestellt werden kann. Eine gebräuchliche Methode ist die so genannte *Zuschlagskalkulation*, die auf die im Betriebsabrechnungsbogen ermittelten Zuschlagssätze aufbaut. Dabei werden die *Einzelkosten* in direkter Weise je Kostenträger erfasst und den Kostenträgern zugerechnet. Die Gemeinkosten werden hingegen zunächst in den diversen Kostenstellen gesammelt und anschließend über die ermittelten Zuschlagssätze den Kostenträgern zugerechnet.

Kalkulationsschema einer Zuschlagskalkulation:

	Fertigungsmaterial
+	Materialgemeinkosten
+	Fertigungslohn
+	Fertigungsgemeinkosten
=	Herstellkosten
+	Verwaltungsgemeinkosten
+	Vertriebsgemeinkosten
=	Selbstkosten
+	Gewinnzuschlag
=	Preis

19.4 Der Deckungsbeitrag

Eine weitere Grundlage für die Preispolitik eines Unternehmens kann mit Hilfe der Deckungsbeitragsrechnung gewonnen werden.

Dabei werden nur die variablen Kosten auf die Kostenträger verteilt und die gesamten fixen Kosten von der Verteilung ausgeschlossen. Diese Art der Kostenrechnung wird auch „Teilkostenrechnung", im amerikanischen „Direct Costing" genannt.

Der Deckungsbeitrag zeigt, welchen Beitrag ein Produkt zur Deckung der fixen Kosten leistet. Solange der Preis über den variablen Kosten liegt, wird zumindest ein Teil der fixen Kosten gedeckt. Dies bedeutet, dass in diesem Fall auch eine Verlustproduktion einen Beitrag zur Deckung der fixen Kosten leistet. Wird dagegen dieses Produkt auf Grund des negativen Ergebnisses eingestellt, so fallen die gesamten fixen Kosten weiterhin an und müssen auf die anderen Produkte verteilt werden. Der Gesamtgewinn des Unternehmens würde sich dann reduzieren.

Erlöse
– variable Kosten
= **Deckungsbeitrag**
– fixe Kosten
= **Gewinn**

Beispiel

Mio €	Produkt A	Produkt B	Produkt C	Summe
Erlöse	**100**	**70**	**150**	**320**
– variable Kosten	80	80	60	220
= Deckungsbeitrag	20	– 10	90	100
– fixe Kosten	40	40	30	110
= **Gewinn**	**– 20**	**– 50**	**60**	**– 10**

In unserem Beispiel gibt es drei Produkte. Produkt A und B haben gemeinsam, dass ihre Produktion nicht Gewinn bringend ist, ihre Erzeugung soll daher eingestellt werden.

Werden die Kosten in fixe und variable Bestandteile zerlegt und wird der Deckungsbeitrag berechnet, erweist sich die Einstellung des Produktes A als nicht zielführend. Bei diesem Produkt wird ein Deckungsbeitrag von +20 Mio € erzielt, was bedeutet, dass bei Weiterproduktion die fixen Kosten um diesen Betrag reduziert werden können. Bei einer Einstellung von Produkt A würden die vollen fixen Kosten in der Höhe von 40 Mio € weiterhin anfallen und müssten auf die anderen Produkte verteilt werden. Der Gesamtverlust für das Unternehmen würde sich dadurch um 20 Mio € erhöhen und somit –30 Mio € betragen.

Bei Produkt B ergibt sich dagegen ein negativer Deckungsbeitrag von –10 Mio €, sodass bei einer Weiterproduktion kein Beitrag zur Fixkostenabdeckung geleistet werden kann. Hier müssten somit sofort Sanierungsmaßnahmen eingeleitet werden. Ist eine Sanierung nicht möglich, wäre die Einstellung des Produktes für das Unternehmen kostengünstiger. Durch die Einstellung des Produktes B könnte sich das Unternehmen 10 Mio € (= negativer Deckungsbeitrag) sparen, womit sich der Gesamtverlust von –10 Mio € auf 0 € reduzieren würde.

Langfristig müssten jedoch auch bei Produkt A Rationalisierungsmaßnahmen durchgeführt werden, um die Erzeugung dieses Produktes in den Gewinnbereich zu führen.

19.5 Break-Even-Point

Der Break-Even-Point – oft auch als *Kostendeckungspunkt* bezeichnet – gibt jenes Absatzvolumen an, bei dem die Summe der erzielten Deckungsbeiträge dem Fixkostenblock gleich ist. Mit anderen Worten: Ab diesem Absatzvolumen lohnt sich die Erzeugung eines Produktes auch langfristig, da dann der Deckungsbeitrag sämtliche Fixkosten abdeckt und die Produktion somit in die Gewinnzone gelangt. Je mehr produziert wird, desto höher wird der Gewinn.

Beispiel

Ein Unternehmen – im Großanlagenbau tätig – erzeugt **ein** Produkt. Die Fixkosten für die Erstellung dieses Produktes liegen in Summe bei 50 Mio Euro. Pro erzeugtem Stück (Preis 10 Mio Euro) fallen variable Kosten in der Höhe von 6 Mio Euro an. Der Deckungsbeitrag liegt somit bei 4 Mio Euro pro Stück.

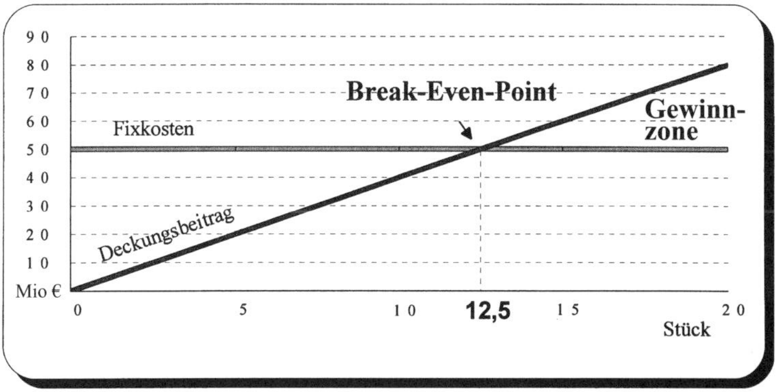

Bei einer Stückzahl von 13 (genau: 12,5) schneidet die Kurve des Deckungsbeitrages jene der Fixkosten. Dies bedeutet, dass ab dieser Stückzahl sämtliche Fixkosten durch den Deckungsbeitrag abgedeckt werden können und die Produktion somit in die Gewinnzone gelangt.

19.6 Kostenmanagement

Kostenmanagement ist zur Verbesserung der relativen Wettbewerbsposition eine unerlässliche Aufgabe. In Zeiten veränderter Rahmenbedingungen und zunehmenden Wettbewerbs sollte den Methoden des Kostenmanagements besondere Beachtung geschenkt und die Unternehmenssteuerung durch moderne Instrumente ergänzt und angepasst werden.

19.6.1 Target Costing

„Target Costing“ – auch Zielkostenrechnung genannt – ist mittlerweile ein unabdingbarer Bestandteil eines modernen Kostenmanagements, da Ziele der Kostenrechnung durch Marktorientierung und Betonung früher Phasen der Produktentwicklung unterstützt werden. Durch einen engen Dialog zwischen Entwicklung, Produktion, Marketing und Controlling werden die Zielkosten in drei Schritten bestimmt.

Zuerst werden realistische Zielpreise für bestimmte Produkte bzw Dienstleistungen festgelegt. Im Anschluss daran erfolgt die Bestimmung der angestrebten Ertragsspanne, die mit den Produkten bzw Dienstleistungen realisiert werden soll. Im letzten Schritt wird die Ertragsspanne vom vorgegebenen Zielpreis subtrahiert und man erhält die maximal zulässigen Zielkosten, auch „target costs“ genannt.

Durch die anschauliche Steuerungsgröße der Zielkosten wird eine strategieorientierte Führung des Unternehmens ermöglicht, indem die langfristige Wettbewerbsstrategie in das Rechnungswesen integriert wird.

19.6.2 Lebenszykluskostenrechnung

Durch den Einsatz der Lebenszykluskostenrechnung – oder „Life Cycle Costing“ – sollen die Produktkosten über den gesamten Lebenszyklus unter Einbeziehung aller Vor- und Nachleistungskosten reduziert werden.

Da in der Produktionsphase der Grad der Kostenbeeinflussung bereits sehr gering ist, sind die Möglichkeiten einer aktiven Totalkostensteuerung begrenzt. Eine effiziente Kostenbeeinflussung sollte somit in den der Produktion vorgelagerten Funktionsbereichen ansetzen, da vor der eigentlichen Produktionsphase ein Großteil aller Kosten für ein neues Produkt festgelegt wird.

Das größte Einflusspotential für eine Steuerung der Totallebenszykluskosten weist die *Konstruktions- und Entwicklungsphase* auf. Dies, obwohl am Ende der Entwicklungsphase in der Regel nur 5 % des gesamten Budgets verrechnet werden, jedoch bereits 80 % der totalen Lebenszykluskosten festgelegt sind.[86] Vor allem bei den Ingenieuren muss daher ein unternehmerisches Denken geweckt werden. Sie werden angeregt, durch ein besseres Produktdesign die Herstell- und Logistikkosten signifikant zu reduzieren.

Noch weiter reicht die Anwendung des *Simultaneous Engineering Concept*, bei dem rechtzeitig alle am Entwicklungsprozess beteiligten Funktionsbereiche aktiv, beratend oder informativ eingebunden werden. Eine verbesserte Planung in den ersten Phasen führt so zu geringeren Produktionskosten, geringen Entwicklungszeiten, größerer Flexibilität und zu insgesamt niedrigeren Lebenszykluskosten.

19.6.3 Prozesskostenrechnung

Die Prozesskostenrechnung – sie wird auch „Activity Based Costing" genannt – wird seit einigen Jahren als ein neuerer Ansatz des Kostenmanagements propagiert. Sie ist insbesondere auf eine Beeinflussung des Gemeinkostenbereiches (Verwaltung) ausgerichtet. Kernpunkt des Ansatzes ist eine Aufgliederung der Gemeinkosten (= Overhead-Kosten) nach differenzierten Kosteneinflussgrößen („cost drivers"), und damit die Schaffung einer besseren Kosten- und Leistungstransparenz.

Die konsequente Orientierung auf Kosteneinflussgrößen ermöglicht die Verbesserung des Gemeinkostenmanagements durch wachsendes Kostenbewusstsein sowie Prozessoptimierung bezüglich Qualität, Zeit und Effizienz.

86 Vgl Brede, 1994, S 342

Die Notwendigkeit einer Prozesskostenrechnung resultiert aus der Kostenstruktur sowie einer stetig steigenden Unternehmenskomplexität (etwa höhere Variantenvielfalt und Fertigungsflexibilität).

Es wurde erkannt, dass speziell im Gemeinkostenbereich nicht Produktmengen, sondern Prozesse bzw Aktivitäten das Kostenniveau bestimmen. Als Prozesse sind dabei kostenstellenübergreifende Verkettungen von Einzelaktivitäten zu verstehen, die sich quer über die gesamte Unternehmenshierarchie erstrecken (zB Verkauf einer Dienstleistung). Diese gilt es zunächst einmal zu analysieren und eventuell neu zu strukturieren. Für jeden Prozess sind *Cost drivers* (zB EDV-Aufwand, bürokratische Regeln) zu identifzieren, sodass nach sinnvollen Einsparungsmöglichkeiten gesucht werden kann.

19.6.4 Benchmarking

„Benchmarking" ist ein Instrument des Kostenmanagements, bei dem Produkte, Dienstleistungen und die dazu notwendigen Prozesse (wie Auftragsabwicklung, Logistik) kontinuierlich mit anderen Unternehmen oder Organisationen verglichen werden. Hierbei sollen zunächst für kritische Unternehmensbereiche bestehende Unterschiede zu „Best Performern" identifiziert werden. Anschließend erfolgt die Suche nach den Ursachen für die Unterschiede und das Aufzeigen von Möglichkeiten zur Verbesserung. Durch Umsetzung geeigneter Maßnahmen soll schließlich das Ziel erreicht werden, zu den „Besten der Besten" zu avancieren.

19.6.5 Strategisches Kostenmanagement

Das strategische Kostenmanagement unterscheidet sich von der herkömmlichen Kostenrechnung dadurch, dass es erstens stark informationsorientiert ist, zweitens eine langfristige, zukunftsorientierte Ausrichtung hat und drittens interne sowie vor allem externe Aspekte des Unternehmensgeschehens simultan berücksichtigt.

Zusätzlich verwendet das strategische Kostenmanagement weitere Kenngrößen als reine Kosten- und Leistungsdaten: etwa nicht finanzielle Kenndaten oder Cash-flow-Größen. Dazu gehören Trends der Kosten und Preise, Mengen, Marktanteile, volkswirtschaftliche Daten etc.

Das strategische Kostenmanagement versteht sich als anwenderorientierte und zielgerichtete Informationsversorgung, die sich laufend anpasst, während die herkömmliche Kostenrechnung von einem statischen Zustand ausgeht und sich mit vordeterminierten internen Kostendaten beschäftigt.

Literaturverzeichnis

Adler H., Düring W., Schmaltz K.: Rechnungslegung und Prüfung der Unternehmen, Stuttgart 2000

Adler H., Düring W., Schmaltz K.: Rechnungslegung und Prüfung der Aktiengesellschaft, 1968

Amann K.: Finanzwirtschaft, Stuttgart 1993

Arbeitskreis „Finanzierung", Investitions-Controlling, in zfbf 11/94

Borer D.: Innerbetriebliche Investitionskontrolle in Theorie und Praxis, Bern 1978

Born K.: Rechnungslegung international, Stuttgart 1997

Brede, Hauke: Verbreitung des Kostenmanagements in schweizerischen Großunternehmen, in: Die Unternehmung 5/94

Cerny J., Haas-Lassnigg E., Schwarz B.: Arbeitverfassungsgesetz, Band 3, Wien 1994

Egger A., Samer H.: Der Jahresabschluß nach dem Rechnungslegungsgesetz – Erstellung und Analyse, Wien 1992

Egger A., Samer H.: Der Jahresabschluss nach dem Handelsgesetzbuch – Erstellung und Analyse, Wien 1999

Egner H.: Bilanzen. Ein Handbuch zur Bilanztheorie, München 1974

Fachgutachten Nr 73, 77 und 79 des Fachsenats für Handelsrecht und Revision der Kammer der Wirtschaftstreuhänder

Frick W.: Bilanzierung – Ein Grundriß der Bilanzierung nach Handelsrecht und Steuerrecht unter besonderer Berücksichtigung der Rechnungslegungsform mit Fallbeispielen, Wien 1991

Frick W.: Bilanzierung nach der Rechnungslegungsreform, Wien 1999

Gahleitner H., Hess W.: Rechnungslegungsgesetz – Empirische Studie über die Einhaltung der Publizitätsvorschriften von Aktiengesellschaften, Kammer für Arbeiter und Angestellte für Wien, Wien 1994

Geppert W., Moritz R.: Gesellschaftsrecht für Aufsichtsräte. Ein Handbuch für die Praxis, Wien 1979

Geppert W., Moritz R.: Gesellschaftsrechtsänderungsgesetz. Ein Handbuch für Betriebsrats- und Aufsichtsratsmitglieder, Wien 1984

Haas-Lassnigg E.: Arbeitnehmer-Mitbestimmung in Konzernen, in: Informationen über multinationale Konzerne, Hrsg. Kammer für Arbeiter und Angestellte für Wien, Wien 1990

Heidinger M.: Aufgaben und Verantwortlichkeit von Aufsichtsrat und Beirat der GmbH, Wien 1988

Hess W., Moritz R., Svoboda K.: Bilanz und Bilanzanalyse, Wien 1981

IASC: International Accounting Standards 1997, Deutsche Fassung, Stuttgart 1998

Janschek O.: Konzernrechnungslegung, Wien 1992

Jonas H.: Der Jahresabschluß im Widerstreit der Interessen, hrsg. Jörg Baetge, Düsseldorf 1983

Korndörfer W.: Allgemeine Betriebswirtschaftslehre, Wiesbaden 1986 – 12. Auflage 1999

KPMG Deutsche Treuhand Gruppe: Rechnungslegung nach US-amerikanischen Grundsätzen, Düsseldorf 1997

Kraus A.: Konzernrechnungslegung, in: Informationen über multinationale Konzerne, Hrsg. Kammer für Arbeiter und Angestellte für Wien, Wien 1990

Küting K., Weber C.: Handbuch der Rechnungslegung. Kommentar zur Bilanzierung und Prüfung, Stuttgart 1986 – 4. Auflage 1995

Lang U.: Der Aktienberater, Frankfurt 1986 – 11. Auflage 1999

Leffson U.: Wirtschaftsprüfung, 3. Auflage, Wiesbaden 1985

Mohr F.: Rechnungslegungsgesetz mit Erläuterungen, Wien 1990

Österreichisches Forschungsinstitut für Sparkassenwesen: Die Reform der Rechnungslegung durch das Rechnungslegungsgesetz, Wien 1991

Pellens B.: Internationale Rechnungslegung, Stuttgart 1998

Reich-Rohrwig J.: Das österreichische GmbH-Recht, Wien 1983 – 2. Auflage 1997

Scheffler E.: Der Jahresabschluß, in: Handbuch des Aufsichtsrats, 2. Auflage, München 1977

Schiemer K., Jabornegg P., Strasser R.: Kommentar zum Aktiengesetz, 3. Auflage, Wien 1993

Schierenbeck H.: Grundzüge der Betriebswirtschaftslehre, München 1985 – 15. Auflage 2000

Schwarzecker J.: Bilanzanalyse nach den neuen Rechnungslegungsbestimmungen – Bilanzierung für 1992 Österreich, BRD, Großbritannien, Frankreich, Niederlande und Irland, Wien 1990

Swoboda P.: Kostenrechnung und Preispolitik, Wien 1978 – 20. Auflage 1999

Swoboda P.: Investition und Finanzierung, Göttingen 1986 – 5. Auflage 1996

Tschebull J.: Wertpapiere für Anfänger, Wien 1989

Wagenhofer A.: International Accounting Standards, Wien 1996

Wirtschaftsförderungsinstitut der Handelskammer: Das Rechnungslegungsgesetz – Ein Leitfaden für die neuen handelsrechtlichen Buchführungs- und Bilanzierungsvorschriften, Wien

Wöhe G.: Einführung in die allgemeine Betriebswirtschaftslehre, München 1975 – 20. Auflage 2000

Stichwortverzeichnis

Abfertigungsrückstellung 131 f
Abschlussprüfer 45
  Berichtspflicht (Redepflicht) 58 ff
  Bestellung 45
  Abschlussprüferrichtlinien 64
  Prüfungsauftrag 45
Abschreibungen 107 ff
  außerordentliche ... 109
  ... geringwertiger Wirtschaftsgüter 110
  kumulierte ... 106, 109
  planmäßige ... 107 f
Aktien 314 f
  Inhaberaktien 316
  Namensaktien 315 f
  Stammaktien 314
  Vorzugsaktien 314 f
  Wert von Aktien 318 f
Aktienanalyse 323
  Fundamentalanalyse 323
  Technische Analyse 324
Aktienumsatzvolumen 325
Aktiva 83
Aktivierte Eigenleistungen 175
Amortisationsdauer 298
Anhang 96, 154 ff
Anlagenabnutzungsgrad 197 f
Anlagenspiegel 105 f, 244
Anlagevermögen 87, 100 ff, 197
Anleihen 320 ff
Anzahl der Beschäftigten 222
Arbeits- und Sozialgericht 22, 29
Arbeitseinkommen 228
Aufsichtsrat 30 ff
  Aufgaben des ... 30
  Feststellung bzw Prüfung des Jahresabschlusses 32 f
  GmbH-Aufsichtsrat (eingeschränkte Mitwirkungsmöglichkeiten) 35 ff
  Haftung 33 f
  Sorgfaltspflicht 34
  Überprüfung des Jahresabschlusses 32 f
  Vorlage des Wirtschaftsprüfberichts 64 ff
  Zustimmungspflichtige Geschäfte 31
Aufwandsstruktur 184 f
Aufwendungen 91
Auskunftsrecht 21
Ausschüttungssperre 165
Außerordentliches Ergebnis 180, 189 ff

Benchmarking 346
Bestandsveränderungen 141, 175
Beteiligungen 105
  Beteiligungsergebnis 180, 188
  Beteiligungsunternehmen, Angaben über 189
  Beteiligungszugänge 218
Betriebliche Wertschöpfung 226
  ... pro Beschäftigten 227
  Verteilung der ... 228 f
Betriebsabrechnungsbogen 336 f
Betriebsänderung 22
Betriebsleistung 174 f
Betriebsvergleich 173
Betriebswirtschaftliche Informationssysteme 40
Betriebswirtschaftliche Statistik 41
Bewegungsbilanz 230 ff
Bewertung 151 ff
Bewertungspolitik 161 ff
Bezugsrecht 316
Bilanz
  Aktivseite 100 ff
  Entstehung 82 ff
  Gliederung 97 ff
  Mittelverwendung, Mittelherkunft 83 ff
  Passivseite 118 ff

Bilanzgewinn/-verlust 120, 149
Bilanzierung 82
Bilanzpolitik 158 ff
  Instrumente 159 ff
  Ziele 158 f
Börsehandel 308
  Kursermittlung 318 ff
  ÖTOB 308 f
Börsenindex 326
Branchenstudien 170
Break Even Point 343
Buchhaltung 82

Cash-flow 210 ff
  Aufgaben des ... 212 f
  Berechnung des ... 211 f
  Deckung der Investitionen 220
  Fiktive Verschuldungsdauer 214
  Negativer Cash-flow 213
  Umsatzverdienstrate 213

Deckungsbeitrag 341

Eigenkapital 88, 118 ff
Eigenkapitalanteil 204 f
Eigenkapitalausstattung 204 ff
  Mindestausstattung 206
Eigenkapitalrentabilität 191 f
Einzelkosten 333
Erfolgsermittlung 89 ff
Erträge 90 f
Ertragslage 179 ff

Fiktive Verschuldungsdauer 214 ff
Finanzanlagevermögen 104 f, 198 f
Firmenwert 102
Fixkosten 197, 333
Fixkostendegression 334
Forderungen 113, 201
Fremdkapital 88, 129 ff
Fremdkapitaleinkommen 229
Fristenentsprechungsregel 207, 209 f

Gemeineinkommen 229
Gemeinkosten 333
Genussscheine 318
Geringwertige Wirtschaftsgüter 110
Geschäftswert 102
Gewinn- und Verlustrechnung 90 ff, 137 ff
  Gesamtkostenverfahren 138 ff
  Gliederungsschema 138 ff
  Umsatzkostenverfahren 150 f
Gewinnscheine 317
Grundsätze ordnungsmäßiger Bilanzierung (GoB) 94 ff
  Grundsatz der Bilanzklarheit 94
  Grundsatz der Bilanzkontinuität 95
  Grundsatz der Bilanzvorsicht 95
  Grundsatz der Bilanzwahrheit 95

Immaterielles Vermögen 101 f
Informations- und Beratungsrecht in Konzernen 22
Informationsmängel des Jahresabschlusses 172
Informationspflicht des Betriebsinhabers 23, 29
Interner Zinsfuß 301
Internes Berichtswesen 42
Interventionsrecht 22
Investition 216 ff, 277 ff
  Anlass zur Investitionsentscheidung 281
  Aufsichtsrat und Investition 291
  Betriebsrat und Investition 277, 290
  Definition 278
  Einflussfaktoren 283 f
  Finanzierung von Investitionen 303 ff
  Risken einer Investition 285 ff
  Wirkungen von Investitionen 281
Investitionsdeckung durch den Cash-flow 220
Investitionsentscheidung 288
Investitionsfreibetrag 125 f
Investitionskontrolle 306 f
Investitionsneigung 219
Investitionsplanung 279

Investitionsrechnung 40, 293 ff
Dynamische Verfahren 299 f
Statische Verfahren 294 f
Investitionsvolumen 217
Investmentzertifikate 317

Jahresabschluss
Adressaten des ... 163 f
Aufgaben des ... 164 f
Beratungsrecht 27
Bestandteile 96
Fallbeispiel 240 ff
Feststellung bzw Überprüfung 32 f
Fristenverlauf für Aufstellung, Prüfung, Offenlegung 70 f
Geheimhaltungspflicht 27 f, 64
Rechnungslegungsgesetz 93
rechtliche Grundlagen 93 ff
Strafsanktion 29 f
Vorlagefrist 27, 64
Jahresabschlussanalyse
Grenzen der ... 170 f
Mittel der ... 172 f
Quellen der ... 167 ff
Jahresabschlussprüfung 43 ff
Abschlussprüfer *siehe dort*
Aufgaben und Bedeutung 47
Bestätigungsvermerk 56 ff
Konzernabschluss *siehe* Konzernrechnungslegung
Lagebericht 48
Nachtragsprüfung 51
Prüfungsfrist 70
Prüfungspflicht 45 ff
Prüfungsumfang 47 ff
Unternehmensgefährdung (Redepflicht) 58 ff
Wirtschaftsprüfbericht *siehe dort*
Jahresfehlbetrag 179
Jahresüberschuss 179 ff
Verwendung des ... 193 f

Kapital 88
Kapitalflussrechnung 232 ff, 237 ff
Kapitalgesellschaften (GmbH, AG) 44 f
große ... 45
Größenklassen 44
Größenkriterien 44
kleine ... 44
Kapitalorientierung 171
Kapitalstruktur 202 f
Kapitalwertmethode 300
Kennzahlen 173
Konzernrechnungslegung 73 ff
Größenabhängige Befreiungen 76 f
Konsolidierung 80
Konsolidierungstatbestände 80 ff
Konzernabschluss 78 ff
Konzernabschlussbefreiungsverordnung 30
Konzernbegriff 74 f
Prüfung, Vorlage, Offenlegung 29, 77 f
Korrigierte Bilanzsumme 205
Kostenartenrechnung 332 f
Einzelkosten 333
Fixkosten 333
Fixkostendegression 334
Gemeinkosten 333
Variable Kosten 335
Kostenmanagement 344
Benchmarking 346
Lebenszykluskostenrechnung 344
Prozesskostenrechnung 345
Strategisches Kostenmanagement 346
Target Costing 344
Kostenrechnung 40, 331 ff
Kostenremanenz 334
Kostenstellenrechnung 335 ff
Betriebsabrechnungsbogen 336 f
Kostenträgerrechnung 340
Kundenziel 201
Kurs-Gewinn-Verhältnis 312

Lagebericht 55, 96, 169
Lagerdauer 200

Lebenszykluskostenrechnung 344
Leistungsklage 29
Liquide Mittel 115
Lohntangente 223

Materialaufwand 142
Mittelherkunft 230
Mittelverwendung 230

Nennkapital 119
Nettoverschuldung 215
Niederstwertprinzip 116
Nutzungsdauer 108

Optionsanleihen 321
Ordentliches Ergebnis 181 ff
Ableitung des ... 181 ff
ÖTOP 313

Partizipationsscheine 315
Passiva 83, 118 ff
Pensionsrückstellung 133 f
Personalaufwand 143 f
Personalaufwand pro Beschäftigten 224
Personalaufwandstangente 223 f
Personalkennzahlen 222 ff
Pfandbriefe 323
Planungsrechnung 40
Prozesskostenrechnung 345
Prüfungsbericht *siehe* Wirtschaftsprüfbericht

Rechnungsabgrenzung 115
Rechnungslegung
Größenklassen 44 f
Offenlegung 70 ff
Prüfungspflicht 45 f
Rechnungswesen 83
Redepflicht *siehe* Abschlussprüfer
ROI 257
Rücklagen 121 ff
Bildung von Rücklagen 121 ff
Freie ... 121
Gesetzliche ... 121
Gewinnrücklagen 122 ff
Kapitalrücklagen 121
Unversteuerte ... 124 ff
Rückstellungen 129 ff
Abfertigungs- 132 f
Pensions- 133 f

Sachanlagevermögen 102 f, 197
Sachanlagezugänge in Prozent der Betriebsleistung 218
Schuldscheine 313, 320
Anleihen 320 f
Optionsanleihen 321 f
Wandelanleihen 321
Selbstfinanzierungskraft 210
Sonstige Betriebserträge 175 f
Sozialkapital 131, 207
Stille Reserve 126
Strategisches Kostenmanagement 346
Substanzausschüttung 193

Target Costing 344

Umlaufvermögen 87, 111 ff, 199 ff
Umsatz
Umsatzaufgliederung 177
Umsatz pro Beschäftigten 225
Umsatzentwicklung 174 f
Umsatzerlöse 140
Umsatzrentabilität 184 f
Umsatzverdienstrate 213
Unternehmenseinkommen 229

Variable Kosten 335
Veränderungsbilanz 230
Verbindlichkeiten 134 ff
Vermögen 83
Vermögensstruktur 195 ff
Vorleistungen 226
Vorratsvermögen 199 f
Vorsichtsprinzip 95

Wandelanleihen 321
Wertberichtigungen 116 f
Wertberichtigungsquote 198
Wertschöpfung 225 ff
Wirtschaftliche Informations- und Beratungsrechte 20 ff

Wirtschaftliche Mitwirkungsrechte
des Betriebsrats 20 ff
Wirtschaftspläne 22
Wirtschaftsprüfbericht 51 ff, 168
Art und Umfang der Prüfungs-
handlungen 49 ff
Aufgaben und Bedeutung 51 f
Bestätigungsvermerk 56 ff
Inhalt des ... 52 ff
Prüfung durch den Aufsichtsrat
63 ff
Verschwiegenheitspflicht 64
Vorlage des ... 64
Wirtschaftsprüfer *siehe* Abschluss-
prüfer

Zeitvergleich 173
Zinssaldo 186